权威·前沿·原创

皮书系列为
"十二五""十三五"国家重点图书出版规划项目

BLUE BOOK

智 库 成 果 出 版 与 传 播 平 台

贵州蓝皮书
BLUE BOOK OF GUIZHOU

贵州社会发展报告（2021）

ANNUAL REPORT ON SOCIAL DEVELOPMENT OF GUIZHOU (2021)

主　编／王兴骥　王国勇
副主编／高　刚　周芳苓

社会科学文献出版社
SOCIAL SCIENCES ACADEMIC PRESS（CHINA）

图书在版编目（CIP）数据

贵州社会发展报告. 2021 / 王兴骥，王国勇主编
. -- 北京：社会科学文献出版社，2021.5
（贵州蓝皮书）
ISBN 978 - 7 - 5201 - 8307 - 9

Ⅰ.①贵… Ⅱ.①王… ②王… Ⅲ.①社会发展 - 研
究报告 - 贵州 - 2021 Ⅳ.①D677.3

中国版本图书馆 CIP 数据核字（2021）第 079612 号

贵州蓝皮书

贵州社会发展报告（2021）

主　　编／王兴骥　王国勇
副 主 编／高　刚　周芳苓

出 版 人／王利民
责任编辑／薛铭洁

出　　版／社会科学文献出版社·皮书出版分社　（010）59367127
　　　　　　地址：北京市北三环中路甲 29 号院华龙大厦　邮编：100029
　　　　　　网址：www.ssap.com.cn
发　　行／市场营销中心（010）59367081　59367083
印　　装／天津千鹤文化传播有限公司

规　　格／开　本：787mm × 1092mm　1/16
　　　　　　印　张：30.5　字　数：459 千字
版　　次／2021 年 5 月第 1 版　2021 年 5 月第 1 次印刷
书　　号／ISBN 978 - 7 - 5201 - 8307 - 9
定　　价／168.00 元

本书如有印装质量问题，请与读者服务中心（010 - 59367028）联系

《贵州蓝皮书·社会》编撰领导小组

组　长　吴大华　贵州省社会科学院党委书记、研究员
　　　　张学立　贵州省社会科学院院长、教授

成　员　丰　莉　中共贵州省委政策研究室副主任
　　　　张绍新　贵州省政府发展研究中心副主任
　　　　杨　波　贵州省发展和改革委员会副主任
　　　　王碧海　贵州省教育厅督学（正厅长级）
　　　　龚仲鸣　贵州省卫生健康委员会党组成员
　　　　　　　　贵州省计划生育协会专职副会长（正厅长级）
　　　　谢丹青　贵州省人力资源和社会保障厅副厅长
　　　　邓湘贵　贵州省民政厅副厅长
　　　　许风伦　贵州省文化和旅游厅副厅长
　　　　李豫贵　中共贵州省委政法委员会副书记
　　　　王建忠　贵州省体育局副局长

主要编撰者简介

王兴骥　贵州省社会科学院城市经济研究所所长、研究员，贵州省省管专家，获贵州省政府特殊津贴，入选贵州省宣传文化系统"四个一批"人才，博士生导师，中国社会学会理事，贵州省城市科学研究会副会长，研究方向为社会学、民族学、地方历史与文化。主持国家社会科学基金项目"民族贫困地区建设社会主义新农村的制度统筹研究""跨省流动人口（流出地）卫生计生基本公共服务协调机制研究"等4项，主持省部级课题10余项。出版学术专著《发展的引擎》《海龙屯与播州土司综合研究》《播州土司民间传说》《让公共财政的阳光普照新农村》等，担任主编出版《长征路上的新长征》《红花映遵义》《美丽中国：城镇化与社会发展》《贵州社会发展报告》等著作20余部。发表文章30余篇（多篇被人大复印报刊资料全文转载）。多项研究成果获省部级优秀成果一等奖、二等奖和三等奖。

王国勇　贵州民族大学社会学与公共管理学院院长，博士，三级教授，博士生导师。国家哲学社会科学基金项目通讯评审、结项验收专家，贵州省哲学社会科学学术带头人，贵州省社会学区域一流学科负责人，中国社会学会理事，中国政治学会理事，贵州省社会学学会副会长。在学术期刊上发表学术论文90余篇，其中有20余篇发表在国家级刊物及核心期刊上；独著、合著、联合主编10余部学术著作和论文集；主持国家民委、国家民政部、贵州省社科规划办等省部级及其他各类项目20余项。多项科研成果荣获省部级哲学社会科学优秀成果奖。

高　刚　贵州省社会科学院文化研究所所长、研究员，硕士生导师，研究方向为农村社会学、社会治理。主持完成3项省级课题；出版《社会治理的有形之手》《改造小农经济》《脱贫的逻辑》3部学术专著，主编《从脱贫解困迈向乡村振兴》等著作10余部，参编著作多部。发表论文30余篇，其中《政府主导型乡村治理改革需要优化》等3篇文章被人大复印报刊资料全文转载。科研成果分别获得国家发改委一等奖1次、二等奖1次，民政部一等奖1次（执笔）、二等奖1次（执笔），贵州省哲学社会科学优秀成果一等奖3次（独立1次、第二作者1次、第四作者1次）、三等奖1次（独立）。多项研究成果获得省委、省政府主要领导肯定性批示。

周芳苓　贵州省社会科学院研究员，博士生，硕士生导师，贵州省省管专家，贵州省宣传文化系统"四个一批"人才，研究方向为应用社会学。贵州省社会学学会常务理事、副秘书长，国家社科基金同行评议专家。主持国家级课题2项、省部级课题13项、省领导圈示课题6项；出版学术专著2部、合著1部（执笔），执行主编、副主编著作11部；发表论文40余篇（部分被人大复印报刊资料全文转载）。科研成果荣获贵州省哲学社会科学优秀成果一等奖1项、二等奖4项（独立1项、联名3项），荣获国家民委、国家民政部等省部级社科优秀成果二等奖1项（联名）、三等奖4项（独立1项、联名3项），荣获中国社会学会优秀论文二等奖1项；所承担的多项研究成果获得贵州省委、省政府主要领导肯定性批示。

摘　要

本报告是贵州省社会科学院"贵州社会蓝皮书课题组"2020年的年度分析报告，由贵州省社会科学院城市经济研究所、贵州民族大学社会学与公共管理学院共同组织省内研究机构和政府部门的专家学者撰写。报告分别对精准脱贫、人口与健康、社会治理、乡村振兴等重点、热点问题进行了分析。

本报告指出，2020年是贵州600多年历史上最重要的一年。这一年，脱贫攻坚取得决定性胜利，撕掉了绝对贫困的标签，和全国人民一道同步进入全面建成小康社会；这一年，贵州省战胜了新冠肺炎疫情，经济社会发展取得显著成绩。经济增速持续领先，地区生产总值达1.78万亿元，增长4.5%，增速连续10年位居全国前列，创造了经济社会发展的"黄金十年"，地区生产总值在全国排名第20位；这一年，贵州省千方百计保民生防风险，全面落实稳就业惠民生政策，城镇新增就业超过60万人，城乡居民人均可支配收入分别增长4.9%和8.2%，强化困难群体基本生活保障，多措并举防范化解重大风险，实现了社会大局持续稳定、人民群众安居乐业。

本报告认为，2020年贵州省社会发展虽然取得很大成绩，但全省经济社会发展还存在不少困难和问题：经济总量小、人均水平低，城镇化水平还不高；农村低收入人口、边缘易致贫人口较多，易地搬迁后续扶持任务艰巨；科技创新能力不强、人才支撑不足，科技成果转化率比较低；政府债务负担比较重；教育、医疗、养老等民生领域仍有不少短板。

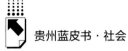

本报告认为，2021年是踏上建设社会主义强国新征程和"十四五"开局的第一年。贵州省将深入贯彻落实习近平总书记对贵州工作重要指示精神，坚持稳中求进工作总基调，立足新发展阶段，贯彻新发展理念，融入新发展格局，坚持把保障和改善民生作为发展的落脚点，扎实推动共同富裕，不断提升城乡居民收入，实现更加充分更高质量就业，统筹推进教育、社保、医疗卫生、养老等各项事业，确保高质量发展成果由全体人民共享。

关键词： 贵州　社会发展　精准脱贫　高质量发展

Abstract

This is the annual analysis report of Guizhou Social Blue Book Research Group of Guizhou Academy of Social Sciences in 2020. Besides, it is written by experts and scholars from provincial research institutions and government departments jointly organized by the Institute of Urban Economics of Guizhou Academy of Social Sciences and the School of Sociology and Public Administration of Guizhou University for nationalities. Moreover, the report analyzes key and hot issues such as accurate poverty alleviation, rural revitalization, social governance, population and health.

According to this report, 2020 is the most important year in Guizhou's more than 600 – year history. In this year, we won a decisive victory in getting rid of poverty, tore off the label of absolute poverty, and entered into a moderately prosperous society in an all-round way with the people of the whole country. In this year, Guizhou Province defeated the epidemic situation of COVID – 19, and made remarkable achievements in economic and social development. The economic growth rate continues to lead, with the regional GDP reaching 1. 78 trillion yuan, an increase of 4. 5% . The growth rate has been in the forefront of the country for 10 consecutive years, creating a "golden decade" for economic and social development. Besides, the regional GDP ranks 20th in China. This year, Guizhou Province did everything possible to protect people's livelihood against risks, and fully implemented the policy of stabilizing employment and benefiting people's livelihood. Besides, it created more than 600000 jobs in cities and towns, increased the per capita disposable income of urban and rural residents by 4. 9% and 8. 2% respectively, and strengthened the basic living security of people in need. Many measures have been taken to prevent and resolve major risks.

Moreover, the overall social situation has been sustained and stable, and the people live and work in peace and contentment!

According to this report, there are still many difficulties and problems in the province's economic and social development although Guizhou Province has made great achievements in social development in 2020: The total economic output is small, the per capita level is low, and the level of urbanization is not high; There are a large number of low-income people in rural areas who are prone to poverty, and the follow-up support task of relocation is arduous; The ability of scientific and technological innovation is not strong, the talent support is insufficient, and the conversion rate of scientific and technological achievements is relatively low. The government's debt burden is relatively heavy, and there are still many deficiencies in education, health care, pension and other areas of people's livelihood.

According to this report, 2021 is the first year of the new journey of building a socialist power and the beginning of the 14th five-year Plan. Guizhou Province will thoroughly implement the spirit of General Secretary Xi Jinping's important instructions on Guizhou work, and adhere to the general tone of the work of seeking progress in the midst of stability. Besides, based on the new development stage, we will implement the new development concept, and integrate into the new development pattern. We will persist in taking the protection and improvement of people's livelihood as the foothold of development, solidly promote common prosperity, constantly raise the income of urban and rural residents and achieve fuller and higher-quality employment. In addition, we will comprehensively promote education, social security, medical and health care, pension and other undertakings. We will ensure that the fruits of high-quality development are shared by all the people.

Keywords: Guizhou; Social Development; Accurate Poverty Alleviation; High-quality Development

目 录 ▶⧉⧉⧉⧉

Ⅲ 人口与健康篇

Ⅳ 社会治理篇

V 乡村振兴篇

VI 专题研究篇

Ⅶ 大事记

皮书数据库阅读**使用指南**

CONTENTS

I General Report

II Accurate Poverty Alleviation Reports

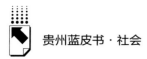

Ⅲ　Population and Health Reports

Ⅳ Social Governance Reports

Ⅴ Revitalization of the Countryside Reports

Ⅵ Special Research Reports

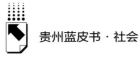
VII   Event

总 报 告

General Report

B.1

从贫困走向富裕：2020～2021年
贵州省社会发展形势分析与预测

王兴骥　江娜　程华　陈佳卿　张益康*

摘　要：　本文系统总结了2020年贵州省社会发展取得的成绩：脱贫攻坚取得决定性胜利，彻底撕掉了绝对贫困的标签，实现了经济连续10年增速位居全国前列，战胜了新冠肺炎疫情，民生领域取得全面进步。深入分析了社会发展存在的问题：发展质量不高，距全国平均水平尚有一定差距；社会发展仍是短板。指出2021年贵州省经济社会发展面临开新局、抢新机、闯新路、出新绩，踏上高质量发展的新征程的任务。

* 王兴骥，贵州省社会科学院城市经济研究所所长、研究员，博士生导师，研究方向为社会学、民族学、地方历史与文化；江娜，贵州民族大学社会学与公共管理学院2019级硕士研究生，研究方向为社会工作；程华、陈佳卿，贵州大学公共管理学院2019级社会工作专业硕士研究生，研究方向为社会工作；张益康，北京语言大学2020级本科生，研究方向为语言学。

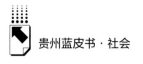

关键词： 贵州社会发展　脱贫致富　高质量发展

一　2020年贵州省社会发展形势分析

2020年是贵州省经济社会发展进程中具有历史意义的一年。这一年既是完成与全国同步全面建成小康社会、脱贫攻坚的决胜之年，奋力冲刺打赢脱贫攻坚战，尽锐出战向最后贫困堡垒发起总攻，实现了贵州发展的"千年之变"，彻底撕掉了"人无三分银"的绝对贫困标签；也是"十三五"规划的收官之年，全力以赴推动经济恢复增长，经济综合实力快速提升，全年地区生产总值达1.78万亿元，同比增长4.5%，经济总量排全国第20位，实现经济增速连续10年位居全国前列，创造了后发赶超的"黄金十年"；更是战胜新冠肺炎疫情之年，构建了查、防、控、治、保、导六位一体防控体系，"掏家底"援助鄂州、武汉，短时间内遏制了疫情蔓延，取得了抗击疫情重大战略成果。这一年，贵州省继续坚持"民生第一"的执政理念，坚持高质量发展成果人民共享，民生社会事业取得全面进步。全面落实稳就业惠民生政策，城镇新增就业超过60万人；在西部率先实现县域义务教育基本均衡发展，学前教育普及普惠率超过全国平均水平；率先建成四级远程医疗服务体系和山地紧急医学救援体系。千方百计增加群众收入，城乡居民人均可支配收入分别增长4.9%和8.2%；强化困难群体基本生活保障，多措并举防范化解重大风险，实现全省社会大局持续稳定、人民群众安居乐业。

1.脱贫攻坚取得全面胜利

贵州省始终坚持把脱贫攻坚作为头等大事和第一民生工程，以完善工作机制为发展根本，以整合扶贫资源为脱贫导向，紧扣"一达标两不愁三保障"的脱贫目标，以产业发展为根本出路，以教育扶持、医疗救助、易地搬迁、就业保障及社会兜底为基本途径，坚持输血与造血、外部结合与自身发展并举，举全省之力、聚各方之智，坚决落实"六个精准""五个一批"，打好"四场硬仗"①，全力推进全省脱贫攻坚，取得显著成效。

脱贫攻坚目标任务基本完成。截至2020年底，"十三五"规划的贫困人口493万人实现全部脱贫，贫困发生率从14%降到0，9000个贫困村实现出列，66个贫困县实现脱贫摘帽。

易地扶贫搬迁建设任务全面完成。截至2019年底，全省累计建成安置项目946个，安置住房45.39万个，水、电、路、气、网等基础设施同步配建完善，全省"十三五"易地扶贫搬迁188万人的建设任务全面完成（其中建档立卡贫困人口154万人）。

农村集中供水率稳步提高。2020年全省农村集中供水率达到96.32%。九年义务教育巩固率达到预定目标。截至2019年底，贵州省学前教育毛入学率达到88%，义务教育巩固率达到93%，高中阶段毛入学率达到89%。全省因病致贫返贫基本消除。据全国健康扶贫动态管理系统相关统计数据，2017～2019年，各年度全省未脱贫因病致贫返贫户占全部建档立卡贫困户的比例分别为8.62%、5.81%、1.15%，未脱贫因病致贫返贫户由2017年初的17.25万户（53.1万人）减少至2019年底的2.2万户（6.53万人），累计有15.05万户因病致贫返贫户、46.57万人因病致贫返贫人口脱贫。建档立卡贫困户危房改造实现全覆盖。农村危房改造系统中现有存量危房改造任务已全部完成。到2020年，累计完成农村危房改造75.1万户（其中建档立卡贫困户44.83万户），建档立卡贫困户危房改造率达100%，解决了近300万名农村群众住有所居问题。

贫困人口收入极大提高。全省农村居民人均可支配收入由2016年的3509.77元增加到2020年的9895.99元，年均增幅为28.31%，增幅远高于全国平均水平。彻底撕掉了绝对贫困标签，书写了中国减贫奇迹的精彩"贵州篇章"。

2. 教育实现均衡发展

学前教育普及普惠发展。大力开展城镇小区配套幼儿园治理专项督导，

---

① "四场硬仗"即产业和就业脱贫攻坚战、易地扶贫搬迁攻坚战、教育医疗住房和饮水安全保障攻坚战、绿色贵州建设脱贫攻坚战。

完成 747 所配套幼儿园治理。建设完成农村幼儿园集团化管理资源中心 467 个。教育部－联合国儿童基金会合作项目"农村学前教育质量提升""城市流动儿童和贫困儿童学前教育质量提升"圆满收官。

义务教育基本均衡发展。规范中小学校办学行为，切实减轻中小学生过重学业负担。印发《关于规范普通中小学招生入学的通知》，全面落实公办民办学校同步招生，全面取消义务教育阶段学校招收特长生。

普通高中教育特色发展。新增一类示范性普通高中 3 所、二类 2 所、三类 2 所，优质高中资源规模不断扩大。

职业教育创新发展。出台《贵州省人民政府关于支持职业教育发展的若干措施》，推进 11 个高水平省级公共实习实训平台建设。贵州轻工职业技术学院、贵州交通职业技术学院、铜仁职业技术学院获批国家"双高"院校，立项建设中职强基工程学校 28 所，完成 19 万余人的高职招生，"企业订单班"就业人数不少于 10000 人。全力推动全省 36 所高职院校和 100 余所中职学校牵手协同发展。

高等教育内涵发展。大力实施"双万计划"，纵深推进一流大学建设，获批国家级一流专业 52 个、省级一流专业 154 个、国家级一流课程 21 门。推动省政府与浙江大学签订《贵州省人民政府浙江大学深化合作协议》。着力打造贵州高峰学科，重点打造植物保护、数据科学与大数据技术等 23 个学科（群）。

民办教育规范发展。扎实推进无证幼儿园治理，完成整改 2095 所。加强民办学校管理。民族地区教育健康发展，加强各级各类学校民族民间文化教育，招收少数民族预科班 5635 名、民族班 2620 名，与 457 名少数民族高层次骨干人才硕士研究生、97 名博士研究生签订"定向协议书"。特殊教育快速发展，全省适龄残疾儿童入学率达 95%。

控辍保学一个不少。深入落实控辍保学工作"双线"责任制和"七长"负责制，实施控辍保学"五个四"举措，在全国首家制定《控辍保学劝返复学工作指南二十条》，研发义务教育阶段学生疑似辍学预警班主任直报系统，通过"五查四比对"摸清底数，建立"县、乡、村、校"四级台账，扎实抓好中小学开学前、开学时、考核时学生到校就读排查劝返工作，全省义务教育适龄阶段辍学学生从2019年初的10411人实现全面清零，辍学学生实现常态化动态清零。

精准资助一人不漏。全面落实各级各类学生资助和农村学生营养改善计划政策。全年投入资金146.62亿元，惠及学生1094.35万人次，教育精准资助落地落实。其中：投入各级各类学生资助资金107.88亿元，受益学生611.12万人次；投入农村学前教育儿童营养改善计划补助资金4.94亿元，惠及83.99万农村学前教育儿童；投入实施农村义务教育学生营养改善计划补助资金33.80亿元，惠及399.24万农村中小学生。

安置点学校建设一所不差。新建改扩建易地搬迁集中安置点配套学校669所，解决搬迁群众38万适龄儿童入园入学需求。其中，2020年全省挂牌督战的96所易地扶贫搬迁集中安置点配套学校按期保质保量全部建成，标志着全省易地扶贫搬迁集中安置点配套教育设施实现全覆盖。

东西部教育协作一所不落。全省66个贫困县的2684所乡镇中心校以上学校与东部协作帮扶城市优质学校结成"一对一"结对帮扶关系，并通过乡镇中心校以上学校对所辖村小、教学点进行辐射，实现全省7324所农村中小学校"组团式"帮扶全覆盖。与东部7个城市做好中职协作招生工作，形成"职业院校组团式帮扶""沪遵职教联盟"等典型经验。

教育经费保障更加突出优先。争取中央专项资金182.80亿元，比上年增加12.40亿元，超额完成目标任务。省级财政安排项目专项资金72.81亿元。获得一般债券资金6.64亿元、专项债券资金50亿元。建立完善专项资金监管机制，深入开展教育扶贫资金落实到位挂牌督战工作，全力推进全省拖欠教师工资补贴和挤占挪用教育经费清查整顿，确保及时补拨补发到位、义务教育教师平均工资收入水平不低于当地公务员平均工资收入水平。

教育资源布局更加突出优化。加快推进农村闲置校园校舍处置，加快改善、全面补齐两类学校基本办学薄弱环节和短板工作。下达2020年中小学幼儿园项目中央和省级补助资金58.64亿元。新建、改扩建公办幼儿园628所，超额完成省政府关于建设100所公办幼儿园的民生实事任务。改善乡镇寄宿制学校和乡村小规模学校等义务教育学校办学条件 1761 所，续建城镇义务教育学校 37 所，扩容建设普通高中学校 106 所，建成学校"厕所革命"项目 701 个。组织储备学校卫生基础设施和少数民族行政村幼儿园建设项目，全省高校增至 75 所。

教师队伍建设更加突出优质。3 人入选"长江学者奖励计划"，引进博士等高层次人才 200 余名。完善教育、宣传、考核、监督与奖惩相结合的师德师风建设长效机制。涌现出"时代楷模"陈立群、"全国教书育人楷模"何梅、"全国最美教师"刘秀祥等先进典型。评选全省最美乡村教师 10 名、最美乡村教师团队 1 个。获得"特岗计划"教师工资性补助 7.34 亿元、"国培计划"国家补助资金 1.32 亿元，招聘特岗教师 7198 人，培训农村学校教师 12 万余人次。全年招聘中小学、幼儿园教师 2.48 万人。配备全省易地扶贫搬迁集中安置点配套学校教师 3.2 万名。

3. 卫生健康发展迅速

2020 年是"十三五"收官之年。贵州省卫生健康系统抢抓发展机遇，以改革创新为动力，以促健康、转模式、强基层、重保障为着力点，坚持预防为主，持续推进各项工作创新发展、行稳致远，创新实施基层医疗卫生服务能力三年提升计划、"卫生健康服务能力提升八大工程"，推动工作重心下移、资源下沉，人民健康水平不断提升。2015 年与 2020 年相比，每千人口执业医师数从 1.8 人提升到 2.73 人、每千人口注册护士数从 2.15 人提升到 3.64 人、每千人口公共卫生人员数从 0.53 人提升到 0.67 人，每万人口全科医师数从 0.91 人提升到 2.12 人；孕产妇死亡率从 2.46‰ 下降到 1.59‰，5 岁以下儿童死亡率从 12.22‰ 下降到 7.47‰，婴儿死亡率从 8.67‰ 下降到 5.01‰。

全力推动打赢健康扶贫攻坚战。健康扶贫"三个三"全面达标，"基本医疗有保障"任务全面完成，累计减贫因病致贫返贫人口 71.8 万人。家庭医生签约服务实现应签尽签，已签约并规范服务四类重点慢性病患者共 66.1 万人。农村贫困人口实现大病应治尽治，救治病种扩大到 30 种，共救治 15.76 万人。先诊疗后付费政策、"一站式"结算全面落实。东西部援黔医疗卫生对口帮扶深入实施，683家省外医疗卫生机构与贵州省1649家医疗卫生机构建立对口帮扶关系，实现所有中医医院、贫困县综合医院和乡镇卫生院全覆盖。全省196家公立医疗机构开展医农结合，累计采购省内农产品3.3万吨，占医院采购总量的93.8%。

全力推动医疗服务质量提档升级，医疗卫生资源供给大幅增加。创新实施"五个全覆盖""基层医疗卫生服务能力三年提升计划""百院大战"等一系列战略举措，大力改善基础设施和基本设备条件，全省医疗机构床位数增加6.8万张，每千人口床位数从全国倒数第4位跃升至全国第5位。全省三级医院从51家增加到68家，三级甲等医院达到35家，每个市（州）至少有1所三级甲等医院。所有县级综合医院达到二甲以上水平，所有乡镇卫生院、中医馆、行政村卫生室实现标准化建设。卫生人才队伍不断优化。核心专家、省管专家从35人增加至41人（其中核心专家5人），获国务院政府特殊津贴8人、省政府津贴17人，评聘卫生专业二级岗位10人、三级岗位29人。农村订单定向免费医学生（含西医和中医）累计招录4150人；完成中西医住院医师规范化培训8825人，助理全科医生培训1520人，全科医生转岗培训5196人。线上线下培训基层卫生人员19万余人次。开展3629名村医中专学历教育，95%以上的村医达到中专以上学历。医疗科研能力稳步提升。获国家自然科学基金项目471个、省部级项目1095个，部委级科技基金项目评审立项784个。获批建设"国家卫生健康委肺脏免疫性疾病诊治重点实验室"，与北京协和医学院签订"群医学"学科建设项目合作协议。成立国家口腔疾病、血液疾病、呼吸疾病临床医学研究中心贵州分中心和贵州省癌症中心、贵州省精准医学研究院等科研平台。新建医学重点学科18个。

全力推动织密织牢公共卫生防护网，疾病防治取得新成效。全省甲、乙、丙类法定传染病总发病率连续5年控制在5‰以下，免疫规划疫苗接种率持续保持在95%以上，成为全国第9个消除疟疾的省份。创建慢性病防控国家级示范区10个、省级24个。37个燃煤污染型氟中毒病区（县）达到控制标准，其中29个县达到消除标准，4个燃煤污染型砷中毒病区（县）达到持续消除标准。山地紧急医学救援体系基本建成。建成国家紧急医学救援队、国家突发中毒事件移动处置中心、省紧急医学救援指挥调度中心。食品安全工作与国民营养计划有序推进,食品安全风险监测实现区(县)全覆盖,在全国首批开展铁皮石斛、灵芝、天麻食药物质试点风险监测,推动二级以上公立医院临床营养科建设。职业病防治体系逐步建立。建成省、市、县三级重点职业病风险监测体系,职业健康执法和危害因素监测实现县级全覆盖,9 个市(州)全部建立职业病诊断机构。尘毒专项治理深入开展,尘肺病纳入大病专项救治范围。开展重点行业职业病危害普查,完成新中国成立以来尘肺病患者的回顾性随访调查。职业病报告病例数连续 4 年下降。爱国卫生运动深入推进。新创国家卫生城市 12 个、国家卫生县城 39 个、国家卫生乡镇 527 个,国家卫生乡镇数量从名列全国最后一位跃升至第 1 位。居民健康素养水平从 2.87% 提升到 18.83%。

全力推动医药卫生体制改革向纵深发展。公立医院综合改革深入实施,公立医院党的建设全面加强,2016 年、2017 年公立医院综合改革效果评价连续两年排全国第 4 位,余庆县被评为第二批国家级公立医院综合改革示范县。现代医院管理制度加快建立,4 家医院纳入国家建立健全现代医院管理制度试点。分级诊疗制度稳步推进,35 个县纳入国家县域医共体建设试点,77 个县开展紧密型县域医共体建设。探索推进 23 个城市医疗集团、20 个专科联盟建设。药品供应保障制度加快完善,全面取消药品耗材加成。巩固完善国家基本药物制度,出台《贵州省关于贯彻落实国家基本药物制度的实施意见》,建立完善省、市、县短缺药品监测预警和分级应对机制。创新实施"督医""双随机""互联网 + 监管"机制,开展疫情防控专项监督,全面落实公共场所卫生监督量化分级管理,强化全行业全流程监管,违法案件查办数量连续数年位居全国前列。

全力推动互联网与卫生健康事业融合发展。远程医疗应用不断深化,远程医疗服务总量突破 160 万例次,节省群众看病就医各类费用超过 6 亿元。"互联网 + 医疗健康"基础不断夯实。深入推进国家健康医疗大数据中心及互联互通试点,推进国家"互联网 + 医疗健康"示范省建设。全省政府办基层医疗卫生机构基本实现公共卫生服务和基本医疗信息系统全覆盖,县级以上医疗机构信息化基础进一步夯实，推动全省健康医疗数据汇聚、融通、应用。"互联网＋行业治理"不断增强。优化数据汇聚通道和功能，实现240家县级以上公立医院监管数据汇聚，214家县级以上公立医院完成实时监管接口对接，全面加强医疗服务和药品使用监管。"互联网＋便民惠民"不断丰富。建成全省统一预约挂号平台，所有县级以上政府办公立医院全部接入平台并提供预约挂号服务，累计提供网上预约挂号服务568万次。

全力推动中医药事业传承创新发展。中医药事业高位推动，出台《关于加快推进中医药传承创新发展的实施意见》。各级财政投入22亿元支持省、市、县级中医医院和基层中医馆标准化建设。中医药体系不断完善，实施"中医振兴提升工程"，新增三级中医医院6家，建成县级中医医院8家、基层医疗机构中医馆7331227个。建成国医大师工作室、全国名中医工作室等8079个。在全国率先建立中药材质量追溯体系。中医药产业加快发展。全省共评定"定制药园"建设示范单位37个，累计带动中药材销售年产值超10亿元。中医药人才队伍不断壮大。"国医大师"实现"零"的突破，全国名老中医增加3人，贵州名老中医达到70人。

平稳实施生育政策，全力推动人口均衡发展。稳妥有序实施全面"两孩"政策，出台《贵州省关于促进3岁以下婴幼儿照护服务发展的实施意见》，建成公共场所母婴设施1046个。妇幼健康服务水平不断提高，省、市、县三级均有一所政府举办的妇幼保健机构，危重孕产妇和新生儿救治中心实现县级全覆盖。农村地区妇女"两癌"检查项目、儿童营养改善项目覆盖所有县（市、区），乳腺癌、宫颈癌及癌前病变治疗率分别达174.7%、132.15%，儿童营养改善项目受益儿童近10090人。严重致残的出生缺陷发生率由2015年的13.44‰降至10.96‰。老龄健康服务体系逐步完善，37家二级以上公立医院设置老年病科，贵阳、安顺建立老年病专科医院。贵阳、遵义、铜仁纳入国家医养结合试点单位，建成医养结合机构128家、省级医养结合服务示范单位67个、智慧健康养老服务试点46个、安宁疗护试点28个。

4. 人力资源与社会保障工作扎实推进

抓好"稳就业""保就业"工作。2020年，全省实现城镇新增就业

61.64 万人，超额完成国家下达的 55 万人任务。城镇调查失业率为 5.7%。全省就业局势总体稳定并好于预期。一是稳住农民工就业基本盘。深化东西部劳务协作，与对口帮扶城市签订稳岗协议，推广黔西南州稳住外出农民工就业、从江县开发公益性岗位促就业、望谟县"蜂王行动"带动就业等经验做法，多举措稳住农民工就业基本盘。全省农村劳动力在外务工 890 万人（省外 575.6 万人，省内 314.4 万人），同比增长 2.13%。二是促进高校毕业生等重点群体就业。落实《促进 2020 年高校毕业生就业创业十条措施》等政策，促进高校毕业生等就业创业。截至 2020 年底，全省未就业高校毕业生实名登记总数为 11.19 万人，已促进就业 10.51 万人。三是"援企稳岗"促进就业。全面落实社会保险"减、免、缓、返"等各项惠企政策，全年"减免缓"各类社会保险费 186.3 亿元，5.3 万户企业享受稳岗返还 8.49 亿元，帮助困难企业减轻负担、稳定岗位。四是保障失业人员基本生活。扩大失业保险发放范围，累计发放失业补助金 4.62 亿元，惠及 13.27 万失业人员，保障失业人员基本生活。

抓好扶贫工作。一是做好劳务就业扶贫工作。按照全省劳务就业扶贫工作会议部署，建立劳务就业扶贫大数据平台，统筹落实"八个一批"任务。平台累计促进贫困劳动力实现就业 29.38 万人次。二是做好技能扶贫工作。改进培训方式，开展实训短训、以工代训和线上培训等，提升贫困劳动力素质。全省累计完成职业技能提升培训 108.22 万人次（其中农村劳动力技能培训 87.19 万人次），超额完成年度目标任务。三是做好社保扶贫工作。全年共为 104.18 万名建档立卡贫困人口、低保对象等困难群体代缴社会保险费 7801.84 万元，动态实现贫困人口基本养老保险应保尽保。四是做好人才人事扶贫工作。实施事业单位专业技术人员助力脱贫攻坚三年行动计划，出台政策支持鼓励有关人员到贫困地区领办创办龙头企业或合作社。五是做好对口帮扶和支持毕节试验区建设工作。对省人力资源和社会保障厅对口帮扶的关岭县、西秀区，通过优化产业、项目支持、资金倾斜等方式，推动扶贫工作落地落实。印发工作方案，狠抓调度落实，给予毕节试验区积极支持。

抓好社会保障工作。一是推进社保制度改革。企业职工基本养老保险省级统筹通过国家验收，成为全国首批验收合格的省份。将全省机关公务员和参照公务员法管理单位工作人员纳入工伤保险制度范围。二是提升待遇水平。连续16年调整企业退休人员基本养老金，同步调整机关事业单位退休人员基本养老金，月人均增加157元。城乡居民基本养老金月人均水平调整到110元。三是启动投资运营。推动机关事业单位职业年金基金投资运营，启动基本养老保险基金委托投资工作。

抓好人才人事工作。一是做好人才引进工作。举办第八届线上线下贵州人才博览会，引进落地人才2534名。深入实施"百千万人才引进计划"，开展省校合作人才引聘活动，积极引进贵州省经济社会发展急需紧缺人才和高层次人才。二是做好人才培养和评价工作。评选了一批省级高技能人才培训基地和技能大师工作室。参加了全国首届职业技能大赛、首届扶贫职业技能大赛。在全国率先出台了《贵州省高校党务工作者和思想政治工作者专业技术职务任职资格评审办法》，率先修订12个职称系列申报评审条件。三是做好人才服务和奖励表彰工作。优化完善人才服务绿卡，落实专家慰问走访、休假疗养等制度，积极做好人才服务工作。完成93名援鄂医疗队医务人员及家属联络服务和1609名新冠肺炎疫情防控援鄂人员记功奖励的相关服务工作。开通绿色招聘通道紧急招聘一线医务人员582人。推荐10个集体、25名个人获国家抗击新冠肺炎疫情表彰，组织全省抗击新冠肺炎疫情表彰大会，全省513名个人、299个集体获表彰。

抓好农民工工资清欠工作。坚持依法行政，全面贯彻实施《保障农民工工资支付条例》，推进劳动用工大数据平台建设，强化日常执法和专项整治。全年共为10.87万人次劳动者追发工资等待遇13.59亿元。截至2021年1月25日，2020年发生欠薪的政府性项目已全部清零，2020年发生欠薪的非政府性工程实现动态清零，完成"两清零"任务。

5. 民政兜底作用发挥明显

2020年，民政系统在疫情防控、脱贫攻坚中致力民生保障，脱贫攻坚兜底保障任务全面完成。截至2020年底，全省共保障农村低保对象210.9万人、城市低保对象64.5万人。全省建档立卡贫困人口784万人，纳入民政兜底保障 183.27 万人，脱贫不稳定人口、边缘易致贫人口、因灾因疫因病返贫致贫人口和特困老年人、残疾人、孤儿、事实无人抚养儿童、整户无或丧失劳动能力人口等特殊困难群体实现应保尽保。

打赢疫情防控阻击战。严格落实养老服务机构、儿童福利机构、流浪乞讨人员救助管理机构疫情防控要求，严格落实进出管理、环境消毒、日常巡查、医学观察、信息报告、部门协同等各项措施。广泛动员社会组织、慈善组织、社区工作者、社工、志愿者等投入疫情防控，全省慈善组织累计募集捐款 3.76 亿元，接受物资价值 4.13 亿元。积极组织广大社区工作者投入防控，据不完全统计，全省 42.58 万名社区（村）工作者、19.16 万名志愿者参与社区疫情防控，组织社工服务机构开通 19 条心理调适援助热线，汇聚了众志成城参与疫情防控的磅礴力量。实现民政服务机构疫情零输入、人员零感染。

民政兜底保障取得全面胜利。举全省民政之力投入脱贫攻坚，统筹民政所有资源发起总攻决战，付出巨大努力取得全面胜利。加强农村低保与扶贫开发在政策、对象、标准、管理等方面的有效衔接，及时将符合条件的对象纳入兜底保障范围，将有劳动能力的低保对象反馈给相关部门实施产业、就业帮扶，对不符合条件的对象逐户建立翔实台账，确保应保尽保、应扶尽扶。截至 2020 年底，全省已脱贫建档立卡贫困人口 784 万人，纳入民政兜底保障 183.27 万人，占总数的 23.4%；全省城乡低保对象较 2019 年增加了 19.3 万人，全省共有特困人员 9.6 万人、重度残疾人护理补贴对象 37.7 万人。提高农村低保标准到 4318 元/年。落实好易地扶贫搬迁困难移民低保待遇接续，全省城市低保保障易地扶贫搬迁困难移民 38.8 万人。对低保对象中特殊群体实施分类施保，全省城乡低保对象中有 177.63 万人享受分类施保，占总数的 64.5%。对特殊困难群体持续加大兜底保障力度，全省特困人员基本生活平均标准提高到 906 元/月。全力打好低保、特困供养、临时救助政策组合拳。2020 年，共将 3.69 万名受疫情影响困难群众和 3.33 万名受灾群众纳入低保，共对城乡困难群众实施临时救助 26.1 万户次、发放临时救助金 2.7 亿元，共向民政服务对象发放价格临时补贴 19 亿元。对生活陷入困境、生存面临危机的急难家庭或个人及时开展"救急难"，有效防范冲击道德底线事件发生。截至 2020 年底，全省共实施急难救助 2301 例，支出资金 3722.6 万元。

养老服务体系建设取得新进展。养老服务事业基础得到新加强。出台关于深化养老服务改革发展的 21 条措施，高质量完成省政府 10 件民生实事，"新建、改造 30 个城乡养老机构"。养老服务产业发展实现新突破，2020 年，全省共签约健康养老产业项目 105 个，开工 56 个，总投资在 5000 万元以上开工项目 14 个，到位资金 123.2 亿元。养老服务企业达到 3232 户，养老服务就业人数达 1.2 万人。成功启动 5 个健康养老小镇和 5 个养老产业集聚区建设，完成打造 10 个县级以上示范性养老机构，养老产业发展活力增强。

民政基层社会治理有序推进。基层社区治理更加有力，支持 120 个易地扶贫搬迁安置区完善社区服务设施建设，打造城市示范社区 81 个。慈善事业取得新进展。经省人民政府同意，出台了《贵州省促进慈善事业健康有序发展的实施意见》，为慈善事业发展提供有力政策支持。在全省 64 个易地扶贫搬迁新建街道设立"社会工作和志愿服务站"，顺利实施"社工黔行"、"三区"计划、"牵手计划"等项目，全省 714 人通过社会工作者职业水平考试，创历年新高。志愿服务意识更加深入人心，全省实名注册志愿者达 525 万人。

民政基本社会服务质量不断提高。儿童关爱服务质量不断提升。指导各地配备儿童督导员、儿童主任 1.9 万名。投入资金 2976 万元，重点支持易地扶贫搬迁安置区、贫困县建设"儿童之家"600 个，基本实现易地扶贫搬迁安置区儿童服务功能全覆盖。探索开展儿童福利服务保障体系示范创建，进一步健全完善了市、县、乡、村儿童关爱服务监测发现、监护保护、救助保障、关爱服务体制机制。

6. 文化与旅游持续发展

加强公共文化服务体系均等化建设。贵州省图书馆（北馆）建成并开馆运行，全面完成公共文化服务目录和文化机构法人治理结构、县级文化馆图书馆总分馆制改革工作。完成 3 个民族自治州 1909 个村文化设备配置，

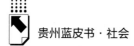

提档升级 50 个贫困乡镇、100 个贫困少数村、100 个安置点公共数字文化服务。

艺术精品接连涌现。聚焦脱贫攻坚、疫情防控创作艺术作品 1 万余个，鼓舞了人心士气。黔剧《腊梅迎香》《村里那些事》、时代京剧《锦绣女儿》、纪录片《出山》、电视剧《雄关漫道》等入选中宣部、文化和旅游部艺术精品创作工程；电影《天渠》、黄梅戏《夫妻观灯》、侗戏《侗寨琴声》、歌舞剧《云上梯田》、舞蹈《蝴蝶妈妈》入选全国各类文艺会演；开展景区（点）驻场文艺演出、宣传促消费扶贫文艺演出 300 余场，多彩贵州百姓大舞台等惠民演出活动 400 余场，全面展现和弘扬新时代贵州精神。

文化遗产保护利用工作再上新台阶。出台《关于加强文物保护利用改革的实施意见》，编制完成《长征国家文化公园贵州重点建设区建设保护规划》，争取 11 个专项债券项目 6.5 亿元，有序推进长征文物保护传承项目实施。贵州省博物馆、贵州省民族博物馆、四渡赤水纪念馆成功创建国家一级博物馆，77 个县列入国家革命文物保护利用片区名单。仡佬族民歌等 18 项 19 处成功列入第五批国家级非物质文化遗产代表性项目。推动省级非遗代表性传承人抢救性记录工作，传统手工技艺传承人群培训计划稳步推进。

文旅项目建设成果丰硕。累计发布文旅招商引资项目 2129 个，其中签约 585 个、开工 502 个、投产 296 个，72 个项目得到 50 亿元中央资金和专项债券支持。28 个文旅企业获得金融支持 90 亿元。5 个项目获得服务业创新发展工程专项资金 6300 万元支持。入选全国优选文化和旅游投融资项目 37 个，数量位居全国第一。重点文旅项目累计完成投资 400 亿元以上，带动就业人数 6 万余人。贵阳市、遵义市成功创建国家文化消费试点城市，铜仁市荣获"中国最美生态康养旅游名城"称号，安顺市荣获"2020 中国国家旅游年度甄选全域旅游目的地"称号。

文旅产业融合发展持续深化。出台《加快农文旅融合发展助推农村产业革命实施方案》，200 多个文化旅游＋农业＋林业＋体育等融合项目有序推进；26 个"六园一库"文旅农商融合示范项目加快实施；55 个温泉旅游景区推向市场；12 条索道建设加快推进；300 余家企业 1100 余种 12 大特色农产品及生态特色食品参加各类文旅展会，旅游商品进景区、进酒店、进机场、进高速服务区、进游客集散点有序推进。新增标准级以上乡村旅游村寨、客栈和农家乐经营户超过 1300 家，总数超过 3300 家。

7. 体育事业顺利发展

全民健身设施建设成效显著。投入资金 1.2 亿元，完成了 15 个县级老年体育活动中心、72 个乡镇、813 个行政村农体工程建设，全省乡镇、行政村农体工程实现全覆盖。联合省总工会命名首批"贵州省职工群众体育健身示范基地"，开展城市社区"百姓健身房"示范试点，完成第五次国民体质监测和全民健身活动状况调查。

竞技体育实力不断增强。参加第十四届全国冬运会收获 2 银 1 铜，这是贵州首次参加全国冬季运动会，就实现奖牌零的突破。持续深化"体教融合"，青少年体育工作发展势头良好，与省教育厅共同打造青少年学生赛事活动品牌；与贵州师范学院等高校建立战略合作，创新体育人才培养模式，共同开展体育科研攻关、理论创新；设立"青少年体育工作办公室"，完成了 4300 余名运动员代表贵州参加全国 25 个项目注册。

体育产业稳中向好。稳步推进全国体育旅游示范区创建，投入引导资金 5000 万元，推进 9 个景区体育旅游示范基地、12 个城镇体育旅游示范基地、5 个体育特色小镇建设，新增并完成了 9 个生态体育公园、5 个汽车露营基地建设。通过举办环雷公山超 100 公里马拉松、"山地英雄会"丛林越野挑战赛、"环梵净山"公路自行车赛等重大赛事、线上赛事，促进"黔货出山"，拉动体育消费。发布体育旅游精品线路 62 条，3 条线路入选国家春节和国庆黄金周体育旅游精品线路，15 个项目入选中国体育旅游精品项目，遵义市获批全国体育消费试点城市。销售体育彩票 44 亿元，市场份额占 69.4%，增幅排名全国第 4 位。

体育扶贫成果丰硕。投入资金 2500 余万元，新增 44 个易地扶贫搬迁安置点体育设施。进一步完善帮扶点安龙县笃山镇公共体育服务设施，帮助解

决冲刺阶段存在的群众反映的突出问题，持续巩固脱贫成果。通过贵州省全民健身公共服务平台销售农产品45万余件。积极引导各类体育企业为农民工解决就业岗位。

二　贵州省社会发展中存在的问题分析

2020年贵州省社会发展取得了显著的成绩，实现了绝对贫困人口的全部清零，撕掉了绝对贫困的标签，与全国同步进入全面小康社会；常住人口城镇化率超过50%，实现了从农村社会到城市社会的跨越。但与全省人民对新时代社会发展的高质量要求相比，贵州省社会发展不平衡不充分问题仍很突出，经济社会发展还存在不少困难和问题，主要体现在：经济总量小、人均水平低，经济对社会发展的促进作用尚弱；城镇化水平还不高，与全国平均水平相比，有近10个百分点的差距；农村低收入人口、边缘易致贫人口较多，易地搬迁后续扶持任务艰巨；科技创新能力不强，科技成果转化率比较低；人才数量少，高层次人才匮乏，人才对社会发展的支撑不足；教育、医疗、养老等民生领域仍存在不少短板。

教育普及程度、发展质量还不够高。教育主要指标与全国平均水平相比排名还较为靠后，人才供给结构性矛盾还比较突出，高素质、技能型人才培养质量参差不齐，优秀人才"引进难、留不住"，"送出多、回来少"；虽有"中国-东盟教育交流周"等交流平台，但教育服务国家"周边外交"和支撑"一带一路"建设等整体能力不强。教育发展不充分，教育基础薄弱，导致教育总量积累不够、普及水平不高、优质资源不足、整体质量不高。教育统筹协调推进力度不够，整体联动机制不健全，区域之间、城乡之间、校与校之间、各级各类教育之间发展不平衡。从区域发展看，全省教育片区差距较大，市（州）范围内县与县之间发展也不平衡。城乡发展不平衡，乡村义务教育阶段学校生源减少，城镇学校学生增加；乡村学校师资力量普遍薄弱，音体美等学科教师严重缺乏，教育质量不高；城镇学校"大班额""择校热"等问题依然突出。校与校之间发展不协调，不同学校的办学条件、办学质量、办学水平参差不齐，县域内义务教育均衡发展攻坚任务重，巩固"控辍保学"成果压力大，推进优质均衡发展基础不牢、动力不足。从教育体系看，全省学前教育公益普惠资源短缺，办园水平有待提高，九年义务教育巩固率、高等教育毛入学率在全国和西部处于中后位置，是教育现代化建设最难啃的"硬骨头"；高等教育内涵建设任重道远，服务经济社会发展的能力亟待提升；职业教育吸引力、影响力和贡献力释放不足，素质教育全面推进力度不够，民办学校办学行为规范化程度不高，支持民办教育改革发展的政策落实还有差距，特殊教育"一人一案"落实难度大，继续教育转型发展乏力，网络教育全面推开有待加强。

卫生健康事业发展仍存在不少短板。公共卫生防控能力不足。疾病预防控制机构体制机制建设滞后。功能定位不精准，专业队伍弱化，人才流失严重，装备设施老化。疫情监测报告预警机制不健全，卫生应急体系建设有待完善，指挥调度信息系统不健全，医疗救治能力有待加强。优质医疗资源不足，配置不均衡。贵州省医疗卫生专业人才总量不足，特别是医师资源不足。高层次人才匮乏，研究生学历卫生技术人员占比较低，高级职称卫生技术人员占比远远低于全国平均水平。医疗卫生资源分布不均衡，有限的优质医疗卫生救治资源过度集中在贵阳、遵义等中心城市区域的三级医院。基层医疗卫生服务机构"弱、差、难"的问题仍未得到有效解决。医疗卫生服务体系不健全。整合型的城市医疗集团建设有待深入，人、财、物统一调配困难，实现双向转诊连续性医疗服务困难，远程医疗服务激励机制缺位，开展远程医疗服务的积极性不高。县域医共体运行保障机制不完善，建设成效不明显，基层服务能力和管理水平弱，医共体的公共卫生职责有待探索。深化医药卫生体制改革尚待进一步突破，实现医药、医保、医院联动改革协调推进机制仍不健全，部分地方政府保障责任落实不到位，导致公立医院资产负债率居高不下，适应医疗卫生行业特点的人员招聘、人才引进等人事制度未建立。对重点人群健康的保障能力有待提升。爱国卫生工作体系有待加强，机构数和人数均有待增加。妇幼医疗卫生资源配置总量不足，结构不合理，乡、村两级妇幼健康网络依然薄弱，服务的可及性仍需加强，5岁以下儿童死亡率仍然高于全国平均水平。健康促进与教育工作面临诸多挑战,多部门协作合力应对健康危险因素的局面尚未完全形成,基层健康教育队伍人员不足、力量薄弱,心理干预、健康风险全面评估等功能尚不完善,未引入健康管理适宜技术,健康管理措施实施尚不到位。老年医学体系与需求存在明显差距,老年病专科医院和综合医院老年病专科建设滞后,针对老年疾病特点的综合性预防和治疗服务不健全,老年医疗、康复、照护服务功能不完善,老年医学综合评估不够,与贵州省人口老龄化的形势不相适应。中医药服务体系尚待加强。全省还有2个市(州)及25个县(区)没有建立公立中医医院,中医药政策在基层难以有效落地,中医药服务在基层还需进一步扩充。建设投入有待加强,全省中医药医疗服务体系缺口较大,资金被统筹占用情况明显,难以对全省中医药事业和产业发展提供有效支撑。人才结构有待优化,中医药人才总量不足、结构不优,乡级中医执业(助理)医师比例不到30%。事业、产业有待融合,中药材质量管理和认证体系不健全,中药材深度开发利用不够,"贵州良药"大品牌尚未唱响,中成药新药研发和二次开发需加强。

就业形势仍然严峻,总量压力和结构性矛盾并存。由于新冠肺炎疫情仍在肆行,经济增速趋缓,民营企业尤其是小微企业的生存发展受到很大影响,民营企业吸纳就业人口的能力有所减弱,就业压力会进一步加大。同时,疫情影响全省近500万名外出务工人员不能顺利到外省就业,虽然持续实施"雁归兴贵"行动计划,但由于贵州省经济相对欠发达,能提供的就业岗位有限,2021年的就业形势仍然严峻。随着贵州省经济转型升级,劳动者总体素质不高、技能单一的结构性矛盾更加突出。未就业贫困劳动力占比仍然较大,培训工作难组织、就业难度大、稳定性不高。

社会保障水平还较低。由于经济基础较差、阶段性降低单位缴费费率、连续调整增加退休人员基本养老金等因素,贵州省离退休人员基本养老金水平偏低,低收入人口应保尽保工作和基本养老保险全覆盖工作难度较大。

基本民生保障上还有差距。各级保障基本民生财政压力大,农村低保标准总体偏低。社会救助资源还需要进一步整合,社会救助精准化、动态化管理水平需要持续提高。基层社会治理上还有差距。基层自治能力还不强，基层群众自治组织权责边界需要进一步厘清。基层公共服务体系还不健全。党对社会组织的领导机制还需要进一步完善。民政基本社会服务上还有差距。养老事业发展根基不牢，基本养老服务制度尚未建立。养老服务发展不平衡不充分问题突出，服务质量和服务价格都符合群众期待的养老机构还不多。养老产业发展基础不实，尚未探索出可持续和可复制的成熟商业模式。殡葬服务基础设施短板较大，殡葬改革推进不平衡，部分地区进度缓慢。

旅游供给与游客需求不相适应。旅游产品缺少世界级和全国知名品牌，旅游产业"低、小、散、弱"，入境游客逗留时间短、人数少、人均消费低，旅游行业管理粗放，野导游、黑导游回扣现象屡禁不绝，个别地方存在旅游资源过度开发偏离方向、项目未批先建偷梁换柱等问题。

体育事业发展水平与新时代人民群众对美好生活的期待还有很大差距，存在思想观念、基础设施、社会组织、运行机制、科技和人才支撑等方面的短板。体育体制机制改革还不彻底，体育发展活力还没有充分激发，体育治理能力有待进一步提升；全民健身公共服务体系还不完善，群众体育工作还比较薄弱，群众身边的体育设施还不能满足群众日益高涨的健身需求，与发达省份相比差距较大；竞技体育基础实力和核心竞争力不强，缺项较多，优势项目不强，后备人才不足，教练员队伍建设亟待加强，三大球、冰雪运动、青少年体育发展较弱，还需进一步提升；体育产业在规模、结构、质量、效益上与体育强省相比还有明显差距，各种发展中的矛盾还需不断破解；体育系统一些问题积累时间较长，解决难度很大。

三 2021年贵州省社会发展形势预测

2021年是实施"十四五"规划、开启全面建设社会主义现代化新征程的第一年，也是贵州省社会发展非常关键的一年。在撕掉了"人无三分银"绝对贫困标签的"千年之变"后，贵州省社会发展进入高质量发展阶段，要坚决贯彻落实习近平总书记视察贵州重要讲话重要指示精神和省委部署，

统筹做好经济社会发展各项工作，确保开好局、起好步。

1. 教育进入高质量特色化发展阶段

学前教育保质发展。继续积极发展公办园，多渠道大力扩大普惠性学前教育资源，鼓励社会力量举办普惠性幼儿园。健全普惠性学前教育投入和成本分担机制。启动9个试点县（市、区）学前教育普及普惠督导评估国家认定工作。督促各地落实公办园收费标准制定权限下放政策，加强对幼儿园收费监管。继续开展城镇小区配套幼儿园治理工作，完成后续治理任务。建设农村集团化管理资源中心300个，提升村级幼儿园办园水平。开展幼小衔接试点工作。继续推进教研指导责任区能力建设，提高教研质量。按照幼儿园以游戏为基本活动的要求，开展好"安吉游戏"国家级、省级试点工作，促进全省幼儿园课程改革教学。加强省级示范幼儿园建设指导和评估工作。

义务教育优质均衡发展。加强城镇义务教育学校建设，建设完善乡镇标准化寄宿制学校，补强提升确需长期保留的乡村小规模学校办学水平，促进城乡基础教育资源合理优化均衡配置。依法落实城镇小区配套建设标准化义务教育学校政策，保障学位供给。持续常态化开展控辍保学工作，完善控辍保学工作机制。启动优质均衡发展县创建试点，实施公办强校计划，推进学区化、集团化办学，培育一批优质公办学校品牌，扩大优质公办义务教育资源。持续开展好"贵青杯"系列活动。

普通高中示范优质特色发展。开展普通高中高质量发展研究，实施普通高中新课程新教材改革，推动普通高中示范优质特色发展。健全示范性高中"能进能出、能上能下、政策同享、动态调整、公平发展"的升类、降类和退出机制，做好省级示范性普通高中、特色示范高中评估工作。持续加强市（州）、县级政府所在地普通高中学校扩容建设。新建普通高中应布点在市（州）政府所在地，逐步撤销在乡镇举办的普通高中。

职业教育特色发展。实施中等职业学校"强基"工程和中高职"协同发展"行动计划，推进中等职业学校办学条件提升、区域协同扩容、内涵引领提质。扩大中高职贯通培养招生规模。指导15所高职院校实施贵州"双高计划"。强力统筹推进职业院校专业群及专业建设，指导和支持各高职院校重点建设 3～5 个专业群，各中职学校重点建设 2～3 个专业群。积极争取和推动本科职业教育试点。支持贵州开放大学改革发展。深入推进 1+X 证书制度试点。鼓励和支持职业院校加强对外交流合作、参与"一带一路"建设和国际产能合作。以四合（产教融合、校企联合、校校合作、育训结合）并举、三业（职业教育专业、地方产业、学生就业）联动引领城镇职业教育发展。

高等教育内涵式发展。纵深推进高等教育内涵式发展，做强贵州大学、做大省属高校、做特市（州）高校。启动实施高校规范管理，深化教学创新，编制发布全省高校教学质量报告。加快推进和大力支持贵州大学"双一流"建设力度和步伐。支持和指导省属高校和市（州）高校结合办学实际和办学目标开展"双一流"建设。推动具备条件的普通本科高校向应用型转变，推进产教融合联合培养基地建设。纵深推进新工科、新医科、新农科、新文科建设和"六卓越一拔尖"人才培养计划 2.0。对 2020 年有首届毕业生的新设专业进行评估。指导各高校做好 2021 年新专业申报工作。办好第七届贵州省"互联网＋"大学生创新创业大赛和"青年红色筑梦之旅"活动。立项公布 2021 年省级大学生创新创业训练计划。鼓励和支持高校与国外高校广泛开展校际合作，不断提升办学水平和国际影响力。

提升特殊教育发展水平。巩固提升特殊教育普及水平、体系建设、机制完善、示范引领和教学质量。会同相关部门健全残疾儿童少年入学数据核对机制，落实"一人一案"，全面巩固和提高残疾儿童少年义务教育普及水平。进一步加强特殊教育学校、特殊教育资源中心和普通学校资源教室建设。支持安顺学院特殊教育学院发展。支持部分市（州）、县（市、区）级特殊教育学校改善办学条件。贯彻落实三类特殊教育学校课程标准。加强特殊教育师资队伍建设。

着力提升教育普及水平。扩大普惠性学前教育资源供给，创建省级示范幼儿园 5 所，新增农村幼儿园集团化管理资源中心 100 个，实现学前 3 年毛入园率和普惠率继续高于全国平均水平。实施城乡义务教育均等化推进工程，推动城乡义务教育均衡和一体化发展，启动建设义务教育优质均衡县 2

个以上，实现九年义务教育巩固率高于全国平均水平。促进城乡基础教育资源合理优化均衡配置，加强普通高中建设力度，实现高中阶段教育毛入学指标高于全国平均水平。

实现教育结构调整的突破。科学统筹优化各级各类教育资源布局结构，不断促进教育资源布局结构与经济社会发展深度融合，切实做到聚焦学前教育公益普惠资源布局，聚焦义务教育公办强校资源布局，聚焦普通高中示范特色资源布局，聚焦职业教育全民技能资源布局，聚焦高等教育内涵服务资源布局。

实现学科专业结构调整的突破。深入实施"贵州省高等教育学科突进行动"，组织开展贵州省一流学科期终验收工作，指导高校完成第5轮学科评估工作，奖励支持评估结果进入A类学科更好地发展，支持新建本科学校和市（州）本科高校增列一批贵州省重点学科。深入推进高校学科专业结构优化调整工作，指导高校控制招生专业工作，引导高等学校凝练方向、发挥优势、突出特色办学。以"优化布局、建设一流、服务振兴"为目标，支持高校围绕贵州乡村振兴、大数据、大生态三大战略及新型工业化、新型城镇化、农业现代化、旅游产业化建设等，超前谋划布局发展医学类、护理类、农学类、电子信息类、非通用语种等急需学科专业，限制设置布点多、就业率低的专业；调减撤销办学质量差、就业率低以及不适应产业发展需求的学科专业，精准转型升级需求旺盛的学科专业。

实现人才培养结构调整的突破。引导学校根据自身特点和经济社会发展需要合理定位、各安其位、内涵发展、办出特色。聚焦人才培养目标，着力提升各级各类教育的教育教学质量和人才培养质量。深化人才培养模式改革，对应产业结构优化教育结构，使研究生教育、本科教育、专科教育、职业教育、成人教育在不同层面上错位互补，不断健全完善与新发展格局相适应、相统一的人才培养教育体系。

全面加强新时代教师队伍建设。以实施"强师工程"为统领和抓手，继续深入贯彻落实"四有、三者"好老师标准。把2021年作为全省师德师风建设年，开展师德师风建设专项行动。加大对教师违反职业道德行为查处力度，落实分类查处和集中通报工作机制，对教师队伍各类违规违纪问题坚决做到"零容忍"。健全完善分层分类的教师、校（园）长培训制度，充分发挥"国培计划"示范引领作用，推进教师培训模式创新，积极探索适合贵州省农村教师教育教学需求的培训形式。全面深化新时代乡村教师队伍建设，扎实推进乡村教师的本土化、全科化培养和精准化培训，助力乡村教师提升素质。继续实施"特岗计划"，加大农村艰苦边远地区学校以及音、体、美等紧缺学科教师招聘力度。加强教师专业发展支持服务体系建设，继续实施名师名校长培育工程，发挥好名师名校长在全省教师专业发展和乡村振兴战略实施中的重要作用。启动中小学未来校长培养计划，加强中小学校长后备队伍建设。探索实施中小学"银龄讲学计划"和高校"银发工程"。继续开展"青年教师教学竞赛"。

2. 实现优质卫生资源的扩容和均衡发展

巩固健康扶贫成果，推进与乡村振兴有效衔接。保持政策总体稳定，巩固"基本医疗有保障"成效，完善防止因病返贫、因病致贫监测帮扶机制，深入开展爱国卫生运动，推进与乡村振兴有效衔接。加快构建老年健康服务体系，加强人口监测和研判，促进人口长期均衡发展。

提升疾病防控能力，创新推动医防协同机制。加强疾控基础设施建设，增强早期监测预警、快速检测和先期处置能力；依托"医疗卫生援黔专家团"，攻克一批重大公共卫生难题；强化公立医院传染病救治能力建设，落实公共卫生责任；健全完善山地紧急医学救援体系。

提升行业监管能力，深化医药卫生体制改革。推进城市医疗集团和紧密型县域医共体建设，推动县级疾控机构融入县域医共体，加快建立现代医院管理制度，强化公立医院绩效考核，加强药品耗材使用监管，完善医疗卫生行业综合监管。

提升大病诊疗能力，促进资源扩容均衡布局。推动区域医疗中心建设，争创国家区域医疗中心，布局省级区域医疗中心，加强省市医疗机构重点学科建设。

提升基层防治能力，夯实医疗卫生服务网底。推进实施新一轮基层医疗

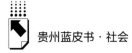
卫生服务能力提升计划，深入实施"银龄计划""黔医人才计划"，推进国家健康医疗大数据西部中心和"互联网＋医疗健康"示范省建设，完善省、市、县、乡四级远程医疗服务体系。

提升传承创新能力，加速中医药协调发展。实施中医药产业优强工程、服务体系提质扩容工程、健康服务培优工程、人才黔医雁翔工程、传承创新工程。推进省、市、县三级中医院建设，加强基层中医馆、国医堂建设。

提升统筹推动能力，加快健康产业融合发展。深入实施大健康创新发展工程专项行动，围绕"医养健管游食"等重点领域，牵头开展大健康产业项目储备工作，谋划一批重点项目，培养一批龙头示范企业。加快"定制药园"基地建设。做好大健康产业发展指标监测。

3. 人力资源和社会保障高质量发展

突出稳就业保就业工作主线，统筹抓好技能培训、社会保障、人才人事、和谐劳动关系等各项工作，努力推动人社工作高质量发展。高质量贯彻落实好就业优先政策。加强东西部劳务协作，稳住外出务工基本盘。规范公益性岗位开发管理，完善劳务就业扶贫大数据平台，健全基层公共就业服务体系，促进就近就业。拓宽就业渠道，促进高校毕业生高质量就业创业。健全就失业预警监测机制。高质量推进技能培训工作。开展"技能提升质量年"活动，继续统筹实施农民全员培训三年行动计划和职业技能提升行动，打造"贵州技工"培训品牌。举办第一届全省职业技能大赛。

高质量做好社会保障工作。持续深化社会保障制度改革，稳定推进工伤保险和企业职工基本养老保险省级统筹，实现失业保险省级统筹。完善制度机制，强化基金监管。稳妥实施基金投资运营。提升服务水平，做好社保经办服务。

高质量做好人才工作。落实省委奋力推进人才"大汇聚"、构建人才工作大格局要求，实施重点人才倍增计划，提升人才博览会等平台引才成效。举办全省"人才日"活动，建成省级"人才之家"，用好"人才服务热线"，做优服务保障。

高质量做好农民工工资清欠工作。贯彻落实《保障农民工工资支付条例》，实施根治欠薪专项行动，梳理任务清单、责任清单、问题清单，落实好工资保证金等制度，确保欠薪案件动态清零。完善劳动用工大数据综合服务平台建设，健全常态化调度和舆情监测机制。健全协调劳动关系三方机制，推进劳动人事争议调解仲裁，促进平安贵州建设。

高质量推进服务体系建设。深化"放管服"改革，加快推动人社服务"一件事"打包办、高频事项提速办、异地事项跨省办。推进系统行风建设工作，加强建章立制和警示教育，持续开展暗访活动。推动社会保障信息化建设，构建以社保卡为载体的居民服务"一卡通"。

4. 进一步发挥民政领域的兜底保障作用

围绕开好局、起好步，践行"民政为民、民政爱民"理念，巩固拓展脱贫攻坚兜底保障成果同乡村振兴有效衔接，做好基本民生保障、基层社会治理和基本社会服务等工作，统筹民政发展和安全，闯新路、开新局、抢新机、出新绩，确保"十四五"开好局。

巩固拓展脱贫攻坚兜底保障成果。强化民政兜底保障政策总体稳定和无缝衔接。保持过渡期内低保家庭特殊刚性支出核算抵扣、低保渐退政策稳定；对脱贫人口中完全或部分丧失劳动能力且无法通过产业就业获得稳定收入的人口，继续按规定纳入农村低保或特困人员供养范围。规范实施低保分类施保政策。优化"单人户"施保政策，优化低保家庭财产认定办法，过渡期内城乡居民基本养老保险基础养老金按规定不计入低保家庭收入。健全"救急难"长效机制，健全依申请救助与主动发现救助并重的社会救助申请受理机制和社会救助"零报告"制度，增强急难救助的及时性、综合性。

健全儿童福利服务和未成年人保护工作体系。推进儿童福利制度政策和标准体系及未成年人保护工作体系建设，强化孤儿、事实无人抚养儿童、留守儿童和困境儿童四类特殊未成年人服务管理，完善监测发现、监护保护、救助保障、关爱服务机制，精准落实关爱救助保护政策措施。推进儿童服务质量提升。加快推进城乡社区"儿童之家"建设，持续深入推进"合力监护、相伴成长"专项行动，持续抓好"明天计划"和"孤儿助学"工程，提高基层关爱救助保护质量。积极推进儿童福利机构区域养育模式改革，探

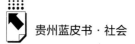

索创新区域性孤儿、事实无人抚养儿童集中养育模式。积极推进政府购买服务，大力提升儿童关爱服务专职化、专业化水平。

大力发展慈善事业，开展全省优秀慈善项目示范推广活动。培育和规范互联网慈善，加强慈善组织、公开募捐活动、慈善项目、慈善信托的监督管理，推动优化完善慈善领域税收等优惠政策。培育发展慈善行业组织和枢纽型慈善组织。完善志愿服务体系。

扎实做好救助管理和残疾人福利工作。着力提升救助管理服务质量，持续开展救助管理服务质量大提升、寒冬送温暖等专项行动，拓展"互联网＋救助寻亲"工作。着力提升残疾人福利水平。认真落实残疾人"两项补贴"制度，健全落实两项补贴标准动态调整机制。规范做好精神障碍社区康复服务工作，推动精神障碍社区康复服务向社区延伸。支持各地民政精神卫生福利机构提质增效。

大力发展养老服务业。认真贯彻积极应对人口老龄化国家战略，坚持问题导向、目标导向，以实施养老服务制度建设、设施建设、市场培育、监管体系建设"四项工程"和打造智慧养老云平台为抓手，加快构建居家社区机构相协调、医养康养相结合的养老服务体系。

着力加强设施建设。深入推进护理型养老机构建设，着力提升机构护理型床位占比。着力强化市场培育。大力发展养老产业，建立可供市场主体运营的公建养老项目库。加强对健康照护、养老护理等各类康养服务人员的培训培养。着力推动智慧养老。以"金民工程"养老服务模块为基础，结合贵州省"一云一网一平台"技术架构，完成全省养老服务云平台建设。

积极构建基层社会治理新格局。持续提升城乡治理水平。加强基层服务能力建设，建成社区集约化信息治理服务平台，逐步构建网格化管理、精细化服务、信息化支撑、开放共享的基层治理平台。改造提升社区综合服务设施，引导推动社区综合服务设施适老化改造，增强村级公共服务功能。持续抓好社工站建设，多形式探索建站模式，推进社区、社会工作者、社区志愿者、社区社会组织、社区公益慈善资源联动发展。加强基层群众性自治组织规范化建设，加大社区治理示范建设和先进典型推广力度。制定加强村规民约（居民公约）合法性、可操作性审查措施，完善村规民约（居民公约）备案制度。

加强社会组织管理。强化社会组织党的建设，持续推进社会组织党的组织覆盖。深化社会组织领域改革。制定培育发展社区社会组织三年行动计划，以易地扶贫搬迁安置区为重点推动社区社会组织孵化培育基地建设，制定孵化培育标准流程和备案管理办法，积极探索城乡社区社会组织孵化机制。制定支持养老托育社会服务机构发展的政策措施，全面推动社会组织信用体系建设。

5. 文化和旅游得到高质量发展

着力推动文化旅游业高质量发展，推动《关于推动旅游业高质量发展加快旅游产业化建设多彩贵州旅游强省的意见》贯彻落实；加快创建全国全域旅游示范省、国家体育旅游示范区创建步伐，打造国际一流山地旅游目的地和国内一流度假康养目的地，推出"温泉省""桥梁省""索道省"等旅游品牌；着力推动旅游产业化发展，培育壮大旅游市场主体，整合资源积极引进战略投资者和龙头企业，推动优强旅游企业上市融资。高水平完善山地旅游服务设施，打造一批特色鲜明的国家级旅游休闲城市和街区。加快发展民族民间工艺品产业，形成贵州特色旅游商品品牌。用好数字化、网络化、智能化科技创新成果，完善提升"一码游贵州"全域智慧旅游平台。实施文化产业培育工程，增加优质文化产品和服务供给。深入挖掘和传承红色文化及"三线"文化、民族文化及传统文化、山地文化及生态文化等特色文化，着力多彩贵州民族特色文化强省和旅游强省建设，推进文旅、文创、文体等产业创新发展，发挥旅游在促进文化传播的助推作用。着力文化事业繁荣发展，推动多彩贵州艺术中心建设，提升公共图书馆、博物馆等公共场馆服务水平，推动一批博物馆、图书馆、文化馆、美术馆、艺术馆、非遗馆启动建设。围绕建成小康社会和建党100周年，创作一批优秀文化艺术作品。加强文化遗产保护利用，加快推进长征公园贵州重点建设区建设。

6. 体育健身成为高质量发展的保障

加快补齐全民健身场地设施短板，推进现有公共体育场馆、学校体育设施向社会免费低收费开放。提升全民健身科学化指导水平,开展社会体育指导员进社区、进农村活动。优化全民健身公共服务平台建设,加快推动大型公共体育场馆信息化建设,做好赛事活动数据采集应用和评估。稳步推进体育社会组织改革,培育和扶持体育社会组织发展,逐步实现体育协会政社分开、去行政化。积极推进体教融合改革,研究出台促进体教融合的实施意见,支持加强学校体育工作,联合教育部门抓好体育传统特色学校和高校高水平运动队建设,鼓励和支持青少年体育俱乐部发展,加大对体育后备人才培养的经费投入。优化体育产业发展环境,加快推进全国体育旅游示范区创建,抢抓长征国家文化公园建设的历史机遇,支持各地申报体育旅游示范区县。大力发展智能体育,大力培育在线健身、线上培训、线上赛事等体育消费新业态,推广可穿戴装备的使用。加快发展网络直播、电竞大赛,让智能体育成为体育产业发展的重要驱动力。

参考文献

李炳军:《2021 年贵州省政府工作报告》。

贵州省教育厅:《省委教育工委(省教育厅)2020 工作总结》。

贵州省卫生健康委员会:《2020 年全省卫生健康工作总结和 2021 年工作打算》。

贵州省人力资源和社会保障厅:《2020 年工作总结和 2021 年工作打算》。

彭旻:《深入学习贯彻习近平总书记视察贵州重要讲话精神 闯新路 开新局 抢新机 出新绩 在新征程中彰显民政担当——在全省民政工作会议上的讲话》。

贵州省民政厅:《2021 年全省民政工作要点》。

贵州省文化和旅游厅:《贵州省文化和旅游厅 2020 年工作总结》。

吴涛:《在全省体育工作会议上的讲话》。

精准脱贫篇

Accurate Poverty Alleviation Reports

B.2

贵州民族地区精准扶贫的
成效与经验研究

——基于三个民族自治州的实证考察

王国勇　邹先菊　李安连　廖紫依*

摘　要：　贵州民族地区属于贫困程度较深和贫困状况复杂的地区，所
　　　　　以，总结贵州民族地区精准扶贫的主要成效、做法以及经
　　　　　验，将有利于：完善扶贫机制，提高扶贫效用；保护民族文
　　　　　化，促进民族团结；体现公平正义，促进区域协调；创新扶
　　　　　贫理论，贡献贵州智慧。本文基于贵州三个民族自治州的实
　　　　　证考察，发现贵州民族地区自开展精准扶贫以来：基础设施

* 王国勇，贵州民族大学社会学与公共管理学院院长、教授、博士生导师，研究方向为社会治
理、政治社会学；邹先菊，贵州民族大学社会学与公共管理学院博士研究生，研究方向为民
族地区社会工作；李安连，贵州民族大学社会学与公共管理学院硕士研究生，研究方向为社
会治理与社会政策；廖紫依，贵州民族大学社会学与公共管理学院硕士研究生，研究方向为
应用社会学。

得以健全，人居环境有改善；经济收入水平提高，生活质量
有保障；社会保障体系完善，保障范围有扩大；教育培训全
面跟进，返贫防线有筑牢。研究发现，这些显著的脱贫成
效，源于贵州民族地区在精准扶贫战略层面和"五个一批"
方面的经验。研究也发现，贵州民族地区在巩固脱贫成果和
有效衔接乡村振兴方面还存在一定的困境，因此，研究根据
这些困境提出相应的对策建议。

关键词： 贵州民族地区　精准扶贫　减贫成效　地方经验

　　"精准扶贫"一词最早由习近平总书记于2013年11月考察湖南湘西时
提出。习近平总书记在2015年6月考察贵州时又明确提出精准扶贫的"六
个精准"① 内涵，这进一步深化了对扶贫工作的认识，同时也促进贵州地区
特别是贫困的民族地区扶贫措施的创新与发展。贵州属于少数民族聚集地，
全省共有3个自治州、11个自治县、193个民族乡，少数民族人口占全省人
口的1/3以上。三个民族自治州的少数民族人口分别占各州总人口的
43.55%（黔西南州）、59.8%（黔南州）、81.5%（黔东南州）。因此，贵
州民族地区的贫困问题不仅和普遍的贫困具有共性，还有其差异性。但实施
精准扶贫以来，脱贫取得了明显成效，如：黔东南州全州的贫困人口由
2016年的84.32万人减少到2019年的4.86万人，截至2020年6月30日，
剩余贫困人口48012人已经全部实现"3+1"保障；黔西南州2016～2019
年，全州减贫43.54万人；黔南州2014～2019年贫困发生率从24.12%下降
到0.68%。

　　2020年是打赢脱贫攻坚战的关键之年，在这关键时期，总结贵州民族

---

① 汪三贵、刘未：《"六个精准"是精准扶贫的本质要求——习近平精准扶贫系列论述探析》，
《毛泽东邓小平理论研究》2016年第1期，第40～43页。

地区精准扶贫的主要成效以及经验，将有利于完善扶贫机制，提高扶贫效用，有利于调整产业结构，巩固脱贫成果，有利于保护民族文化，促进民族团结，有利于体现公平正义，促进区域协调，有利于创新扶贫理论，贡献贵州智慧。因此，本文基于对黔南、黔西南和黔东南3个自治州的实证考察，总结贵州民族地区精准扶贫取得的成效并归纳相关经验，找出巩固脱贫成果遇到的问题，以期对巩固精准扶贫成果和推进乡村振兴提供更多的路径选择。

一 贵州民族地区精准扶贫的主要成效

党的十八大以来，贵州把脱贫攻坚作为"第一民生工程"来抓，坚定不移将精准扶贫放在首位，尤其是针对深度贫困地区和少数民族聚居地区，不仅在省级层面加大了政策倾斜，在基层也积极采取措施。这些政策措施的完善和实施，取得显著脱贫成效，切切实实地为如期实现脱贫做出巨大贡献。因此，本文通过实证考察黔南、黔东南和黔西南三个少数民族自治州，总结贵州民族地区自精准扶贫工作开展以来取得的显著成效。

（一）基础设施得以健全，人居环境有改善

贵州民族地区由历史原因和特殊的地理环境造成了多年来经济发展的瓶颈。经过近年精准扶贫工作的开展以及相关政府部门大量的财力、物力、人力投入，在建设基础设施和改善人居环境方面取得了显著成效。首先，基础设施得以健全。如黔南州完善贫困村和贫困人口基础设施需求台账，整合优势资源，合理配置项目资金，促进农村用电公共服务均等化，电网供电可靠率达99%，实施数字设施提升行动，加强通信专项规划与城镇规划衔接[①]。其次，人居环境改善明显。如截至2020年6月底，黔东南州共建设改造农

———————

① 资料来源于2020年8月6日黔西南州扶贫办调研材料。

村户用卫生厕所 15203 户，占任务数 2 万户的 76.02%，总开工 16986 户，开工率 84.93%；完成新建与改造村级公共卫生厕所 189 个，占任务数 500 个的 37.8%，总开工 347 个，开工率 69.4%；全州 3013 个行政村清理农村生活垃圾 2858 吨、农村水塘 14536 口、沟渠 1347 公里、畜禽养殖粪污等农业生产废弃物 2169 吨、农村乱搭乱建及残垣断壁 6236 处，114 个乡镇建成生活垃圾转运设施并投入使用，2329 个行政村建成农村生活垃圾收运处置体系，314 个行政村建成污水治理设施 320 套，有效提升了农村人居环境整治工作水平，明显改善了农村人居环境①。

（二）经济收入水平提高，生活质量有保障

近年来，贵州民族地区积极推进农村产业革命，根据实际情况选择和发展规模化的种养业，为当地贫困群体和易地扶贫搬迁群众带来就近就业岗位，增加了其收入，从而保障了生活质量。一是通过发展种植业增加收入。如黔西南州以 58 个示范坝区为主战场，推进"一县一业"，入驻县级以上龙头企业 97 家，合作社 161 家，带动农户 16.66 万人（其中贫困人口 1.9 万人）就业②。此外，贫困群体还将闲置土地流转到合作社进行规模化种植，既可获得土地流转费，又可获得在合作社务工的收入，待作物收益之后，还可获利益分红，形成"合作社 + 龙头企业 + 农户"的产业发展模式，从多方面增加群众收入③。二是发展养殖业带动就业。如黔东南州有生态家禽存栏 1264.42 万羽、出栏 1890.36 万羽，生猪存栏 107.39 万头、出栏 76.1 万头，肉牛存栏 38.1 万头、出栏 11.48 万头，养殖家禽、肉牛和生猪等为村民带来收益④。各州通过发展种养业带动就业，采取长期获益与短期获益相结合的方式，增加了贫困户的经济收入，提高其生活质量，为返贫筑牢了防线。

---

① 资料来源于 2020 年 8 月 12 日黔东南州扶贫办调研材料。
② 资料来源于 2020 年 8 月 8 日黔西南州农业农村局调研材料。
③ 资料来源于 2020 年 8 月 13 日黔东南州扶贫办调研材料。
④ 资料来源于 2020 年 8 月 13 日黔东南州农业农村局调研材料。

（三）社会保障体系完善，保障范围有扩大

各地社会保障体系逐渐完善，给当地居民带来了很多便利。除了平时在教育、医疗、养老保险等和一些临时救助、意外帮助的保障之外，各地还采取创新做法逐渐完善社会保障体系，取得不错的成绩。如黔南州制定后续兜底保障工作 13 条措施，截至 2020 年 6 月 30 日，全州共为 22.14 万名城乡低保对象、1.06 万名特困供养对象发放 3.79 亿元，临时救助 1.61 万人（次）1787 万元，为 3.5 万名重度残疾人、2.88 万名特困残疾人发放补贴1320 万元，实现了应保尽保、应助尽助[1]。黔西南州则建立"四险一金"保障体系，积极完善防止返贫致贫机制，"四险一金"包括农调扶贫险、新市民就业险、新市民安居险、防贫扶助险和农民扶助金，这些保险对保障居民的生活质量具有重要作用，如在 2020 年，黔西南州新市民就业险对因疫情影响未能正常返岗就业的保险对象及时赔付 32.26 万元[2]。

（四）教育培训全面跟进，返贫防线有筑牢

贵州民族地区不仅重视未成年人教育，而且也注重其他群体的职业技能培训，这些培训取得不错的成效。首先，在未成年人教育方面的成效：各地把教育放在脱贫攻坚的首位，坚持将优质资源向贫困地区倾斜，确保贫困地区教育扶贫政策有效落实，从而阻断贫困代际传递。如截至 2019 年底，黔西南州累计下达教育资助资金 8.43 亿元，资助学生 69.28 万人次，实现应助尽助，认真做好控辍保学工作，落实"七长"责任制，确保义务教育阶段适龄子女失学辍学动态清零。同时扎实做好搬迁就学的接转衔接，在全州新市民居住区新建、改扩建配套学校 74 所[3]。其次，在职业技能培训方面的成效：如黔南州开展贫困人口劳动力就业现状排查，建立台账，并出台对相关人员进行就业创业技能培训、求职创业补贴、创业担保贷款、技能人才

---

① 资料来源于 2020 年 8 月 17 日黔南州民政局调研材料。
② 资料来源于 2020 年 8 月 6 日黔西南州扶贫办调研材料。
③ 资料来源于 2020 年 8 月 6 日黔西南州扶贫办调研材料。

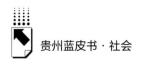

奖励补助等"十条"政策，截至 2019 年底，黔南州已经开展城乡职业技能培训 20492 人，其中农村劳动力培训 18372 人次，建档立卡和易地扶贫搬迁劳动力培训 15847 人次，培训后实现初次就业人数 9418 人①。

二 贵州民族地区精准扶贫的经验

贵州民族地区一直以来都是贫困程度深、致贫原因复杂和贫困人口多的地区，并且有很多历史遗留"难点"。但是自从精准扶贫工作开展以来，取得了显著的脱贫成效。这表明，贵州民族地区采取的做法是行之有效的、是经实践所检验的。因此，对这些做法进行总结并形成经验具有重要的理论和实践意义，可为其他民族地区提供一定的示范和借鉴。

（一）精准扶贫战略层面的经验

1. 加强顶层设计，完善制度体系

近年来，随着精准扶贫政策的推进，无论是国家层面还是地方层面，都在对精准扶贫政策的落实情况进行跟踪调研，在这个过程中不断发现问题、解决问题，从而使政策从上到下的落实越来越符合实际需求。与此同时，政策的执行者也在实践中不断总结问题，在一定程度上倒逼政策不断完善和细化。通过调研，发现贵州三个民族自治州根据自身实际情况，因地制宜制定相关地方性政策，完善制度体系。如：黔西南州出台《关于坚决夺取脱贫攻坚战全面胜利的总攻方案》《黔西南州促进充分就业确保打赢脱贫攻坚战实施方案》等制度性文件；黔南州既制定了长达 5 年的《黔南州精准扶贫决战决胜同步小康行动纲要（2015－2020 年)》，又分时段制定了《黔南州推进大扶贫战略行动实施意见》，此外还制定了防止返贫的实施方案及巩固脱贫成果的文件；黔东南州重点从追责问责方面制定了《黔东南州脱贫攻坚责任制实施意见》《州直单位定点扶贫考核办法》等文件。各个地区相关政策的制定，都

---

① 资料来源于 2020 年 8 月 9 日黔西南州扶贫办调研材料。

从不同层面促使整套扶贫体系逐渐完善，从而使扶贫工作得以有序开展。

2. 注重基层党建，坚持党建引领

坚持党建带扶贫，注重将党建的优势运用到精准扶贫工作中[①]。如：黔西南州分别为 6 个深度贫困村制定"强党建、稳脱贫、奔小康"示范创建方案，帮助其发展花椒、中药材、油茶、芒果、魔芋等产业，同时新增开发公益性岗位，引导贫困群众外出务工就业。黔南州则出台《黔南州关于筑牢党支部战斗堡垒的实施意见》，将基层党组织建设放在首位，把党组织和党支部建设在群众参与的产业当中，推进"村社合一"等产业模式。通过党建引领的方式将群众结合起来，发挥基层党组织的战斗堡垒作用，通过讲习所、小组会、院坝会等方式，最大限度引导贫困群众共同参与、你追我赶、争先脱贫，有效调动了贫困群众脱贫的积极性。

3. 尊重各类人才，发挥各方优势

在实施精准扶贫政策的过程中，贵州民族地区结合相关政策以及自身拥有的一些资源优势，建立多方合作，汇聚各类人才，打破一方独战的传统模式，形成多元主体的合力，共同打赢脱贫攻坚战，尤其是对一些难啃的"硬骨头"，各地区都发挥了各自的特色，应对重重困难，在脱贫攻坚中做到不漏一户、不落一人。如：黔西南州始终把培训农村致富带头人放在突出位置，通过在龙头企业、村级合作社和基层组织中选人的方式，将选出来的人送到国务院扶贫办贫困村创业致富带头人（福建蓉中）培训基地培训，通过培训、指导和跟踪管理，培养出一批村级致富带头人和返乡创业人员，推动了当地农村产业的发展，铺就了贫困群体的致富道路，实现了就近就业并增加了贫困群体的经济收入。黔南州则是充分引导社会组织参与到精准扶贫中，并且借助广州对口帮扶的平台，与广州市团校联合举办多期社会工作人才能力提升研修班，引进多家品牌社工机构分别到本地社工机构开展"助力黔南州的社会治理和脱贫攻坚工作"，为脱贫攻坚帮扶工作注入外力。此外，黔东南州积极推行"三名工程"，即"名绣娘""名教师""名工

---

① 刘国利：《为什么要以党建引领扶贫》，《人民论坛》2016 年第 32 期，第 64～65 页。

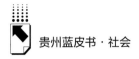

匠"，最终涌现出一批脱贫攻坚的致富带头人。

4. 运用信息技术，打造大数据平台

在推进精准扶贫工作过程中，贵州充分利用作为首个国家级大数据综合试验区的资源优势，在省级层面建立贵州省扶贫云系统，在地方层面进行了一定的创新。如黔南州率先在原有系统基础上增加新模块，建设黔南州脱贫攻坚大数据管理平台，并于 2018 年 9 月正式投入使用，该平台包括"基本分布、户籍档案、数据对比、返贫预警、督查督办、数据核查、民情直通车、扶贫成效、数据分析、政策信息"10 个功能模块，这些模块织起一道防贫"安全网"①。平台的运用使得人口数据更全面，发现问题更加明晰、跟踪整改更加到位，脱贫攻坚打法更加精准；工作效率更加高效，行政成本大大减少，取得可观的成效。

5. 推行网格管理，动员群众参与

在推进精准扶贫政策落实的过程中，存在部分地区基层工作人员力量不足、工作压力大，从而工作成效不明显的问题。贵州民族地区针对这类问题采取了"网格化"管理的方式，推动部分干部下到基层，动员群众，共同助力脱贫攻坚。如黔南州瓮安县以"乡村网格化"为抓手，鼓励干部深入群众中去，以优良的作风带动群众。首先是做到干部下沉，主动靠近群众，为群众解决实际困难；其次是做到服务下沉，干部主动参与到群众生活中，以实际行动让群众动情，同时将分散在各地的群众纳入网格当中，建立干部群众一体化的网格。黔东南州黎平县则实行网格化集团作战，形成"县为总指挥部、乡镇（街道）为战区指挥部、村为前沿指挥部、自然寨组为网格单元"的四级联动指挥体系。整合乡镇（街道）、驻村干部、村两委和群众等，坚持包保到村、到组、到户的原则，在一定区域内设置脱贫攻坚网格，并动员群众参与。

6. 加强东西联动，推进对口帮扶

加强东西联动，推进资金投入、技术培训、劳务协作等对口帮扶，是贵

---

① 资料来源于 2020 年 8 月 22 日黔南州扶贫办调研材料。

州民族地区顺利打赢脱贫攻坚战的又一重要做法。如：黔西南州各县（市、新区）加强与省外人社部门联系，推进东西部劳务协作，有针对性地对在东部就业的劳动力开展职业技能培训，建立输入地和输出地培训协作联动机制，促进贫困劳动力转移就业。黔南州则积极与对口帮扶的广州市对接，通过广州市财政资金援助，为该地建设200多个项目，带动了当地的贫困人口就业，从而增加了其收入，尤其是一些农业和养殖业相关的项目，此外，对口帮扶城市还协助采购和销售相关产品。

（二）精准扶贫"五个一批"方面的经验

1. 发展产业，推进农村产业革命

通过发展产业，推进农村产业革命助力贵州民族地区精准扶贫，也为巩固脱贫成果和开展乡村振兴奠定基础。贵州民族地区在发展产业方面的经验主要有：一是进行合理的产业领导和规划。如：黔西南州实行"州领导领衔产业，坝区包保到人"的工作推进机制，一名州领导主抓一个产业、一个坝区；州政府主要领导与县级政府主要领导和分管领导签订"确认书"，实行台账式管理，重点区域重点规划，推进示范点规模化、标准化建设。黔西南州则实施"八大工程"，即落实党建引领、产业选择、农民培训、技术服务、组织方式、资金筹措、产销对接、利益联结八大工程。二是创新产业运作模式。如黔南州福泉市推进"龙头企业＋合作社＋农户"的农业产业发展模式，推动产业增效、农民增收。贵州民族地区近几年的实践表明，以推动产业革命的方式助推精准扶贫，将是一项长效的措施，也是一条可取的经验。

2. 易地搬迁，促使迁移人口脱贫

各个州分别采取不同的措施促进搬迁人口脱贫。如：黔西南州实施"新市民计划"推动易地扶贫搬迁，主要从规划、建设和管理三个层面开展工作。在规划层面成立了易地扶贫搬迁工程规划委员会，组成三合一领导小组；建设层面包括生活设施、教育设施、医疗设施、文化活动阵地、管理服务场所和扶贫产业项目；管理层面主要有13项制度，包括新市民居住证、

"农低保"转"城低保"、住房公积金、专项维修基金、就业保障、教育医疗保障、就业险、安居险、群众扶助金、林地占补平衡、居住区社会治理、感恩教育和居住区党建新机制。黔东南州则开展贫困人口劳动力就业现状排查，建立台账，通过公益性岗位和转移劳动力就业的形式实现了易地扶贫搬迁移民一户一人以上就业。

3. 生态扶贫，环保与增收双赢

贵州民族地区通过一些创新方式进行合理的资源开发，既保护生态环境又实现脱贫，达成百姓富、生态美的局面，实现了在同一战场上打好生态建设与脱贫攻坚两场战役[①]。如黔西南州册亨县突破种树卖木瓶颈，发展林下经济，通过林业产业带动10余万人就业，在2019年一年间林业产业总产值达39.95亿元，并采取"林地入股，流转林木"和"流转林地，流转林木"两种模式，进一步促进林农脱贫增收，彻底改变传统"种砍循环"方式，实现林业转型发展。黔东南州锦屏县则实行"三个四"深化林业体制改革，即通过林业产权的"四种办法"（林权抵押贷款、林权收储管理、森林资源资产评估、林权贷款辅助）激活大量沉睡资源，通过林业管理的"四种体制"（林木采伐、林权流转、森林经营、木材流通）找准绿色发展途径，通过林业经营的"四种方式"（组建融资机构、推广PPP模式、借力引进龙头企业、拓展林改试点内容）诠释青山就是金山。发展林下经济、深化林业体制改革，不仅保护环境也增加群众收入，实现环保与增收双赢，真正做到讲好生态扶贫故事。

4. 发展教育，扶贫与扶智结合

教育在精准扶贫精准脱贫中具有基础性、先导性和持续性作用[②]。习近平总书记多次强调教育是阻断贫困代际传递的根本之策。所以贵州民族地区在开展扶贫工作中始终坚持"授人以鱼不如授人以渔"的原则，从根本上

[①] 郭俊华、张含之：《新时代我国易地搬迁精准扶贫要处理好的十大关系》，《福建论坛》（人文社会科学版）2019年第8期，第20~27页。

[②] 王嘉毅、封清云、张金：《教育与精准扶贫精准脱贫》，《教育研究》2016年第7期，第12~21页。

将扶贫与扶智相结合。首先，在对未成年人教育方面，三个民族自治州多措并举。如黔南州福泉市、黔东南州凯里市等地为了保证安置区学校的教育质量，采取了县管校聘改革，通过编制动态调配、特岗教师招聘等多种方式吸引优质师资。其次，在对农民进行职业培训方面，充分利用各种手段将农民的志气"扶"起来。如黔西南州对一些妇女推行绣娘计划，建立"人社＋绣娘集团＋N"模式，以"企业＋培训机构"的方式实训，挂牌成立"绣娘合作社""就业扶贫车间""家庭绣坊"，实名制管理绣娘，建立绣娘人才库和师资库，并实行统一申报绿色产业发展基金、提供生产设备等"五统一"，开展万名绣娘培训就业工作。各州通过对不同的群体进行不同的教育，努力实现将扶贫与扶智相结合。

5. 社会兜底，筑牢返贫防线

贵州民族地区充分采取各种举措，以期通过社会兜底筑牢返贫防线。比如，黔西南州创建"农民扶助金"，为防止部分边缘人口再次返贫做好预防工作，全州和各县（市、新区）共筹集1亿元农民扶助金，主要用于民政兜底之外的临时救助。建立州、县、乡三级农民扶助组织机构，划定"防贫监测线""防贫扶助线"，把因病、因学、因灾、因盗返贫或致贫作为四大监测重点，制定各类扶助对象发生超线负担扶持比例。黔南州民政系统则充分发挥社会救助保障基本、救急难、兜底线作用，使社会救助与扶贫开发政策有效衔接，让困难群众有便捷的渠道求助。而黔东南州民政则牢牢守住群众基本生活保障的"底线"，通过挂牌督战、成立领导小组和工作专班的方式，构建州、县、乡、村四级联动推进整体工作的方式，分解责任，随机抽查，追踪贫困人口的实时动态。

三 贵州民族地区巩固精准扶贫成果存在的问题

自国家提出精准扶贫战略以来，贵州民族地区把精准扶贫作为第一要务来抓，在精准扶贫的过程中，各层面都加大对民族地区的扶持力度，尤其是对深度贫困的少数民族地区。这对贵州民族地区如期实现脱贫具有重要意义。但由于贵州民族地区除了福泉市之外的 35 个县、市均地处滇桂黔石漠化片区，贫困面大、贫困程度深、贫困人口多，在巩固精准扶贫成果和有效衔接乡村振兴方面还存在以下问题。

（一）整体基础设施薄弱，缺乏技术管理人才

1. 整体基础设施薄弱

一是基础设施配套不完善。例如截至 2020 年 6 月有些乡村道路只有 3.5 ~ 4.5 米宽，部分地方护栏占 50 厘米，造成无法错车。此外，坝区水、电、路、防洪排涝等设施不配套，这就导致抗风险能力弱。二是配套设施短板较为突出。缺乏冷链、仓储、冷库配送、运输车辆等配套设施，部分产业育种、育苗基地没有建在当地，种苗繁育场规模小、竞争力不足，导致产业发展良种繁育体系不健全，外购种苗造成成本增加。

2. 缺乏技术管理人才

一是村、支两委人员不够，治理水平较低。截至 2020 年 6 月行政村人数为 1000 ~ 10000 人，平均一个行政村有 5000 人左右，但是一个村只有 7 个工作人员。另外，村干部的知识水平、发展眼光有一定局限。二是医疗卫生人员不够。虽然目前绝大多数村都有村卫生室和村医，但是，村医每月的收入很低，甚至有些地方每月只有 800 元，因为薪资待遇低，村卫生室医疗卫生人员缺乏。三是产业发展人员不够。在产业发展中，缺乏懂市场、懂技术和掌握信息的专业技术人才。

（二）产业选择谋划不足，区域发展统筹不够

1. 产业选择谋划不足

一是产业过多。截至 2020 年 6 月部分民族地区对主导产业定位不明确，出现"样样产业都有、样样都不成规模"的局面。多数地方在产业发展时什么都抓，造成部分地方的产业呈现小、散、弱的局面。另外，有些企业为了争取获得项目资助，部分农业部门为了落实指标，盲目争取项目指标，但并未很好完成。二是重点产业长远规划不足。例如，黔

东南州麻江县、台江县虽将林下养蜂作为本县主导产业，但未系统规划布局蜜源植物培育，缺乏长远规划。

2. 区域发展统筹不够

存在各县（市）之间各自为政、县域内企业各自为战的情况，区域发展统筹不够。如雷山、黎平茶叶产业都在主打各自的品牌，县域内的茶企间相互竞争，没有形成合力，导致全州茶叶产业整体有规模，但县域品牌竞争力不强。此外，虽然近年来各地方单品已经形成了较大规模，如普定韭黄、关岭牛、麻江蓝莓，但由于县与县之间统筹发展不够，规模继续做大存在瓶颈，各县之间的同质化产业没有抱团发展，无法形成市场竞争优势。

（三）产销衔接有梗阻，利益联结机制不健全

1. 产销衔接有梗阻

一是销售半径较小。目前这些民族地区的产品，尤其是农产品，销售半径主要是依靠"七进"和对口帮扶地区或单位来增大该地蔬菜、畜禽等产品的销售半径，出现"兜底消费""硬消费"现象。二是销售订单还需做大做实。针对2020年结构调整后种养殖规模增加的情况，大部分基地采取保底订单的方式，基本建立了稳定的销售渠道，但这些保底订单价格较低，或者只停留在合作协议上，订单还需要进一步做大做实。三是加工销售能力有待提升。各县（市）在引进和培育龙头加工企业上力度不够，未建立生产、加工、销售为一体的产品精深加工体系，产业链不够成熟，已经产出产品多为附加值低、市场化水平低、竞争力弱和未全面开展分级包装上市的初级产品，还不能将优质"产品"变成优质"商品"。同时，优质产品主动融入品牌创建不够，品牌效应没能较好凸显，贵州民族地区地方名片的产业、产品少，生态优势还不为公众所知，好产品没有实现好收益。

2. 利益联结机制不健全

当前，贵州民族地区部分产业还处于起步阶段，大多数企业生产经营范围主要分布在种养等原料和生鲜生产环节，产品也大多以原料和鲜销为主。

贫困户的利益分配仅体现在地租、劳务上获得收入，难以分享加工、流通环节的增值效益，即使能够分享到效益，效益也不明显，导致与利益联结全覆盖有较大差距。如黔南州瓮安县农业龙头企业常年吸纳农民工3800人以上，季节性用工5000人以上，农村群众务工月收入仅为1285元。

（四）搬迁群众难致富，"绿色银行"较难变现

1. 搬迁群众难致富

为了保证搬迁群众能够"搬得出、稳得住、能致富"，各部门进行科学决策和精准施策，在"搬得出、稳得住"方面取得不错的成绩。但是在"能致富"方面还面临一定困难，有些搬迁群众难致富，主要表现在以下三个方面。一是搬迁群众的就业稳定性不强。部分搬迁群众习惯打零工，没有适应进厂务工，扶贫车间薪资吸引力低，导致搬迁群众就业稳定性不强。二是部分易地扶贫搬迁社区产业发展滞后。目前，部分易地扶贫搬迁社区产业还在培育，少部分村土地条件难以发展产业，村集体经济和贫困群众产业收益的比重不高，在推动村集体经济持续稳定增长和贫困群众持续稳定增收上有难度。三是冰雹、洪涝等自然灾害给"能致富"带来"加试题"。例如，2020年黔东南州16个县（市）均受洪涝灾害影响：涉及689个贫困村，受灾贫困户17930户66746人、边缘户1113户4644人；受损扶贫项目损失金额2623万元；房屋完全损毁11户，新增危房722户，新增透风漏雨3437户；造成水利设施损坏10091户。

2. "绿色银行"较难变现

贵州民族地区的生态环境良好，森林覆盖率高，如根据2020年数据，黔东南州森林覆盖率为68%，黔南州为65%，黔西南州为58.71%。可以看到，在森林覆盖率方面，从高到低依次是黔东南州、黔南州和黔西南州，而在全州生产总值方面，从高到低依次是黔南州1518.04亿元、黔西南州1272.80亿元、黔东南州1123.04亿元。这在一定程度上反映生态和生产总值之间出现倒挂。绿水青山就是金山银山，贵州民族地区拥有"绿色银行"，但是这个"银行"的资金取不出，生态效益较小，"绿色银行"变现率较低。

四 巩固提升脱贫成果的对策建议

为巩固提升脱贫攻坚成果，做好脱贫与乡村振兴有效衔接，推动精准扶贫、精准脱贫方略和工作体系平稳转型，统筹脱贫攻坚纳入乡村振兴战略，应当建立健全长短结合、标本兼治、长效防贫的体制机制，本文根据调研情况提出以下对策建议。

（一）推动产业规模化发展，建立健全产供销体系

1. 推动产业规模化发展

一是凝心聚力扩规模。各县（市）要继续压实党政领导抓发展的主体责任，结合资源情况及产业发展现状，加快推进主导产业规模化发展。二是全力以赴抓示范。继续推进重点示范产业带建设，加快形成以点带面、从线到片的产业发展格局，各乡镇围绕重要节点形成产业规模，产业带覆盖面增加，逐步形成产业发展区域效应。

2. 建立健全产供销体系

一是加快推进产品标准制定。按照生态产品要求，结合产业特点，重点就种养殖环境、生态饲料构成、生态防范措施、打假防伪举措及诚信体系构建等制定标准，为产品生产提供指引。二是加快实现产品精深加工。积极引进有实力的加工企业，大力扶持本地有潜力的加工企业，通过培育龙头企业，推动产品精深加工。三是加快筹备组建产品数据中心。做到及时掌握产品价格、产品每天上市量、产品等级及滞销等情况，动态掌握产品信息。四是加快拓展产品销售渠道。积极建设产品展销中心，完善产品展销中心的运营和管理，在重点旅游景区建分中心，通过实物展示和视频直播等方式，充分展示产品。大力发展"直播带货"，形成"直播经济"，扩大传统销售半径，努力带动黔货出山。积极依托国有企业，探索发展产品会员制宅配模式，确保既要"种得好、养得好"，还要卖出好价钱。五是积极探索集种、养、加、销、旅为一体的产业发展

新路子，促进一、二、三产业融合发展，增加农产品附加值，推动消费者与生产者利益共享。

（二）补齐基础设施短板，争取搬迁群众能致富

1. 补齐基础设施短板

完善贫困村和贫困人口基础设施需求台账，整合优势资源，统筹协调项目资金，加大对农村公路，农村安全饮水、电力和通信等基础设施投入力度，突破发展瓶颈。以抓巩固提升为重点，高质量完成农村公路建设任务。在改善农村饮水条件的基础上，确保全面解决农村饮水安全问题。加快推进农村电网改造升级，促进农村用电公共服务均等化，争取农村电网供电可靠率达100%。开展数字设施提升行动，加强通信专项规划与城镇规划衔接，推进4G网络覆盖达95%以上。

2. 争取搬迁群众能致富

首先，应做好就业跟踪服务，进一步挖掘本地就业岗位，积极开发公益岗位，优先安排外出就业困难或不愿意外出的群众就近就业，对有就业意愿、有能力、愿意外出的群众进行有组织的劳动输出。加快推进已开工和纳入年度计划编制的各类项目落地实施，增加就业岗位。其次，及时落实政策，解决群众搬迁后社保、教育等后续发展问题，组建迁出村（镇）合作社，把迁出地群众土地入股到合作社，或由县（市）移民投资开发公司对搬迁户土地进行兜底流转。加大盘活安置点商业门面和移民财产性资源力度，确保搬得出、留得住、能致富。

（三）培育引进各类人才，加大政策支持力度

1. 培育引进各类人才

加强干部队伍培训教育和人才引进。一是把行政干部培育成一支懂农业、爱农村、爱农民的"三农"工作队伍。二是把技术人员培养成真正能指导产业发展、解决技术难题的专业化队伍。三是引进或聘请一批高水平专家，组建产业发展顾问团队。四是建立吸引、激励和留住人才的机制，吸引

优秀技术人才到贵州民族地区干事创业，引导各类人才投身巩固脱贫攻坚成果和乡村振兴的工作当中。

2. 加大政策支持力度

一是减轻民族地区地方财政压力。目前国家关于民族地区、贫困地区交通、水利、教育、文化、卫生等涉及民生项目需要地方配套资金的政策，在很大程度上造成地方债务，举债发展影响经济的可持续。因此，建议国家取消或调整少数民族地区、贫困地区涉及民生项目需要地方配套资金的政策，并逐年提高资金投入比重，提高基础设施和民生项目国家投资补助标准或资金注入比例。二是为企业工伤保险提供政策支持。目前，各贫困地区的就地务工人员年龄范围从 7 岁至 70 岁，比如采茶。但根据劳动合同法相关规定，部分务工人员不符合签订劳动合同之规定，而不能签订劳动合同的这部分务工人员，企业无法为他们购买相应的保险。但是，在企业当中，尤其是农业企业当中具有一定的用工风险。因此，为了化解企业在用工方面的风险，建议根据就业结构，适当放宽政策，为企业提供保险资金资助。

（四）强化易地扶贫搬迁，深化推进智志双扶

1. 强化易地扶贫搬迁

贵州民族地区易地扶贫搬迁人数多，涉及的面积大，分布范围广。因此，对于易地扶贫搬迁的强化显得尤为重要。建议中央部委加大资金支持。一是对已开工建设但还未获得中央补助资金的中型水库项目，分批列入各年中央资金补助计划；二是对脱贫出列后新产生的住房安全未保障农户，继续执行农村危房改造政策，巩固农村危房改造工作成效；三是全力保障基本公共服务，确保搬迁群众全面实现就近入学就医，在推进安置房工程建设时，同步规划配全教育医疗卫生项目，建议国家层面按照安置规模人口因素给予一定的财政奖补。

2. 深化推进志智双扶

针对部分贫困户"不想干、不会干、没想法"等情况，应当深化推进志智双扶。一是深化扶志教育，转变其懒汉思想。可通过建立健全扶志教育

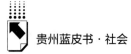

队伍，将扶志教育整合到技术培训中，深化推进村庄大竞赛、村民大比武、文明大评比的示范活动，开办和推广民汉双语广播，编排反映懒汉脱贫等相关题材的作品，在醒目位置张贴相关标语，使扶志进各县、到各乡、达各村和感个人，有效激发贫困群众内生动力。二是深化推进扶智教育，提升其劳动技能。结合产业结构和企业用工需求，推进"菜单式"培训，积极有效地开展实用技术、新型职业农民、种养殖技术、家政、护工、月嫂等培训，提升"不会干、没想法"等贫困劳动力的生产技能和就业技能。同时，培育一支懂农业、爱农村、爱农民的"三农"工作队伍，进一步强化本土人才培养，引进专业技术人才，大力发展信息化＋技术扶贫，开展产业规划、示范推广、技术培训、产销对接等相关培训，综合提升贫困群体的技术素质和产业发展能力。

参考文献

汪三贵、刘未：《"六个精准"是精准扶贫的本质要求——习近平精准扶贫系列论述探析》，《毛泽东邓小平理论研究》2016年第1期。

刘国利：《为什么要以党建引领扶贫》，《人民论坛》2016年第32期。

郭俊华、张含之：《新时代我国易地搬迁精准扶贫要处理好的十大关系》，《福建论坛》（人文社会科学版）2019年第8期。

王嘉毅、封清云、张金：《教育与精准扶贫精准脱贫》，《教育研究》2016年第7期。

B.3
贵州易地扶贫搬迁居民生活状况
与后续发展研究*

王武林　敖正群**

摘　要：　贵州省作为易地扶贫搬迁的主战场，"十四五"期间巩固拓
展脱贫攻坚成果，实现脱贫攻坚与乡村振兴有效衔接的任务
仍然艰巨。本文对贵州省易地扶贫搬迁居民的基本情况、生
活状况、收入来源、享受政策和后续发展等监测数据展开分
析，分析结果发现：易地扶贫搬迁居民基本实现了全部脱
贫，但是他们的生活质量还有待提高，就业问题亟须解决。
通过健全养老服务体系、加强政府兜底工作、促进易地扶贫
搬迁居民就业、促进专业合作社发展，有效解决易地扶贫搬
迁居民的后续发展问题，对贵州省推动乡村振兴战略实施和
巩固脱贫攻坚成果有重要意义。

关键词：　易地扶贫搬迁　脱贫攻坚　"两不愁三保障"

一　引言

随着易地扶贫搬迁任务的全面完成，全国 1000 万名建档立卡贫困人口

---

* 本文系贵州省哲学社会科学规划一般课题"贵州易地扶贫搬迁安置区社区治理体系研究"
（项目编号：19GZYB105）和 2021 年度贵州省理论创新课题"贵州易地扶贫搬迁农户后续发
展问题与对策研究"（项目编号：GZLCLH－2021－51）的阶段性研究成果。
** 王武林，博士，贵州财经大学公共管理学院教授，硕士生导师，研究方向为公共政策、老年
政策；敖正群，贵州财经大学公共管理学院硕士研究生，研究方向为公共政策。

已经脱贫，其中960多万名搬迁贫困人口已经全部搬迁。在政府领导下，搬迁居民的基本生活得到解决，还从原先居住环境恶劣的地区搬迁到规划较好的安置区。易地扶贫搬迁并不是简单的人口迁移，不是搬出深山区、石漠化地区他们就可以生活得很好，搬迁工作只是第一步，更重要的是他们的后续发展和长远生计问题。随着贵州"十四五"规划的发布，未来5年，实施乡村振兴战略成为重要任务，易地扶贫搬迁居民搬迁后生活状况的改善以及后续可持续发展任务应该提上日程，使易地扶贫搬迁居民能够高质量生活、高质量就业和高质量发展，实现脱贫攻坚成果和乡村振兴有效衔接。

易地扶贫搬迁是国家实施精准扶贫的重要举措，是为了稳定脱贫和全面建成小康社会，按照"政府主导、群众自愿"的原则，将"一方水土养不起一方人"的生存条件恶劣、生态环境脆弱、自然灾害频发等地区的农村人口搬迁到条件相对较好的地方，并通过产业、就业、培训、社会保障等系列帮扶政策，使其摆脱贫困、实现稳定脱贫的综合性扶贫方式。易地扶贫搬迁作为一项我国开发式扶贫的重要措施，总体经历了三个阶段的历史演进：第一阶段，地方探索，1983～2000年，总共迁出45万人①。第二阶段，试点推广，2001～2015年，总共迁出687万人。第三阶段，有计划实施，2016年国家发展和改革委员会对外发布《全国"十三五"易地扶贫搬迁规划》，以精准扶贫、精准脱贫为统领，为促进搬迁群众稳定脱贫，坚持把贫困搬迁户的脱贫工作贯穿于规划选址、搬迁安置、后续发展全过程，立足安置区资源禀赋，依据不同搬迁安置模式，支持发展特色农牧业、劳务经济、现代服务业以及探索资产收益扶贫等方式②，总共迁出约960万人。

贵州省作为全国易地扶贫搬迁的主战场，是全国规模最大、贫困人口最多的省份。2018年，贵州省委、省政府研究制定《关于加强和完善易地扶

---

① 黄云平、谭永生、吴学榕、温亚昌：《我国易地扶贫搬迁及其后续扶持问题研究》，《经济问题探索》2020年第10期，第27～33页。

② 国家发展和改革委员会：《全国"十三五"易地扶贫搬迁规划》，国家发展改革委网，2016年10月31日，https://www.ndrc.gov.cn/xxgk/zcfb/tz/201610/t20161031_963261.html，最后检索时间：2020年11月5日。

贫搬迁后续工作的意见》以及 7 个配套文件，通过全力构建基本公共服务、培训和就业服务、文化服务、社区治理和基层党建"五个体系"，对搬迁后续扶持工作做出全面的制度性安排①。在"十三五"期间，贵州通过易地扶贫搬迁将 192 万人②搬出了贫困深山区、石山区，其中城镇化集中和分散安置 179 万人③。易地扶贫搬迁取得巨大胜利的同时，针对搬迁居民在搬迁后的生活、就业、后续扶持等方面也采取了诸多措施，党中央的脱贫攻坚决策部署在贵州省落地见效。

学界对易地扶贫搬迁的研究大多集中于搬迁政策、安置模式、搬迁后就业、搬迁后城镇融入等，学者们对贵州省易地扶贫搬迁的研究也集中于安置点的选址、安置区的公共服务和志愿服务、易地扶贫搬迁居民的生活满意度等，这为易地扶贫搬迁工作提供了很好的借鉴和参考。本文研究易地扶贫搬迁居民的生活状况和后续发展状况，揭示易地扶贫搬迁居民后续发展存在的问题并提出解决策略，为相关部门做好易地扶贫搬迁后续工作提供参考和建议，对贵州省全面推动乡村振兴战略和巩固拓展脱贫成果有重要意义。

二 贵州易地扶贫搬迁居民的生活状况

（一）资料来源

本文数据源于 2020 年贵州省易地扶贫搬迁居民监测，监测对象分布区域涉及贵州省"9 + 3"重点贫困县（区），主要有六盘水、黔东南、黔西南、毕节、安顺、铜仁 6 个地州市，监测内容主要涉及易地扶贫搬迁居民的基本情况、生活状况、收入来源、享受政策、合作社分红等方面。本文的分析主要基于 6985 名易地扶贫搬迁居民的监测数据。

---

① 徐敏：《构建基本公共服务、培训和就业服务、文化服务、社区治理和基层党建"五个体系"》，贵州新闻发布厅，2019 年 5 月 30 日。
② 何涛：《一步跨千年 同步达小康》，《贵州日报》2020 年 12 月 24 日。
③ 吴秉泽：《贵州：多举措促就业 确保搬迁群众稳定脱贫》，《经济日报》2020 年 5 月 16 日。

（二）贵州易地扶贫搬迁居民基本情况

1. 易地扶贫搬迁居民区域安置状况

易地扶贫搬迁区域安置人数最多的是黔西南州。从区域安置状况来看，黔西南州占18.2%，黔东南州占16.7%，毕节市占15.4%，铜仁市占14.5%，黔南州占12.9%，遵义市占10.9%，六盘水市占6.3%，安顺市占4.4%，贵阳市占0.7%，到2019年底总共安置1845232人（见表1）。由此可见，黔西南州、黔东南州、毕节市的易地扶贫搬迁居民人数最多，其次是铜仁市、黔南州、遵义市。本次样本监测数据人数为6985名易地扶贫搬迁居民，其中毕节市占54.8%，黔西南州占14.8%，黔东南州占11.5%，铜仁市占9.6%，六盘水市占5.1%，安顺市占4.2%。

表1　易地扶贫搬迁居民区域安置状况

单位：人，%

地区	人数	比例	地区	人数	比例
黔西南州	336659	18.2	遵 义 市	201736	10.9
黔东南州	308103	16.7	六盘水市	116147	6.3
毕 节 市	284255	15.4	安 顺 市	81238	4.4
铜 仁 市	267484	14.5	贵 阳 市	12090	0.7
黔 南 州	237520	12.9	合 计	1845232	100.0

资料来源：《全省部分易地扶贫搬迁安置区清单》（截至2019年12月）。

2. 易地扶贫搬迁居民年龄状况

易地扶贫搬迁居民中老年人占比超过1/3。从年龄状况来看，30岁及以下的人占4.4%，31~49岁的人占40.6%，50~59岁的人占23.4%，60岁及以上的人占31.6%（见表2）。由此可见，易地扶贫搬迁居民中老年人和即将步入老年阶段的人居多，超过总人数的一半。

表2　易地扶贫搬迁居民年龄状况

单位：人，%

年龄	人数	比例	年龄	人数	比例
30 岁及以下	310	4.4	60 岁及以上	2207	31.6
31~49 岁	2835	40.6	合计	6985	100.0
50~59 岁	1633	23.4			

（三）贵州易地扶贫搬迁居民生活状况

1. 易地扶贫搬迁居民"两不愁"（不愁吃、不愁穿）状况

（1）易地扶贫搬迁居民不愁吃状况

易地扶贫搬迁居民基本解决了不愁吃的问题。从不愁吃状况来看，99.9%的人处于"能吃饱"的状态，只有0.1%的人"不能吃饱"（见表3）。通过对不能吃饱的3人的基本情况进一步分析得出：他们的年龄分别是46岁、52岁和55岁；其中2人安置区域在毕节市，1人在铜仁市；2人收入来源依靠农业自营，1人依靠务工上班；3人家中都有子女上学。由此可见，贵州易地扶贫搬迁为绝大部分人解决了吃的问题，但是还有极少部分人没有解决，这部分人由于年龄较大，家中有子女上学，生活经济压力大，基本吃的问题还无法保障。

表3　易地扶贫搬迁居民不愁吃状况

单位：人，%

选项	人数	比例
能吃饱	6982	99.9
不能吃饱	3	0.1
合计	6985	100.0

（2）易地扶贫搬迁居民吃得如何状况

部分易地扶贫搬迁居民的生活质量有待提高。从吃得如何的状况来看，关于他们多久能吃一次肉或者改善一次伙食，38.8%的人"想吃随时都能

吃", 21.6%的人"一个星期至少吃一次", 20.3%的人"一个月至少吃一次", 17.0%的人"因经济原因从来不吃或很少吃", 2.3%的人"因生活习惯等原因从来不吃或很少吃"（见表4）。对因为经济原因吃得不好的1185人的基本情况进一步分析发现：60岁及以上老年人占31.0%，50～59岁即将步入老年阶段的人占26.0%；58.9%的人安置于毕节市，其次是黔西南州12.3%和铜仁市11.0%；41.2%的人收入来源依靠政府，31.2%依靠务工上班，25.1%依靠农业自营；46.6%的人家中有子女上学。由此可见，尽管大部分人至少都能在一个星期或者一个月内吃上肉，但是还有17.0%的人会因为经济原因从来不吃或很少吃，这部分人年龄较大，收入来源依靠政府救助以及工资性收入无法保障质量较好的生活，并且家中有子女上学，从而导致他们的生活质量不高。

表4　易地扶贫搬迁居民吃得如何状况

单位：人，%

选项	人数	比例
想吃随时都能吃	2709	38.8
一个星期至少吃一次	1512	21.6
一个月至少吃一次	1421	20.3
因经济原因从来不吃或很少吃	1185	17.0
因生活习惯等原因从来不吃或很少吃	158	2.3
合计	6985	100.0

（3）易地扶贫搬迁居民不愁穿状况

易地扶贫搬迁居民基本解决了不愁穿的问题。从不愁穿状况来看，99.8%的人衣服"基本够穿"，只有0.2%的人衣服"不够穿"（见表5）。就衣服不够穿12人的基本情况进一步分析得出：66.7%是老年人；41.6%安置于毕节市，其次黔西南25.0%；他们的收入来源分为依靠政府救助、务工上班和农业自营，各占33.3%；58.3%的人家中有子女上学。由此可见，贵州易地扶贫搬迁为绝大部分搬迁居民解决了不愁穿的问题，但是还有极少部分搬迁居民没有解决，这部分人年龄大、收入不高并且家中有子女上学，多方因素导致生活经济压力大，基本穿的问题还无法保障。

表5　易地扶贫搬迁居民不愁穿状况

单位：人，%

选项	人数	比例
基本够穿	6973	99.8
不够穿	12	0.2
合计	6985	100.0

2.易地扶贫搬迁居民"三保障"（住房、医疗、教育）状况

（1）易地扶贫搬迁居民住房鉴定或评定状况

超过1/3的易地扶贫搬迁居民的原有住房存在安全隐患。从住房鉴定或评定状况来看，"安全住房（A级或B级）"占30.8%，"不安全住房（C级或D级）"占32.6%，"不清楚"的占3.7%，"未鉴定或评定"的占1.8%，"无法回答"的占31.1%（见表6）。由此可见，除去"不清楚"、"未鉴定或评定"和"无法回答"的选项，易地扶贫搬迁居民的原有住房危险系数比例高，把他们从住房危险的地方搬迁出来，不但使他们搬迁到生存条件较好的地方，还保证了他们的住房安全。

表6　易地扶贫搬迁居民住房鉴定或评定状况

单位：人，%

选项	人数	比例
安全住房（A级或B级）	2149	30.8
不安全住房（C级或D级）	2278	32.6
不清楚	259	3.7
未鉴定或评定	124	1.8
无法回答	2175	31.1
合计	6985	100.0

说明：房屋等级：A级：安全；B级：可以使用（非主体构建存在危险）；C级：加固或改造（主体构建存在危险）；D级：危险。

（2）易地扶贫搬迁居民参加合作医疗状况

易地扶贫搬迁居民基本实现了医疗有保障。从参加合作医疗（基本医疗保险和大病保险）状况来看，高达99.9%的人都"参加了"合作医疗，只有0.1%的人"没参加"（见表7）。通过对没有参加医保的8人的基本情况进一步分析得出：50.0%是中年人；37.5%安置于毕节市，其次是六盘水市25.0%；62.5%的人收入来源依靠务工上班，37.5%依靠农业自营；50.0%的人家中有子女上学。由此可见，尽管绝大部分人参加了医保，但仍然有极少部分人没有参加，根据调查，没有参加的原因为"不知道怎么参加、不想参加、没有钱参加"等。这表明，部分中年人参加医保的意识不强，收入不高导致不想参加医保。医保宣传力度还应该进一步加大，以提高易地扶贫搬迁居民参加医保的意识。

表7　易地扶贫搬迁居民参加合作医疗状况

单位：人，%

选项	人数	比例
参加了	6977	99.9
没参加	8	0.1
合计	6985	100.0

（3）易地扶贫搬迁居民享受医疗政策状况

绝大部分易地扶贫搬迁居民都享受了医疗政策。从享受医疗政策情况来看，享受"医保缴费补贴"（如参保缴费减半）的占98.3%，享受"一站式结算服务"（住院不用交押金，办理出院手续时只需要在一个窗口即可办完医保报销、费用结算）的占42.0%，享受"慢性病签约服务"（有专门的医生提供服务和帮助）的占85.3%（见表8）。由此可见，大部分人都享受了医保缴费补贴，从而减轻了经济压力，慢性病签约服务为他们看病治病提供了便利，同时增进了医患关系。但是享受一站式结算服务的比例并不高，而易地扶贫搬迁居民中老年人和即将步入老年阶段的人居多，其中不乏不识字、身体不便利的患者和患者家属，这为他们在住院、出院、结算费用时增加了许多不便因素。

表8 易地扶贫搬迁居民享受医疗政策情况

单位：人，%

医疗政策	是否享受	人数	比例
医保缴费补贴	是	6863	98.3
	否	122	1.7
一站式结算服务	是	2933	42.0
	否	4052	58.0
慢性病签约服务	是	5958	85.3
	否	1027	14.7
合计		6985	100.0

（4）易地扶贫搬迁居民子女享受教育政策状况

易地扶贫搬迁居民家中接受义务教育的子女基本都享受了教育政策。根据数据发现，目前易地扶贫搬迁居民家中有子女上学的有3107人。从子女享受教育政策状况来看，享受"义务教育阶段困难学生生活费补助"的占91.1%，享受"义务教育阶段学生营养膳食补助"的占88.9%，享受"免除高中困难学生学杂费"的占11.4%，享受"中等职业教育免学费"的占3.7%，享受"国家助学金"的占16.2%（见表9），以上政策均没有享受的占1.5%。通过对其子女没有享受教育政策的47人进一步分析发现：有29.8%的60岁及以上老年人和36.1%的50~59岁即将步入老龄行列的人；57.4%的人安置于毕节市，其次是铜仁市17.0%；34.0%的人收入来源依靠政府补贴，51.0%依靠务工上班。由此可见，易地扶贫搬迁居民家中处于义务教育阶段的子女绝大部分享受到国家教育政策，随着子女年龄阶段递增，享受的教育政策比例也下降。极少部分家庭的子女没有享受教育政策，这部分人由于年龄较大，收入来源依靠政府以及务工上班的工资性收入不高，在教育方面的经济压力比较大。对于这部分人，应该加强政府教育政策兜底工作，为其减轻教育开支带来的经济压力。

表9　易地扶贫搬迁居民子女享受教育政策状况

单位：人，%

教育政策	是否享受	人数	比例
义务教育阶段困难学生生活费补助	是	2831	91.1
	否	276	8.9
义务教育阶段学生营养膳食补助	是	2762	88.9
	否	345	11.1
免除高中困难学生学杂费	是	355	11.4
	否	2752	88.6
中等职业教育免学费	是	116	3.7
	否	2991	96.3
国家助学金	是	502	16.2
	否	2605	83.8
合计		3107	100.0

3.易地扶贫搬迁居民基本生活用水状况

易地扶贫搬迁居民基本解决了生活用水问题。从基本生活用水状况来看，98.4%的人基本生活用水"够用"，只有1.6%的人基本生活用水"不够用"（见表10）。由此可见，贵州易地扶贫搬迁居民绝大部分解决了生活用水问题，但是还有极少部分人喝水困难，这部分人的生活用水问题亟须解决。

表10　易地扶贫搬迁居民基本生活用水状况

单位：人，%

生活用水	人数	比例
够用	6874	98.4
不够用	111	1.6
合计	6985	100.0

从生活用水困难状况来看，其中："用水有杂质、异色异味或饮用有不良反应"的占6.3%，取水"不太方便"的占11.7%，"不方便"的占31.5%，共计43.2%；缺水时间"36天以内"的占18.0%，"36天以上"的占17.1%，共计35.1%（见表11）。通过对生活用水不够用的111人的基本情况进一步分析发

现：有34.2%的60岁及以上的老年人和19.8%的50~59岁即将步入老年阶段的人；69.3%安置于毕节市，其次是黔西南州和铜仁市各占8.1%；42.3%的人收入来自政府救助，32.4%依靠务工上班和22.5%依靠农业自营；42.3%的人家中有子女上学。由此可见，这部分易地扶贫搬迁居民不但生活用水不够用，而且用水的质量也存在一定问题，由于老年人居多加之取水不方便，甚至可能会发生缺水状况，并且用水存在有杂质、异色异味或常年饮用有不良反应等不健康的用水状况，这给他们的生活带来不便，也不利于他们的身体健康。

表11　易地扶贫搬迁居民生活用水困难状况

单位：人，%

用水困难表现		人数	比例
用水有杂质、异色异味或饮用有不良反应	有	7	6.3
	没有	104	93.7
取水是否方便	方便	63	56.8
	不太方便	13	11.7
	不方便	35	31.5
缺水时间	36天以内	20	18.0
	36天以上	19	17.1
	没缺过水	72	64.9
合计		111	100.0

4. 易地扶贫搬迁居民搬迁前后生活对比自评状况

大部分易地扶贫搬迁居民在搬迁后生活状况都变好了。从搬迁前后生活对比自评状况来看，有5.4%的人觉得"比以前差"，23.4%的人觉得"没有变化"，43.4%的人觉得"有所提高"，27.9%的人觉得有"明显提高"（见表12）。对觉得生活变差了的378人和觉得没有变化的1631人共计2009人的基本情况进一步分析发现：有27.3%的60岁及以上老年人和22.0%的50~59岁即将步入老年阶段的人，其次是中年人占48.8%；57.4%安置区域在毕节市，其次是黔西南州13.8%、铜仁市9.2%和六盘水市6.1%；34.2%的人收入来源依靠政府救助，41.1%依靠务工上班；46.8%的人家中有子女上学。由此可见，尽管高达71.3%的人生活状况在搬迁后有提高，但是仍然有部分人生活状况和从前比基本没有变化，甚至有少部分人的生活状况相比搬迁前变差了。有近一半的老年人和即将步入老年行列的人，劳动能力不足使他们无法就业，也不能像在农村时一样靠种地来维持生计，他们的生活来源全靠政府，中年人的工资性收入也不高，他们家中又有子女上学，他们对搬迁前后的生活对比产生了没有变化甚至觉得变差了的自评状况。

表12　易地扶贫搬迁居民搬迁前后生活对比自评状况

单位：人，%

生活对比自评	人数	比例	生活对比自评	人数	比例
比以前差	378	5.4	明显提高	1948	27.9
没有变化	1631	23.4	合计	6985	100.0
有所提高	3028	43.4			

根据易地扶贫搬迁居民的基本情况、"两不愁三保障"状况、基本生活用水状况以及居民对搬迁前和搬迁后的生活对比自评状况，我们可以得出，总体上实现了不愁吃、不愁穿，大部分居民都享受了住房、医疗、教育等政策，生活用水基本解决，居民对搬迁后的生活满意度也比较高，这反映了贵州的易地扶贫搬迁取得了显著成果，赢得了脱贫攻坚的巨大胜利。但是仍有一些贫困边缘人口和老年人口，他们还存在一些基本生活问题，而对于贫困人口的脱贫，不仅要看到脱贫工作的成效，同时也要注重脱贫的质量以及预防后续可能出现的问题。

三　贵州易地扶贫搬迁居民的后续发展

（一）易地扶贫搬迁居民的收入来源状况

近2/5的易地扶贫搬迁居民的生计依赖于政府补贴。从其收入来源状况看，"政府补贴或救助收入"占39.6%，"务工上班收入"占36.5%，"农业自营收入"占21.5%，"赡养收入"（如继承财产或子女给予的赡养费等）占

1.3%，"社会捐赠收入"占0.1%，其他占0.9%（见表13）。由此可见，超过一半人的收入来源是依靠务工上班和农业自营，但有近2/5的人依靠政府补贴或救助。虽然政府也做好了兜底工作，但是全靠政府补贴并不是长久之计，这不但会增加政府的压力，而且会助长部分易地扶贫搬迁居民的依赖性。

表13　易地扶贫搬迁居民收入来源状况

单位：人，%

收入来源	人数	比例	收入来源	人数	比例
政府补贴或救助收入	2769	39.6	社会捐赠收入	2	0.1
务工上班收入	2553	36.5	其他	65	0.9
农业自营收入	1505	21.5	合　计	6985	100.0
赠养收入	91	1.3			

（二）易地扶贫搬迁居民享受扶持政策状况

在易地扶贫搬迁居民中，享受扶持政策的比例并不是很高。从享受扶持政策状况来看，享受"就业、创业扶贫政策"的占69.0%，享受"生态扶贫政策"的占57.8%，享受"资产收益扶贫政策"的占42.8%，享受"产业帮扶政策"的占49.2%（见表14），享受其他政策（如低保、五保户、养老等）的占4.5%。由此可见，易地扶贫搬迁居民在享受扶持政策方面的占比并不是很高。首先是在就业和创业扶贫政策方面，其次是生态扶贫政策和产业帮扶政策方面，若这几项政策实施得好必定会创造更多的工作岗位，同时也能带动当地的经济发展。就业关乎易地扶贫搬迁居民的后续发展和长远生计问题，不但可以让其获得生活来源，而且能实现其自身社会价值。

表14　易地扶贫搬迁居民享受扶持政策状况

单位：人，%

扶持政策	是否享受	人数	比例
就业、创业扶贫政策	是	4822	69.0
	否	2163	31.0

续表

扶持政策	是否享受	人数	比例
生态扶贫政策	是	4036	57.8
	否	2949	42.2
资产收益扶贫政策	是	2990	42.8
	否	3995	57.2
产业帮扶政策	是	3434	49.2
	否	3551	50.8
合计		6985	100.0

（三）易地扶贫搬迁居民合作社分红状况

超过一半的易地扶贫搬迁居民没有加入合作社并拿到分红。从合作社分红状况来看，"有分红"的人占25.2%，"才加入，还未分红"的人占3.6%，"没有分红"的人占57.0%，"不清楚"的人占14.2%（见表15）。由此可见，没有合作社分红的人已经超过一半。合作社可以增加易地扶贫搬迁居民的收益，应该大力支持合作社的发展，促使易地扶贫搬迁居民加入合作社。

表15 易地扶贫搬迁居民合作社分红状况

单位：人，%

收入来源	人数	比例	收入来源	人数	比例
有分红	1760	25.2	不清楚	990	14.2
才加入,还未分红	252	3.6	合计	6985	100.0
没有分红	3983	57.0			

四 贵州易地扶贫搬迁居民后续发展的问题与建议

（一）贵州易地扶贫搬迁居民后续发展的问题

1. 易地扶贫搬迁居民中老年人占比超过1/3

易地扶贫搬迁居民中60岁及以上的老年人人数，占比超过总人数的

1/3，加上 50~59 岁即将步入老龄行列的人占 23.4%，总占比超过 50.0%。这部分老年人从资源环境匮乏的深山区、石漠化山区搬迁出来，一是无法继续种地，二是无法就业。那么这部分易地扶贫搬迁老人必定会给家庭带来一定的经济压力。再者，如果是空巢、孤寡、"三无"等老人，没有劳动能力使他们无法就业，只能依靠政府补贴，他们的生活无法得到较好的保障，赡养也存在一定的问题。

2. 极少部分易地扶贫搬迁居民还未解决"两不愁"

尽管绝大部分人不存在吃不饱、穿不暖的问题，但是还是有极少数人没有解决这个问题。再者，有 17.0% 的人会因为经济原因吃得不好，以及 23.4% 的人觉得搬迁后生活状况没有变化，5.4% 的人觉得比以前变差了。这表明，尽管他们的生活环境变好了，但是他们的生活状况并不是很好，生活质量还有待提高。要达到全面脱贫，这部分边缘人口是最有可能再度返贫的，这部分人的生活状况不容忽视。

3. 极少部分易地扶贫搬迁居民尚未享受"三保障"

首先，住房方面。32.6% 的易地扶贫搬迁居民的原有住房危险系数高，他们原有的住房存在不安全隐患，要保障这部分人全部搬迁成功，保证其住房安全。其次，医疗方面。尽管绝大部分人都参加了合作医疗保险，但还是有极少数部分人因为"不知道怎么参加、不想参加、没有钱参加"而没有参加医疗保险。那么这部分人一旦生病住院，就会承担一大笔医疗开销，必定会造成巨大的经济压力。同时，参加了医保的易地扶贫搬迁居民在享受医保缴费补贴、一站式结算服务和慢性病签约服务等政策的覆盖率也不高，其中没有享受一站式结算服务的有 58.0%。而易地扶贫搬迁居民中老年人居多，这会给他们在住院、出院、结算费用时造成诸多不便因素。最后，教育方面。易地扶贫搬迁居民家庭中有子女上学的大部分享受了国家帮扶的生活费、学杂费、助学金等补助，但是仍然有极少部分家庭没有享受，而一个孩子的成长教育投资是无穷尽的，他们是从自然条件恶劣的地方搬迁出来，经济状况也并不是很好，孩子的教育投资势必给他们造成一定的经济负担。

4. 极少部分易地扶贫搬迁居民生活用水困难

绝大部分易地扶贫搬迁居民的基本生活用水都充足，但还是有极少部分人的生活用水不够，在生活用水不够的人中，6.3%的人存在用水有杂质、异色异味或饮用有不良反应，43.2%的人取水不方便、不太方便，35.1%的人偶尔或者较长时间缺水。水是生命之根本，易地扶贫搬迁居民的生产生活都离不开水，因此他们的基本生活用水困难还亟待解决。

5. 易地扶贫搬迁居民的就业问题迫在眉睫

就业是易地扶贫搬迁的重中之重，关系易地扶贫搬迁居民的后续发展和长远生计。根据数据发现，39.6%的人家庭主要收入依靠政府补贴和救助，36.5%的人依靠务工上班，21.5%的人依靠农业自营。这表明，易地扶贫搬迁居民比较依赖政府，这不但给政府带来巨大的压力，还会助长部分人的依赖性，并且一部分人的收入不高，导致他们的生活质量也不高。与此同时，政府的各项帮扶政策覆盖面也并不是很广。若在就业创业、资产收益扶贫和产业帮扶政策方面各项政策有效实施，必定会创造许多工作岗位，可以充分促进易地扶贫搬迁居民的就业，从而维持他们的生计。

6. 易地扶贫搬迁居民合作社收益少

合作社是劳动群众自愿联合起来进行合作生产、合作经营所建立的一种合作组织形式，是不少地方脱贫致富、乡村振兴的重要抓手。根据数据发现，只有25.2%的易地扶贫搬迁居民加入合作社并且拿到分红，还有57.0%的人没有加入合作社，也就没有合作社的分红。这表明，一是邀请易地扶贫搬迁居民加入合作社的宣传不到位，以及他们对合作社持有不信任或者观望的态度，因此不愿加入合作社；二是合作社还有待发展，缺乏资金、组织规模小、监管部门监管力度不够以及销路不通等是大部分合作社存在的通病。

（二）解决易地扶贫搬迁居民后续问题的建议

1. 健全安置区养老服务体系

随着老年人口的不断增多，养老问题一直是个热门话题，也是一个亟须解决的问题。易地扶贫搬迁居民中老年人养老问题的解决主要有居家养老、机构养老、社区养老等医养相结合、居家为基础、社区为依托、机构为支持的养老服务体系。首先，要满足安置区基本的养老服务需求，使易地扶贫搬迁老年人老有所养。其次，加快推进安置区养老服务机构的建设和发展，利用贵州丰富的自然资源，发展避暑养老、生态养老、森林养老等健康的养老服务。做好安置区居家养老和社区养老，子女应自觉履行赡养父母的义务，让老年人在家中进行养老。打造老年人社区活动中心、日间照料中心、社区食堂等服务设施，满足老年人在社区进行养老。最后，通过互联网、大数据、5G 等技术手段与医养相结合，整合各类资源为安置区老年人提供人性化和个性化的养老服务。除了赡养问题，还要丰富老年人的精神生活，老年人从已经生活习惯的农村搬到城镇，可能会出现诸多生理心理问题，因此需要为他们提供一些公共服务、社工服务和志愿服务，丰富他们的晚年生活。

2. 加强"两不愁三保障"的政府兜底工作

对于还没有解决"两不愁三保障"的易地扶贫搬迁居民，要加强政府兜底工作，切实保证每一个居民都能不愁吃、不愁穿、有水用，解决住房危险、看病困难、上学困难的问题。"两不愁"其实已经基本解决了，"三保障"还有一些薄弱环节。要清楚掌握还未解决"两不愁三保障"的易地扶贫搬迁居民的基本情况，不能落下任何一个人。要确保每一个人住房安全，不住危房；确保每一个人基本医疗有保障，生得起病也看得起病；确保每一个家庭中上学的孩子不因为经济困难而失学；确保每一个人都吃得饱、穿得暖、喝水方便的同时生活质量得以提升。

3. 促进易地扶贫搬迁居民就业

就业不仅关乎易地扶贫搬迁居民的后续发展和长远生计，也关乎搬迁安置区的社会稳定，只有充分促进就业，易地扶贫搬迁居民才能通过就业维持生计而不至于返贫。首先，促进安置区吸纳就业，各地在安置区实施政府投资项目，服务安置区的社会管理和公共服务岗位，都应安排一定数量的搬迁居民进行就业。预留场地扶持创业就业，结合实际，在城镇和安置区预留生产经营场地、开辟专门区域，建设就业扶贫车间。组织劳务输出就业，根据易地扶贫搬迁居民意愿，有序组织其到县内、市内、省内、省外就业，努力扩大输出规模[①]。其次，加强后续扶持资金投入，建议政府财政支持、吸引企业投资，增加扶贫车间、公益性岗位的规模和数量，切实带动无法外出务工人员就近就业。加强就业帮扶，开展搬迁居民劳动力就业帮扶，确保易地扶贫搬迁居民家庭中至少有一人能就业，努力实现"输血"向"造血"的转变。最后，针对搬迁居民进行专门培训，加强搬迁居民培训宣传，大力倡导"终身学习"的观念，营造良好的学习氛围，引导搬迁居民主动学习并参加培训，使搬迁居民掌握就业知识和技能，从而充分促进就业。

4. 促进专业合作社的发展

合作社发展得好才能给易地扶贫搬迁居民带来实实在在的收益。要促进合作社的发展，首先，要解决资金不足问题。通过政府支持，提供政策补贴、延期纳税、减免税收等解决资金不足；通过合作金融解决资金短缺，根据国际经验，农民合作社资金短缺问题一般都是通过专业的农村信用合作社和农民合作社的合作金融活动解决。其次，要解决某些经营不善问题。加强合作社组织管理，明确各部门分工职能，订立规范制度；加强监管部门的监管力度，进一步完善相关政策法规；积极引导居民入社，切实为居民办事，让其看到实实在在的收益。最后是解决销路不通问题。通过线上交易，充分利用互联网信息技术，扩展农产品的销售渠道，把农民种植生产的农产品卖到全国各地；通过线下交易、线下推荐，合作社应找到合适的渠道，为买家和卖家搭建桥梁。通过线上线下结合，双管齐下。

参考文献

人力资源社会保障部、国家发展改革委、财政部、国务院扶贫办：《关于做好易地

[①] 人力资源社会保障部、国家发展改革委、财政部、国务院扶贫办：《关于做好易地扶贫搬迁就业帮扶工作的通知》（人社部发〔2019〕47 号），中国政府网，2019 年 6 月 2 日，http：//www.gov.cn/xinwen/2019 – 06/02/content_ 5396800.htm，最后检索时间：2020 年 11 月 6 日。

扶贫搬迁就业帮扶工作的通知》（人社部发〔2019〕47 号），中国政府网，2019 年 6 月 2 日，http：//www. gov. cn/xinwen/2019－06/02/content＿5396800. htm，最后检索时间：2020 年 11 月 6 日。

习近平：《在解决"两不愁三保障"突出问题座谈会上的讲话》，《当代江西》2019 年第 9 期。

中共贵州省委：《贵州"十四五"规划建议全文公布》，《贵州日报》2020 年 12 月 14 日。

国家发展改革委：《全国"十三五"易地扶贫搬迁规划》，国家发展改革委网，2016 年 10 月 31 日，https：//www. ndrc. gov. cn/xxgk/zcfb/tz/201610/t20161031＿963261. html，最后检索时间：2020 年 11 月 5 日。

徐敏：《构建基本公共服务、培训和就业服务、文化服务、社区治理和基层党建"五个体系"》，贵州新闻发布厅，2019 年 5 月 30 日。

黄云平、谭永生、吴学榕、温亚昌：《我国易地扶贫搬迁及其后续扶持问题研究》，《经济问题探索》2020 年第 10 期。

吴秉泽：《贵州：多举措促就业　确保搬迁群众稳定脱贫》，《经济日报》2020 年 5 月 16 日。

姚亚奇：《巩固脱贫攻坚成果，激活乡村振兴内生动力》，《光明日报》2020 年 11 月 19 日，第 5 版。

黄頔、顾阳：《"十三五"易地扶贫搬迁任务全面完成　960 多万建档立卡贫困群众全部乔迁新居》，《经济日报》2020 年 12 月 4 日。

何涛：《一步跨千年　同步达小康》，《贵州日报》2020 年 12 月 24 日。

曾秦：《贵州省实施"五个一"建设工程推进养老服务体系建设》，《贵阳晚报》2018 年 4 月 17 日。

孟圆：《农民合作社资金短缺问题及其解决之道》，光明网，2016 年 2 月 2 日，https：//yp. gmw. cn/2016－02/02/content＿18760197. htm，最后检索时间：2020 年 11 月 18 日。

B.4

生态移民与易地扶贫搬迁[*]

——生态环境治理与农村贫困治理的协同性发展

罗 桥 汤皓然[**]

摘 要： 生态环境保护与反贫困是当代中国社会关注的两大议题，其呈现往往带有交织状。生态移民与易地扶贫搬迁是我国21世纪初期由政府主导开展旨在"保护环境和扶贫开发"并举的一项重要工程，上述两个问题的发生所具有的交织状和相关性，使其也在治理范畴上具有相互融合与协同发展的性质。本文通过关注生态与农村贫困两个问题所具有的相互交织现状，分析针对两个问题所采取的生态移民和易地扶贫搬迁工程之间的关系，从而探讨我国生态环境治理与农村贫困治理之间如何进行协同性发展的问题。

关键词： 生态移民 易地扶贫搬迁 生态环境治理 农村贫困治理

一 交织呈现的生态环境与农村贫困问题

"生态环境问题是人类与自然环境之间矛盾关系的反映"，包含了自然

* 本文系贵州省哲学社会科学规划青年课题"川滇黔高原湿地生态系统保护与村民生计转型研究"（项目编号为19GZQN25）的阶段性研究成果。
** 罗桥，贵州财经大学公共管理学院副教授，博士，研究方向为环境社会学、社会政策与社会治理；汤皓然，贵州财经大学公共管理学院硕士研究生，研究方向为环境社会工作。

资源的供给能力以及环境处理和吸收废物、污染物能力的削弱甚至不可逆。而贫困问题在各种研究中界定较多，有从文化、制度方面的界定，也有从经济和获取能力等方面的界定。① 这里主要是指人类自身获取福祉的能力欠缺从而导致福祉的丧失，在经济上呈现绝对贫困状态②，而贫困问题在中国的具体表现形式虽然呈现多样化状态，但是中国的贫困人口绝大多数在农村③，可以说，中国的贫困更多地表现为突出的农村贫困问题。这两个问题从表象上来看属于两个不同的范畴，但是本质上却有着天然的联系。

罗伯 J. 布鲁勒（Rober J. Brulle）认为：虽然细化了人类 - 环境之间相互影响的各要素之间的关系，充分说明了环境恶化的起源、环境恶化的影响以及对环境恶化的应对三个方面④，但却是建立在工业社会的发展对生态环境的破坏的基础上的，并且在他的研究中，并没有预见到生态环境的破坏会导致贫困发生。因而我们所关注的环境 - 社会之间的关系是建立在中国特殊的时空背景之下的，即现阶段中国欠发达地区的非工业社会，这里我们所指的生态环境实际上是中国的重点生态功能区、生态环境敏感区和生态脆弱区的生态环境，特别关注的是生态脆弱区的生态环境。而这里的社会则是在这些区域内或周边生活的基本是以传统农牧业为主的农民或牧民的文化、制度和生计方式以及组织结构所构成的总体要素。由于生活在这些区域的农牧民与这种生态结构之间又存在紧密相连的生计获取关系，如果原本脆弱的生态环境遭到破坏，周边社区可能因生计获取困难而陷入贫困境地。

相关研究指出，欠发达地区的经济发展更依赖于自然资源环境，且大多存在严重的生态破坏问题，主要是落后的技术手段、粗放的发展模式和掠夺

① 马良灿：《贫困解释的两个维度：文化与制度》，《教育文化论坛》2010 年第 4 期，第 97 ~ 99 页。

② 王晓毅、张浩、占少华等：《发展中的贫困与贫困的影响》，《国家行政学院学报》2015 年第 1 期，第 79 ~ 85 页。

③ 汪三贵：《在发展中战胜贫困——对中国 30 年大规模减贫经验的总结与评价》，《管理世界》2008 年第 11 期，第 78 ~ 88 页。

④ Rober J. Brulle, *Agency, Democracy and Natrue: The U. S. Environmental Movement from a Critical Theory Perspective*, The MIT Press, 2000, pp. 112 – 115.

型的资源开发利用方式等导致的①，洪大用教授在谈到当代中国环境问题的社会特征时，指出了其中一个重要特征就是生态环境问题地区分布与贫困问题的地区分布有着高度的相关，使得环境问题与贫困问题之间陷入恶性循环状态。②李培林、王晓毅则认为中国的贫困与生态环境脆弱往往共生，我国的农村贫困人口大部分分布的18个集中连片区域体现出来的生态特征为干旱缺水、地表水渗漏严重、高寒阴冷、山高坡陡等。③虽然我们并不能完全肯定贫困发生与生态环境破坏之间存在完全的因果关系，但是从世界范围内来看，特别是从我国现阶段所呈现的总体情况来看，生态环境问题确实与农村贫困问题之间存在一定的交织状态，具体表现为生态环境问题导致的贫困和贫困导致的生态环境问题两个方面。

一是生态环境问题导致的贫困，具体可分为生态环境本身的脆弱性与贫困之间的耦合状态与自然资源的过度开发利用导致的贫困两个部分。

首先是生态环境本身脆弱性与贫困之间的耦合状态。原环境保护部2008年印发的《全国生态脆弱区保护规划纲要》以生态交错带为主体，确定了8个生态脆弱区：东北林草交错生态脆弱区、北方农牧交错生态脆弱区、西北荒漠绿洲交接生态脆弱区、南方红壤丘陵山地生态脆弱区、西南岩溶山地石漠化生态脆弱区、西南山地农牧交错生态脆弱区、青藏高原复合侵蚀生态脆弱区、沿海水陆交接带生态脆弱区。④"生态环境脆弱性是生态系统的固有属性，指在特定区域条件下，生态环境受外力干扰时的敏感反应和自我恢复能力。"⑤从中国生态脆弱区分布和贫困人口发生区域来看，中国

① 丁佳俊、陈思杭：《反贫困与生态保护相互关系的文献综述》，《生态经济》2019年第1期，第220~224页。

② 洪大用：《社会变迁与环境问题——当代中国环境问题的社会学阐释》，首都师范大学出版社，2001。

③ 李培林、王晓毅：《生态移民与发展转型——宁夏移民与扶贫研究》，社会科学文献出版社，2013。

④ 刘军会、邹长新、高吉喜等：《中国生态环境脆弱区范围界定》，《生物多样性》2015年第6期，第725~732页。

⑤ 韦晶、郭亚敏、孙林等：《三江源地区生态环境脆弱性评价》，《生态学杂志》2015年第7期，第1968~1975页。

生态脆弱区域与贫困人口存在较大程度的耦合性，特别是西部石漠化区域、冻融侵蚀区域、土壤侵蚀区域和土壤沙化区域，均是贫困发生率较高的生态区域，生态环境本身的脆弱性与贫困之间存在耦合。曹诗颂等对生态脆弱与经济贫困关系耦合度的研究表明，在连片特困区的714个县（市）中，极度耦合的县（市）为286个，低度耦合的县（市）为200个，中度耦合的县（市）为128个，高度耦合的县（市）为101个。其中，中度以上耦合的县（市）约占总数的72%；从空间上看，两者耦合度大小呈现由西向东逐渐递增的趋势。[①]

现阶段来看，中国生态脆弱区一旦遭受诸如天气变化、气候变迁和其他外力冲击，由于其自身修复能力较弱，会造成这类区域的地质条件、土壤条件等无法满足人类生存和可持续发展的要求，生活在这个区域的农牧民因其需要直接依靠此地生态资源生活，其生存和发展将受到较大冲击，从而增加贫困发生的风险度，这种耦合状态的存在也证明了生态脆弱性与贫困风险发生率之间的相关性。

其次是自然资源的过度开发利用导致的贫困。在经济欠发达地区，人类福祉的获取方式更依赖于自然资源的直接性获取，对生态环境的依赖性较强。相关研究表明，贫困地区大约90%的人口为农村人口，并且大部分的人口从事农牧业生产，"生态敏感和脆弱地带内贫困县农业产值占社会总产值份额绝大多数超过50%，贫困县平均农业产值份额比非贫困县高10个百分点。"[②] 这种对自然资源特别是耕地、林地和草地的高度依赖，是造成生态环境与人类社会发生直接矛盾和冲突的主要原因。人类社会在长期的变迁和发展中，不断总结出许多与自然环境和谐共处的方法和模式，但是在绝大多数较为敏感和脆弱的区域内，由于人口数量不断增长，人口压力不断增加，或者经济利益的集中化驱使，对土地利用程度逐步增高，土壤退化，还有些地区由于过度放牧使草原资源减少，或由于过度砍伐使森林资源大面积减少，土地、草地和林

---

① 曹诗颂、王艳慧、段福洲等：《中国贫困地区生态环境脆弱性与经济贫困的耦合关系——基于连片特困区714个贫困县的实证分析》，《应用生态学报》2016年第8期，第2614～2622页。

② 周毅：《生态资源可持续发展与反贫困》，《财经问题研究》1999年第1期，第12～18页。

地等自然资源无法可持续利用，当地农牧民的持续生计能力降低，而在此过程中农牧民又无法培育其他生计获取方式的能力，最终发生贫困。

我们选取 2010 年、2014 年及 2017 年三个时间点对西部森林、草原和耕地总面积的变化及贫困人口数量的变化对比发现，表 1 和图 1 中显示随着贫困人口的逐步减少，特别是近几年，西部农村贫困人口绝对数量减少，而耕地面积逐渐增多，草原总面积在 2014 年略有下降的趋势，而在 2017 年得到提升，森林总面积在 2014 年提升后达到稳定水平。从这个变化中可以看出，森林、草原和耕地状况的总量提升和向好发展与西部农村贫困发生率大致呈反比趋势，而西部农村贫困人口数量的减少与最近几年的脱贫攻坚之间有着极其紧密的联系，其中包括就地脱贫与易地扶贫两种模式，这两种模式中的易地扶贫模式更多的是将贫困人口的生计获取与自然资源之间进行切割，从而在城镇化的过程中实现生计转型，这也从客观上造成了几类自然资源总量的提升。

表 1　2010 年、2014 年和 2017 年西部部分自然资源与农村贫困人口总量变化情况

单位：万公顷，万人

类别	2010 年	2014 年	2017 年
森林总面积	11681.29	12417.01	12417.01
草原总面积	32868.8	32867	32873.6
耕地面积	4495.1	5043.36	5049.89
西部农村贫困人口数量	8340	3600	1634

资料来源：《中国环境统计年鉴（2018）》《中国农村贫困监测报告（2018）》。

二是贫困导致的生态环境问题。生态人类学的研究表明，人类是不会主动破坏与其生计来源直接相关的自然环境的，特别是采集民、农耕民、畜牧民和渔民，"他们在漫长的历史过程中形成了适应环境的生存方式，同时也提供了某些与环境包容共生的经验"[1]，甚至是可持续发展的经验。例如：

---

① 〔日〕秋道智弥、市川光雄、大冢柳太郎：《生态人类学》，范广融、尹绍亭译，云南大学出版社，2006。

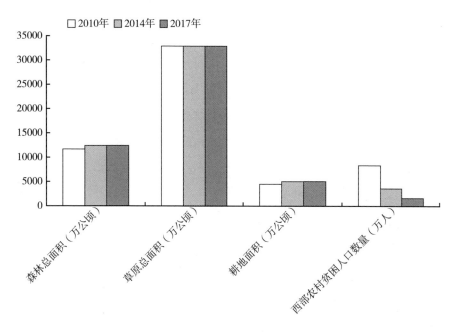

图1 西部部分自然资源与农村贫困人口总量变化情况

"云南南芒县傣族会采取分寨的形式来疏散人口，将人口稀释到无人或少人区域，从而减少人对局部生态的破坏"①；云南弥勒地区彝族对密林的神明崇拜，使其对生存区域周边的原始密林一直持保护的态度；贵州黎平县境内的侗族则通过在孩子出生时种植相应数量的杉树，直至嫁娶时砍伐作为建房材料，从而保持对周边原始森林的保护等。这些当地生活者从自身与生态环境之间关系的维持逻辑出发，形成了各自的地方性知识，可以说，这些地方性知识是在人类与自然环境相处后形成的一种契约关系，我们也可以把这种契约关系看作是朴素的生态正义观，其对生态环境的确也起着重要的保护作用。

然而我们需要探讨的是人在什么样的情况下会放弃生态正义逻辑而选择

---

① 耿言虎：《远去的森林：一个西南县域生态变迁的社会学阐释》，社会科学文献出版社，2018。

损伤与自然环境之间维持的契约关系。环境经济学家蒂斯坦尔和法学家贝克斯特将此归结为资源的稀缺性，特别是人口过剩以至于生态环境无法承载而导致的资源稀缺从而造成日用品的需求和可供资源之间的裂缝。[1] 从这个意义上来说，资源的稀缺造成人类丧失获取福祉的能力，从而陷入贫困境地，因此失去了自由选择与自然环境之间的契约关系从而走向毁坏自然达到获取维持基本生存条件的能力。正如卢梭所认为的那样，对于一个放弃了一切的人，可能取消了自己意志的一切自由，也就取消了自己行为的一切道德性。[2] 因此对于丧失生存条件的贫困者来说，取消曾经拥有的对自然的道德而选择破坏生态环境就意味着能够勉强生存。例如在甘肃定西的贫困区域内，由于缺少燃料，人们为了活下去，不得不铲草皮作为燃料，平均每人每年要铲草皮1000多斤，失去植被的土地生态进一步恶化。[3] 这种情况仅仅从环境意识的层面是难以解释的，当地环境意识的低下只是人们无法维系与生态环境之间的契约关系所表现出的一种形式。但是我们可以肯定的是，贫困问题确实可能会诱发生态环境问题，它们之间存在一定的相关性。

总体来说，现阶段我国很大一部分地区，特别是经济欠发达的农村地区大量呈现生态环境问题与贫困问题相互交织、相互影响、互为因果的特征。在生态治理与农村贫困治理这两条路径的选择上也因此存在政策制定和政策执行的双轨并行。我们在这里选取比较有代表性的移民政策进一步说明我国在生态治理与贫困治理中的一些经验举措。

二　生态移民与易地扶贫搬迁之间的关系

"移民是指超过一定空间距离移居的人群"[4]，移民是人类活动的常态，

---

① 〔美〕彼得·S. 温茨：《环境正义论》，朱丹琼、宋玉波译，上海人民出版社，2007。
② 〔法〕卢梭：《社会契约论》，何兆武译，商务印书馆，2003。
③ 洪大用：《社会变迁与环境问题——当代中国环境问题的社会学阐释》，首都师范大学出版社，2001。
④ 色音、张继：《生态移民的环境社会学研究》，民族出版社，2009。

也是人类繁衍与发展的必经过程。人类是一种不断流动和迁移的生物，其自产生以来就因自然环境变化、人口增长、生产发展、战乱和国家建立等原因而不断地流动和迁移。① 从世界历史范围内来看，最早的人类移民是 100 万年前从非洲出走的直立人，而后的 100 万年间，他们因气候和环境的改变不断向各大洲进行移民迁徙。而其中在工业革命前的移民多因自然条件的改变、人口自然增长、种植业发展、商业贸易和战争等，其中著名的有冰川时期印第安人从亚欧大陆向北美大陆的迁徙，1 万多年前世界多地开始的农业变革使得人口数量不断增长而由此造成的人口迁徙以及公元前 700 年前后亚述人建立的大帝国征服了美索不达米亚、叙利亚和埃及而发生的人口迁徙，等等。② 而工业革命后的移民则更多的是从农村向城市的、不断的人口聚集。中国的移民古已有之，如汉代向河套地区的移民，"安史之乱"造成的中原人口南迁，明代土默川地区的开垦，清代著名的"湖广填四川"，历经几代人的"闯关东"，等等。这些移民方式有政府指令下的移民，也有自发组织的移民，有生计型移民，也有避难型移民。总体来说，不管是在世界还是中国范围内，移民始终是作为常态发生的。

生态移民和易地扶贫搬迁不同于上述以往任何一种移民形式。首先，从迁移形式上来说，生态移民和易地扶贫搬迁与以往的迁移形式具有反向效应。正如李培林和王晓毅指出的：前现代化时期为了获得土地或是屯边，其移民方式主要是从人口密集的区域向边缘地带迁移，而由于现代化和经济发展的推动，要求人口大量集中，生态移民和易地扶贫搬迁作为现代化条件下的移民方式是从边缘向人口密集的区域迁移的过程。③ 其次，从目的上来说，它同时针对生态环境保护和反贫困两个问题。世界和中国历史上的移民基本具有目的单一性，且很少具有以保护生态环境和反贫困为目的的移民。

① 丘立本：《国际移民的历史、现状与我国对策研究》，《华侨华人历史研究》2005 年第 1 期，第 1～16 页。
② 〔美〕帕特里克·曼宁：《世界历史上的移民》，李腾译，商务印书馆，2015。
③ 李培林、王晓毅：《移民、扶贫与生态文明建设——宁夏生态移民调研报告》，《宁夏社会科学》2013 年第 3 期，第 52～60 页。

再次，从责任主体来说它是由政府主动组织承担的移民工程。政府作为此项工程的组织动员者，也同时是责任承担者，政府的角色主要是在政策制定和执行、组织动员等方面，其中在搬出地的搬迁工作、搬入地的安置工作和搬入后的各项工作均由政府统一完成调配。最后，从道德基础上来说它是体现环境正义和社会正义的一项工程。此项工程以环境保护和反贫困为目的，其本身就具有环境正义性和社会正义性。

由于生态环境问题而实行的移民，被称作生态移民。[①] 同样，由于反贫困而实施的移民，可以被称作易地扶贫搬迁。生态移民虽然是近代以来的产物，但是中国真正意义上的生态移民却是在 20 世纪 90 年代中期以后才兴起的。中国生态移民与易地扶贫之间存在同源性，可以说，中国的生态移民源自易地扶贫。"中国的易地扶贫工作始于 20 世纪 80 年代对宁夏西固地区、甘肃定西地区的中部干旱地区及河西走廊地区的农业建设计划"，此项移民工作持续时间长达 20 年之久，不仅针对当地群众生活困难情况，而且重点还对当地植被破坏和生态环境恶化的恢复和保护有着重要意义。1994 年，国家实施"八七扶贫攻坚计划"，生态移民和易地扶贫仍旧以共同推进的方式进行，大部分地区都进行了以脱贫致富和保护生态环境为目的的生态移民和易地扶贫试点。2001 年，国务院发布的《中国农村扶贫开发纲要（2001～2010）》第 19 条规定："稳步推进资源移民搬迁。对目前极少居住在生存条件恶劣、自然资源贫乏地区的特困人口，要结合退耕还林还草实施搬迁扶贫。"[②] 而 2001 年国务院办公厅发布《关于易地扶贫搬迁试点工程的实施意见》则明确了在西部地区开展易地扶贫搬迁试点，既是探索扶贫工作，也是促进西部地区生态环境改善的尝试。[③] 从"十五"开始，国家发改委连续制定了易地扶贫搬迁"十五"至"十三五"规划，特别是"十五"规划对

---

① 孟琳琳、包智明：《生态移民研究综述》，《中央民族大学学报》2004 年第 6 期，第 48～52 页。
② 国务院：《中国农村扶贫开发纲要（2001～2010）》，http://www.china.com.cn/lianghui/fangtan/2016-02/16/content_37797503.htm。
③ 国务院办公厅：《关于易地扶贫搬迁试点工程的实施意见》（计投资〔2001〕2543 号），http://www.gov.cn/ztzl/fupin/content_396721.htm。

易地扶贫搬迁的概念做出了明确界定，规划指出易地扶贫搬迁，亦称生态移民，是党和政府在新时期探索实施的一项重要扶贫举措，通过对生活在不适宜人类生存地区的贫困人口实施搬迁，达到消除贫困和改善生态的双重目标。[①] 从这个定义上可以明确看出，国家将生态移民和易地扶贫搬迁完全合并，只是在称谓和侧重点上有所区别。

虽然中国的生态移民和易地扶贫搬迁工程同根同源，甚至可以说是在解决矛盾的两个方面问题（即生态环境与人类社会之间矛盾、生态破坏与人类社会难以实现可持续发展这两个方面的问题），或者说是用相同的方式嵌套性解决生态环境与贫困两个问题，但是我国的生态移民从未作为一项单独的策略被提出，即使被认为是生态移民工程的纲领性文件《中国的农村扶贫开发白皮书》，生态移民也只是作为扶贫的其中一项措施。[②] 可见，生态移民虽然在学术界受到的关注更多，所取得的研究成果也较多，但是生态移民并非是一项国家战略层面统筹安排的专项工程，其总体规划还是在扶贫开发的规划下进行的。

生态移民长期作为易地扶贫搬迁总体部署中的一项措施被提及，但是在不同的时空范围内，生态移民或易地扶贫搬迁二者之一被针对性地提出仍然是有着不同侧重点，需要根据实际情况来判定。例如贵州是全国扶贫开发的重点区域，同时也是长江中上游地区及珠江源的重要生态屏障。"十二五"期间，贵州省从省政府到各市县专门成立生态移民局，从政策上和具体操作上针对生态保护的移民有一个较为清晰的总体构架。虽然贵州在此期间的生态移民也涉及对贫困人群的搬迁，生态移民与贫困人口之间也有高度重叠耦合，然而此次移民的重点目标仍然是针对生态保护。"十三五"期间，生态移民局具体管理实务由原先在生态保护目标下的移民逐渐转移到以脱贫攻坚为主要目的的易地扶贫搬迁工作上来，从以生态保护为主要目的的移民逐渐转变为以反贫困为主要目的的移民，而生态移民则又恢复为易地扶贫搬迁工

①　国家发改委：《国家发展改革委关于印发全国"十三五"易地扶贫搬迁规划的通知》。

②　孟向京：《中国生态移民的理论与实践研究》，中国人民大学出版社，2017。

作的一个重要方面，生态移民局则持续作为易地扶贫搬迁工作的重要机构存在。

我国贫困人口多居于生态脆弱区，生态移民与易地扶贫搬迁关系紧密且有较强连带性，两者似乎从一开始便交织在一起，扶贫搬迁目标除了脱贫之外往往提及保护迁出地的生态环境，而生态移民的目标则一定会与搬迁群众的脱贫致富相连。虽然二者关联性较强，然而还是不能完全等同。首先，从国家治理战略的层面来说，中国的生态移民与易地扶贫搬迁基本是属于通盘考虑的，且易地扶贫搬迁之于生态移民具有前置性，国家战略虽对生态环境保护极为重视，然而更为关注的是生活居住在环境中的人，即集中办法和策略解决贫困人群的生计和发展问题，从而达到解决生态环境与人类社会之间的矛盾关系的重要目的。其次，从治理目的的层面上来说，生态移民的主要目的是治理和保护生态环境，而易地扶贫搬迁的目的则是治理农村贫困问题，即用搬迁的方式改变不适宜人类居住的物理环境，从而改变生计获取方式，最终达到消除农村贫困的目的。再次，从政策安排上来说，生态移民没有专项政策，在资金安排上没有专门政策，仅在退耕还林政策中有涉及，但补贴标准高，人均补助较高，变迁人口人均分配住房面积为 25 平方米，而易地扶贫搬迁主要是专项政策，由国家扶贫资金作为保障，村民只需拆除搬出地住房即可获得专项资金补贴，而搬入地住房面积为人均 20 平方米。最后，从搬迁对象上来说，生态移民主要是搬出自然保护区核心区域及生态脆弱区域的群众，这其中包括贫困群众，也包括非贫困群众，而易地扶贫搬迁则是搬出在建档立卡户中属于贫困户的群众，这其中大多数为生态脆弱区的群众，但是也有部分为非生态脆弱区的群众。

我国生态移民与易地扶贫搬迁在诸多方面联系紧密，这主要是我国生态环境问题与农村贫困问题的交织所造成的，但是在具体治理方式上却因为不同的时间与空间仍然有其针对重点，从目的、政策制定和搬迁对象等方面看均有所差异。但是从目前全国范围内来看，在脱贫攻坚战略指导下将生态移民与易地扶贫搬迁两项工程合二为一已经是既定事实，而集中解决农村贫困人群的问题是两项工程的最大契合点。可以说，在目标设定、政策制定、具体实施等方面协同解决贫困人群的问题是生态移民与易地扶贫搬迁在解决生态脆弱区和贫困集中连片区问题上的关键所在。

三　中国生态环境治理与农村贫困治理的协同性发展

如前文所述，我国生态环境问题与农村贫困问题具有相对较高的耦合度，生态移民和易地扶贫搬迁作为解决生态环境与人类社会矛盾的两个方面在一定的时空范围内各自发挥着重要作用。可见，协同性治理我国生态环境问题与农村贫困问题是至关重要的。

协同性治理我国生态环境问题与农村贫困问题，需要从理论上认识我国特殊的生态环境与社会之间的关系。环境社会学的缘起是建立在对环境－社会之间关系问题的基础之上，卡顿（Catton）和邓拉普（Riley Dunlap）所建立的新生态范式（New Ecological Paradigm，NEP）强调了限度概念，经济增长、社会进步及其他社会现象都存在自然的和生物学上的限制。[①] 这种限制可以理解为人类获取福祉的能力和机会是有条件的，即生态环境本身作为资源提供者可能因人类的过度利用而停止向人类提供福利，从而使资源的获取者，特别是以农牧业为生的直接依赖者走向贫困，从这一点来说，新生态范式具有一定的解释力度。然而，西方环境社会学的发端更多是因关注和批判工业社会的发展而造成的环境问题，新生态范式也是在批判工业社会占统治地位的社会范式的基础上建立的理论范式。前文所述的研究虽然也同样遵循环境－社会之间关系的理论范畴，但是西方环境社会学理论终因经验范畴和空间范畴局限而存在理论局限性，特别是我们在讨论中国农牧业社会形态下的环境－社会之间的关系时，这个局限显得尤为明显。

首先，"中国生态环境－农村贫困问题的高耦合度具有特殊的时空意

---

① Catton, William R. and Riley E. Dunlap, "Environmental Sociology: A New Paradigm", *The American Sociologist*, 1978: 13.

义。"① 如前文所述，中国的生态环境与农村贫困问题具有较高耦合度，这种高耦合度是在特殊的时空背景之下产生的，具有一定的历史和地域的特殊性。从时间上来看，其不仅在中国历史各个时期都存在，而且随着社会的发展和人口的增加，每一个历史时期内均有不同的呈现方式和影响力。目前所讨论的中国生态环境 - 农村贫困问题是发生在中国社会高速发展和转型的时期内的，特别是发生在改革开放以后的社会转型时期。洪大用教授曾指出，中国当代环境问题面临社会结构性转型，结构性转型是一个分化的过程，而其中区域分化造成的环境问题是一个重要特征。② 中国生态环境与农村贫困问题的耦合就具有转型期内城乡分化的特征。"一方面，农村贫困问题与生态环境问题交织主要是由于传统农牧业生计方式需要高度依赖生态环境，而现代性所构成的生计方式则摆脱了对生态环境的高度依赖，城市化的过程本身就是人类把居住空间从自然环境向人工环境的不断转移的过程，是人类摆脱自然环境对其身体束缚的重要过程，转型期内的城乡分化使得农村贫困人口在寻找摆脱依赖生态环境的生计方式上具有普遍性机会和能力的欠缺，只能依靠对生态环境的持续性索取获得生计维持；另一方面，转型时期的城乡二元结构在对生态环境的损坏上是有着完全不同走向的，传统农牧业对生态环境的损坏主要是索取型损坏，即通过耕作和畜牧对土地、森林、草原等生态脆弱区域的损伤，这也是生态环境 - 农村贫困问题耦合的重要原因，而城市工业对生态环境的损坏主要是排放型损坏，即工业生产造成的各种废物排出对自然环境的损伤"③，这也正是卡顿和邓拉普对环境与人类社会之间关系的分析中所提到的环境作为社会生产和生活的资源提供地与处理人类活动废弃物两个重要功能的体现。然而在转型期内城乡分化特征下的中国，这两个场所是截然分开的，甚至乡村有可能成为城市的垃圾排放地而遭受双重生态破坏。

---

① 罗桥、高翔：《推进生态环境与农村贫困共治》，《贵州日报》2020 年 8 月 19 日，第 10 版。
② 洪大用：《社会变迁与环境问题——当代中国环境问题的社会学阐释》，首都师范大学出版社，2001。
③ 罗桥、高翔：《推进生态环境与农村贫困共治》，《贵州日报》2020 年 8 月 19 日，第 10 版。

　　其次，"中国生态环境与农村贫困的协同治理是具有其实践独特性的。从治理范畴上来说，中国在针对生态环境－农村贫困问题的治理上采取了一种协同和嵌套的治理模式，这种治理模式是基于生态环境问题与农村贫困问题之间高度耦合的结构性特征做出的选择，可以说是我国环境治理与社会治理实践中的一个重要环节。这种模式的实施主体是政府，其政策制定和实施是建立在中央与地方政府意识和手段高度统一基础之上的，其实施方式具有同一化和强动员特征，能够较大程度地汇集和调度有效资源进行规模性移民搬迁、安置和新社区建设，可以说，这是国家力量同时在点、线、面上铺开和纵深解决生态环境与人类社会矛盾的重要方式，旨在通过解决环境中人的居住模式和生计模式来改变生态环境与人类社会的关系，并且选择了主导大规模的移民搬迁方式，使较大规模的农村人口进城居住并改变其身份，以期治理生态环境问题与农村贫困问题的交织和嵌套，同时通过这个实践过程对转型期城乡二元结构进行一定程度的结构性调整。"①

　　从生态移民与易地扶贫搬迁并举的经验出发，我们可以把这种方式叫作生态环境治理与农村贫困治理的协同性模式，其具体内涵可以归纳为以下四个方面。"一是治理目的的协同。生态环境治理的目的是保护生态环境，而农村贫困治理的目的是消除农村贫困，虽然两者在目的上有着较为直接的差异，但是一方面从整体观的角度来看，生态环境治理与农村贫困治理均是为了全面建成小康社会的重要目标，是为了实现人民对美好生活的向往"②，因此可以说在这个总体目标上要求两者目的协同。二是治理政策的协同。从政策制定的逻辑上看，易地扶贫搬迁为国家重要的专项政策，而生态移民的相关政策则是嵌套在易地扶贫搬迁政策中统一制定的，甚至可以说二者在普遍政策的制定上有时候是趋于一致的，两者从一开始就在治理政策上具有较强的协同性。生态环境政策与反贫困政策的协同性

---

① 罗桥、高翔：《推进生态环境与农村贫困共治》，《贵州日报》2020年8月19日，第10版。
② 罗桥、高翔：《推进生态环境与农村贫困共治》，《贵州日报》2020年8月19日，第10版。

带有浓烈的转型时期的中国特色，也是这个原因，要求两者之间需要具有一定的协同性。三是治理手段的协同。[1]"从治理手段上来看，两者均是采取政府主导型移民的方式来解决生态环境问题和农村贫困问题，采取移民的方式一方面能够使得生态环境趋于好转，另一方面能够使得农村贫困人口在绝对数量上迅速减少，可以说，移民是解决生态环境与人类社会之间现有矛盾的一种重要手段。四是治理主体的协同。解决生态环境问题和农村贫困问题，还要求治理主体间的协同。"[2] 其重要的主体包括中央政府作为普遍政策的制定机构，地方各级政府作为特殊政策的制定与具体实施机构，村民自治组织作为上级政府与村民之间的重要沟通平台和桥梁，村民作为政策制定对象和最主要的参与者，而这其中也包括村民搬迁后生计方式转型而进入相关企业，部分移民社区在社区建设、移民心理疏导等工作中具体负责的第三方组织。治理主体可以被看作实施此项整体结构性工程的各个系统，"这些系统包括了市场、政府、社区和第三方组织，只有系统之间和谐运行，主体之间协同推进，才能保证整个结构性工程的顺利实施"[3]。

从生态移民与易地扶贫搬迁的具体经验看，中国生态环境治理与农村贫困治理从目的、政策、手段和主体性参与各方面均具有协同性，这也就要求二者需要进一步发展和推进其协同性治理模式，从而推动进一步完善中国特色社会主义环境治理与社会治理体系。

四 结论与讨论

虽然我们在协同性治理我国生态环境问题与农村贫困问题方面已经有了一些措施和经验，然而仅仅停留在依靠移民政策和实施所带来的空间位移进行环境与贫困的层面是远远不够的。我们还需要从理论和实践层面进一步关

---

[1] 罗桥、高翔：《推进生态环境与农村贫困共治》，《贵州日报》2020 年 8 月 19 日，第 10 版。
[2] 罗桥、高翔：《推进生态环境与农村贫困共治》，《贵州日报》2020 年 8 月 19 日，第 10 版。
[3] 罗桥、高翔：《推进生态环境与农村贫困共治》，《贵州日报》2020 年 8 月 19 日，第 10 版。

注协同治理的发展方向。

在理论层面，一是需要从中国经验中进一步总结和探讨环境与社会的关系。环境社会学强调理解"环境－社会"的关系，却未明确指出"环境－社会"之间的关系到底是何种关系。根据上述讨论，我们可以认为，环境与社会在结构和行动上呈现的是一种互构关系。郑杭生教授明确指出"环境与社会运行"关系的重要命题，即环境与社会的双重互动关系，既包括生态环境在社会运行中的基础作用，也包括社会运行对生态环境的影响。郑杭生教授所述"环境与社会运行"关系着重强调的是一种结构层面上的关系，他与杨敏教授在"社会互构论"中明确将"环境"维度纳入社会学范畴进行考察，提出了与"旧式现代性"相对立的"新型现代性"，即以人为本，人与自然双赢，两者关系协调和谐。[①] 然而郑杭生教授更关注的是人与社会之间的互构关系，环境是作为其中的重要维度，并没有过多论述人类社会与生态环境之间的互构关系，这是需要我们从结构和行动两个方面进一步总结和探讨的。二是进一步讨论环境治理与社会治理之间的关系。从上述讨论中我们可以看到，生态环境问题与农村贫困问题的交织与治理是朝着综合协同的方向逐步迈进的，可以说解决生态环境问题与农村贫困问题是解决同一个矛盾的两个方面，从整体观上看，这是同时实现对生态系统与社会系统的双重调试。农村贫困治理可以被视为社会治理的一个重要方面，而环境治理可能会促进社会治理方式的进一步发展，甚而促进社会转型的进一步加剧，而社会治理同样会为环境治理提供重要的实现条件，从而达到两个治理范畴的双赢局面。

在实践层面，一方面是需要进一步考虑移民搬迁后环境与社会两者之间的协调发展。移民只是一个开始，接下来的任务是实现生态环境与人类社会的可持续发展，具体到移民社区就是整个社区环境与社区居民之间的协调发展。新的移民社区建设不能走过去破坏生态环境的老路，同时还要

---

① 童志锋：《"环境－社会"关系与中国风格的社会学理论——郑杭生生态环境思想探微》，《社会学评论》2017年第3期，第65～75页。

实现社区居民生计的可持续，这就需要在社区建设的政策制定和具体实施的过程中综合考虑生态环境保护与居民生计之间的关系。另一方面是进一步加强各主体针对生态环境－农村贫困问题治理中的协同性方向。整体上看，我们需要进一步发挥生态系统、政治系统、经济系统、社区之间的互动与协作关系，具体来说，就是政府、企业、社区居民和第三方组织在针对生态环境保护与农村贫困问题上明确协作方向，充分建立各主体间的协同性目标，制定协同性政策，采取协同性措施，最终实现生态环境保护与反贫困的人类可持续目标。

参考文献

马良灿：《贫困解释的两个维度：文化与制度》，《教育文化论坛》2010 年第 4 期。

王晓毅、张浩、占少华等：《发展中的贫困与贫困的影响》，《国家行政学院学报》2015 年第 1 期。

汪三贵：《在发展中战胜贫困——对中国 30 年大规模减贫经验的总结与评价》，《管理世界》2008 年第 11 期。

Rober J. Brulle, *Agency, Democracy and Natrue: The U. S. Environmental Movement from a Critical Theory Perspective*, The MIT Press 2000, pp. 112 – 115.

丁佳俊、陈思杭：《反贫困与生态保护相互关系的文献综述》，《生态经济》2019 年第 1 期。

洪大用：《社会变迁与环境问题——当代中国环境问题的社会学阐释》，首都师范大学出版社，2001。

李培林、王晓毅：《生态移民与发展转型——宁夏移民与扶贫研究》，社会科学文献出版社，2013。

刘军会、邹长新、高吉喜等：《中国生态环境脆弱区范围界定》，《生物多样性》2015 年第 6 期。

韦晶、郭亚敏、孙林等：《三江源地区生态环境脆弱性评价》，《生态学杂志》2015 年第 7 期。

曹诗颂、王艳慧、段福洲等：《中国贫困地区生态环境脆弱性与经济贫困的耦合关系——基于连片特困区 714 个贫困县的实证分析》，《应用生态学报》2016 年第 8 期。

周毅：《生态资源可持续发展与反贫困》，《财经问题研究》1999 年第 1 期。

〔日〕秋道智弥、市川光雄、大冢柳太郎：《生态人类学》，范广融、尹绍亭译，云南大学出版社，2006。

耿言虎：《远去的森林：一个西南县域生态变迁的社会学阐释》，社会科学文献出版社，2018。

〔美〕彼得·S. 温茨：《环境正义论》，朱丹琼、宋玉波译，上海人民出版社，2007。

〔法〕卢梭：《社会契约论》，何兆武译，商务印书馆，2003。

洪大用：《社会变迁与环境问题——当代中国环境问题的社会学阐释》，首都师范大学出版社，2001。

色音、张继：《生态移民的环境社会学研究》，民族出版社，2009。

丘立本：《国际移民的历史、现状与我国对策研究》，《华侨华人历史研究》2005 年第 1 期。

〔美〕帕特里克·曼宁：《世界历史上的移民》，李腾译，商务印书馆，2015。

李培林、王晓毅：《移民、扶贫与生态文明建设——宁夏生态移民调研报告》，《宁夏社会科学》2013 年第 3 期。

孟琳琳、包智明：《生态移民研究综述》，《中央民族大学学报》2004 年第 6 期。

国务院：《中国农村扶贫开发纲要 （2001～2010）》，http：//www. china. com. cn/lianghui/fangtan/2016 – 02/16/content_ 37797503. htm。

国务院办公厅：《关于易地扶贫搬迁试点工程的实施意见》 （计投资〔2001〕2543 号），http：//www. gov. cn/ztzl/fupin/content_ 396721. htm。

国家发改委：《国家发展改革委关于印发全国 "十三五" 易地扶贫搬迁规划的通知》，http：//www. ndrc. gov. cn/zcfb/zcfbghwb/201610/t20161031_ 824916. html。

孟向京：《中国生态移民的理论与实践研究》，中国人民大学出版社，2017。

Catton W. R. Jr, Dunlap R. E., *Environmental Sociology*：*A New Paradigm*, The American Sociologist, 1978：13.

洪大用：《社会变迁与环境问题——当代中国环境问题的社会学阐释》，首都师范大学出版社，2001。

童志锋：《"环境 – 社会" 关系与中国风格的社会学理论——郑杭生生态环境思想探微》，《社会学评论》2017 年第 3 期。

罗桥、高翔：《推进生态环境与农村贫困共治》，《贵州日报》2020 年 8 月 19 日，第 10 版。

B.5
立体化构建易地扶贫搬迁
群众精神文化家园[*]

蔡贞明 高 刚[**]

摘 要： 随着区域性整体贫困得到解决及消除绝对贫困艰巨任务的完成，"新市民"在住房、就业、医疗、子女就学等方面的后顾之忧已基本消除的情况下，构建精神文化家园的必要性和紧迫性日益凸显。精神文化家园的构建应着眼于"新市民"从农民到市民的身份变化、从散居各地到集中安置的环境变化、从"心安理得"到融入困难的心理变化。在"新市民"精神文化家园构建过程中，应做到"三化"同步，把视觉符号和听觉符号作为符号化的主要内容，把阵地建设和条件创造作为平台化的有力抓手，把组建兴趣小组和举办各种赛事作为载体化的重要举措。在"三化"同步实施过程中，应牢牢把握并始终坚持针对性、公益性、人性化这三大原则。如此，易地扶贫搬迁的"后半篇文章"最终才算完成、完整、完美。

关键词： 扶贫安置户 心安 文化服务 贵州

---

* 本文系国家社科基金课题"西部农业转移人口市民化的指标度量研究"（项目编号为18BRK046）的阶段性研究成果。
** 蔡贞明，贵州省社会科学院文化研究所副研究员，研究方向为传统哲学与文化；高刚，贵州省社会科学院文化研究所所长、研究员，硕士生导师，研究方向为农村社会学、社会治理。

2020 年，脱贫攻坚战已经取得全面胜利。随着区域性整体贫困得到解决及消除绝对贫困艰巨任务的完成，一部分脱贫农户会继续留在原籍巩固脱贫成果并向致富目标迈进，另一部分因"一方水土养不起一方人"的农户则通过易地扶贫搬迁途径离开家乡进入城市成为集中安置点的市民。在贵州，通过易地扶贫搬迁途径转移的贫困农户达 192 万人①。这 192 万人进入安置点之后，住房、就业、医疗、子女就学等一系列问题都必须得到切实解决。不然，"稳得住，快融入，能致富"的初衷就难以实现。在这只有 9 个字的表述中，"能致富"需要具备一定基础和条件，属于中长期目标，"稳得住"和"快融入"则是当务之急，必须立即着手加以解决。否则，易地扶贫搬迁成果就难以得到有效巩固。从目前情况看，住房、就业、医疗、子女就学等事关搬迁群众日常生计的问题都因各级党委、政府的高度重视及有关部门的周密安排而得到妥善解决，精神文化建设因其特殊性，一些地方已开展了相关工作且初见成效，另一些地方还处于摸索实践中。尽管精神文化属于一种有别于物质实体的特殊形态，其重要性却不可低估。在党的十九大报告中，习近平总书记指出："文化是一个国家、一个民族的灵魂。"② 文化的地位被提到前所未有的高度。马凌诺斯基说："文化是包括一套工具及一套风俗——人体的或心灵的习惯，它们都是直接地或间接地满足人类的需要。一切文化要素，若是我们的看法是对的，一定都是在活动着，发生作用，而且是有效的。"③ "文化可以使人格深深地改变，所以，无疑地，文化可以令人放弃他的自私自利。"④ 文化对于提升人的文明修养、道德境界，以及塑造理想人格的作用被清晰地表达了出来。

① 李炳军：《2021 年贵州省政府工作报告》（2021 年 1 月 25 日在贵州省第十三届人民代表大会第四次会议上），《贵州日报》2021 年 2 月 24 日，第 1 版。
② 习近平：《决胜全面建成小康社会 夺取新时代中国特色社会主义伟大胜利——在中国共产党第十九次全国代表大会上的报告》，人民出版社，2017，第 40 ~41 页。
③ 〔英〕马凌诺斯基：《文化论》，费孝通译，华夏出版社，2002，第 15 页。
④ 〔英〕马凌诺斯基：《文化论》，费孝通译，华夏出版社，2002，第 83 页。

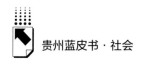

一 "新市民"经历三大变化

"新市民"就是符合易地扶贫搬迁条件而被集中安置到城市社区的农村贫困人口。他们经历着三大变化。

（一）从农民身份到市民身份

搬迁群众入住安置点之前，他们的身份是农民；搬入新居后，他们的身份是市民。搬迁群众未入住安置点时，他们是农业户口；搬入新居后，他们成了非农业户口。身份及户口性质的改变均源于党的精准扶贫、精准脱贫政策。农民身份及农业户口，意味着家庭主要成员以从事种植业或养殖业为主。而成为市民且拥有非农业户口后，则意味着农业劳动的终结，主要从事与服务业或工业有关的工作。从从事农业（第一产业）转向从事服务业（第三产业）和工业（第二产业），这一变化表明，从前那种完全依赖劳动对象（土地），利用劳动资料（含生产工具、耕牛、种子、化肥、农药等），投入自身体力和脑力，以此获得谋生手段的生产生活方式已经结束，取而代之的是向消费者提供其所需的各类商品和服务并领取相应劳动报酬，以此换回自己及家人的生活必需品。身份及户口的改变与职业的改变息息相关，职业的改变又决定着劳动对象、劳动资料、劳动产品的差异。变身市民的搬迁群众不再过"面朝黄土背朝天""日出而作，日落而息"的靠天吃饭的生活，而是按照服务行业或工业企业的工作要求上班并定期领取工资。

（二）从散居各地到集中安置

搬迁群众入住安置点之前，他们散居各地，可能住在不同的县份、不同的乡（镇）、不同的建制村、不同的村民组，彼此之间居住的空间距离很大且远近不一；从不同的地方搬入新居之后，他们都被安置在同一个社区，空间距离很小，人口相对集中。从前他们面对的是高山深谷、土地森林、湖泊河流，如今却是统一规划设计的楼房、平整的街道及穿梭其间的车辆和行人。生活环境的改变在让搬迁群众耳目一新的同时也不免产生某种不适之感，主要表现为从原先相互认识的"熟人"社会变为如今彼此不认识的"陌生人"世界。从前，同属一个自然村乃至一个建制村的人，大家不但彼此熟识，而且各自居住的地理位置、家庭基本情况，甚至性格脾气等都比较了解；如今，不要说住得远的，即使是隔壁邻居，相互之间连对方姓甚名谁都不知道，更不要说来自何处、从事什么工作了。

（三）从"心安理得"到融入困难

集中安置之前，搬迁群众尚未脱贫，他们世世代代居住在农村，常年耕田种地、喂猪养鸡。由于远离城市、交通不便，他们要从集市上购买生产生活必需品或出售种植的粮食和喂养的鸡鸭等都必须费力耗时。一家人辛苦一年还得看年景的丰歉：要是遇到风调雨顺，温饱问题勉强能够解决；如果遭遇自然灾害，就会陷入入不敷出、青黄不接的困境。农闲时邻居、族人、亲戚、朋友之间则相互串门，彼此交流思想感情。他们习惯了这种生活，感觉心安理得、天经地义。如今突然进入城市，顿感难以适应，总有一种疏离感，除了看看电视似乎就没有其他打发时间的方式，年长者尤其如此。大家都来自"五湖四海"，彼此之间尚不熟悉，因而不免产生"怀旧"情绪，认为还是从前居住的地方更适合自己生存，总想回到以前的生活环境中。一个人在一个地方生活了几十年，已经与那片土地达成了某种"默契"，瞬间背井离乡往往难以割舍，这是人之常情，可以理解。

二 构建"新市民"精神文化家园的三大举措

针对"新市民"所面临的上述实际困难，各级各部门也在积极探索，试图找到切实可行的解决办法。由于自然条件恶劣（土地贫瘠、水源缺乏、石漠化严重等）才动员、组织贫困群众实施易地扶贫搬迁，要让他们"既来之，则安之"，后续扶持工作就必须紧紧跟上。在住房、就业（有劳动力

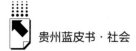

家庭至少解决 1 人就业)、医疗、子女就学等方面的工作都已经做得相当到位的情况下,实施"三化"同步,立体构建"新市民"精神文化家园势在必行。

(一)符号化

凡属留下人类印记的一切都可以称为文化,所有类型的符号都可以视为文化的表征。罗兰·巴尔特说:"世界充满着记号,但是这些记号并非都像字母、公路标志或者像军服那样简单明了:它们是极其复杂的。"[①] 符号包括文字、图案、颜色、线条、实物、行为、声音等,它们通过人的眼睛、耳朵等感觉器官加以感知。"记号就是由一个能指和一个所指组成的。能指面构成表达面,所指面则构成内容面。"[②] "记号是具有(两个侧面的)一束声音,一片视象,等等。意指作用(signification)可以被看成是一个过程,它是一种把能指和所指结成一体的行为,这个行为的结果就是记号。"[③] 能指与所指结合构成符号,任何符号的外在形式背后都隐含着一定的思想内容。对"新市民"来说,要从心理情感上让他们的注意力和心思转移到城市并快速融入社区,而不产生任何距离感、排斥感,就要以符号手段营造出浓厚的精神文化氛围。采用符号化手段主要借助于两种符号。

第一,视觉符号。此类符号以文字、图案、颜色、线条、实物、行为等可视之物作为呈现"新市民"喜闻乐见内容的必要手段。视觉符号可以文字形式呈现,比如简洁凝练、具有感召力的"感党恩、听党话、跟党走""富强、民主、文明、和谐、自由、平等、公正、法治、爱国、敬业、诚信、友善"等政治性标语,饱含亲和力和人情味的"我爱我家、我爱社区"等日常生活用语;可以图案形式展示,图案力求贴近"新市民"身份,突出民族和地方特色,多用给人温暖感的暖色调及给人柔和感的曲线,呈现今昔生活场景,让他们通过对比发现时代的巨大变迁及新生活的来之不易,从

---

① 〔法〕罗兰·巴尔特:《符号学历险》,李幼蒸译,中国人民大学出版社,2008,第 166 页。
② 〔法〕罗兰·巴尔特:《符号学原理》,李幼蒸译,中国人民大学出版社,2008,第 26 页。
③ 〔法〕罗兰·巴尔特:《符号学原理》,李幼蒸译,中国人民大学出版社,2008,第 34 页。

而倍加珍惜眼前的幸福生活。如果是行为符号，则应尽量以动态呈现。一句话，要多种视觉符号并用，以避免单调和刻板。在这方面，铜仁市以为"新市民"创建"四安家园"（居安、业安、身安、心安）作为总体目标，其所辖区县工作起步早、力度大、成效明显。围绕"心安"这一具体目标，碧江区矮屯社区设置实物展区，展示铜仁历史及农耕文化，该社区集中安置了来自沿河、印江、松桃等县的搬迁群众，因而有关部门还在展区分别展示了各县具有代表性的农耕文化实物，如犁耙、簸箕、石磨等，因为这些实物承载着他们的历史记忆。大龙开发区通过打造"乡愁馆"来贮存"新市民"的民族和乡村记忆，把土家族傩戏文化和侗族箫笛文化作为基本文化元素加以整合并融入其间，传承土家炸龙说春和箫笛花灯乡土民俗文化基因，让远离德江和石阡本土的"新市民"能够切身感受到自己民族的文化气息。松桃自治县团山社区也以打造"乡愁馆"的方式来展示农具、习俗、锦绣坊等苗族特色文化。黔东南州也做了有益尝试，在安置点推行"一同步、四融入"（同步实施易地扶贫搬迁搬人与搬民族文化，将民族文化融入安置点建筑设计、将故土人文情结融入移民搬迁安置、将民族传统文化融入脱贫攻坚内生动力、将民族文化融入城市社区新生活）模式，把民族文化元素注入搬迁群众日常生活，使民族文化始终与他们不离不弃。

第二，听觉符号。这类符号是以声音作为能指来传达某种内容。听觉符号的应用范围应视安置点具体情况而定。如果周边有学校就尽量不要使用这类符号，因为它会影响教学；播放时音量不宜过大、时间不宜过长。最好在安全注意事项提醒、惠民政策宣传间隙适当播放乐曲，在让"新市民"汲取有益信息的同时还能起到调节心情的作用。安置社区可以通过小广播及流动宣传车播音，内容涵盖贯彻落实国家大政方针、提倡邻里互帮互助、使用文明用语等，让"新市民"既切实获得特殊关爱又受到某种心智启迪。

（二）平台化

平台化就是为"新市民"开展文化娱乐活动搭建平台提供场地创造机

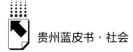

会。有了平台、场地和机会，搬迁群众就可以根据自身需求选择自己喜欢的文娱活动项目，时间难以打发的问题即可得到有效解决。

第一，阵地建设。为"新市民"建设阵地其实就是为他们提供开展文娱活动的空间。没有空间任何才华都无法施展。而活动空间属于硬件设施，需要一定的经济投入。铜仁市碧江区矮屯社区可谓别出心裁，为安置群众设置"感恩长廊"，让他们虽然置身城市仍可像在老家那样从容不迫地"摆龙门阵"。同时，该社区还开设道德讲堂，建成道德模范广场、中华传统美德文化广场，为"新市民"成为讲道德、守诚信模范提供熏陶和示范场所。大龙开发区在所辖社区开设脱贫攻坚夜校，建成科普阅览室、绣娘工作室、新时代文明活动中心、综合性文化服务中心等，为"新市民"融入城市奠定必要的物质基础。黔西南州则设立农家书屋，建立新时代新市民讲习所、感恩堂等，让"新市民"详细了解党的扶贫和惠民政策，从搬迁前后的对比中增强幸福感、获得感、安全感。截至2019年8月，黔西南州已建成配套文体活动中心32个、民族文化纪念馆23个，组建文体活动队伍60支，开展新市民讲习活动293场（次），多层次满足搬迁群众精神文化需求。

第二，条件创造。为"新市民"寻找展示自我的机会，能够激发他们参与文娱活动的热情并调动其积极性。铜仁市万山特区旺家社区开展"最美搬迁户""好婆婆""好媳妇""文明家庭"等评比活动，让"新市民"在评比中确立自我价值，发现自身不足。大龙开发区开展"文明楼栋""勤劳家庭""好邻里"等评比活动，以此激励更多安置群众参与到热爱生活、积极向上的氛围中来。黔西南州以"明礼知耻、崇德向善"为主题，开展"最美公婆""最美媳妇"等评比活动，以"推动移风易俗，树立文明乡风"为己任，提倡婚事新办、丧事简办，杜绝大办酒席、铺张浪费等不文明行为。贵州各地积极为"新市民"提供机会、创造条件，使"新市民"自身在与他人的比较中"见贤思齐""见不贤而内自省也"。与枯燥乏味的道德说教相比，这种做法效果明显。

（三）载体化

"完善公共文化服务体系，深入实施文化惠民工程，丰富群众性文化活动。"[①] 载体化就是以开展各种文娱活动为载体，让搬迁群众的所思所盼得到充分表达，让他们的特长得到应有展示。黔西南州在"新市民"安置点率先组建山歌队、腰鼓队，在传统节日、民族特色节日期间组织文艺表演，效果不错。载体化主要有以下方式。

第一，组建兴趣小组。因为每个人兴趣爱好不同，所以分类组建各种兴趣爱好小组意义非凡。兴趣小组的组建能够让"新市民"有归属感、认同感，让他们在各自所在组织中获得乐趣并充分发挥自己的特长。万山特区旺家社区的花灯队、广场舞队就是在"新市民"兴趣爱好各异的基础上组建的。针对"新市民"的特点，还可以组建书法兴趣小组、歌咏兴趣小组、舞蹈兴趣小组，甚至"吹牛"兴趣小组，等等。

第二，举办各种赛事。比赛是一种能力水平较量，举办赛事需要得到在某一领域比较权威、专业的机构支持，并严格遵守比赛规则，目的是让参赛选手通过自身平时的训练和比赛时的临场发挥，最大限度地展示自己某一方面突出的才能，取得较好成绩，获得较高荣誉。荣誉包含物质性奖励和精神性鼓励两种成分，具有很大刺激性和很强诱惑力。举办赛事需要投入一定人力、财力、物力，因此在赛程设计、人员组织、裁判聘请、经费预算等方面都必须做到精心谋划、考虑周全，不然就难以获得参赛者和公众的信任。一旦失败，今后若再举办类似赛事，参赛者必然态度冷淡。鉴于此，举办方一定要谨慎行事，切不可轻率做出决定。就"新市民"而言，举办赛事时参赛者既可以个人为单位，也可以家庭，或所住楼层、所住单元、所住楼房的住户为单位，比赛项目既可以是唱歌、跳舞，也可以是演讲、书法。无论以个人还是以集体为参赛单位、无论以什么作为比赛项目，都必须始终坚持公

① 习近平：《决胜全面建成小康社会　夺取新时代中国特色社会主义伟大胜利——在中国共产党第十九次全国代表大会上的报告》，人民出版社，2017，第 44 页。

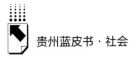

开、公平、公正原则。只有这样，才能产生可信度和影响力，才能真正起到正面积极作用。

三 构建"新市民"精神文化家园的基本原则

构建"新市民"精神文化家园是一个既着眼当前而又立足长远的问题，涉及面较广，社会影响较大，不能"想当然"，应把握并坚持以下基本原则。

（一）针对性

针对性是指在构建精神文化家园的过程中，要一切从"新市民"的实际出发，具体问题具体分析。既不能标准过高、要求过严，也不能标准太低、要求太宽。由于"新市民"入住安置点之前绝大部分时间居住在乡村，他们置身其间的场景主要是农业生产和农村生活，既有别于连续几代人都居住在城市的"资深"市民，也不同于工作极不稳定、暂住城市的外来打工者。"新市民"虽然其"前身"是农民，但目前及今后都将是城市"永久性"市民的一员。因此，要在农民与市民之间设置过渡带和缓冲区，使其既不因角色的突变而无所适从，也不总是被笼罩在从前角色的阴影中。要在构建过程中体现出针对性，应注意如下三点。一是文化程度。"新市民"文化程度相对较低，因而无论是符号化，还是平台化、载体化，都不能过于追求"高大上"，给人以盛气凌人之感，而应尽量接地气、平民化。二是经济状况。"新市民"经济基础薄弱，一向过着勤劳简朴的生活，因而在"三化"同步过程中，既不能原地踏步，也不宜人为拔高，应把握一定的"度"，即在原有经济水平上适当提高。这对"新市民"自身而言心理上容易接受，在其他社会群体看来也比较符合情理。三是要面向未来。"新市民"虽然目前还不能彻底摆脱多年来形成的思维方式和养成的生活习惯，但随着环境的改变，原先的一切会慢慢淡化甚至消失。因此在构建精神文化家园过程中，要尽量从长计议，切不可目光短浅，仅仅盯着当下。

（二）公益性

"新市民"集中安置的特点决定了他们在享受权利、履行义务方面的群体性和普遍性。也就是说，尽管各个地区为"新市民"提供的条件不尽相同，但他们在普遍受益这一点上并不存在本质区别。地方政府或者"新市民"所在社区如果要出台一项政策，或者实施一项工程，都不能只针对某一个人或某一个家庭，而是针对那个社区的所有或绝大部分"新市民"。否则，集中安置的意义就会大打折扣。集中安置的原因，除了便于管理外，最为重要的应是受益对象的大众化、普及化，以及最大限度地减少社会资源不必要的浪费。这与让所有贫困群众摆脱贫困、过上幸福生活的宗旨是完全一致的。公益性的辐射范围涵盖"新市民"生存和发展的方方面面，衣、食、住、行、乐、医、教，可以说一样都不能缺少。概括起来就是物质性、感官性、社会性、精神性等各类需求的满足手段、内容或对象。就"乐"的获得或精神性需求的满足而言，就是让"新市民"都拥有享受精神文化产品及参与精神文化活动的权利。

（三）人性化

安置点的存在主体是人，因而在为其构建精神文化家园的过程中，就必须把人性化作为考量因素纳入其中。人性化的本质是对人的充分尊重。由此凡事都应以有利于"新市民"身心健康为旨归。什么样的符号、平台、载体最适合"新市民"的需要，就应选择什么符号、平台、载体，处于什么样的状态"新市民"才感觉心情最为愉悦、身体最为舒适，就应努力达到这种状态。在人性化方面，应注意两个维度。一是实用。不管是符号化举措，还是平台化、载体化举措，都要以实用为准则。由于安置点空间有限，在整体布局上就应充分利用空间、节约资源，不能把那些可有可无甚至具有破坏性的所谓符号、平台、载体硬塞进去。这在规划设计阶段就要把好关。二是审美。鉴于审美需求是人的重要需求之一，因此在"三化"同步过程中，在符号化方面，就视觉符号而言，文字大小要适当、颜色搭配要协调，实物不宜过多；就声音符号而言，音量和时长都要严格控制，乐曲应舒缓、轻松，给人以温馨感、亲切感。在平台化方面，场地建设要考虑活动主体的年龄、性别、社会阅历等因素，条件创造应与安置群众的身份、意愿、能力大体相符。在载体化方面，无论是兴趣小组的组建还是各种赛事的举办，标准、规格都应与大多数人的状况匹配，既不要高得令人望而却步，也不宜低得没有任何"门槛"和挑战性。

综上所述，在为"新市民"立体构建精神文化家园的过程中，首先应把安置群众在身份、环境、心理方面经历的三大变化作为考虑一切问题的出发点和落脚点，接下来应在符号化、平台化、载体化这"三化"上狠下功夫，最后应牢牢把握并始终坚持针对性、公益性、人性化这三大原则。只有这样，"党心连接民心、农民变成市民、贫穷走向富裕"的目标才能实现，搬迁群众"适应新家园、融入新生活、实现新梦想"的愿望才不会落空，易地扶贫搬迁的"后半篇文章"也最终才算完成、完整、完美。

参考文献

习近平：《决胜全面建成小康社会　夺取新时代中国特色社会主义伟大胜利——在中国共产党第十九次全国代表大会上的报告》，人民出版社，2017。

〔英〕马凌诺斯基：《文化论》，费孝通译，华夏出版社，2002。

〔法〕罗兰·巴尔特：《符号学历险》，李幼蒸译，中国人民大学出版社，2008。

〔法〕罗兰·巴尔特：《符号学原理》，李幼蒸译，中国人民大学出版社，2008。

李炳军：《政府工作报告》（2021年1月25日在贵州省第十三届人民代表大会第四次会议上），《贵州日报》2021年2月24日，第1版。

许邵庭、江佳佳：《全省"新市民·追梦桥"品牌创建工程推进会召开》，《贵州日报》2020年7月28日，第1版。

B.6
贵州省健康扶贫现状与发展路径研究

罗 艳*

摘 要： 贵州作为脱贫攻坚的主战场，脱贫攻坚任务重。近年来，贵州
通过实施"三重医疗保障"政策、农村人口大病专项救治、
"先诊疗后付费"等健康扶贫系列政策，重视东西部医疗对
口帮扶、家庭医生签约服务、农村饮水安全等工作，贵州
健康扶贫对脱贫攻坚贡献率逐年增加，有效解决贫困人口
"看病贵、看病难"问题。虽然贵州健康扶贫取得了明显
成效，但仍然存在基层医疗队伍总量不足、基层医疗卫生
基础仍旧薄弱等问题，应予以解决。

关键词： 贵州 健康扶贫 贫困人口

没有全民健康，就没有全面小康。健康扶贫作为打赢脱贫攻坚战的重要一
环，是一项兜底性保障政策，在解决"因病致贫、因病返贫"方面发挥了保障
性作用。2016年习近平总书记在全国卫生和健康大会上强调要深入实施健康扶
贫工程；2019年习近平总书记在重庆考察并主持召开解决"两不愁三保障"突
出问题座谈会时指出，"到2020年稳定实现农村贫困人口不愁吃、不愁穿，义务
教育、基本医疗、住房安全有保障，是贫困人口脱贫的基本要求和核心指标，

---

* 罗艳，贵州省社会科学院城市经济研究所助理研究员，研究方向为旅游经济、生态经济。

直接关系攻坚战质量。"① 为推动健康扶贫稳步实施，我国先后出台了《关于印发健康扶贫工作考核办法的通知》《健康扶贫工程"三个一批"行动计划》《关于做好贫困人口慢病家庭医生签约服务工作的通知》《关于印发健康扶贫三年攻坚行动实施方案的通知》等文件，各地以习近平总书记对健康扶贫的系列讲话精神以及国家出台的一系列健康扶贫政策为引领，积极探索实践，通过健康扶贫推动地区全面打赢脱贫攻坚战，助力全面实现小康社会。

近年来，我国通过实施健康扶贫，在提高贫困人口医疗保障、贫困地区医疗卫生水平方面取得了一定成绩，因病致贫的家庭逐渐减少。但研究发现，我国各地健康扶贫虽然取得诸多成效，但普遍存在贫困地区医疗机构服务能力不强、贫困人口素养有待提升、社会主体参与度不高等问题，因此，要进一步夯实基层医疗机构基础，补齐基层地区医疗服务短板，健全因病致贫监测预警系统，通过加强乡村中医药服务提高贫困人口预防保健意识，提升农村贫困人口健康素养。健康扶贫要精准发力，从严从实抓好问题整改，严格落实责任追究，确保健康扶贫与乡村振兴有效衔接。

贵州省通过深入贯彻落实习近平总书记在解决"两不愁三保障"突出问题座谈会上的重要讲话精神，深入推进东西部医疗卫生对口帮扶协作，大力推进健康扶贫与乡村振兴的有效衔接，着力防止贫困人口因病致贫、因病返贫，健康扶贫取得明显成效。

一 贵州健康扶贫的现状

（一）健康扶贫对脱贫攻坚贡献率逐步提升

2015 年以来，贵州省持续加大健康扶贫力度，共帮助全省因病致贫因病返贫 51.88 万人实现脱贫，健康扶贫工作对脱贫攻坚的贡献率从 2015 年

---

① 中国共产党新闻网，http：//cpc.people.com.cn/n1/2019/0815/c64094 - 31298180.html，最后检索时间：2020 年 11 月 2 日。

的 6.83% 提高到 2018 年 9 月的 13.73% （见图 1）①，翻了一番，贵州健康扶贫为脱贫攻坚做出了重要贡献。

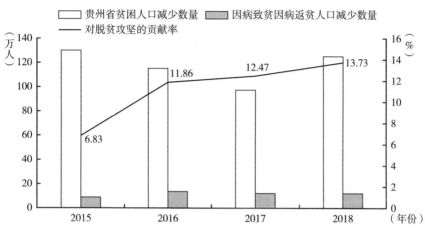

图 1　2015~2018 年贵州省减贫概况

（二）对贫困人口实施更加全面的医疗保障

1. 率先在全国实施"三重医疗保障"政策

为有效遏制因病致贫因病返贫，2015 年贵州省在全国率先出台《贵州省提高农村贫困人口医疗救助保障水平促进精准扶贫试点工作实施方案》，在全省 27 个重点贫困县启动试点，建立"新农合基本医疗保险 + 大病保险 + 医疗救助"三重医疗保障优惠机制，确定建档立卡贫困人口等 11 类人群为医疗救助保障对象。随后贵州省又出台了《关于坚决打赢扶贫攻坚战确保同步全面建成小康社会的决定》《关于〈扶持生产和就业推进精准扶贫的实施意见〉等扶贫工作政策举措的通知》等系列文件，建立完善了"三重医疗保障"政策体系。2015~2018 年，贵州通过实施"三重医疗保障"使贫困群众累计受益793.15 万人次，累计获得补偿 121.43 亿元（见表 1）。

---

① 贵州日报网，http：//www. gz. xinhuanet. com/2019 - 12/07/c_ 1125318770. htm，最后检索时间：2020 年 11 月 2 日。

表1 2015~2018年贵州省实施"三重医疗保障"情况

	2015年	2016年	2017年	2018年
通过实施"三重医疗保障"而受益人数(万人次)	23.55	172.7	257.45	339.45
获得补偿(亿元)	4.47	22	37.47	57.49

资料来源:由贵州省卫健委提供。

2. 启动实施农村人口大病专项救治和"先诊疗后付费"

为推进农村贫困人口大病专项救治工作,2016年贵州省发布了《贵州省农村贫困人口大病专项救治工作方案的通知》,明确对首批符合临床路径的儿童白血病、儿童先天性心脏病、食管癌、胃癌等7类13种大病实施免费救治,到2020年4月,国家又发布了《关于进一步扩大农村贫困人口大病专项救治病种范围的通知》,至此,农村贫困人口大病专项救治扩大到30种,切实减轻了农村贫困人口的医疗负担。同时,贵州指定213家定点医院开设"绿色通道",优先安排大病贫困患者救治。截至2020年6月,贵州省确诊罹患30种大病农村贫困人口14.52万人,已救治14.25万人,救治比例达到98.14%。①

2017年,贵州省发布《贵州省农村贫困住院患者县域内先诊疗后付费工作方案的通知》,明确在县域内定点医疗机构,对符合条件的患者,签订"先诊疗后付费"协议后,办理入院时无须缴纳押金,直接入院治疗,出院实行"一站式"即时结报,为贫困患者打通了绿色就医通道。2019年,贵州省建档立卡贫困人口享受"先诊疗后付费"政策群众136.5万人,切实减轻了贫困人口负担。

(三)东西部医疗卫生对口帮扶成效显著

自东西部医疗卫生对口帮扶工作开展以来,贵州省积极借助帮扶城市的人力、财力和物力,发挥其在提升贵州医疗机构管理水平、医疗服务能力等

---

① 资料来源:由贵州省卫健委提供。

方面的作用。截至 2019 年 6 月，东部支援城市共有 266 家医疗机构与贵州省 217 家医疗机构建立了对口帮扶关系，实现了省、市、县三级中医院和东部医院对口帮扶全覆盖，65 个贫困县综合医院对口帮扶全覆盖。"组团式"帮扶成绩显著，截至 2019 年上半年，有 75 家医院由援黔专家担任院长或副院长，3 家县级医院由援黔专家担任县级医院院长，共有 708 位援黔专家在各级医院担任护理部主任、学科带头人。"组团式"帮扶涌现出台江经验，成为贵州省东西部扶贫协作援黔医疗卫生对口帮扶的成功范例。此外，贵州积极开展"请进来"和"送出去"人才培训，积极邀请援黔专家在受援医疗卫生机构开展培训讲座、手术示教等工作，同时贵州省积极派出医疗卫生骨干到支援单位进行培训。通过智力援黔、技术援黔等方式，大力提升贵州省医疗卫生技术水平。

（四）家庭医生签约服务逐步加强

2016 年贵州省发布了《贵州省推进家庭医生签约服务的实施意见》，随后又制定了贵州省家庭医生签约方案、贫困人口签约意见和方案、做好残疾人签约服务的通知等配套政策，明确家庭医生服务对象、服务内容和经费保障。2018 年印发了《贵州省人民政府办公厅关于印发贵州省改革完善全科医生培养与使用激励机制的实施方案的通知》，进一步完善了全科医生的培养制度和激励机制。在家庭医生能力提升方面，实施了学历提升、岗位轮训、骨干培训、"全医"培养、人才引进等计划，全面提升基层医疗服务能力。截至 2019 年，贵州省已组建家庭医生团队 9510 个，对儿童、孕产妇、高血压患者、2 型糖尿病患者、肺结核患者等重点人群以及具有签约意愿的贫困人口提供签约服务。

（五）饮用水卫生安全监督管理不断加强

为确保城乡居民饮用水安全，贵州省通过加强水源检测监管、严密监控供水环节、扎实开展排查管控等方式，持续加强生活饮用水卫生监督，城市集中式供水单位每年监督检查实现全覆盖，持续加强农村集中式供水安全巡

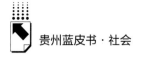

查工作，不断健全和完善农村饮水安全工程监督档案，农村集中式供水监督检查覆盖率逐步提高。积极开展农村集中式供水卫生规范单位创建工作，推动农村饮用水卫生安全保障能力提升。2018年，贵州省用水卫生监督覆盖率提升到97.37%，城市集中式供水抽检样品合格率达95.5%、农村集中式供水抽检样品合格率达84.3%。

（六）易地扶贫搬迁后续扶持工作进一步加强

为有效保障易地扶贫搬迁群众的医疗需求，贵州通过完善医疗机构配置、加强医疗队伍建设等为易地扶贫搬迁群众提供基本医疗服务。2019年贵州省积极投入，为全省724所易地扶贫卫生室及社区卫生服务站和35所社区卫生服务中心配送多种医疗设备，不断推动易地扶贫搬迁安置区村卫生室规范化建设。积极推进易地扶贫搬迁安置点基本公共卫生服务有效落实，为搬迁群众建立居民健康档案，做实做细家庭医生签约服务，确保易地扶贫搬迁建档立卡贫困人口家庭医生应签尽签和履约服务，加强重点人群、重点疾病的精准管理。进一步加强易地扶贫搬迁安置点医疗机构建设，建优配强医疗机构服务团队，不断提升基本医疗服务能力。认真抓好健康扶贫政策落实，强化管理，严格规范医疗行为，保障搬迁群众享有同等优质基本医疗服务。

（七）创新开展"医农结合"的扶贫路径

为助力贫困地区打赢脱贫攻坚战，贵州省创新开展"医农结合"工作，探索"种植基地—县、市级农投公司—物流配送公司—医疗机构"模式，推动贫困地区农产品进医院食堂。2017年有7家省直医院开展"医农结合"工作，2018年将"医农结合"工作延伸至市县一级公立医院，达到181家。2019年，开展医农结合的医疗机构达到280家左右，贵州省公立医院采购贫困地区农产品达1001.38万公斤，采购金额达9007.02万元，全省医疗机构采购贫困地区食用农产品数量占采购总量的72%。2020年1~7月，贵州省公立医院采购省内农产品占医疗机构采购总量的91%。此外，贵州在贵州省人民医院开设了农产品消费扶贫超市，在贵州医科大学附属医院设置了健康产业消费扶贫展示中心，着力推进"医农结合"进一步发展。

（八）全面完成健康扶贫"三个三"工作任务

为提升基层医疗卫生服务能力，实现贵州省贫困地区居民看病有地方、有医生、有制度保障的目标，2019 年贵州省出台了《贵州省解决贫困人口基本医疗有保障突出问题工作方案》，归纳提炼"三个三"健康扶贫标准，即医疗卫生机构"三建成"、医疗技术人员"三合格"、医疗服务能力"三达标"。截至 2019 年底，贵州 66 个贫困县均有一所二级以上县级公立医院，乡镇卫生院有 1079 个，共有村卫生室 20355 个，村卫生室标准化建设基本完成，每个行政村至少有 1 名合格村医，全面完成了健康扶贫"三个三"工作任务，根据国家健康扶贫动态系统数据，贵州省基本医疗有保障突出问题"空白点"已消除。

二 贵州省健康扶贫存在的问题

（一）基层医疗队伍总量不足

为充实贵州省各行业人才队伍，近年来贵州积极作为，积极召开"人才博览会"，实施"百千万人才引进计划""黔归人才计划""雁归兴贵"等一系列人才引进工程，根据《贵州省卫生健康人才发展白皮书（2019）》，近 3 年来，贵州卫生健康三大领域的人才规模增长较快，增速达到10.86%①。但贵州卫生健康人才仍然存在总量不足的情况（见表2），卫生技术人员、执业（助理）医师、执业医师和注册护士还未达到全国平均水平，分别仅达到全国平均水平的 79.85%、70.02%、67.10% 和 82.57%，

---

① 资料来源：《贵州发布三大领域人才发展白皮书》，《贵阳日报》，https：//epaper. gywb. cn/epaper/gyrb/html/2019 - 04/25/content_ 38746. htm；最后检索时间：2021 年 5 月 18 日。

特别是执业医师的数量还远远不足。同时还存在卫生健康人才供给不足、不平衡的问题，一是每千人口卫生技术人员、每千人口执业（助理）医师和每千人口注册护士均达不到全国平均水平，二是卫生健康队伍城乡分布不均，以城市居多，乡村分布较少。卫生健康人才不足，在一定程度上制约健康中国、健康贵州的全面实现。

表2 2018年贵州省卫生健康人才数量与全国平均水平对比

类型		贵州	全国平均
村卫生室(个)		20355	20064
卫生技术人员(人)		245456	307393
执业(助理)医师(人)		81475	116360
执业医师(人)		65164	97109
注册护士(人)		109172	132214
乡村医生和卫生人员(人)		34079	29261
每千人口卫生技术人员(人)	城市	9.73	10.91
	农村	4.27	4.63
每千人口执业(助理)医师(人)	城市	3.42	4.01
	农村	1.37	1.82
每千人口注册护士(人)	城市	4.76	5.08
	农村	1.79	1.80

资料来源：根据《中国统计年鉴（2019）》整理得出。

（二）基层医疗卫生基础仍旧薄弱

前文已经分析了贵州省基层医疗卫生人才不足的问题，目前贵州还存在基层医疗卫生服务能力和水平不高的问题，在解决群众看病难、看病远的问题上还有很大改善空间。县、乡两级医疗机构人员普遍编制不足，县级医院高层次、高学历人才严重缺乏，乡镇卫生院医务人员服务能力较弱，部分乡镇卫生院除了开展基本公共卫生服务外，一般常见病的诊疗服务基本不能开展，同时部分村卫生室也只能开展基本公共卫生服务，不能开展正常医疗服务。由于基层医护人员数量和能力不足，村医保障不足，仅部分地区建立了乡村医生队伍养老保障机制，贫困人口慢病管理率低，家庭医生签约服务存在"签而不约"、服务质量不高、村医工作积极性和稳定性不高等问题。

三 贵州省优化建康扶贫的对策

（一）重视人才培养，优化资源配置

一是加强政府引导，推进基层医疗机构与高等专科院校达成合作，定向招生、定向就业，限定基层服务期限，不断充实基层医疗机构人员队伍。二是加强体制创新，借助医共体、医联体、东西部医疗卫生对口帮扶，积极推动优质医疗资源下沉，定期选派二级以上医疗机构的优秀干部到基层开展医疗服务，补足基层人才不足短板，让农村人口享受优质诊疗服务。三是提高村医待遇，为村医购买基本社会保险，根据村医工作强度合理确定村医薪酬水平，为村医提供培训、进修等通道，稳定村医队伍。

（二）加强素质培训，提升服务能力

一是以医共体、医联体、东西部医疗卫生对口帮扶为依托，定期选派能力强、素质高的医疗卫生干部到基层医疗机构开展培训，提升基层医疗机构服务能力。同时，选派基层医疗机构医务人员到三级医院、东部帮扶城市医院跟班学习，提升基层医护人员整体素质。二是加强基层医疗机构关于健康扶贫政策的宣传培训，加大基层医疗卫生干部对健康扶贫政策的学习，使其熟练掌握健康扶贫的政策和标准，正确引导群众理解健康扶贫各项政策。

四 后脱贫攻坚时代贵州省健康扶贫的发展路径

（一）稳定巩固健康扶贫政策

1. 保持"四个不摘"政策稳定

对退出的贫困县、贫困村、贫困人口，要扶上马送一程，过渡期内要严

格落实摘帽不摘责任、摘帽不摘政策、摘帽不摘帮扶、摘帽不摘监管的要求，落实好"3+1"政策①，要保持现有帮扶政策总体稳定。协同做好脱贫不稳定户、收入略高于建档立卡贫困户的边缘户以及其他原因致贫返贫户的长期监测和动态预警机制。探索建立解决相对贫困人口医疗健康保障的长效机制，明确因病支出型相对贫困家庭的认定标准、待遇给付、退出机制，并对其实施动态管理。

2. 保持健康扶贫政策稳定

对退出的贫困人口，过渡期内落实好各项医疗保障政策，巩固基本医保、大病保险、医疗救助"三重医疗保障"待遇水平，发挥好"三重医疗保障"梯次减负功能；继续实施大病专项救治、"先诊疗后付费"和参保资助等政策，确保政策平稳过渡。全面巩固健康扶贫"三个三"工作成果②，继续推动村卫生室和村医"六要六有"③ 工作，确保农村相对贫困人口看病有地方、有医生、有医保制度保障。继续完善易地扶贫搬迁点医疗卫生服务体系的建设，不断提高医疗卫生服务水平和质量，切实保障易地扶贫搬迁安置点群众享有同等基本医疗和基本公共卫生服务。

3. 做好家庭医生签约服务

进一步完善家庭医生签约服务配套政策，明确家庭医生为签约服务的实施主体。充分利用医共体、医联体"基层药柜"调整和完善基层医疗卫生机构用药目录，落实家庭医生签约服务"延处方"和"长处方"政策。健全家庭医生签约服务激励机制，根据签约医生职级职务适度调高基层签约医生诊疗服务单位价格，探索为乡镇（村）聘用医生购买最基本社会保险，提高家庭医生的工作积极性和稳定性。健全以服务数量、服务质量、服务满意度等为主要内容的绩效考核机制，提高家庭医生签约服务质量。

---

① "3+1"政策：义务教育有保障、基本医疗有保障、住房安全有保障以及有安全饮水。

② 健康扶贫"三个三"：医疗卫生机构"三建成"、医疗技术人员"三合格"、医疗服务能力"三达标"。

③ 村卫生室和村医"六要六有"：即，阵地要达标，看病有保障；村医要在岗，去向有标牌；四室要分开，室内有制度；药械要满足，基药有目录；慢病要随访，工作有台账；名称要规范，服务有标准。

（二）深入推进东西部医疗卫生对口帮扶协作

1. 不断完善对口帮扶工作机制

以新时代西部大开发战略为契机，进一步深化东西部医疗卫生对口帮扶协作，健全对接联动机制、人才培养机制和后勤保障机制，建立完善利益共享机制，形成卫生健康工作对口帮扶长效机制。强化远程医疗协作机制，指导受援双方建立和完善远程医疗协作平台，常态化开展远程会诊、远程查房、远程培训、远程病理及医学影像诊断等工作。进一步加强支援医院在医学基础科研创新、卫生健康人才培养培训、临床科室建设、现代医院管理制度等方面的帮扶和支持。

2. 继续推进"组团式"帮扶

全面推广"组团式"帮扶台江经验，深化与援助省（市）医疗卫生机构帮扶关系，加强与东部地区沟通对接，争取帮扶医院对县级医院产科、儿科（新生儿科）等科室进行重点帮扶和建设，鼓励帮扶专家采取师带徒、手把手等多种方式对受援医院医生进行技术传帮带。推动88个县人民医院、所有中医院实现东部三级医院（含军队医院）对口帮扶全覆盖，争取国家和东部高水平医院为省内三级医院培养一批技术和管理骨干，充分利用东部帮扶资源，不断提高贵州省医疗健康队伍的服务水平。

3. 全面推进对口帮扶向基层延伸

以医共体、医联体建设为抓手，将乡镇卫生院纳入县域医疗卫生服务体系，实现与支援医院的帮扶关系和帮扶事项向乡镇延伸。充分利用帮扶医院资源，提高乡镇卫生院的管理水平、诊疗服务能力等。鼓励各地主动协调，积极争取东部医疗机构直接与乡镇卫生院建立结对帮扶关系，争取东部优质医疗资源采取分区包片帮扶乡镇卫生院等做法，推动对口帮扶向基层延伸。继续开展医疗下乡、巡回义诊等活动，让农村人口享受到优质的医疗服务。

（三）接续推进健康扶贫与乡村振兴有效衔接

1. 进一步夯实基层医疗卫生基础

不断增加乡村医疗卫生服务资源供给，发展特色专科，全面推进乡镇卫生院提档升级，大力推动村卫生室规范化建设，不断优化基层医疗卫生的硬环境。持续加强乡村医疗卫生人才队伍建设，大力培养全科医生，继续推进农村订单定向免费医学生（全科医生）培养，抓好乡村医生学历教育，构建符合基层医疗机构医生劳动价值的薪酬体系，全面壮大基层医疗卫生队伍。加强乡村中医药服务，加快实现乡镇卫生院中医综合服务区全覆盖，不断扩大农村居民享有优质的中医诊疗服务的覆盖面。

2. 加快推进健康乡村建设

注重农村公共卫生服务工作，强化预防为主的卫生与健康工作方针，加强慢性病综合防控，大力推进农村地区精神卫生、职业病和重大传染病防治。开展和规范家庭医生签约服务，加强妇幼、老人、残疾人等重点人群健康服务，并逐步将签约服务扩展到全体人群。主动适应我国人口老龄化实际，以乡镇为中心，建立具有综合服务功能、医养结合的养老机构，不断满足我国老年人口的疗养需求。协同有关部门做好农村人居环境整治工作，改善农村环境卫生状况，着力打造健康乡村。加强农村人口健康卫生宣传教育，深入普及健康知识，倡导健康文明的生活方式，不断提高农村人口健康素养。

参考文献

费文清：《"健康扶贫"的政策困境与优化——以江西省为例》，《中国经贸导刊（中）》2020年第5期。

韩彦革、贾玉娟：《筑牢服务能力 实现健康扶贫新跨越》，《人口与健康》2020年第7期。

尧靖婷：《深入推进健康扶贫 筑牢脱贫攻坚成果》，《人口与健康》2020年第7期。

邓大山：《广东始兴县"四个结合"助推健康扶贫工程》，《人口与健康》2020年第7期。

卫芳：《精准施策筑牢健康扶贫保障防线》，《人口与健康》2020年第7期。

李晨：《健康扶贫概况及对策》，《中国国情国力》2020年第6期。

郭玉辉、龚凌：《探索建立健康扶贫长效机制》，《新理财（政府理财）》2020 年第 5 期。

陈小东、张涛、欧阳静：《中医药在助力健康扶贫中的作用及思考》，《中医药导报》2020 年第 9 期。

王士瑞：《严字当头　全力保障健康扶贫问题"见底清零"》，《人口与健康》2020 年第 7 期。

B.7
贵州易地扶贫搬迁移民
后续生计问题研究

罗贤贵 田世兰 罗 西*

摘 要: 易地扶贫搬迁是脱贫攻坚的根本之策,移民生计则是实现
"换穷业"与"稳得住"的基本保障。本文通过对易地扶贫
搬迁移民搬迁前后生计变化的分析,发现易地搬迁移民存在
自身能力、安置地产业支撑、政府政策引领等多重因素制
约,生计持续困难重重。要解决移民后续生计,实现移民顺
利融入新生活,必须重视提升移民人力资本、加强基层组织
建设、解决就业困难、加强产业配置以及合理配置迁出地资
源,实现移民的空间转移与社会转型同步。

关键词: 贵州 易地扶贫搬迁移民 后续生计 可持续发展

一 引言

移民空间结构变化引发的生计变化对移民后续生计存在影响。主要表现
在:经济、社会和制度空间变化会导致生计空间挤压,引发易地扶贫搬迁移

---

* 罗贤贵,贵州民族大学社会学与公共管理学院副教授,硕士生导师,研究方向为民族地区社
会工作;田世兰、罗西,贵州民族大学社会学与公共管理学院2020级社会工作专业硕士研究
生,研究方向为社会工作。

民出现次生贫困现象①；贫困地区经济发展水平低和城乡间产业的发展联动性弱，生计转变中遭遇移民家庭劳动力不能充分就业的现实困境②；搬迁移民的社会支持与社会资本工作重视不够，生计空间变得更加单一，安置地生计脆弱性增强，移民生活成本提升以及生活压力加大，面临生存与发展风险③④⑤。破解易地扶贫搬迁移民的贫困陷阱，应加强基础设施建设、发展特色产业、加强就业培训与稳定物质资本供给，提升移民人力资本和金融资本，改善非农经营，促进生计的可持续。⑥ 易地扶贫搬迁是一项复杂浩大的系统工程，涉及面广、政策性强、难度大，需要把工作做到精准化。

《贵州省 2016 年易地扶贫搬迁工程实施方案》中明确提出要把"一方水土养不起一方人"地方的建档立卡贫困人口作为移民搬迁对象，坚持以村寨人口规模小（50 户以下）、贫困发生率高（50% 以上）的自然村寨整体搬迁为主⑦，贵州省成了全国唯一以自然村寨整体搬迁为主的省份。截至2020 年 12 月，中国如期实现易地扶贫搬迁，960 多万名建档立卡贫困群众全部乔迁新居，贵州完成了 192 万名贫困人口的搬迁规模。贵州把易地扶贫搬迁作为脱贫攻坚的"当头炮"，被视为解决集中连片贫困地区贫困问题的新战略。在扶贫移民迁移过程中，政府对贫困群体整体搬迁后进行城镇化安置，移民群体与原有居住空间被动隔离，搬入全新的"陌生"社区，在新

---

① 付少平、赵晓峰：《精准扶贫视角下的移民生计空间再塑造研究》，《南京农业大学学报》（社会科学版）2015 年第 15 期。

② 覃志敏、韦东阳：《城镇化安置扶贫移民的生计困境与治理路径——以城乡融合发展为视角》，《中国西部》2020 年第 5 期，第 59 ~ 69 页。

③ 邢成举：《搬迁扶贫与移民生计重塑：陕省证据》，《改革》2016 年第 11 期，第 65 ~ 73 页。

④ 吴振磊、李钺霆：《易地扶贫搬迁：历史演进、现实逻辑与风险防范》，《学习与探索》2020 年第 2 期。

⑤ 李博、左停：《遭遇搬迁：精准扶贫视角下扶贫移民搬迁政策执行逻辑的探讨——以陕南王村为例》，《中国农业大学学报》（社会科学版）2016 年第 33 期，第 25 ~ 31 页。

⑥ 王君涵、李文、冷淦潇、仇焕广：《易地扶贫搬迁对贫困户生计资本和生计策略的影响——基于 8 省 16 县的 3 期微观数据分析》，《中国人口·资源与环境》2020 年第 30 期，第 143 ~ 153 页。

⑦ 《贵州省 2016 年易地扶贫搬迁工程实施方案》，2016。

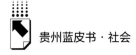

环境中，如何重新获取生存与发展资源，实现"搬得出、稳得住"，走上"能致富"之路，应作为扶贫移民后续关注重点。

二 生计现状

2015 年起，贵州省开启新时期易地扶贫搬迁模式，计划总规模 188 万人。其中建档立卡贫困人口 150 万人（国家下达搬迁计划 149.4 万人），占全国搬迁规模的 15%；整体搬迁的贫困自然村寨 10090 个，搬迁人口 38 万人。截至 2019 年 11 月贵州省累计建成易地扶贫搬迁安置点 946 个，住房 45.5 万套，188 万人搬迁安置任务全部完成。① 截至 2020 年 12 月，贵州有 192 万人实现了易地扶贫搬迁安置，是全国搬迁规模最大、人数最多、城镇化集中安置比例最高的省份。

（一）职业变迁：从农民到工人

贵州在易地扶贫搬迁实践中，始终坚持"以岗定搬、以产定搬"，破解了贫困人口搬迁之后的生计难题，确保搬迁群众的后续生计稳定与持久发展。通过稳定外出务工解决一批、本地就业安置一批、产业项目扶持一批、公益性岗位兜底一批的"四个一批"工程，实现城镇化安置移民每户 1 人以上稳定就业。"十三五"期间，全国唯一实施自然村寨整体搬迁的三宝彝族乡，整体安置在阿妹戚托小镇。阿妹戚托承载着三宝贫困的历史，也孕育着三宝搬迁群众的新希望。阿妹戚托小镇是贵州易地扶贫整体搬迁实践的一个缩影。晴隆县在易地扶贫搬迁安置点建设三宝产业区，通过产城互融之路，开展就业培训、引进企业入驻、推荐就业、开发公益性岗位等，使全乡贫困劳动力 2450 人，实现了搬迁劳动力家庭 1 户 1 人以上的稳定就业。"恒大式扶贫"在贵州毕节创造了"输血"与"造血"相结合的方式，成为我国企业参与扶贫的典范。恒大在大方县兴建了蔬菜、肉牛、中药材、经果林

---

① 吴大华、李胜：《贵州脱贫攻坚 70 年》，贵州人民出版社，2019。

产业基地 482 个，引进 43 家龙头企业，形成了"龙头企业 + 合作社 + 贫困户 + 基地"的恒大帮扶模式，谱写了扶贫的新篇章。恒大集团针对贫困家庭的实际状况，持续加强搬迁群众的职业技能培训，在毕节市组织培训 11.3 万人次，吸纳就业 7.5 万人，最大限度地激发了贫困人口的内生动力，实现了"一人稳定就业，全家脱贫"。

易地扶贫搬迁的后续工作是实现脱贫致富的关键和重点，如何实现搬迁群众社会身份转变，顺利实现农民到市民、农民到工人，建立与此相适应的扶持政策和就业体制机制是关键。坚持"以岗定搬、以产定搬"，确保贫困人口搬后有业可就、有事可做、有钱可赚，实现稳定就业。截至 2020 年 4 月初，全省易地扶贫搬迁移民家庭中有劳动力家庭 40.66 万户，有劳动力 96.54 万人，已实现 40.66 万户 83.69 万人就业，搬迁劳动力家庭 1 户 1 人以上就业率达到 100%（见表 1、表 2、表 3）。

表 1　搬迁移民就业地情况

单位：万人

就业地点	人数
县内务工	33.76
县外省内务工	12.68
省外务工	37.25

资料来源：《贵州省易地扶贫搬迁后续扶持"五个体系"工作推进情况》。

表 2　搬迁移民就业类型情况

单位：万人

就业类型	人数
建筑业	17.23
制造业	25.10
服务业	19.64
种植养殖业	5.32
其他	16.40

资料来源：《贵州省易地扶贫搬迁后续扶持"五个体系"工作推进情况》。

表3 搬迁移民就业渠道情况

单位：万人

就业渠道	人数
扶贫车间吸纳	1.71
返乡创业带动	1.43
劳务输出	12.03
公益性岗位安置	4.18
单位就业	16.10
灵活就业	28.88
扶贫基地吸纳	0.75
新型农村经营主体	1.53
其他	17.08

资料来源：《贵州省易地扶贫搬迁后续扶持"五个体系"工作推进情况》。

易地扶贫搬迁改变的不仅是贫困人口的居住环境与生计方式，同时也是移民职业由农民向工人的转型。贵州在易地扶贫搬迁实践中，探索出了独具特色的城镇化安置路径。贫困人口异地安置后不再从事传统农业生产活动，不再是"半工半农"的农民工，搬迁摆脱了传统农民的身份制约。一方面，搬迁延伸了贫困人口就业领域。部分扶贫移民转向了服务业，少数从事种植养殖业。另一方面，搬迁拓宽了移民的就业渠道。大多数搬迁群众灵活就业或者单位就业，少数依靠扶贫车间、返乡创业、政府设置的公益性岗位，以及扶贫基地等渠道来获得就业岗位。扶贫移民易地安置，不仅加快了贫困人口的职业转型，而且对推进城镇化建设与乡村振兴起了积极的促进作用。

（二）生计方式转型：从农业到非农业

生计方式由农业生产向非农的转变，拓宽了易地扶贫搬迁移民的增收渠道。搬迁后，生活的基本空间得到改善和优化，生计方式由第一产业转向第二、三产业，移民整体的生计方式得到改变。由于远离土地，以非农业为主的生计方式成为移民最主要的生存方式，就业就成为搬迁后的生计手段。移民就业机会的增多、就业渠道和种类的多样化，优化了移民收入结构和收入渠道。城镇社区发展条件好，且收入相对搬迁前较高，生计结构得到优化拓展，移民原先贫困的窘境得到极大改观，丰富了移民谋求生计的生产生活方式。生计方式的改变开阔了移民对自身脱贫的眼界，自身能力得到转变，城镇化多元结构性就业与工资性的现金收入方式，带给移民更多的获得感和成就感。生计方式的改变，彻底改变了移民的生产生活方式。

生计方式的转变也使得扶贫移民生计资本得以优化，有利于其生计的后续稳定发展。在移民的生计资本内涵中，人力资本、自然资本、物质资本、金融资本与社会资本等生计资本类别越丰富，移民的生计可持续性越容易得到增强。近年来，贵州持续推进"五个体系"建设，在各安置点累计新（改、扩）建669所配套的教育项目，使易地扶贫移民安置社区现代化教育体系更加完备，子女受教育教学水平大大提高；政府有针对性地组织相关就业培训为贫困人群提供免费职业教育等培训，大大提升了易地扶贫搬迁移民人力资本与智力资本。无障碍政策对接，使易地扶贫搬迁群众医疗卫生、子女教育、社会保障以及户籍等关系实现顺利转移，为城镇化的生活方式提供了前提和基础。政府支持下的"特惠贷""精扶贷"等多种贷款方式，使易地扶贫搬迁移民的金融资本得以提高，为非农性创业发展提供资金保障。城镇化集中安置，安置社区完善的基础配套设施，使贫困群体的住房与居住环境得到较大改善，物质资本相应得到提高。与原有农业生产生活方式比较来看，易地扶贫搬迁移民的生计资本变得更加丰富，人力资本、金融资本、社会资本等在一定程度上得以改善。

（三）生计资源拓展：从单一到多元

贵州的城镇化安置，使易地扶贫搬迁移民的生计资源得到极大拓展，从单一的农业为主的生计资源，拓展到城乡区域的二、三产业资源。主要体现在三类资源上。第一，扶贫车间、扶贫基地就业与公益性岗位资源。截至2020年，贵州共建成扶贫车间914个、扶贫基地238个，扶贫车间带动了1.71万名搬迁群众的就业，扶贫基地为搬迁移民提供了0.75万个就业岗位；同时，地方政府在安置点设置了环卫工人、楼道管理员、保洁员及社区保安等公益性岗位，确保了 4.18 万名贫困人口顺利就业。第二，政策扶持创业资源。宏观的顶层设计，为易地扶贫搬迁移民提供创业贷款、创业培训、减免税收等优惠条件，鼓励搬迁群众自主创新创业。在政府大力支持下，实现了 1.97 万名贫困人口创业，他们在提高自身收入的同时，带动贫困群体就业。毕节地区在政府创业政策与创业补贴的支持下，573 人走上了自主创业的道路，年收入增加 1.2 万元以上。① 第三，技能培训的生计资源。贵州坚持把搬迁移民在"家门口"就业作为"搬得出"的基础，在易地扶贫搬迁移民安置规模达 200 人及以上的安置点，挂牌成立就业创业服务中心 600 余个，建立服务人员定期跟踪走访制度，把就业服务送到家。聚焦于移民持久生计和安居乐业，不断完善就业培训体系和就业服务机制，提升移民岗位就业技能。贵州遵义市针对无劳动技能的搬迁移民，实施"技能兴遵""全员培训"等免费技能培训和感恩励志等"扶志"与"扶智"相结合的综合素质培训。积极推进"企业订单、移民选单、培训机构做单、政府补贴买单"的"四单"模式，切实帮助扶贫移民解决就业。

三　生计发展面临困境

贵州作为全国集中连片特困喀斯特地貌地形区，"天无三日晴，地无三尺平"，地理环境威胁巨大，易地扶贫搬迁移民在搬迁前久居于偏远贫困山区，这些地区存在基础设施建设长期落后、教育资源缺乏、交通条件先天不足、与外界信息交流狭窄、非农性专业技能缺失、土地资源开发不合理等问题，严重制约着贫困群众的基本生产生活，易地扶贫搬迁群众长期处于贫困的境地。易地扶贫搬迁使贫困群众摆脱原有自然空间，实现空间变迁，但城镇化安置移民的后续生计发展依然困难重重。城镇化安置点基础设施与公共供给不足，移民自身发展能力欠缺，二、三产业体系不健全，顶层设计与实际需求脱欠等，使得移民后续生计持续发展面临困境。

---

① 《2019 年毕节市七星关区易地扶贫搬迁工作总结》。

（一）职业转型困难：发展能力不足

搬迁移民自身能力不足是影响维持后续生计持续发展的重要原因。绝大部分贫困群体接受教育有限、文化水平较低、思想观念较为保守，面对现代化发展背景下二、三产业要求掌握的信息技术、专业知识以及学习领悟能力等显得能力不足，严重影响易地扶贫搬迁移民就业。

1. 文化技能不足，内在动力难以激发

易地扶贫搬迁移民群体受地理环境、基础教育、传统思想以及经济条件等多重因素影响，存在总体受教育程度不高、文化素质偏低的普遍现象。改革开放前，传统农业种养殖是贫困群体时代延续的生计模式。随着改革的不断深入、城市建设步伐的不断加快，贫困地区的青壮年劳动力以外出务工获取非农性经济收入并兼营农业生产的混合模式维持家庭生活。但伴随着易地搬迁安置，远离已有的土地资本，农业生产活动完全消失。虽然安置政策明确每户解决 1 人就业，但现实情况却不容乐观。首先，由于文化水平、专业技能不足，易地扶贫搬迁群众难以顺利实现农业到非农业生计转型。虽然安置社区周边大多有产业园、工业园，但专业技能差、文化水平低的移民，难以实现就近就业。同时，城镇化安置使大量贫困群众聚集，企业无法吸纳大量移民，满足不了所有移民的就业需求。其次，政府组织的技能培训过于看重培训次数和人数的量化指标，而针对用工企业需求、职业岗位特点、移民自身情况等方面的培训存在针对性弱、适用性不高、流于形式化等问题，即使参加了职业技能培训，移民也很难就业，更难以融入现代化、产业化发展的大环境中。再次，易地扶贫移民安置地存在农村劳动力结构与地方社会经济发展需求不匹配的现象。城镇化无土安置，使易地扶贫搬迁群众失去赖以生存的土地，对于城镇化楼房住宅，现代化小区，"洗脚上楼"后，原有掌握的农业生产技术在二、三产业中直接是"无用武之地"，移民对故乡那份土地的眷恋与依赖情感格外明显，而对新就业却存在一些抵触情绪。最后，岗位与收入不稳定，难以激发内在动力。由于受教育水平、专业技能以及身体条件等制约，大多数易地扶贫搬迁安置移民只能在附近产业园区、社区扶

贫车间、小工厂或者个体户等处从事临时、体力型散工,工作岗位不固定,工资待遇无保障,更无劳动合同与"五险一金"等,难以提高移民群体就业创业能力。另外,由于移民群体缺乏获取新知识和新技术方面的能力,面对城镇社区的政治经济活动参与表现淡漠,社会融入存在一定困难,与此同时,由于职业的不稳定性、专业技能缺乏、收入水平较低以及生活方式等与城镇居民存在较大差异,社会排斥现象难以去除,对移民自身和社会都存在一定的潜在风险。

2. 社会资本不足,存在依赖心理

社会资本是指移民所拥有的社会资源及社会网络,主要是指移民拥有的社会人脉关系等①。搬迁移民存在社会资源不足,所拥有的人脉关系主要是建立在地域、血缘基础上的初级关系,业缘等次级关系欠缺,与外界的交流和互动较少等问题。传统差序格局下的中国传统社会关系即邻里、亲戚、朋友关系是建立在地缘、血缘等基础上,不可避免地表现出封闭性和排外性,社会人际交往与合作空间狭窄。社会互动和社会适应也仅局限于传统的农村社会关系中,人际信任关系的半径小,社会关系出现以自我为中心的情况,忽视社会互动形成的社会关系网络资源,这种建立在传统的差序格局下的社会关系比较微弱,难以转变为移民在搬迁后的社会资本优势。移民搬迁后面临的最大困难主要表现在移民不适应现在的生产生活方式和收入来源较少造成了开销大,并希望政府为其提供安置地的就业机会、解决生活困难的难题,在安置地为其子女提供教育资源和家庭最基础的医疗健康保障等相关的帮助,但移民群体"等、靠、要"思想较突出,体现了移民对政府扶持的较大依赖,存在移民不移志现象。部分移民大小问题都找政府去处理,依赖思想比较严重。

(二)基础设施不完善,产业体系不健全

贵州扶贫移民安置地多是无土安置,易地扶贫搬迁移民离开原有土地资

---

① 周强、黄臻、张玮:《乡村振兴背景下贵州民族地区扶贫搬迁农户后续生计问题研究》,《贵州民族研究》2020年第41期,第21~27页。

源，只能依靠外出务工或在安置地临时务工等解决生计问题。然而安置地相关产业发展、扶贫车间及企业处于起步阶段，大多地方还处于招商引资阶段，相关基础产业配套设施不健全、不成熟，效益及前景难以预测。在安置地临时就业，工资较低且不稳定，难以维持家庭基本生活开销，市场、就业以及生计前景存在风险。

1. 产业基础薄弱，后续生计持续存在风险

贵州作为全国易地扶贫搬迁人数最多的省份，搬迁规模大、贫困程度深。首先，移民安置地产业基础设施建设处于初建阶段，新建企业规模化、集约化程度较低，其对于移民发展的支持力度较为薄弱。其次，受地理条件限制，山区交通条件有限，易地扶贫搬迁的村落基本是经济发展不足的贫困区域，贫困区域的企业难以成型，规模难以集聚，生产能力比较滞后，对于移民的支持性与包容性较弱。再次，移民的安置点存在经济基础发展薄弱，社会发展缓慢，产业发展自身动能不足、发展滞后等问题。多重因素导致安置地区域产业基地难以支撑移民群体的生计可持续发展。最后，易地扶贫搬迁主要是依托于城镇化的无土安置，移民原有土地无法继续种植，加之移民自身受文化、技能等因素制约，这极大地影响了移民搬迁的稳定性。虽然政府制定了很多促进安置地产业发展的政策，但实施效果与预期目标两者之间的差距显著，政策的"零散化"难以显现整体的最优效果，加之政府对特色企业的资金与支持力度持续增强，使得"特色化"的企业扎堆发展，产业结构单一，竞争激烈，缺乏多样性和长远性，移民生计发展存在风险。

2. 公共服务与供给配套不足，基本需求难以满足

要实现易地扶贫搬迁移民"搬得出""稳得住""能致富"，安置地基础供给和公共服务是前提和基础，也是易地扶贫搬迁移民城镇美好生活的前提。但从全省各安置小区总体情况来看，都存在如下问题。第一，安置地公共服务不尽完善，基础设置建设只流于政府政策文件层面，未能如期完成公共服务基础设施建设与配套。公共服务基础设施建设是保障居民基本生活需求，实现公平公正享有社会发展成果的重要前提，但从现实情况来看并非完全如此。第二，基层组织建设不够完善，人才队伍配备不合理。基层管理工作人

员专业知识、服务意识以及管理经验不足。基本服务与供给尤其是针对易地扶贫搬迁居民需求的服务体系尚不健全,信息公开不及时、不对称。第三,主体文化活动缺失,社区归属感低。易地扶贫搬迁群众从同质性较强的农村社区共同体,到异质性较强的城镇社区,其对安置社区的社区认同和情感归属较低。文化是移民之间沟通的桥梁,教育是文化的传播和传承的媒介,安置地学校的建设缺乏切合性,教育资源的建设还在完善阶段,教育资源在促进移民素质、认知和社会能力提升上就难以普及。第四,安置社区公共医疗机构服务技术与水平参差不齐,大多医疗卫生服务机构属私人诊所类型,缺医少药、诊疗诊断能力不高、专业技术水平有限、医疗配套设施资源不足,看病难、看病贵问题仍然存在。

(三)顶层设计与实践逻辑脱欠

易地扶贫搬迁移民后续生计能否持续,能否实现"搬得出""稳得住""能致富"的目标,宏观政策是关键。但现实情况是顶层设计与现实中的实践逻辑之间存在政策脱欠。易地扶贫搬迁移民在实现物理空间转移后,社会空间上出现空当,尤其是后续就业支持、养老、就医以及基本生活等方面存在政策实施不一致、政策落地缺乏监督等问题,移民群体社会权益保障难以实现。

1. 顶层设计与地方实际存在差异

部分宏观政策设计较为理想化,缺乏灵活性,落地实践中难以达到预期效果。第一,就地就业问题过于理想。政策宏观设计层面十分理想,移民就地就近就业,既可以工作,又可以照顾家庭,减少留守老人与留守儿童问题。可现实是本地产业发展滞后、企业发展处于自身难保状态,甚至部分安置地根本没有相关企业,易地扶贫搬迁移民根本难以实现就地就业,只能选择外出务工。第二,各种政策资金支持创业。一方面,政府出台一系列政策支持创业,鼓励创办乡、村企业,但受移民自身条件、地方资源以及市场渠道等多重因素制约,创业难以实现。另一方面,政府补贴资金主要用于基本生活保障和就业补贴,移民缺乏可自行支配资金;政府对移民贷款相关优惠政策落实及宣传等措施的不到位导致移民贷款难度大问题较为突出，而贷款的程序烦琐，移民自身无固定资产可抵押，难以凭借自身力量贷款，使移民生计发展难以推进。第三，形式多样的就业、创业培训，多流于形式。政府花了投入大量资金开展移民就业、创业培训，但在实际操作中却缺乏针对性和现实性，最后大多是浪费人力、物力和财力。参加就业技能培训的移民大多为了培训补贴，参与的大多是老人、妇女和部分具有劳动能力的移民，培训主要集中在厨师、家政等方面，培训不仅与企业需求脱节，而且与移民实际也存在差距。第四，就业政策与招聘信息不及时、不对称。由于本地就业岗位少，多以东部对口帮扶为主，但岗位需求与移民自身不匹配，未从根本上解决移民就业问题。

2. 基层组织建设与人才队伍建设有待加强

基层组织建设与人才队伍建设存在严重不足。易地扶贫搬迁安置社区大多属于集中新建安置小区，在行政隶属上基本按地域行政区划，在管理上大多遵循既有管理办法，并未有针对性地建立相应的基层组织或专门服务机构，对易地扶贫搬迁移民安置的特殊性缺乏照顾。基层组织对易地扶贫搬迁安置群体居民工作缺乏专项绩效考核机制与监督机制，工作服务意识和专业性不强，形式主义、官僚作风仍然存在，很多工作停留于表面，没有从根本上考虑移民的真实需求，易地扶贫搬迁安置中的特殊家庭、困难家庭以及弱势群体评价体系不健全，受工作人员主观意识影响较重。一站式服务不到位，在相关实务办理过程中存在流程复杂、手续烦琐、时间长、路程远等现象，移民权益得不到保障，移民需求难以满足。

四　易地扶贫搬迁移民后续生计路径分析

国家大力实施精准扶贫战略，大力推进脱贫攻坚、易地扶贫搬迁，就是要使贫困群众"拔穷根、挪穷窝"，从根本上解决影响贫困地区贫困人口的环境限制。而实现移民后续生计发展和脱贫增收双重效益，做好搬迁移民后续生计发展的后半篇文章，至关重要。

（一）优化教育培训，提升智力动能

教育是提高搬迁移民文化素质的根本策略，应着力完善移民安置点教育基础设施建设资金投入，提升与优化安置地教育教学资源，逐步提高移民群体的人力资本。第一，优化安置地教育培训内容，因地制宜地实施移民就业创业培训，加大多元化职业教育培训力度。提高移民自身及其子女与移民年轻一代职业教育机会的可获得性、发展性，不断增强教育在移民脱贫致富中的核心定位，确保教育逐步提升移民群体的技能水平以及自身就业创业的竞争力与生计发展的潜力，进一步增加移民生计的稳定来源[①]。第二，激发移民的内生动力。各级政府加大对易地扶贫移民安置户就学子女的资助和救助力度，提高他们的综合素质和人力资本水平，阻隔贫困的代际传递。加强引导，因地制宜选择搬迁户熟知的参与方式和沟通方法，充分调动他们的积极性，努力提高搬迁户的参与能力[②]。建立监督巡查机制，对未实现稳定就业和未接受过培训的搬迁劳动力做好逐户排查工作，确保搬迁移民劳动力得到就业技能培训，实现充分就业。在安置地增设宣传标语，通过广播、微信、宣传手册、社区宣传栏等多种方式，大力宣传就业致富典型，提升移民主动参加培训的意识与就业的积极性。全面精准落实与抓好移民的全员培训，着力突出实用技术人才的培训、民族特色手工艺产品技能培训、技能教育长期培训等重点。根据搬迁劳动力的意愿及市场用工需求，引进各类培训机构、行业专家、技术人员，以及当地的"土专家"和"田教授"作为师资力量，对不愿外出就业和照顾老人、小孩等特殊原因无法就业的人员，可因地制宜地开展手工艺加工和社区岗位服务培训等，促进搬迁移民居家就业。

---

① 张鹏瑶：《易地扶贫搬迁脱贫户可持续生计影响因素研究》，《经营管理者》2019年第Z1期，第114～117页。

② 周荣、莫任珍、张小永：《贵州乌蒙山区扶贫搬迁户可持续生计问题研究》，《理论与当代》2020年第6期，第18～21页。

（二）增强产业活力，增加就业岗位

加强安置地就业扶贫车间、就业扶贫基地等载体建设，各相关职能部门要加大招商引资力度和政策支持力度，引进适合搬迁群众就业劳动的劳动密集型企业，创建一批扶贫车间，提供一批弹性工作制岗位，创造更多就业机会，重点促进留守劳动力居家就业。建立统一协调机制，链接资源，协调好政府、企业以及移民之间的需求，实现多方共赢。加大产业发展力度，促进产业集群化建设，有条件的易地扶贫搬迁安置地可结合当地产业结构布局，配置有市场前景的产业项目，采取"合作社 + 龙头企业 + 搬迁移民"等模式，完善利益联结机制，进一步拓宽移民增收渠道。重点扶持安置地及周边区域产业发展，为移民创造更多的就业机会，增强移民增收与融资能力，加快安置地特色产业和现代农业的发展①。公共服务是移民"稳得住"的重要保障，也是移民追求美好生活的前提，加大对安置社区社会组织的孵化和建设，加强资源链接与合作，建立健全公共服务平台，有效提升安置社区公共服务的质量和专业化水平，确保移民能够享受到优质的公共服务体系。

（三）加强专业介入，培育社会组织助力发展

发挥社会工作以人为本、助人自助专业优势，帮助移民提升人力资本水平，充分挖掘移民的自我发展潜能。从移民自身能力出发，不断推进政府和社会工作的协调，共同推进移民受教育程度的提高。社会工作发挥资源整合能力，促进相关教育资源的全覆盖，以实现困难家庭能力的提升。注重发掘和培养移民安置社区骨干力量，开展具有针对性的社会工作人才培训计划，注入社会工作理念，培养安置社区骨干领导人才带领社区发展和生计后续发展。培养移民自我发展、自力更生，营造安置社区良好自助互助氛围，激发移民发展内生动力。建立健全基层组织建设，发挥基层组织在移民社区的核

---

① 徐锡广、申鹏：《易地扶贫搬迁移民的可持续性生计研究——基于贵州省的调查分析》，《贵州财经大学学报》2018 年第 1 期，第 103～110 页。

心堡垒作用，彻底解决移民基本需求。引导移民走上自我管理、自我服务、自我教育及自我发展的道路。加强政府购买力度，开发新增公益性岗位，统筹开发社区保洁员、治安协管、孤寡老人和留守儿童看护等各类岗位，多层次、多渠道优先落实困难人群。有针对性地选择搬迁移民进入基层组织机构，充分体现移民主体性，实现基层组织自我管理、自我服务，依托于基层组织内部解决移民就业。培养社会组织加入易地扶贫搬迁安置社区，充分发挥社会力量参与社区治理。针对一些特殊群体，如残疾人、孤寡老人、留守儿童等进行具有针对性的志愿服务，让其感受到社会的温暖和社会的关注，增加其住得下来、稳得住的信心①。做好移民就业信息收集、跟进就业服务等措施，实现移民就业。依托产业扶贫基地、农民专业合作社、安置地扶贫车间及各安置地工业园区企业为搬迁移民提供充分就业资源，确保搬迁移民能有效地就业。

（四）盘活迁出地资源

土地仍然是易地扶贫搬迁移民的自然资本，要确保移民迁出地土地的有效利用和流转，做好迁出地土地退耕还林还草，原宅基地复垦、复绿。以保障移民权益为根本出发点，督促相关部门做好移民权益的保障，合理利用移民原有土地，保障移民基本权益。土地所得归移民所有，确保移民依托原有土地实现居住空间的转变和后续经济收入的有效衔接，实现移民后续生计稳定性、高效性、持久性地发展。第一，做好土地维持及后续工作。保持移民搬迁后农村土地承包关系稳定不变，创新开发原有耕地、林地等土地资源，加快土地补偿和土地确权颁证工作。不断探索农村土地产权制度改革新形式，严格落实好移民土地所有权、经营权、承包权功能保持不变，发挥整体最大效用。第二，引导土地有序流转。加快土地流转，提高搬迁移民的生计能力。通过对搬迁移民的原有土地资源进行互换、转包、出租、承包、流转

---

① 李坤梁、李娟：《易地扶贫搬迁贫困户可持续性生计研究——以贵州省凤冈县易地扶贫搬迁安置点凤翔社区为例》，《市场周刊》2020年第5期，第177~179页。

等多种形式的合理有效利用，提高土地利用率，为移民的生计增收提供有效的资源①。对有利用价值的承包地，要鼓励和引导移民有序进行耕地、林地等承包地流转，促进增收。鼓励和协调龙头企业对整体搬迁的自然村落进行统一流转和开发，移民以土地入股分红，收益归移民所有。鼓励和支持成立农民专业合作社，对移民零散的耕地、山林地等承包地进行集中流转，协调移民入股参与管理。不能开发和耕种的土地，有组织地开展退耕还林等生态工程项目，移民依法享有的土地政策性补偿保持不变，确保移民离地不离权。第三，培育新型农业经营主体，加大资源开发力度。围绕贵州特色的"三变改革"，以"三变"盘活耕地、林地及宅基地三大资源，整合农户现有的各类金融资本，按照"一户一策"，同步谋划搬迁后的产业发展，培育发展特色种养业，鼓励搬迁群众以金融资产、资源等入股新型农业经营主体，壮大发展适宜搬迁地的优势产业②。将政策性惠农补助资金和农户的土地承包经营权、退耕还林等合理折算成农户股份，保障其增值收益。

五　结论

易地扶贫搬迁的重大民生脱贫工程能够实现社会、经济和环境三方面的综合性、协调性、稳定性发展，可将贫困人口的脱贫与环境保护和经济可持续性发展有效结合起来，为乡村振兴战略的稳步实施与有效推进奠定坚实的基础。贵州是全国集中连片特困较为严重的区域，搬迁的贫困区域大多是基础设施建设薄弱、贫困人口的受教育程度低、贫困面积大、贫困程度深、交通通信条件差、自然灾害严重的地区。自贵州易地扶贫搬迁工程启动以来，取得了许多积极的成效，2020 年 11 月 23 日，贵州省正式宣布全部贫困县摘帽，标志着贵州所有贫困县全部实现脱贫摘帽，脱贫攻坚完美收官。贵州

---

① 冯子巍：《习水县易地扶贫搬迁户生计问题研究》，《管理观察》2019 年第 31 期，第 54～55 页。

② 周荣、莫任珍、张小永：《贵州乌蒙山区扶贫搬迁户可持续生计问题研究》，《理论与当代》2020 年第 6 期，第 18～21 页。

虽实现了贫困人口的全部脱贫，但搬迁移民在移民安置点的生计发展稳定性仍然面临极大的挑战，后续生计问题成为安置后须重点关注与亟待解决的问题。贵州被视为全国脱贫攻坚的主战场，破解绝对贫困难题的压力巨大。如何实现易地扶贫搬迁群众走上致富路，构建大扶贫战略格局？

第一，易地扶贫搬迁移民生计的后续发展是移民搬迁后能否实现真正脱贫的关键，脱贫不返贫才是真脱贫。资源可持续利用、生计技能提升、生存发展空间以及公共福利产品供给等直接关系移民搬迁后的生产生活，直接影响到移民的生计可持续发展。

第二，移民迁移后所具备的生计资本量与理想的生计资本模型存在差异性，搬迁可使移民生计资本中的物质资本值与社会资本值得到显著提高，生计资本随时间的变迁整体处于上升的趋势。但由于居住空间的改变，移民失去了原有依靠土地谋求生计的主要途径；搬迁后，移民需要时间来适应新的居住环境与生产生活，政府必须加大力度提升移民的自我发展意识、提高其教育文化水平、加大移民的职业技能培训、提升移民自身脱贫内生动力，确保支撑移民后续生计持续发展。

第三，土地政策及政府帮扶政策是影响移民生计发展的重要因素。贵州移民安置模式主要以城镇的无土安置方式为主。加强土地制度利用机制的创新以及产权制度的改革，可为移民生计发展提供新的有效路径。

第四，移民群体在搬迁后，因政府相关政策制度的落实力度不够，加之安置地基础设施薄弱。因此，在政府制度完善和引导的同时，可有效发展社会工作服务，帮助移民提升自身发展能力，要加强对移民后续生计发展可行能力的塑造。

参考文献

付少平、赵晓峰：《精准扶贫视角下的移民生计空间再塑造研究》，《南京农业大学学报》（社会科学版）2015 年第 15 期。

覃志敏、韦东阳：《城镇化安置扶贫移民的生计困境与治理路径——以城乡融合发展为视角》，《中国西部》2020 年第 5 期。

邢成举：《搬迁扶贫与移民生计重塑：陕省证据》，《改革》2016 年第 11 期。

吴振磊、李钺霆：《易地扶贫搬迁：历史演进、现实逻辑与风险防范》，《学习与探索》2020 年第 2 期。

李博、左停：《遭遇搬迁：精准扶贫视角下扶贫移民搬迁政策执行逻辑的探讨——以陕南王村为例》，《中国农业大学学报》（社会科学版）2016 年第 33 期。

王君涵、李文、冷淦潇、仇焕广：《易地扶贫搬迁对贫困户生计资本和生计策略的影响——基于 8 省 16 县的 3 期微观数据分析》，《中国人口·资源与环境》2020 年第 30 期。

吴大华、李胜：《贵州脱贫攻坚 70 年》，贵州人民出版社，2020。

贵州省生态移民局：《全省易地扶贫搬迁后续扶持"五个体系"工作推进情况》，2020 年 3 月。

李东：《精准扶贫中易地搬迁贫困户可持续生计研究》，西安理工大学硕士学生论文，2019。

张鹏瑶：《易地扶贫搬迁脱贫户可持续生计影响因素研究》，《经营管理者》2019 年第 Z1 期。

周荣、莫任珍、张小永：《贵州乌蒙山区扶贫搬迁户可持续生计问题研究》，《理论与当代》2020 年第 6 期。

李坤梁、李娟：《易地扶贫搬迁贫困户可持续性生计研究——以贵州省凤冈县易地扶贫搬迁安置点凤翔社区为例》，《市场周刊》2020 年第 5 期。

徐锡广、申鹏：《易地扶贫搬迁移民的可持续性生计研究——基于贵州省的调查分析》，《贵州财经大学学报》2018 年第 1 期。

冯子巍：《习水县易地扶贫搬迁户生计问题研究》，《管理观察》2019 年第 31 期。

人口与健康篇
Population and Health Reports

B.8
生育二孩对贵州城镇妇女的影响研究[*]

陆卫群　田　昆^{**}

摘　要：　生育政策的调整意味着每个家庭拥有更多生育决策的选择，但同时也给作为生育主体的女性带来不小的挑战，进而影响到政策的实施效果。本文主要对全面二孩政策下已生育二孩的妇女进行研究，通过对贵阳市、遵义市、六盘水市、凯里市、兴义市5个地级市的304名全面二孩政策出台后生育二孩的妇女进行结构式问卷调查和对20名二孩妇女进行深度访谈，主要调查贵州省城镇妇女生育二孩后的现状、生育二孩对妇女产生的影响及其需求。调查发现：生育二孩的妇女呈现年龄偏大、受教育程度较高、经济情况较好的特征；而二孩的出生对妇女的影响主要集中在健康、继续学习机会、职

　＊　本文系贵州省妇女联合会项目"生育二孩对贵州城镇妇女的影响"（项目编号为省妇联〔2018〕01）的阶段性研究成果。

＊＊　陆卫群，贵州大学公共管理学院教授，博士，研究方向为人口社会学；田昆，贵州大学公共管理学院2019级社会工作硕士研究生，研究方向为家庭社会工作。

业发展三方面；生育二孩妇女目前的需求则集中在儿童养育与照料、身体健康和职业发展上。通过对调查研究的数据进行分析，本文从政府、用人单位、家庭和个人四个层面提出对策与建议，以期帮助二孩母亲打消生育二孩后的后顾之忧，提高全面二孩生育政策的实施效果。

关键词： 二孩母亲　全面二孩政策　城镇妇女　贵州

生育政策的调整意味着每个家庭拥有更多生育决策的选择，但同时也给作为生育主体的女性带来不小的挑战，进而影响到政策的实施效果。本文主要对全面二孩政策下已生育二孩的妇女进行研究，通过对贵阳市、遵义市、六盘水市、凯里市、兴义市5个地级市的304名全面二孩政策出台后生育二孩的妇女进行结构式问卷调查和对20名二孩妇女进行深度访谈，主要了解贵州省城镇妇女生育二孩后的现状、生育二孩对妇女产生的影响及其需求，并最终提出切实可行、具有针对性的对策建议，以便二孩政策得以更好地落实。

调查发现：生育二孩的妇女年龄普遍偏大，最大的为45岁。受教育程度普遍较高，近一半为本科及以上。经济情况大多较好，半数以上调查对象在机关事业单位、国企等公有制单位就业。两个孩子之间的年龄平均相差5岁多，最大相差20岁以上，八成以上的长子女能接纳或完全接纳第二个孩子。有近一半的家庭选择与父母共同居住，大多数家庭最小孩子的白天照料由父辈帮助，孩子晚上的主要照顾者为母亲。调查也发现：男性（父亲）在二孩照料上的参与度较高，一半以上的女性认为生育二孩后自己与丈夫的感情升温。生育二孩妇女的职业生涯中断时间大多在1年以内，丈夫、朋友仍然是二孩母亲最贴心的倾诉对象。

同时，调查也揭示，生育二孩对妇女的影响主要集中在健康、继续学习机会、职业发展三个方面。近一半的女性表示：与生育二孩前相比，目前自己的身体状况不如以前好，压力大，易焦虑。生育二孩对妇女职业发展的影

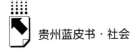

响主要是不能集中注意力工作、职业晋升空间减少、职业动力减弱。二孩母亲再就业的难度加大，主要遭遇性别和年龄的歧视。遭遇二孩生育带来的工资惩罚现象主要发生在私营企业工作的员工。生育二孩后参与职业培训或进修的机会更少。近半数调查对象认为生育二孩影响或非常影响自己的工作晋升，受影响最大的是私营企业的女性，其次是公务员。近一半的调查对象认为生育二孩使得女性的职业发展动力减弱，更愿意从事稳定的工作。生育二孩后，私企和自主创业者的津贴补助和福利保险未能得到较好的保障。职业中断的时间和参与政治管理的积极性成反比。

生育二孩妇女目前的需求主要集中在儿童养育与照料、身体健康和职业发展方面。近一半的妇女愿意把孩子交给公办托儿所照顾，但是目前我国公办托儿所的数量仍然是供小于求。绝大多数妇女渴望得到专业的高水平医疗看护孩子服务。二孩妇女最想学习职业技能和专业知识，其次为子女教育知识。值得注意的是，近一半的女性表示不同意或非常不同意女性应为家庭放弃自己的工作，她们仍然有比较强烈的想要提高自己职业技能的需求。

针对以上调查发现，本文从政府、用人单位、家庭和个人四个层面提出以下对策建议。政府层面：（1）制定性别友好型的公共政策。（2）建构学龄前儿童抚育工作体系。用人单位层面：（1）建立公平的录用规则和灵活的工作制度。（2）加强对女职工的专业技能培训。家庭层面：（1）实行合作式的家务劳动分工。（2）明确男性的育儿责任。个人层面：（1）完善自我素质，做好职业生涯规划。（2）加强自身的社会性别意识。

一　引言

为了适应人口发展的新形势，近年来我国不断对生育政策进行调整。2013年底正式启动了单独二孩政策，随后不久，2016年1月1日起正式实施"全面二孩"政策。这意味着我国推行了30多年的独生子女政策宣告结束，迎来了二孩时代。生育政策的调整意味着每个家庭拥有更多生育决策的选择，但同时也给作为生育主体的女性带来不小的挑战，进而影响到政策的实施效果。2015 年全国 1% 人口抽样调查结果显示：2015 年中国育龄妇女的总和生育率仅为 1.047[①]，远低于世界人口发展平均水平。全面二孩政策出台后，二孩政策的现实效果与政策预期具有较大差异[②]，从中央到地方均在研究二孩政策遭到冷遇的原因，研究主要从全面二孩政策下一孩妇女的生育意愿和生育行为[③]、生育政策变化对女性权益影响的理论分析[④]、二孩对城镇青年平衡工作家庭的影响[⑤]、全面二孩政策背景下中国城市女性的生育偏好与生育计划[⑥]、生育对女性职业发展的各个阶段带来的影响[⑦]、女性面临的生育工资惩罚和工作－家庭冲突[⑧]这几方面展开。并且从不同的研究视角对这一问题进行探讨，包括从社会性别视角指出女性面临生育与发展之间困境的原因[⑨]，以及从代际关系视角探讨如何缓解女性生育与发展之间的矛盾等[⑩]。此外，由于我国特殊的生育政策即全面二孩政策的实施，国内不少学者开始探究全面二孩政策下，生育二孩对女性职业发展的影响，其中包括

---

① 中华人民共和国国家统计局：《中国统计年鉴（2016）》，http://www.stats.gov.cn/tjsj/ndsj/2016/indexch.htm，最后检索时间：2016 年 10 月 18 日。

② 朱奕蒙、朱传奇：《二孩生育意愿和就业状况——基于中国劳动力动态调查的证据》，《劳动经济研究》2015 年第 5 期，第 110 ~ 128 页。

③ 风笑天：《为什么不生二孩：对城市一孩育龄人群的调查与分析》，《河北学刊》2018 年第 6 期，第 180 ~ 187 + 199 页。

④ 张琪、张琳：《生育政策变化对女性权益影响的实证分析——基于北京市妇女的调查数据》，《山东女子学院学报》2016 年第 3 期，第 22 ~ 26 页。

⑤ 杨菊华：《健全托幼服务 推动女性工作与家庭平衡》，《妇女研究论丛》2016 年第 2 期，第 11 ~ 14 页。

⑥ 梁宏：《从生育意愿到生育行为："全面两孩"政策背景下二孩生育决策的影响因素分析》，《南方人口》2018 年第 2 期，第 1 ~ 14 页。

⑦ 苏津津、李婕：《生育对职业女性职业生涯发展的影响及对策》，《中国人力资源开发》2015 年第 5 期，第 60 ~ 65 页。

⑧ 张琪、张琳：《青年女性"工作－家庭"冲突的影响因素及其平衡机制研究》，《中国青年研究》2018 年第 4 期，第 60 ~ 67 页。

⑨ 计迎春、郑真真：《社会性别和发展视角下的中国低生育率》，《中国社会科学》2018 年第 8 期，第 143 ~ 161 + 207 ~ 208 页。

⑩ 王殿玺：《生育的社会流动效应再考察——基于代际职业流动的视角》，《人口与发展》2018 年第 3 期，第 105 ~ 116 页。

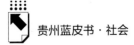

更高的职业准入门槛、更长时间的职业生涯中断、更多的生育工资惩罚等①。同时，学者们也更加注重区分不同女性群体之间的异质性，依据年龄段、所在城市、经济收入进行划分，更精细化地研究生育二孩对不同女性造成的影响。

全面二孩政策的实施迄今为止只有 5 年多的时间，对于这一政策下生育二孩对女性发展的研究仍然显得不够充分。目前的研究大多主要从理论上论述全面二孩政策对妇女的影响，少有的实地研究也都是主要针对发达省份，并且对已经生育二孩妇女的需求关注较少。大多数研究都聚焦于生育二孩对女性职业发展的影响，忽略了对于女性其他方面的影响，如对健康方面的影响等。从研究视角看，许多研究都是基于职业生涯发展的理论从人力资源管理的视角探究生育对于女性职业生涯发展的影响，从人口学、社会学的视角研究全面二孩政策下生育与女性之间关系的文章相对而言比较欠缺。

《中国统计年鉴（2018）》② 数据显示，2015～2017 年全国的人口出生率分别为 12.07%、12.95%、12.43%，而《贵州省统计年鉴（2018）》③的数据显示，2015～2017 年贵州省的人口出生率分别为 13%、13.43%、13.98%。由这一数据可以看出，二孩政策实施以来，全国的人口出生率都呈现了一定程度的增长，贵州的人口出生率高于全国平均水平，表明全面二孩政策的实施在贵州省有一定的成效。在全面二孩政策实施 3 年多之后，从生育主体的角度出发，研究全面二孩政策下生育对女性带来的影响，具有一定的现实意义。通过这一研究有助于切实了解生育二孩妇女的现状、困惑与需求。此外，本研究成果将向贵州省委、省政府提供真实、全面和系统的关于全面二孩政策背景下生育二孩对贵州省妇女的影响，以及提出具有针对性的对策建议，为相关部门制定政策提供可借鉴的数据资料。

---

① 杨菊华：《"单独两孩"政策对女性就业的潜在影响及应对思考》，《妇女研究论丛》2014年第 4 期，第 49～51 页。

② 中华人民共和国国家统计局：《中国统计年鉴（2018）》，http：//www.stats.gov.cn/tjsj/ndsj/2018/indexch.htm，最后检索时间：2018 年 10 月 24 日。

③ 贵州省统计局：《贵州省统计年鉴（2018）》，http：//202.98.195.171：82/2018/zk/indexch.htm，最后检索时间：2018 年 12 月 5 日。

二　研究设计

（一）调查地点

鉴于贵州省各地区的人口和社会经济发展水平的不同，本次调查选取了5个具有代表性的地级市为本次调研的调查地点，分别是贵阳市、遵义市、六盘水市、凯里市、兴义市。

（二）调查对象

1. 问卷调查对象

在贵州省贵阳市、遵义市、六盘水市、凯里市、兴义市各选取全面二孩政策出台后生育二孩的妇女66名，共计330名。

2. 深入访谈对象

从上述5个城市的问卷调查对象中随机选取20名妇女（平均每个城市选取4名）进行深入访谈。

（三）研究内容

本文主要以全面二孩政策下已生育二孩妇女为调查对象，通过实地调查研究全面二孩政策背景下二孩生育对妇女带来的实际影响，具体从人口学特征、生育情况、健康状况、职业发展、家庭关系、社会参与、人际交往等方面分析生育二孩妇女的现状、困难和需求。切实从生育主体女性的角度出发，研究生育二孩妇女的生存现状，最后提出具有针对性的对策建议（见图1）。

（四）研究方法

1. 收集资料的方法

（1）文献法：收集2015年10月29日全面二孩政策出台以来全国及贵

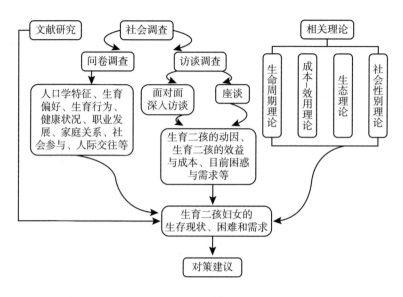

图1　研究框架

州省与生育二孩有关的政策规定、文献和研究论文等。

（2）问卷法：选取贵州省贵阳市、遵义市、六盘水市、凯里市、兴义市全面二孩政策出台后生育二孩的妇女 330 名。就人口学特征、生育偏好、生育行为、健康状况、职业发展、家庭关系、社会参与、人际交往等方面的现状、困难和需求进行问卷调查。

（3）深入访谈与座谈：在调查城市的问卷对象中选取 20 名妇女，就生育二孩的动因，生育二孩给妇女本人、家庭带来的效益与成本，目前妇女的困惑、需求与建议等展开调查讨论。

2. 分析资料的方法

研究将采用定性和定量研究相结合的方法。社会学分析软件 SPSS 22.0 将用于数据的分析，频数分析相关数据，频数分布交叉表分析两变量间的相关关系等。

采用归类－分析总结－分析－总结的方法分析定性研究资料。整理访谈记录，将定性调查数据录入计算机软件程序，分析总结所得数据。

三　调查结果

（一）研究对象的基本概况

1. 访谈对象的基本情况

本次调查共选取 20 名已生育二孩的妇女，就生育二孩的动因，生育二孩给妇女本人、家庭带来的效益与成本，目前妇女的困惑、需求与建议等方面展开了访谈（见表1）。

表1　访谈对象基本情况

编码	年龄（岁）	民族	文化程度	婚姻状况	子女（个）	职业
A1	29	汉	大专	已婚	2	自由职业者
A2	33	侗	中专	已婚	2	公务员
A3	45	布依	初中	已婚	2	护士
A4	26	汉	高中	已婚	2	在家
A5	45	汉	大专	已婚	2	教师
A6	35	苗	中专	已婚	2	在家
A7	35	汉	高中	已婚	2	个体经营户
A8	44	苗	本科	已婚	2	公务员
A9	39	仡佬	本科	已婚	2	职员
A10	29	土家	大专	已婚	2	在家
A11	37	汉	研究生	已婚	2	教师
A12	40	汉	研究生	已婚	2	教师
A13	27	汉	大专	已婚	2	在家
A14	36	汉	本科	已婚	2	医生
A15	39	苗	本科	已婚	2	职员
A16	38	布依	本科	已婚	2	职员
A17	28	汉	高中	已婚	2	个体经营户
A18	32	汉	高中	已婚	2	工人
A19	36	汉	研究生	已婚	2	教师
A20	36	苗	本科	已婚	2	职员

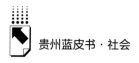

2. 问卷对象的基本情况

（1）生育二孩妇女的人口学特征

本次调查发放问卷共计 330 份，有效回收问卷 309 份，回收率为 93.6%。本文调查对象选定的是在全面二孩政策出台之后生育二孩的妇女，根据这一政策出台的时间推算得出，截止到 2019 年 5 月，二孩最大的年龄应该为 3 岁左右，但是不排除有家长按照孩子的虚岁填答年龄。最终，本文将目前最小的孩子限定为小于或等于 4 岁，并按照这一标准选定要分析的个案，排除了 5 个个案，故本文最终分析的样本数量为 304 份。

通过对样本的分析发现：生育二孩妇女的年龄主要集中在 30～34 岁（39.1%）；35 岁及以上的妇女占比共计 34.2%，这表明受政策影响年龄偏大的生育二孩的妇女数量较多；22～29 岁的年轻妇女占 26.6%，数量较少。这些妇女的受教育程度普遍比较高，将近一半（45.4%）的文化程度为本科及以上。其次，她们中只有 22% 为独生子女（见表 2）。

表 2　生育二孩妇女的人口学特征

单位：人，%

人口学特征		频数	有效百分比
年龄	22～29 岁	81	26.6
	30～34 岁	119	39.1
	35～39 岁	67	22.0
	40～46 岁	37	12.2
文化程度	小学及以下	5	1.6
	初中	49	16.1
	高中/中专	50	16.4
	大专	62	20.4
	本科及以上	138	45.4
是否为独生子女	是	67	22.0
	否	237	78.0

（2）生育二孩妇女的经济情况分析

从表 3 中可以看出：本次调查对象的职业类型占比最多的为事业单位工

作人员（38.5%），总体来看，公务员、事业单位工作人员、国企工作人员占 52.4%，私营企业员工占 17.1%，自主创业的占 10.2%。从经济月收入来看，本次调查对象的经济情况大多比较好，48.6% 的女性月收入在 4000元以上，57.2% 的家庭年收入在 6 万元以上。

表 3　生育二孩妇女的经济情况分析

单位：人，%

职业及经济情况		频数	有效百分比
职业类型	公务员	16	5.3
	事业单位工作人员	117	38.5
	国企工作人员	26	8.6
	私营企业员工	52	17.1
	自主创业	31	10.2
	其他	62	20.4
您的平均月收入	2000 元及以下	34	11.2
	2000~3000 元	51	16.8
	3000~4000 元	71	23.4
	4000~5000 元	66	21.7
	5000~6000 元	50	16.4
	6000~7000 元	32	10.5
您的家庭年收入	3 万元及以下	22	7.2
	3 万元~4 万元	42	13.8
	4 万元~5 万元	40	13.2
	5 万元~6 万元	26	8.6
	6 万元~8 万元	25	8.2
	8 万元~10 万元	72	23.7
	10 万元以上	77	25.3

（二）生育二孩对贵州城镇妇女的影响

在对问卷中的"您认为生育二孩对妇女发展的影响"这一问题的分析中得出，被调查妇女认为生育二孩对自己带来第一位的影响中健康占比是最大的，为 43.4%，其次是就业机会，为 23%，生育带来的第二位的影响占比最大的为继续学习机会，为 36.5%，其次是职业晋升，占 20.1%，生育带来的第三位的影响占比最大的是继续学习机会，为 24.3%，其次是职业晋升，占 22%。可见，生育二孩对妇女的影响主要集中在健康、继续学习机会、职业晋升三个方面。详情可见表 4。在面对面深入访谈时，多位妇女都说到自从生了二孩后总感到体力不如以前，"也可能是年龄大了，精力真不如当初生老大后"（A5）。"拖个小娃儿，哪有机会去学习嘛"（A2）。访谈对象 A16 怀孕前在一个比较重要的岗位工作，妊娠晚期公司说为了照顾她身体将她调到一个清闲许多的部门工作，生完娃回来，人家该提拔的早提拔了，以前的重要岗位也回不去了，她感觉特无奈。

表 4　生育二孩对妇女发展带来的影响

单位：人，%

带来的影响		频数	有效百分比
您认为生育二孩对妇女发展带来的（第一）影响在于	就业机会	70	23.0
	健康	132	43.4
	继续学习的机会	57	18.8
	职业晋升	33	10.9
	其他	12	3.9
您认为生育二孩对妇女发展带来的（第二）影响在于	就业机会	59	19.4
	健康	56	18.4
	继续学习的机会	111	36.5
	职业晋升	61	20.1
	其他	12	3.9
您认为生育二孩对妇女发展带来的（第三）影响在于	就业机会	58	19.1
	健康	40	13.2
	继续学习的机会	74	24.3
	职业晋升	67	22.0
	其他	52	17.1

1. 生育二孩对妇女健康的影响

（1）对最近一次分娩的年龄与妇女的身体健康状况进行分析，看两者之间是否具有相关性，发现 p 值大于 0.05，表明初次分娩的年龄与妇女的身体健康状况之间不具有相关性，也就是说无论初次分娩年龄多大，生育二孩都会对妇女的身体状况产生影响。

（2）对每天养育孩子的时间与健康状况进行相关性分析，发现 p 值为 0.012，两者之间具有相关性。但是，并不是我们之前设想的养育孩子的时间越少，妇女的健康状况也就越好。从表 5 可见，养育孩子的时间占 70%~80% 的妇女最健康。而养育孩子的时间小于 10% 的健康状况反而不好，可能是这些妇女本身身体就不是很强壮。有的访谈对象认为是娇气，"我觉得有些人就是娇气，过去老的养多少个小孩也没听她们说身体就不行了，现在才养俩，哈哈哈……" A1 说。

表 5　养育小孩的时间与健康状况的关系

单位：%

目前平均每天花费在养育小孩上的时间占总时间的比例	生育二孩后，自觉目前的健康状况				
	很好	好	一般	不好	很不好
小于 10%	8.3	25.0	33.3	33.3	0.0
10%~30%	19.0	26.7	44.0	8.6	1.7
40%~60%	17.8	37.4	38.3	4.7	1.9
70%~80%	31.8	27.3	40.9	0.0	0.0
80% 以上	10.5	18.4	57.9	10.5	2.6
不知道	0.0	0.0	100.0	0.0	0.0

$\chi^2 = 36.79; DF = 20; p = 0.012; N = 304$

（3）对父亲是否参与孩子的照料工作与妇女生育二孩后的健康状况进行等级相关性分析发现，两者之间具有显著的相关性，p 值为 0.000，也即是说丈夫对于孩子照料的参与可以大大提高妇女的健康状况。详情可见表 6。

表6 丈夫参与了孩子的照料工作与健康状况的关系

相关系数分析			生育二孩后,您觉得自己目前的健康状况如何?	生育二孩后,您的丈夫参与了孩子的照料工作吗?
肯德尔等级相关系数	生育二孩后,您觉得自己目前的健康状况如何?	相关系数	1.000	0.323 **
		Sig.(双侧)	0.0	0.000
		N	304	304
	生育二孩后,您的丈夫参与了孩子的照料工作吗?	相关系数	0.323 **	1.000
		Sig.(双侧)	0.000	0.0
		N	304	304
斯皮尔曼相关系数	生育二孩后,您觉得自己目前的健康状况如何?	相关系数	1.000	0.361 **
		Sig.(双侧)	0.0	0.000
		N	304	304
	生育二孩后,您的丈夫参与了孩子的照料工作吗?	相关系数	0.361 **	1.000
		Sig.(双侧)	0.000	0.0
		N	304	304

注:** 在置信度(双侧)为0.01时,相关性是显著的。

2. 生育二孩对妇女职业的影响

(1)由表7可见,生育二孩对妇女职业第一带来的影响主要是使自己不能更好地集中精力工作(49.3%),第二的影响在于提升自己的机会和空间减少(24.7%),以及自己的职业晋升空间受到影响(24%),第三的影响在于提升自己的机会和空间减少(24%),以及自己丧失了工作的进取心(20.1%),排除以及合并一些相关的变量可以推论生育二孩对妇女职业发展的主要影响分别为不能更好地集中精力工作、职业晋升空间受到影响、职业动力减弱。详情可见表7。

(2)在合并对阻碍自己职业发展的因素分析后发现,有81.6%的女性认为阻碍自己职业发展的最重要的因素为家庭与事业难以兼顾,其次占比较高的阻碍因素为自己的专业技术不强和生育孩子。详情可见表8。

表7　生育二孩对妇女职业发展带来的影响

单位：人，%

职业发展影响		频数	有效百分比
您认为生育二孩对自己职业发展带来的（第一）影响在于	自己不能更好地集中精力工作	150	49.3
	职业晋升空间受到影响	31	10.2
	自己丧失了工作的进取心	26	8.6
	没有影响	43	14.1
	提升自己的机会和空间减少	41	13.5
	其他	13	4.3
您认为生育二孩对自己职业发展带来的（第二）影响在于	自己不能更好地集中精力工作	47	15.5
	职业晋升空间受到影响	73	24.0
	自己丧失了工作的进取心	56	18.4
	没有影响	25	8.2
	提升自己的机会和空间减少	75	24.7
	其他	20	6.6
	缺失值（系统）	8	2.6
您认为生育二孩对自己职业发展带来的（第三）影响在于	自己不能更好地集中精力工作	38	12.5
	职业晋升空间受到影响	41	13.5
	自己丧失了工作的进取心	61	20.1
	没有影响	12	3.9
	提升自己的机会和空间减少	73	24.0
	其他	60	19.7
	缺失值（系统）	19	6.3

表8　阻碍生育二孩妇女职业发展的因素（N=887）

单位：人，%

阻碍职业发展的因素	响应		个案百分比
	N	百分比	
专业技术不强	153	17.2	50.3
人际沟通能力的缺乏	123	13.9	40.5
生育孩子	149	16.8	49.0
家庭与事业难以兼顾	248	28.0	81.6
缺乏职业动机	134	15.1	44.1
其他	80	9.0	26.3

生育二孩对妇女职业晋升的影响由图2可见，生育二孩与妇女职业晋升之间的关系与所处职业类型有关，p值为0.007，两者之间具有相关性。公务员与私营企业的女性表示生育二孩非常影响自己工作晋升的比例较其他职业更高，自主创业的女性表明生育二孩不影响自己工作晋升的比例最高，为32%。

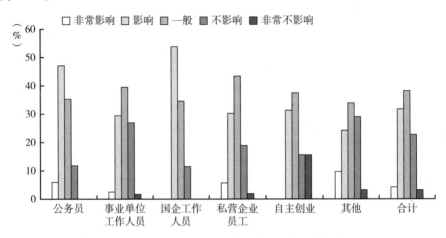

图2 生育二孩对不同职业女性工作晋升的影响

说明：$\chi^2 = 38.67$；$DF = 20$；$p = 0.007$；$N = 309$。

（3）职业类型与生育二孩妇女工资收入的变化。生育二孩妇女的工资收入变化与职业类型之间存在相关性，p值为0.004，从表9中可见在私营企业工作的员工工资收入减少的比例最高，为28.8%，公务员的工资收入减少的占比最少，为6.3%。这表明生育二孩对妇女工资收入产生负面影响的主要集中在私营企业和自主创业的工作人员。详情可见表9。

表9 不同职业妇女于生育二孩后的工资收入变化

单位：%

目前的职业	生育二孩之后工资收入有无变化				
	明显增多	增多	减少	明显减少	无变化
公务员	0.0	12.5	6.3	0.0	81.3
事业单位工作人员	1.7	3.4	6.8	4.3	83.8
国企工作人员	0.0	7.7	15.4	0.0	76.9

目前的职业	生育二孩之后工资收入有无变化				
	明显增多	增多	减少	明显减少	无变化
私营企业员工	1.9	9.6	28.8	3.8	55.8
自主创业	0.0	6.5	19.4	3.2	71.0
其他	6.5	4.8	19.4	12.9	56.5
$\chi^2 = 40.424; DF = 20; p = 0.004; N = 304$					

对生育二孩妇女的职业中断时间与是否在本单位积极参与政治管理之间进行相关性分析，发现两者之间具有相关性，p 值为 0.000，职业中断的时间越短参与政治管理的积极性也就越高，职业中断时间为 1 年之内的妇女，重新工作之后参与本单位政治管理的积极性比较高，详情可见表 10。访谈时妇女也反映"在家呆的时间越长，越不想工作"（A15），"我一点也不想去上班，除了上那点班我推掉了所有的职务，包括团委书记"（A11）。

表 10　职业中断与生育二孩后在单位参与政治管理的积极性

单位：%

生完孩子开始工作时间	生育二孩后在本单位参与政治管理积极性					总计
	非常积极	积极	一般	不积极	非常不积极	
0.5 年以内	4.2	40.6	49.0	6.2	0.0	100.0
0.5 年~1 年	3.3	47.2	42.3	5.7	1.5	100.0
2 年~3 年	22.2	38.9	27.8	0.0	11.1	100.0
3 年以上	0.0	85.7	14.3	0.0	0.0	100.0
至今未工作	0.0	31.8	47.7	18.2	2.3	100.0
$\chi^2 = 47.716$, $df = 16$, $p = .000$, $n = 304$						

3. 生育二孩对妇女继续学习的影响

通过问卷分析得出，共计 68% 的女性同意及非常同意生育二孩后选择在职深造和脱产学习的难度更大，这表明大部分生育二孩的妇女再学习的难度更大，只有 7% 的女性不认为生育二孩后再学习难度加大。详情可见图 3。

此外，妇女的继续学习也体现在参加培训或进修的次数上。在对生育二孩后女性没有参加培训或进修的原因进行分析时也发现，其主要原因有孩子

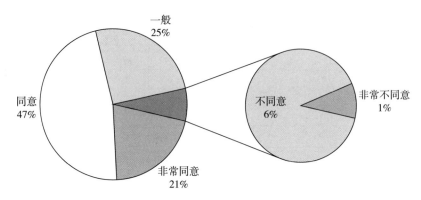

图3 在生育二孩后，你是否同意在职深造或脱产学习难度更大

没人照顾（25.3%）、没有精力（20.7%）、没有相关信息渠道（16.4%）、其他（8.9%）、没有兴趣（6.3%）、单位不支持（4.9%）、家人不支持（2.3%）。可见孩子没人照顾和没有精力是最主要的原因。

通过本次调查得知目前孩子晚上的主要照料者为母亲，在对孩子晚上主要由谁照顾和继续学习之间进行交叉分析得出两者之间具有相关性（p = 0.000）（见表11）。最小的孩子晚上由自己照顾的女性有48%的人认为生育二孩后选择在职深造、脱产学习的难度更大。另外，对最小的孩子白天由谁照顾与继续学习之间进行交叉分析发现，两者之间不具有相关性。

表11 目前最小的孩子晚上主要由谁照顾与生育二孩后选择
在职深造、脱产学习难度之间的关系

单位：%

目前最小的孩子晚上 主要由谁照顾	生育二孩后选择在职深造、脱产学习难度更大				
	非常同意	同意	一般	不同意	非常不同意
自己	18.9	48.0	26.9	5.7	0.4
爷爷奶奶	23.5	47.1	19.6	9.8	0.0
外公外婆	33.3	44.4	22.2	0.0	0.0
保姆	0.0	0.0	0.0	0.0	0.0
托儿所	100.0	0.0	0.0	0.0	0.0
其他	16.7	33.3	33.3	16.7	0.0
$\chi^2 = 162.153 ; DF = 20 ; p = 0.000 ; N = 304$					

（三）生育二孩妇女的需求

通过对问卷调查和访谈资料的分析，发现生育二孩妇女目前存在的需求主要在于儿童养育与照料、身体健康、职业发展等方面。

1. 儿童养育与照料

（1）从之前的分析得知母亲仍然是孩子照料的主要承担者，在获取儿童养育与照料知识方面，有36.2%的女性希望可以从书籍报刊获取知识，也有24.7%希望从长辈那里获取知识。此外，鉴于新媒体的出现，也有13.8%的女性希望从微博、微信获取相关知识。详情可见表12。

表12　在儿童养育和照料方面最希望从哪里获取信息

单位：人，%

获取信息的渠道	频数	百分比
长辈	75	24.7
书籍报刊	110	36.2
电视广播	22	7.2
微信、微博	42	13.8
社区宣传	18	5.9
其他	37	12.2

（2）如表13所示，近一半（46.7%）的妇女愿意把孩子交给公办托儿所照顾，这也表明了她们对于国家福利性托幼事业的信任。但是目前我国的公办托儿所的数量仍然是供小于求。

表13　您愿意把孩子给谁照料

单位：人，%

照料孩子者	频数	百分比
公办托儿所	142	46.7
民办托儿所	23	7.6
祖父母	86	28.3
亲戚	23	7.6
其他	30	9.9

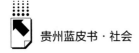

2.专业医疗看护的需求

（1）由上述分析可知，生育二孩对妇女带来的最大影响在于健康方面，且这一影响与年龄无关，因而对于妇女的健康状况应该给予特别的关心。在对妇女生育二孩后是否获得专业的医疗看护服务进行分析发现，94.1%的女性都未能获得这一福利。

（2）进一步对妇女生育二孩后是否得到专业的医疗看护服务与妇女最近一次生产时是否出现过任何意外进行交叉分析，发现两者之间具有相关性（p = 0.025），虽然在最近一次生产时出现意外的是少数，但她们中有绝大多数（81.3%）自认为没有得到很好的专业医疗看护服务。在全面二孩政策下，高龄产妇的增多，亟须专业的高水平的产科医务人员。

3.提高职业技能的需求

由图4可知，目前生育二孩妇女最想学习的知识或技能是职业技能/专业知识（43%），其次为子女教育知识（24%）。这表明将近一半的生育二孩妇女对于自己的职业技能比较看重。并且在对妇女面临工作与家庭冲突之间的态度测量时发现，近一半的女性（47%）表示不同意或非常不同意女性应为家庭放弃自己的工作，这一部分女性仍然有比较强烈的提高自己职业技能的需求。详情可见图5。

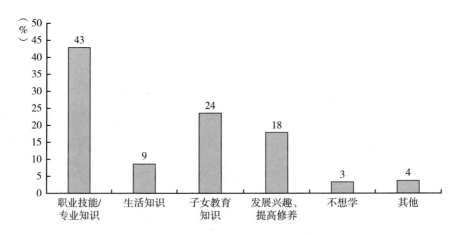

图4 生育二孩妇女目前最想学习的技能和知识

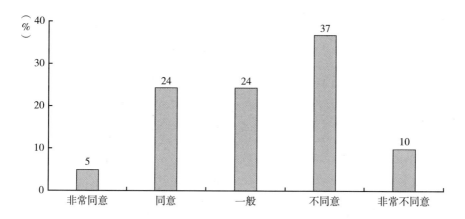

图5 你是否同意，当工作与家庭冲突时，应为家庭放弃工作

四 对策建议

（一）政府层面

1. 制定性别友好型的公共政策

政府需要将社会性别意识全面纳入公共政策，推进社会性别意识主流化，即将社会性别意识引入政府决策过程、大众媒体传播过程以及个体意识中。政府在制定政策的时候要考虑对男女两性的不同影响，以达到逐步消除性别歧视、实现性别平等和公正的目标，并建立社会性别平等监督和评估机制，提高妇女群体对政策建言献策的积极性，鼓励妇女群体积极表达自身利益诉求、提高妇女群体对于社会政策制定的参与程度，以提高社会政策实施的透明度。社会性别意识的建立需要提高到顶层设计的高度：在全领域、全层次的公共政策的建立之中嵌入社会性别意识，无论是政策执行者、制定者还是公众群体，都需要提高自己对于性别问题的敏感度，在全社会层面建构全新的性别平等关系。此外，从宣传层面入手，加大对性别平等的社会宣传，加强对现有生育政策的宣传，可以消除部分针对女性的性别歧视。从财政层面，

加大生育投入，由国家负担女性因生育所造成的职业中断对于用人单位的经济损失，可以减少女性群体所受到的职场性别歧视。

2. 学龄前儿童抚育工作

人口是经济发展的重要因素之一，但是人口生产的社会价值并没有得到认可，反而是生育阻碍了女性的个体发展，要正视人口生产的社会价值，并给予女性经济上的回报。我国社会福利制度在改革开放后发生了转变，由改革开放前的国家保障型转为改革开放后以选择性为主的福利模式，原有的国家保障型社会福利中所包含的社会服务功能被剥离，原来由单位负责的单位幼儿托管等服务市场化，其市场化后的成本转嫁给企业与个人，这加重了妇女承担人口生产的负担。现阶段需要建立起完善的儿童照料服务体系，加强相关公共服务的供给，提高公共设施投资，提高公益性幼托教育在幼托教育中所占的比例，对于兴办幼托机构的单位或个人给予政策或经济上的补贴。

截至2019年5月，我国3岁以下婴幼儿有5000万人左右，国务院办公厅2019年5月印发了《关于促进3岁以下婴幼儿照护服务发展的指导意见》，该意见对于婴幼儿照护服务方面的原则、目标、任务、措施和组织均提出了较为详尽的指导性意见，也是我国现阶段婴幼儿照护领域的纲领性文件，指出了允许有条件的幼儿园开设，支持提供多样化、多层次的婴幼儿照护服务。同时也提出需要大量的婴幼儿专业照护人员，如育婴员、保育员、家政服务人员等。建立完备的学龄前儿童抚育工作，促进学龄前儿童的专业照护。

《中华人民共和国个人所得税法》对于子女教育专项附加扣除做出了规定，家中有包括学前教育（3岁至小学入学前）和学历教育（小学至博士）的子女均可以免除父母个人所得税，但3岁之前的子女不在扣除范围内。应促进这项政策福利延伸至3岁之前，即包含0~3岁儿童，这样可以减轻生育二孩对女性产生的负面影响。

（二）用人单位层面

1. 建立公平的录用规则和灵活的工作制度

随着劳动力市场供过于求情况愈加明显，我国劳动力就业竞争趋于白热化，海内外人才越来越多，企业为追求利润最大化，获取更大经济效益，在录用员工时首要考虑因素当然是劳动力的"性价比"问题。女性群体因生育等需求，需要付出一定量的生育成本，这部分生育成本包括但不限于经济成本、工作成本、时间成本等。企业出于自身利益，在考虑劳动力"性价比"问题时会考虑到女性的生育成本，不愿意为女性群体分担这部分生育成本，外显在就业市场上的趋势便是男性较女性更容易找到工作，此类行为仅追求企业自身利益及企业未来发展，严重忽视对女性生理保护的社会责任。政府应加大对企业招聘的监督力度，对于招聘中出现的性别歧视现象做出严厉的处罚，切实维护就业者的公平就业权利，企业需要保证公平的录用规则，保证性别平等的企业招聘过程。扶持企业建立性别友好型工作环境，如在办公场地内建立育婴室，允许职工弹性时段上班、网上办公等。在本次调查的过程中，多名女性都曾提到希望工作单位允许自己可以在不影响工作的情况下，带孩子上班。

2. 加强对女职工的专业技能培训

全面二孩政策的放开，加大了女性群体受就业性别歧视的风险。性别歧视不但存在于女性就业的过程中，也存在于女性职业晋升的过程中。部分用人单位没有遵循国家关于保护女性就业者的合法权益的政策法规。女性特质对于企业的全面发展不可或缺，女性拥有诸如善于协调关系、情绪较为丰富等特质，这些特质可以视为企业人力资源积累的蓄水池，有助于企业营造更好的企业文化，推动企业长期良好地发展。本次调查中近一半的女性都提及目前最想学习的知识为职业技能和专业知识，但是从目前企业给女性提供的培训来看，似乎并没有满足这些女性的要求。企业应重视对女职工的培养，加强对她们职业技能的培训，使她们为企业创造更多的效益。

（三）家庭层面

1. 实行合作式的家务劳动分工

在中国大部分家庭中，女性仍然是家务劳动的主要承担者，并且家务劳动长久以来被视为没有价值和简单重复的体力劳动，女性在传统的社会性别

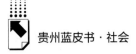

分工模式之下，不仅承担着生育孩子的责任，还承担了对孩子的抚育工作，从而面临着严峻的工作家庭冲突。家庭中应该建立一种合作式的家庭分工模式，正视家务劳动的社会价值，让男性也参与到家务劳动中，使女性在家务活动之外，也可以在职业发展中创造更多经济效益，反哺家庭发展。

2. 确立男性育儿责任与分工

在我国传统文化中，女性缺少独立地位。相较于男性，女性在传统文化中，其负责育儿的部分要更多。生育和抚养小孩长期被视为女性的责任，在全面二孩政策下，生育二孩的女性抚养孩子的任务明显增加，这对于她们的身体和职业发展都会产生不利的影响。本次调研发现，男性参与孩子的照料对女性健康状况的改善有积极的影响。现代家庭教育认为，亲子关系不应只是由父母其中一方来完成。新型亲子关系的建立需要父母对孩子共同的陪伴，这也要求男性应该在家庭中承担更多的育儿责任，无数案例证实缺少父亲参与的童年成长会带来许多成人后的人格发展缺陷。从政策方面入手，明确男性应该承担的育儿义务，宣传方面则应继续加强男性参与家庭事务的正面宣传。例如，通过立法增加男性生育陪伴假期，父育假可以提高男性育儿过程的参与度。同时，也需要男性自身转变传统的性别观念，主动参与抚养与照料孩子的过程。

（四）个人层面

1. 提升个人素质，做好职业生涯规划

女性自身要注重基础知识的积累和专业能力的培养，全面二孩政策实施以后，生育二孩的家庭需要承受相应的经济、抚育的压力，尤其是作为生育主体的女性面临身体、心理的多重变化，不少女性在身心或经济方面都没有做好准备的情况下就选择生育二孩，或者迫于父母或伴侣的生育压力选择生育二孩，其结果使得她们无法兼顾事业与家庭，在角色冲突中陷入进退维谷的尴尬境地。她们需要积极主动地做好职业规划，使工作和生活达到更好的平衡。

2. 加强自身的社会性别意识

要加强对个人社会性别意识的培养，打破刻板的社会性别印象，增强个人的性别敏感性，监督政府决策的过程。女性群体需要积极学习相关法律法规，掌握法律武器，增强自己的维权意识，在遇到侵犯自身权利的事件时应当挺身而出，通过合法手段维护自身权益，学会保护自己的权益。

参考文献

朱奕蒙、朱传奇：《二孩生育意愿和就业状况——基于中国劳动力动态调查的证据》，《劳动经济研究》2015 年第 5 期。

风笑天：《为什么不生二孩：对城市一孩育龄人群的调查与分析》，《河北学刊》2018 年第 6 期。

张琪、张琳：《生育政策变化对女性权益影响的实证分析——基于北京市妇女的调查数据》，《山东女子学院学报》2016 年第 3 期。

杨菊华：《健全托幼服务　推动女性工作与家庭平衡》，《妇女研究论丛》2016 年第 2 期。

梁宏：《从生育意愿到生育行为："全面两孩"政策背景下二孩生育决策的影响因素分析》，《南方人口》2018 年第 2 期。

苏津津、李婕：《生育对职业女性职业生涯发展的影响及对策》，《中国人力资源开发》2015 年第 5 期。

张琪、张琳：《青年女性"工作－家庭"冲突的影响因素及其平衡机制研究》，《中国青年研究》2018 年第 4 期。

计迎春、郑真真：《社会性别和发展视角下的中国低生育率》，《中国社会科学》2018 年第 8 期。

王殿玺：《生育的社会流动效应再考察——基于代际职业流动的视角》，《人口与发展》2018 年第 3 期。

杨菊华：《"单独两孩"政策对女性就业的潜在影响及应对思考》，《妇女研究论丛》2014 年第 4 期。

B.9
贵州省卫生与健康科技创新研究*

杜双燕**

摘　要：　"十三五"时期贵州省高度重视卫生与健康科技创新，在科研发展、人才培养、学科建设、临床专科建设等方面都取得了明显成效，也凸显了组建医疗卫生专家援黔团、黔医人才计划、健康扶贫、医教协同等科技创新亮点，在某些领域已处于国内领先水平。但是全省卫生健康科技创新能力与"健康贵州""科技强省"的建设目标相比差距仍然较大，科技创新基础薄弱、创新能力不足、创新水平有限的局面仍未根本性扭转。未来建议从大力推进医学科学研究、推动前沿科学技术创新、增强疾病防控研究、加强科技创新平台建设、促进学科建设、强化创新人才培养、促进对外交流与合作、推进科技创新成果转化、完善科技创新体系、优化科技管理体制等方面进一步促进卫生与健康科技创新高质量发展。

关键词：　卫生健康　科技创新　健康贵州

党的十八大提出实施创新驱动发展战略以来，党中央、国务院高度重视科技创新，一直将其摆在党和政府工作的核心位置。习近平总书记则提出了

---

  *　本文系贵州省卫生健康委 2019 年度科学技术基金项目"贵州省卫生健康委科教工作'十四五'规划"（项目编号为 gzwjkj2019 - 1 - 233）的阶段性研究成果。

**　杜双燕，贵州省社会科学院副研究员，贵州师范大学喀斯特研究院博士研究生，研究方向为人口与社会发展、喀斯特资源管理与区域发展。

"如果科技创新搞不上去，我们在全球经济竞争中就会处于下风""必须坚持走中国特色自主创新道路""把发展基点放在创新上""关键核心技术是国之重器"等一系列新思想、新论断、新要求①。2016 年 8 月召开的第一次全国卫生与健康大会上，习近平总书记更是强调：要把人民健康放在优先发展的战略地位，加快推进健康中国建设，努力全方位、全周期保障人民健康。随之，《"健康中国 2030"发展纲要》《关于全面推进卫生与健康科技创新的指导意见》《"十三五"卫生与健康科技创新专项规划》等文件出台，卫生与健康科技创新受到高度重视并持续推进。随着经济社会快速发展，人类面临着传染性疾病和慢性非传染性疾病的双重威胁，特别是 2020 年新冠肺炎疫情的全球肆虐更加引发了全球对"人类命运共同体"的关注。人民对美好生活的向往也亟须更多更好的卫生健康服务和优质的卫生健康资源，要全面推进健康中国建设，必须依赖科技创新的支撑和引领，其也是构建科技强国的重要组成。2020 年习近平总书记在科学家座谈会上提出的"四个面向"② 不仅为"十四五"时期推动科技驱动发展、加快科技创新步伐指明了方向③，而且更加凸显了卫生与健康科技创新的紧迫性和重要性。《"健康贵州 2030"规划纲要》中，也把"科技创新"作为其重要保障提出，并从构建医学科技创新体系和推进医学科技进步两个方面提出了发展目标。"十三五"时期贵州一直将"大健康"作为全省重要发展战略，取得了显著成效，在新冠肺炎疫情时期以及后疫情时代都凸显了贵州低感染、强防控的战略安全优势。在当前全面小康新时代，贵州正在谋求高质量发展，卫生健康科技工作也逐步从夯实基础向提升质量转化，加强科技创新在卫生健康领域的支撑和引领作用，提升科技创新贡献率，是打造"健康贵州"发展高地的重要动力。

---

① 《习近平十大金句告诉你科技创新的重要性》，中国网，http：//www. china. com. cn/ guoqing/xijinping/2019 – 01/08/content_ 74352555. htm，最后检索时间：2019 年 1 月 8 日。
② 即面向世界科技前沿、面向经济主战场、面向国家重大需求、面向人民生命健康。
③ 《坚持"四个面向"加快科技创新——习近平总书记在科学家座谈会上的重要讲话指引科技发展方向》，新华网客户端，https：//baijiahao. baidu. com/s？ id = 1677637231870259225& wfr = spider&for = pc，最后检索时间：2020 年 9 月 12 日。

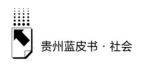

一 贵州卫生与健康科技创新现状

"十三五"时期全省高度重视卫生与健康科技创新，深入实施基层医疗卫生服务能力三年提升计划（2016～2018年）、卫生健康服务能力提升"八大工程"行动计划①、通过住院医师规范化培训、组建医疗卫生专家援黔团、黔医人才计划、健康扶贫、医教协同、保障科技投入等方式大力提升科技创新水平，在科研发展、人才培养、学科建设、临床专科建设等方面都取得了明显成效。

（一）科技创新成果持续向好

一是科研成果成绩斐然。"十三五"时期，全省医疗卫生机构及医学院校科研成果颇丰。贵州医科大学、贵州中医药大学、遵义医科大学、贵州省人民医院、贵州医科大学附属医院、遵义医科大学附属医院等组成了较为强大的科研主力。2016～2019年6家单位共获批国家自然科学基金项目近千项，省卫生健康委科学技术基金项目立项519项，科研经费显著增加，科研实力明显提升。2016～2019年，仅贵州医科大学共获各级各类纵向科研项目1300余项，其中国家级项目263项，获各类科研经费达4.09亿元，年均科研经费1.02亿元；荣获贵州省最高科学技术奖1项，省自然科学、科技进步、哲学社科等各类奖项32项（其中一等奖7项），获批授权专利308项。二是重点实验室建设得到加强，实现几项"零突破"。积极申报获批建设"国家卫生健康委肺脏免疫性疾病诊治重点实验室"，实现全省卫生系统国家卫生健康委委级重点实验室"零突破"。贵州医科大学"省部共建药用植物功效与利用国家重点实验室"的获批实现了贵州高校国家重点实验室"零突破"；挂牌成立"中国医学科学院成体干细胞转化研究重点实验室"，

---

① 八大工程：乡村能力提升工程、三级创建提升工程、妇幼服务提升工程、中医振兴提升工程、公共卫生提升工程、远程医疗提升工程、健康养老提升工程、党建引领提升工程。

获批国家发改委"化学药仿创技术应用国家地方联合工程研究中心"等，累计获批省部级以上科研平台及创新团队建设 29 个。三是加大科研管理力度。重点启动了"十四五"科教工作规划编制、重点学科建设预研，强化科技引领支撑作用。四是加强科研教学平台建设。与北京协和医学院签订"群医学"学科建设项目合作协议，建立贵州医科大学附属医院－马歇尔联合实验室、贵州省癌症中心、贵州省精准医学研究院等科研平台，加强干细胞临床研究管理和实验室生物安全管理工作，推动临床科研加快发展。五是积极开展学术活动。"十三五"时期，共召开了 305 次学术年会和专题学术交流活动，参会代表近 10 万人次。六是加强临床重点学科建设。加强全省医疗卫生机构学科能力建设，强化学科人才队伍建设，提高疾病预防诊疗水平，培育在西南地区有影响力的重点优势学科，开展了 10 个贵州省重点优势学科建设，分别为：贵州省人民医院骨科、呼吸科、肾内科；贵州医科大学附属医院神经外科、神经内科、血液科；遵义医学院附属医院心外科、消化科、烧伤科；贵州省疾病预防控制中心病原微生物实验中心。

（二）人才队伍建设全方位加强

"十三五"时期，全省卫生健康人才队伍数量和质量"双增长"，推动了医疗技术能力和医疗质量水平"双提升"。截至 2019 年，全省卫生人员总数为 34.71 万人，比 2015 年增加 8.78 万人，增幅 33.86%，增幅比全国平均水平高 13.06 个百分点，在西部 12 个省区市中排名第 2 位。每千常住人口卫生技术人员数 7.39 人，比全国平均水平多 0.14 人，在西部 12 个省区市中排名第 5 位。全省创新开展"医疗卫生援黔专家团"、"黔医人才计划"、退休高级医疗卫生人才引进"银龄计划"等项目建设，极大提高了高层次人才比例。自 2016 年发起"黔医人才计划"以来共计培训了 230 名学员，计划再持续推进培养技术和管理骨干 300 人。自 2016 年发起建立"医疗卫生援黔专家团"以来，入团院士达 55 人，入团核心专家达 1305 人，38 名院士在贵州建立了 44 个院士工作站（室），帮扶贵州省医疗卫生机构 87 家，并在王辰院士、钟南山院士支持下先后在贵州医科大学开设了"协和班"，在遵义医科大学开设"南山班"，在贵州中医药大学建立了"卓越中医师班"，极大提升了贵州医学教育的外力支撑。人才队伍培养培训方面，全省强力持续推进住院医师规范化培训、全科医生队伍建设、基层人员学历提升、农村订单定向生培养等。全省已有中西医国家住院医师规范化培训基地21家，培训容量达3200人/年，"十三五"期间累计培训13000余人次。截至2019年底，贵州省3所医科大学均成立了全科医学教研室，19家"5+3"全科住院医师规范化培训基地、16家"3+2"助理全科医生培训基地（医院）均设立了全科医学科。"十三五"时期全科医生新增培养培训数达1万余人。2016年以来，基层人员学历提升培训累计达4万人次。

（三）东西部扶贫协作援黔帮扶全面拓展

2018年实现国家卫生健康委委属委管和东部6省8市290家医疗卫生机构分别对口帮扶全省6家省级医院、2家国有企业医院、22家市级医院和139家县级医院、10家疾控中心、6家急救中心、6家中心血站，实现66个贫困县的所有综合医院、中医院全覆盖。截至2019年第3季度，国家卫生健康委委属委管和东部6省8市（包括深圳市）共975家优质医疗卫生机构，与全省省、市、县、乡镇四级共1453家各类医疗机构建立了对口帮扶关系。其中：综合医院115家，中医院70家，妇幼保健院29家，疾控中心12家，急救中心9家，中心血站6家，口腔专科医院2家。通过直接与省外医疗卫生机构建立帮扶关系、受援医院东部帮扶关系"医共体"内向下深入延伸、东部优质医疗资源分片承包等方式，全省1210个乡镇卫生院与东部城市建立对口帮扶关系，其中全省66个贫困县1079个乡镇卫生院全部结对，实现对口帮扶全覆盖。

（四）"互联网+医疗健康"发展全面推进

一是推进全民健康信息基础平台建设。2017年底全面建成省、市、县三级全民健康信息基础平台，省级平台已实现与主要业务系统的联通和数据汇聚及与国家平台的互联互通。二是推动实现远程医疗省、市、县、乡四级全覆盖。建成全省统一的远程医疗服务管理平台和国内最大的远程医疗专网，全省医疗机构按照"双网互备"要求加强专网和局域网建设并接入平台。以平台为省内外远程医疗信息及服务交互的枢纽，实现远程医疗服务跨区域协同。持续完善优化管理平台功能，深化远程医疗平台与其他医疗业务系统互联互通，全省部分县区已实现院内信息系统与省远程医疗平台的数据互通和共享。同时，推进远程医疗向村卫生室和公立医院科室延伸，以省级医院为龙头，对县、市级公立医院开展进入科室的远程医疗服务。三是推动"互联网＋医疗健康"便民惠民服务。建成全省统一预约挂号平台，全省所有县级以上公立医院全部接入平台并提供预约挂号服务。通过"健康贵州12320"微信、网站、App 健康医疗服务门户，提供健康教育、预约挂号、健康档案、检验检查结果查询、健康咨询、戒烟控烟等健康医疗服务。建成电子健康卡系统平台，并在黔东南州开展电子健康卡应用试点。启动"远程问诊平台村村通"和"城乡居民客厅健康服务管家"两大项目，并设立"健康医疗服务频道"，推进"到村入户"的医疗健康咨询和远程问诊平台建设。在全国率先开通生育服务网上登记平台，让育龄夫妇提交生育登记服务申请，打印电子生育服务证，接受妇幼保健服务、住院分娩服务等。同时，推进出生医学证明查询和补发、健康档案查询等事项"一网通办"，切实提高群众就医办事的满意度。

（五）临床重点专科建设有序推进

"十三五"时期，贵州省按照"三年服务提升计划"目标要求，有序推进全省县级公立医院"5＋2"重点科室（5 个以上重点学科和重症医学、急诊急救学科）建设和中医院"2＋3＋N"重点科室（治未病科、中医康复科，3 个重点专科和急诊急救等学科）建设，加强医疗技术及医学科技创新能力，提高医疗卫生技术水平，培养高层次人才，引领和推动其他学科全面发展。同时，不断巩固、深化县级综合医院"5＋2"、中医院"2＋3＋N"重点专科建设成果，加大开展新技术、新业务力度，积极向妇幼保健专科、县级检验中心建设等纵深领域拓展。截至 2019 年，全省 88 个县（市）县

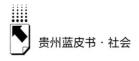
级医院建成并投入使用的重点专科共 912 个，其中县级综合医院 609 个（必建专科 174 个，自选专科 435 个），县级中医院 303 个（必建专科 93 个，自选专科 133 个，拓展专科 77 个）。开展新技术、新业务合计 584 项，填补了当地多项医疗技术空白。9 个市（州）建成产前诊断分中心。建成并投入使用的县级临床医学中心总数达 80 个，60 家县级医院临床检验中心质控验收达到国家相关标准，实现检验结果互认。

二 提升科技创新水平的主要途径

近年来，贵州省通过强化基层医疗卫生服务体系建设、创新高层次人才培养模式、全面推广"组团式"帮扶模式、创新远程医疗"贵州模式"、推行家庭医生签约服务等途径，"横向到边，纵向到底"，全面提高卫生与健康的科技创新水平。

（一）强化基层医疗卫生服务体系建设

贵州省委、省政府坚持以基层为重点，部署推动"五个全覆盖""三年提升计划""五个全面建成""百院大战"等一系列面向基层、强化基层的创新举措，健全和完善基层医疗卫生服务体系建设。为了全面落实国家解决贫困人口基本医疗有保障突出问题工作要求，2019 年《贵州省解决贫困人口基本医疗有保障突出问题工作方案》印发，进一步明确提出"三个三"工作目标，即医疗卫生机构"三建成"、医疗技术人员"三合格"、医疗服务能力"三达标"，围绕"三个三"工作目标任务，深入全省 88 个县（市、区、特区）和 7 个新区（开发区）的乡、村两级，开展调研、专项治理和"回头看"。截至 2019 年 12 月 11 日，全省 66 个贫困县均有 1 所二级及以上县级公立医院，共有 1079 个乡镇卫生院，66 个贫困县及 22 个非贫困县的贫困村共有 15019 个村卫生室、21553 名合格村医。县、乡、村三级医疗机构建设、人员和能力均达到国家"基本医疗有保障工作标准"。

（二）创新高层次人才培养模式

一是"黔医人才计划"。借力东部优质医疗资源，自 2016 年启动实施以来已为全省培养了 230 名高层次临床医学和管理人才。培养学员积极运用所学先进理念、技术方法，开展新技术、新项目 340 余项。2019 年新一轮"黔医人才计划"启动实施，计划用 3 年时间为全省培养技术和管理骨干 300 名。"黔医人才计划"成为贵州省卫生健康系统历史上规模最大、规格最高、周期最长、成效最大的培训计划，也是国家卫生健康委对贵州省健康扶贫、人才扶贫、推动贵州医疗卫生事业跨越式发展的创新举措。二是"医疗卫生援黔专家团"。2016 年组建以来汇聚院士专家全面开展智力援黔、人才援黔、学科援黔、技术援黔。截至 2019 年，入团院士达 55 人，入团核心专家达 1305 人，38 名院士在贵州建立 44 个院士工作站（室），帮扶全省医疗卫生机构 87 家，实现对省级医院、市级综合医院帮扶的全覆盖。王辰院士的"协和班"、钟南山院士的"南山班"为全省医疗人才培养提供了优质高效资源。援黔专家帮扶医院开展培训，支援医院接受业务骨干学习培训，3 年来共计培训近 30 万人次，开展手术示教共计 2.4 万余台次。2017～2019 年，连续 3 年开展了"医疗卫生援黔专家团"走进市州系列活动，在"医疗卫生援黔专家团"院士专家的辐射带动和大力支持下，全省医疗卫生机构临床研究、学科建设、疑难重症诊治等各方面能力和水平均得到明显提升。

（三）全面推广"组团式"帮扶模式

浙江大学医学院附属第二医院大力帮扶台江县人民医院，探索创新"组团式"帮扶模式，成为全省东西部扶贫协作援黔医疗卫生对口帮扶的成功范例，并在全省大力推广。贵州省委、省政府高度重视教育医疗"组团式"帮扶，出台相关支撑文件及召开"全省深化教育医疗'组团式'帮扶工作推进会"，将医疗卫生"组团式"帮扶内涵贯彻到底。经过全力组织推进，2019 年，全省 66 个贫困县综合医院、中医院共计 109 家医疗机构均按

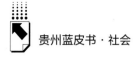
"组团式"帮扶模式开展帮扶工作。截至 2019 年第 3 季度，先后共有 2668 名援黔专家到全省开展"组团式"驻点帮扶，其中，2019 年前 3 季度，在受援医院担任院长或副院长的有 119 人，担任护理部主任、学科带头人的有 481 人。

（四）创新远程医疗"贵州模式"

2016 年以来，全省运用大数据优势，围绕"一网络、一平台、一枢纽"技术构架，建、管、用并举，整体推进远程医疗服务体系建设和应用，促使优质医疗资源下沉。2018 年率先在全国建成覆盖省、市、县、乡四级公立医疗卫生机构的远程医疗服务体系，建成国内最大的远程医疗专网。在全国率先出台远程医疗管理办法及实施细则，率先制定远程医疗责任认定办法、绩效分配比例和对口帮扶驻点时间计算办法；率先将远程医疗按常规医疗服务纳入医保报销范围。2019 年，进一步完善远程医疗服务体系，推进远程医疗"一提升两延伸三统一"，同时推动远程医疗向村卫生室和公立医院科室延伸。2019 年 1 ~ 11 月，远程医疗服务总量 59.92 万例（其中，远程会诊 2.62 万例，远程影像诊断 35.66 万例，心电诊断 21.64 万例），较 2018 年同期增长 171.13%。远程医疗体系应用效果日益显现，切实减轻了群众看病就医负担。

（五）推行家庭医生签约服务

2016 年，省医改办、省卫计委等 7 个部门联合印发《贵州省推进家庭医生签约服务的实施意见》，建立家庭医生签约服务新机制，为城乡居民提供签约式公共卫生和基本医疗服务。2017 ~ 2019 年，先后下发了全省家庭医生签约方案、贫困人口签约意见和方案、做好残疾人签约服务的通知等配套政策，明确服务对象、服务内容和经费保障，将家庭医生绩效考核纳入基本公共卫生考核范畴，大力推行家庭医生签约服务新模式。截至 2018 年，全省已组建家庭医生团队数 8449 个，常住人口家庭医生签约率 45.58%，0 ~ 6 岁儿童签约率 54.22%，65 岁及以上常住居民签约率 62.24%，孕产妇签约率 59.36%，在管高血压患者签约率 75.51%，2 型糖尿病患者签约率 75.72%，城乡低保五保人口签约率 75.60%，目前各项指标值已大幅提升并持续提高。

三 卫生与健康科技创新存在的问题

"十三五"期间，贵州卫生健康科技创新发展不断取得新成效，但是全省卫生健康科技创新能力与"健康贵州""科技强省"的建设目标相比差距仍然较大，科技创新基础薄弱、创新能力不足、创新水平有限的局面仍未根本性扭转，普遍存在不充分、不平衡发展的矛盾。

（一）完善的卫生健康科技创新体系尚未建立

全省卫生健康科技体系建设基础薄弱，医产学研各自为战，研究同质化、实用性不强、重复投入等问题较为突出。全省科技创新水平分化极大，贵州医科大学及附属医院、遵义医科大学及附属医院、贵州省人民医院几家为科研主力，其他层次和层级的医疗卫生机构科研实力较弱，未形成有效的带动机制。科技创新水平与省外相比较低，创新链与产业链脱节，医教研企协同融合发展滞后，高层次、高水平、高质量的科研成果有待进一步提升。

（二）卫生健康科创保障机制不健全

全省卫生健康科技创新总体投入不足，卫生健康领域研究项目和经费尚存在创新与需求结合不紧、项目布局不合理等问题，资金投入力度有待进一步加强。卫生健康领域行业特点突出，临床试验周期较长，医学创新研究涉及的伦理学问题较多，创新投入高，失败风险大，尤其是原始创新的理论和技术突破，需要给予连续稳定的政策与投入支持。

（三）科研成果转化和推广应用程度不高

全省具有转化价值的科技成果不多、比例不高，成果转化率整体偏低，科技成果转化能力普遍较弱。科技成果与产业应用脱节的问题尚未得到有效解决，科技成果转化平台的数量和质量均需提升。目前，国家、省科技计划项目从立项至结项期限多为3~5年，不利于需较长周期的临床医学研究项目实施，临床医学研究在基础性、长期性、应急性等方面的重大需求亟待解决。同时，科研成果的临床应用偏少，国家在临床医学研究科研成果转化和应用上缺乏专门的项目支持。

（四）医学学科建设水平相对较低

现行医学教育体系仍以基础医学和临床学科为主，医疗装备工程、智慧医疗等新兴交叉学科建设滞后，难以满足卫生健康科技事业发展需求。目前，全省医学教育体系学科专业性较为突出、学科发展较为单一。由于医学学科门类庞杂，下属二级、三级学科较多，国家对医学学科采取特殊政策，学科建设基本上都是立足于三级及以下学科展开，整体层次有待提高。

（五）临床重点专科优势不足

学科带头人在提升科室业务水平、培养后继人才等方面的作用发挥不足；临床救治水平不均衡，制约了专科综合实力的提升；医教协同发展未能形成合力，创新技术和人才产出不足；资源整合力度不够，对专科综合实力提升贡献较少。

（六）高层次科技创新人才短缺

全省卫生人才总量不足，公共卫生人才缺口较大的形势依然严峻，难以满足人民群众的基本卫生需求。卫生健康领域交叉型、复合型创新人才和高层次学科带头人偏少，在全国有影响的顶尖专家和高层次领军人才更是缺乏，对充分发挥人才对卫生与健康科技创新的先导引领和核心驱动作用不明显。

四　促进全省卫生与健康科技创新发展的对策措施

"十四五"时期是我国由全面建成小康社会向基本实现社会主义现代化迈进的关键转折时期，又逢新冠肺炎疫情防控常态化特殊背景下全球"百年未见之大变局"，卫生健康工作处于承前启后、创新发展的新阶段，科技创新面临诸多机遇和挑战。贵州在卫生与健康科技创新的某些领域已跻身国内先进行列，但在重大慢病、新发传染病防治、精准医学、干细胞与再生医学、合成生物学等重点方向，迫切需要科技创新的新突破，为卫生健康高质量高水平发展、提高全民健康水平、打造"健康贵州"提供有力支撑。

（一）建设国家健康医疗大数据西部中心

利用贵州独特的"中国数谷"优势，充分利用现有大数据成果，建设互联网＋医疗健康支撑平台，打造互联网＋医疗健康支撑体系，加快全省医疗健康数据汇聚、融通和共享，推进卫生健康行业治理、健康医疗临床和科研、公共卫生等大数据应用。"互联网＋医疗健康"服务建设和应用力争达到全国领先水平，并为全国医疗卫生综合改革创新示范探索新的道路。

（二）大力促进卫生健康科学研究

1. 加强卫生健康应用基础研究

着力环境与健康相关基础研究、卫生健康相关的社会学机制研究、疾病防控研究、公共卫生应急机制研究等，挖掘贵州省地方特色的致病因子分析。研究自然环境中相关因素的生物效应及其与疾病发生发展的关系，建立环境相关疾病的预警体系，从细胞、蛋白质、基因水平的角度研究环境污染物与机体的相互作用，进一步解释发病原因和环境因素的致病机制的关系，探索人群易感性的差异。关注卫生健康与社会发展、社会环境、社会地理、社会行为等方面的关联性，基于流行病学、社会医学等学科理论和实践，从社会学层面对疾病形成、社会群体健康与社会因素之间的关联性进行深入研究；重点加强贵州省慢性非传染性疾病防控研究，肺结核、病毒性肝炎、手足口病、流行性感冒等常见传染性疾病研究，碘缺乏、地方性氟（砷）中毒等地方病防治研究，充分挖掘疾病防控的医学社会学机制和地方特点，提升全省疾病防控能力和水平。针对公共安全卫生应急事件，要建立合力突发管理机制，建立战略层面、策略层面和操作层面的管理机制模型，加强突发公共卫生事件的预警和监测。

2. 大力推进医学科学研究

围绕贵州省重大疾病防治需求和健康产业发展需求，加强医学科学前沿基础研究、临床研究和关键技术研发。组织医疗机构和医药企业积极申报"重大新药创制""重大传染病防治""精准医学研究""重大科技专项""健康保障工程"等国家重点研发计划项目、国家自然科学基金和省级科研计划，在"慢性病、恶性肿瘤、基因与生物工程"等领域开展研究与技术攻关。改革省卫生健康科研课题计划内容与管理方式，培养医务人员科研能力。把科研项目、科技成果、科技投入等指标纳入大型医疗机构绩效考核。"十四五"期间，力争获批国家自然科学基金项目 700 项以上，其中面上项目或重点项目 5 项以上，国家自然科学奖（或科技进步奖、技术发明奖）2项，国际专利 1 项以上。

3. 推动前沿科学技术创新

促进多学科诊疗（MDT）发展。引入多学科诊疗（MDT）概念解决具体医疗问题。以建立"多学科综合门诊"或 MDT 制度化等模式进行具体医疗问题的解决，根据明确的定位、细致的分工满足患者就医要求，缩短患者等待时间，提高诊疗效率，使患者获得最大程度规范化、个体化治疗。同时利用 MDT 模式充分促进医院的学科发展，提高疾病诊治能力和学术科研能力，促进多学科交流，打造多学科交叉的有力医疗团队。

推进精准医学、人工智能等技术创新。重点推动精准医学和生命组学、新型检测与成像、疾病早期预警预测、健康大数据和医学人工智能、生物治疗、微创/无创治疗、生物安全等前沿及共性技术研发，发展一批先进临床诊治关键技术，提升全省医学前沿领域原创水平，加快前沿技术创新及应用转化。

4. 加强科技创新平台建设

推进医药科技资源整合和优势聚集，加强创新平台建设，支撑服务科学研究。一是充分发挥和整合现有各级各类科研平台的支撑作用。利用合作协议、共建共享等方式将现有科研平台真正高效运转起来。二是继续积极申报高质量高水平的科研平台。支持贵州省人民医院、贵州医科大学附属医院、遵义医科大学附属医院等科研实力和医疗技术水平领先的医院优势组合共同申报国家癌症区域医疗中心、国家创伤区域医疗中心、国家口腔区域医疗中心等创建工作。支持贵州医科大学附属医院开展创伤救治综合能力建设提升项目，支持遵义医科大学附属医院承担国家省级临床重点专科——终末期肝病的综合防治项目，进行区域医疗中心布局的多中心建设。三是以省医"群医学"为主导，打造学科群，以学科建设促进卫生健康科技创新。支持遵义医科大学附院的 3 个学科群发展；针对医疗、临床研究的科研投入，重点支持临床研究工作，加大医学科研的投入，促进省级医学平台和医学研究中心建设。

（三）加强卫生健康学科建设

1. 构建现代化公共卫生与疾病预防控制学科体系

打造"公共卫生与预防医学"一流学科。以服务贵州省重大公共卫生需求为导向，明确贵州省公共卫生重点学科建设目标，以病原微生物与生物安全、流行病学、传染病学、地方病学、环境与职业卫生学、灾难医学与卫生应急管理、大数据与人工智能应用、健康教育与健康传播、心理和精神卫生、少儿卫生和妇幼卫生学、寄生虫病与病媒控制等为重点，打造"公共卫生与预防医学"一流学科。

增强学科技术支撑。构建统一质控、资源联动、信息共享的疾病预防控制体系实验室检测网络，构建快速高通量、高灵敏度、多技术集成的病原微生物检测平台体系和化学品毒性检测与健康风险评估平台体系，加快建成省部级公共卫生重点实验室。到 2025 年，建成标准化 P3 实验室、生物样本库和菌毒种基因库、代谢组学和基因组学等重大产业技术基础实验室，地级市至少建成1个达到生物安全二级（P2）水平的实验室，具备传染病病原体、健康危害因素和国家卫生标准实施所需的检验检测能力，形成具有西南区域医学检验中心实验室平台能力的病原综合检测和化学物毒性健康安全评价平台体系。

2. 打造高质量临床重点专科体系

在前期临床医学专科能力建设基础上，遴选管理水平高、基础设施好、服务能力强、医疗技术先进的医院为骨干单位，构建本省临床重点专科体系。以国内特色专科为主体，打造国内一流的专科高地，积极争取国家医学中心、国家区域医疗中心和国家级临床重点专科。鼓励学科融合，建立以疾病为中心的专病专科临床诊疗中心，提升学科综合实力；以重点亚专科和新兴、交叉专科为基础，培育新的专科增长点。支持贵州医科大学附属医院临床医学研究中心申报建设"贵州省临床医学研究中心"和"国家临床医学研究中心"分中心；支持贵州省人民医院、贵州医科大学附属医院、遵义医科大学附属医院建成国家区域医疗中心，贵州中医药大学第一附属医院建成国家区域中医（专科）诊疗中心，贵州中医药大学第二附属医院建成国家区域中西医结合诊疗中心。

3. 推进医联体与专科联盟建设

全面推进各级医联体建设。所有二级公立医院和政府办基层医疗卫生机构全部参与医联体；建立不同级别、不同类别医疗机构之间目标明确、权责清晰、公平有效的分工协作机制，医联体真正成为服务、责任、利益、管理共同体，实现区域内医疗资源有效共享，促进医联体内部优质医疗资源上下贯通，基层服务能力进一步提升。到2025年，紧密型县域医联体覆盖率达100%。

促进城市医疗集团和专科联盟建设。在设区的市级以上城市，由三级公立医院或者业务能力较强的医院牵头，联合社区卫生服务机构、护理院、专业康复机构等，形成资源共享、分工协作的管理模式。每个地州组建1~2个城市医疗集团，根据不同区域医疗机构优势专科资源，以专科协作为纽带，跨区域组建若干特色专科联盟，形成补位发展模式，重点提升重大疾病救治能力。专科联盟要涵盖影响健康的主要疾病，专科联盟总数达到 25 个以上。

4. 大力发展紧缺专科

倾斜发展紧缺专科。针对紧缺的儿科、康复、老年医学、产科、麻醉、精神卫生等专科，加大投入和扶持力度用于其人才培养、技术创新、设备更新、管理能力提升等，逐步缓解医疗服务供需矛盾。持续支持重点专科发展。对服务本省重大公共卫生的院前急救、传染病、妇幼保健、眼病防治、口腔病防治等重点专科发展予以政策支持，提升本省公共卫生服务和保障能力。加快中医治未病养生体系建设。实施中医治未病健康工程，加强各级各类中医治未病科室建设，提供规范的中医治未病服务。到 2025 年，2/3 的县级医院和 2/5 的县级中医院分别达到国家"三级医院"和"三级中医院"服务能力要求；所有二级以上中医院设立"治未病"科，所有社区卫生服务机构、乡镇卫生院、50% 的村卫生室开展中医健康干预服务。

5. 重点打造"群医学"体系

以"群医学"现场建设及医疗健康一体化建设模式研究项目所在地——"贵州省人民医院"为龙头，以贵州省呼吸疾病、泌尿系结石、甲状腺疾病、结核病、流感等群医学建设为中心，逐步拓展"群医学"建设主体及范围，紧紧围绕贵州高发疾病的病因分析，促进群体健康，建立医学健康一体化管理和服务模式，促进"群医学"发展。

（四）强化卫生健康科技创新人才培养

1. 加强卫生人才培训培养，提升服务能力水平

一是继续实施新一轮"黔医人才计划"，每年培养骨干人才 100 人；二是继续实施全科医师培训培养计划，每年培训培养全科医生 300 名、助理全科医生 400 名。三是继续大力开展住院医师规范化培训，每年培训 1700 人。四是充分利用省内高校"协和班""卓越中医师班""南山班"优质教育资源，培养一批创新意识好、科技素养高、业务能力强的高水平卫生健康人

才。五是加强医教协同，优化完善高校及其他医科院校教育，加强医疗卫生学科建设，优化学科布局，支持省内医科学校增设专业，扩大培养规模，引导有序就业。六是继续组织实施基层卫生人才能力线上线下培训，完成基层卫生技术人员全科医生转岗培训工作，抓好中医药传承人才、创新人才、急需紧缺人才培养。

2. 加大卫生人才引进力度，缓解结构化需求矛盾

一是加大高层次人才引进力度。依托贵州人才博览会、"校省合作"知名高校专场招聘会等平台积极引进高层次人才。二是继续开展"医疗卫生援黔专家团"，多举措全面引入高端医学人才及领军人才。三是继续实施引进退休高级医师"银龄计划"，每年引进退休高级人才300人。四是以城市医疗集团与专科联盟建设为契机，柔性引进一批国家级医疗卫生专家人才。

3. 优化人才结构，形成均衡发展的卫生健康人才队伍

一是鼓励支持在编在岗人员通过学历提升、进修等形式提升专业技术水平。二是增加县、乡医疗卫生专业技术人员中高级岗位结构比例，乡镇和社区医疗卫生机构从业的医疗卫生高级专业技术人员不受岗位职数限制，实行即评即聘。三是建立省健康科学院，整合省卫生健康委目前分散的医学、公共卫生科研单位，加强区域性疾病研究、区域重大科技攻关、大健康产业科技成果转化应用，形成专业化、高水平的科技平台支撑体系和大健康领域高端创新平台，培养顶尖人才，带活学科领域建设，创出贵州模板。

4. 完善卫生健康人才使用、评价、激励与服务机制

一是构建卫生健康人才分类评价机制，推动全省卫生人才分类评价与激励。二是建立以医疗服务数量和质量为导向的基层医疗卫生技术人员职称评价机制。三是切实推进和规范多点执业，促进医疗资源共享。四是探索落实基层医疗卫生机构用人自主权，按需用编，自主招聘；对到艰苦偏远地区工作的高层次人才、急需紧缺人才和取得相应执业资格的医务人员，按照国家和省人事管理制度规定，可简化考试程序或考核聘用。五是探索与高校和科研院所"人员双聘"机制，合作共建平台，加强人才联合培养和重大项目联合攻关，推进科技创新成果转化应用。六是逐步探索推行公立医院院长聘

任制，争取党委、政府支持，组织、编制、人社部门协同配合，加强卫生管理人才选拔和使用，促进卫生管理人才和专业技术人才队伍并行发展、有序流动，实现专业人员管理专业事务。

5. 探索更具行业特点的人才管理制度

根据卫生健康的行业特点，探索更加高效更加有利于人才培养的投入制度、薪酬制度及职称晋升制度等。一是各级财政在国家投入基础上，按照不低于同级财政总收入的增幅水平，逐年增加卫生健康特别是基层卫生、公共卫生事业投入，改善疾病预防控制基础条件，完善基层卫生、公共卫生服务项目。二是按照"县聘院编乡管村用"的原则，探索将符合条件的乡村医生纳入县域医共体编制备案制管理，落实乡村医生身份，鼓励符合条件的乡村医生参加企业职工养老保险；建设基层医务工作者乐业工程项目，探索为全省乡村已获得执业资格并纳入县域医共体编制（备案制管理）的在岗医务工作人员在县城提供"岗位性公房"，保障家属安居县城，本人安心基层、乐业基层。三是公共卫生岗位及其薪酬体系特别设置。现有省、市、县各级疾控中心技术岗位人员，纳入同级人民医院城市医疗集团人员管理，确保疾控中心专业技术人员总体收入水平不低于同级公务员。

6. 优化人才开发环境，助力人才打造

一是加强医学科研基地建设，打造一批有影响力的国家级、省部级重点学科、重点实验室和工程研究中心，为医学杰出骨干人才开展工作创建平台。二是加大对医学杰出骨干人才的培养、资助和表彰奖励力度，在课题申报、科研经费、出国培训和学术交流等方面给予支持。三是做好国家21世纪百千万人才工程、国家卫生健康突出贡献中青年专家选拔推荐工作。四是支持高等院校、科研院所和医院开展"联合培养"，根据卫健科技创新需求和发展需要，调整优化专业结构，完善课程体系，改革人才培养模式，加快高层次专门人才培养。五是建立人才成长激励的长效机制。制定吸引人才的优惠政策，加快科技创新人才引进步伐，吸引高素质的创新型人才。充分利用东部优质资源培训本土人才，全面推动卫生健康创新型人才队伍建设。

（五）促进对外交流与合作

1. 构建国际国内卫生健康科技创新合作网络

一是加强与"一带一路"沿线国家的国际交流合作，助推卫生健康事业的国际化进程。支持卫生健康系统党政领导因公短期临时出国访问，组织系统卫生专业技术精英赴海外顶级医学教学、科研、临床机构开展中长期专业技术培训，培育高端领军人才。按国家和省的部署做好相关援外医疗工作。二是将医学科技合作和共同创新作为"一带一路"建设重要的联系纽带和驱动力，通过与沿线国家共建实验室或研究机构、联合举办国际会议，重点加强在传染病防控、资源可持续利用、中医药传播以及临床诊疗服务等方面的务实合作，共同促进发展中国家人民健康。三是积极参与世界卫生组织、世界银行、联合国粮农组织、比尔及梅琳达·盖茨基金会等国际组织及全球基金会在卫生与健康领域的国际合作和重大科研项目，与全球共享医学科技发展的经验、信息、知识以及各种研究资源，提升贵州省医学科技创新能力，共享全球健康科技福祉。

2. 持续推进东西协作，深化省际交流

一是拓宽对口援建渠道，聚焦卫生健康事业发展定位、目标及经济社会发展需求，强化东西部扶贫协作，深化省际交流。二是利用东部优质医疗培训资源，举办"山海相连·医路黔行"系列培训班，组织卫生健康系统相关医疗机构党政、专家和技术骨干赴东部优质医疗机构开展短期培训学习，邀请东部知名专家来黔授课交流。三是在省内高校"协和班""卓越中医师班""南山班"优质医疗教育资源的基础之上，加强与东部高校的精诚合作，切实争取更多优质教育资源，全面提升贵州省学科建设和人才培养水平。四是搭建卫生健康开放合作新平台，通过平台吸引和汇聚一批国内外优秀科研院所、医疗机构和高层次人才，推进重点学科、重点实验室等科研合作平台建设，促进合作项目提质增效，更加贴合大健康理念，更契合人民群众健康需求。

（六）推进科技创新成果转化

协同创新体系建设。围绕国家、省重大战略需求和科学前沿，加强产学研合作，拓展医学院校与政府部门、企事业单位的合作渠道，构建学校与科研院所、研究型医院、企业之间紧密结合的产学研战略联盟创新合作机制，有效促进教育链、人才链与产业链、创新链有机衔接。加强基础与临床转化研究的协同创新体系建设，致力开发具有自主知识产权的创新药物，扎实推进科技成果转化，力争实现科技成果转化率逐年提高。

搭建成果转化平台。制定实施重大科技成果奖励制度，充分发挥科技奖励在促进科技成果资本化、产业化中的激励与导向作用。建设"贵州省卫生与健康科技创新研发与推广中心"，将其作为卫生与健康科技成果转移转化和适宜技术推广应用信息平台，加强科技成果转化服务工作，整合现有高等院校、科研单位等创新成果和需求信息，以市场化手段，结合建立健全科技成果转化、知识产权保护等方面的政策法规和制定相关行业标准，促进推动科技成果转化。通过产学研展洽会等多种形式，加强国内外先进科技成果转化对接，解决关键技术难题。根据全省规划方向，抓紧提出本地区本行业应用推广一批、示范试验一批、集中攻关一批的重点项目，将其作为省卫健委科技创新示范工程，加快成果转化和市场应用。

（七）完善科技创新体系，优化科技管理体制

系统布局高水平创新基地平台和重大项目工程。推进基于大数据的卫健创新体系建设，积极争取国家级企业技术中心、工程（技术）研究中心、重点实验室和检验检测中心、院士工作站等创新平台的建设认定工作。积极争取国家级卫健科技创新项目，对国家级检验检测中心建设项目给予专项资金支持和奖励。加强卫生与科技创新有机结合与协调共进，从省级层面布局一批特色鲜明的省部共建重点实验室和工程技术中心；加强各类科研基础性与支撑性项目研究，推进三级生物安全实验室与菌（毒）种保藏中心等建设。挖掘本省特色，结合本省实际情况，组织实施一批重大专项，聚焦地方

病、传染病、重大慢病、生殖健康、信息化预报预警系统等方向，组织实施一批重大研发计划项目。成立"'贵州省卫生健康发展规划咨询专家库'科技创新咨询分库"，为科技创新重大决策、重大事项等提供咨询论证和技术支持，建设一批卫生与健康科技创新高端智库，为卫生与健康科技创新提供智力支持。全面梳理卫健、科技、教育、人社等相关职能部门科技管理制度，集中协调和解决现存矛盾与问题，逐步推进科技管理相关体制和机制改革，扫清不利于科技发展、科研成果转化、人员晋升等的障碍，积极推进全省形成统一、合理、适用、高效的科技管理体系，充分激发科研主体的积极性和主动性，多出高质量成果，充分发挥科技创新在全省卫生健康事业发展中的引领和推进作用。

参考文献

《习近平十大金句告诉你科技创新的重要性》，中国网，http：//www. china. com. cn/guoqing/xijinping/2019－01/08/content_ 74352555. htm，最后检索时间：2019 年 1 月 8 日。

《加快科技创新——习近平总书记在科学家座谈会上的重要讲话指引科技发展方向》，新华网客户端，https：//baijiahao. baidu. com/s？id = 1677637231870259225&wfr = spider&for = pc，最后检索时间：2020 年 9 月 12 日。

B.10
贵州农村留守儿童与非留守儿童
多重伤害对比研究[*]

——基于贵州1681名初中生的调查

屈 佳[**]

摘 要： 为了解农村留守儿童和非留守儿童过去一年里遭受一般侵害、忽视与虐待、来自同伴或兄弟姐妹的侵害、目睹暴力等单一类型被害以及多重伤害的情况，本文采用多阶段分层整群抽样设计，对贵州省10所中学的1681名农村儿童（包括676名农村留守儿童和1005名农村非留守儿童）进行问卷调查，发现与农村非留守儿童相比，农村留守儿童过去一年里遭受了更多的一般侵害、来自同伴或兄弟姐妹的侵害、目睹暴力。此外，农村留守儿童过去一年里多重伤害的发生率也显著高于农村非留守儿童，但是两组人群在遭受忽视与虐待上不存在显著差异。可见，农村儿童多重伤害问题较为严重，其中的留守儿童遭受多重伤害的风险显著高于非留守儿童，应当引起重视，采取有效措施预防和减少多重伤害的发生，保护儿童健康成长。

关键词： 留守儿童 留守状况 多重伤害

---

* 本文系贵州省社会科学界联合会理论创新课题"贵州农村留守儿童多重伤害现状调查及预防体系构建研究"（项目编号为GZLCLH–2019–011）的阶段性研究成果。
** 屈佳，贵州财经大学公共管理学院副教授，博士，硕士研究生导师，研究方向为犯罪学、青少年社会工作。

一 问题的提出

农村留守儿童作为社会转型过程中新出现的弱势群体，长期与父母分离，缺少有效的监护照料、心理关怀、安全防护指导，容易被犯罪人视为合适的犯罪目标，进而遭受各类犯罪的侵害。近年来，有关农村留守儿童遭受各类犯罪侵害的报道不时见诸各大新闻媒体，引起社会各界的广泛关注。例如，2013 年江西一教师猥亵 7 名女童，被害人均是留守儿童；2015 年宁夏灵武一幼儿园教师性侵 12 名女童，其中 11 名为留守儿童。由于诸多因素，该群体的被害情况难以全部被公开报道和统计，被媒体曝光的案件可能只是冰山一角。由于被害倾向于聚集出现，遭受某一特定类型被害的儿童往往同时遭受了其他类型的被害，农村留守儿童极有可能是多重伤害（poly-victimization）的高风险人群，加之其应对能力弱，可获取的社会支持有限，遭受多重伤害会对其生命安全、生活质量和身体健康造成极大的负面影响。因此，对农村留守儿童多重伤害问题进行深入系统的研究，探寻有效的预防策略，对于保护其健康成长具有非常重要的意义。但遗憾的是，现有针对农村留守儿童的研究大多仅关注性侵害①、校园欺凌②③④、

① 郭开元、张晓冰：《我国农村留守儿童权益保护及对策研究》，《中国青年社会科学》2018年第 4 期，第 79 ~ 84 页。

② 唐冬纯、蔡伟聪、李丽萍：《广州留守与非留守儿童校园受欺凌情况及其影响因素》，《中国学校卫生》2018 年第 7 期，第 1050 ~ 1053 页。

③ Zhang Huiping, Zhou Huazhen, Cao Ruixin, "Bullying Victimization Among Left-Behind Children in Rural China: Prevalence and Associated Risk Factors," *Journal of Interpersonal Violence*, 2019: 1 – 17.

④ Li Yan et al., "Bullying Victimization and Child Sexual Abuse among Left-behind and Non-left-behind Children in China," *PeerJ*, 2018: 1 – 15.

虐待与忽视①②③、一般侵害④等某一特定类型的被害，缺乏对不同类型的被害倾向于同时出现或是重叠出现的深入探讨，无法完整地呈现出农村留守儿童遭受各类犯罪侵害的全貌。为此，笔者于 2019 年 11 月至 12 月采用多阶段分层整群抽样设计，对贵州省 10 所中学的 1681 名农村儿童（包括 676 名农村留守儿童和 1005 名农村非留守儿童）进行问卷调查，旨在全面了解农村留守儿童和农村非留守儿童过去 1 年里遭受一般侵害、忽视与虐待、来自同伴或兄弟姐妹的侵害、目睹暴力以及多重伤害的具体情况，考察农村留守儿童是否比农村非留守儿童遭受了更多的被害、发生多重伤害的风险更高，并提出预防被害及多重伤害的对策建议。

二 研究设计与实施

（一）数据收集与样本特征

采用多阶段分层整群抽样设计，综合考虑地域、经济等因素后，从贵州省现有的 6 个地级市、3 个自治州中抽取了贵阳市、黔南布依族苗族自治州作为调查地点。根据从当地教育部门提供的中学名单，从每个地州市抽取 5 所初级中学，共有 10 所初级中学参与此次调查，其中既有城市中学，也有乡镇中学。每所学校每个年级随机抽取两个班级，班级人数从 36 人到 52 人不等，邀请班级内所有学生参与此次问卷调查。

① 程培霞、达朝锦、曹枫林、历萍、封丹珺、蒋陈君：《农村留守与非留守儿童心理虐待与忽视及情绪和行为问题对比研究》，《中国临床心理学杂志》2010 年第 2 期，第 250~251、253 页。
② 王鑫强、霍俊妤、张大均、刘培杰：《农村留守与非留守儿童的心理健康、虐待经历比较及其关系研究——基于二维四象心理健康结构的分析与对策建议》，《中国特殊教育》2018 年第 1 期，第 58~64 页。
③ 韩芳、秦明芳、马春明、潘建平、焦锋：《403 名农村小学 9~11 岁学生忽视情况调查分析》，《中国儿童保健杂志》2015 年第 3 期，第 292~294 页。
④ Chen X. J., Liang N., Ostertag S. F., "Victimization of Children Left Behind in Rural China," *Journal of Research in Crime & Delinquency*, 2017, 54 (4): 515–543.

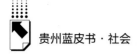

（二）调查问卷的设计

通过对现有文献进行全面的梳理和分析，参考相关调查问卷，结合调查对象的特点，编制了调查问卷。问卷包括两大部分：第一部分主要收集性别、民族、出生年月、户口类型、家庭经济状况、留守状况、学习成绩等基本信息；第二部分主要收集心理和行为问题的发生情况，例如，越轨行为、被害经历。被害经历的测量采用 Finkelhor、Hamby、Ormrod 和 Turner 编制的《青少年被害量表（JVQ）》。该量表是测量儿童被害最全面的工具，在美国等西方国家[1]以及中国[2]都得到广泛的应用，经证实其具有良好的预测效度和信度。内容包括一般侵害、忽视与虐待、来自同伴或兄弟姐妹的侵害等 5 个模块共 34 个条目，每个条目都涉及一种类型的被害，要求受访者回答过去 1 年里该条目所描述的事件是否发生[3]，答案包括"是"和"否"。结合中国的国情，对问卷进行简单的修订，删去"是否看见或听到有人被刺杀、炸弹爆炸或者街头暴动""是否处在战争中，听到用枪或炸弹打仗"两个条目，并将问题的答案修订为"从未有过""1~2 次""3~4 次""5~7 次""8 次及以上"。总量表的科隆巴赫系数为 0.872，5 个模块的科隆巴赫系数分别为 0.778、0.684、0.720、0.830、0.667，表明量表的内部一致性较好。将受访者在 32 个问题的回答重新编码为"从未有过"和"有过"，分别赋值为 0 和 1，然后将受访者在所有问题上的得分进行加总，得到受访者遭受被害类型的总数。按照以往研究的界定方式[4][5]，将经历 5 种

① Finkelhor D., Hamby S. L., Ormrod R., et al., "The Juvenile Victimization Questionnaire: Reliability, Validity, and National Norms," *Child Abuse & Neglect*, 2005, 29 (4): 383-412.

② Chan K. L., "Victimization and Poly-victimization among School-aged Chinese Adolescents: Prevalence and Associations with Health," *Preventive Medicine*, 2013, 56: 207-210.

③ 刘佳佳、曹枫林、陈倩倩等：《遭受多重侵害儿童的执行功能》，《中国心理卫生杂志》2012 年第 3 期，第 215~219 页。

④ Dong F., Cao F., Cheng P., et al., "Prevalence and Associated Factors of Poly-victimization in Chinese Adolescents.", *Scandinavian Journal of Psychology*, 2013, 54 (5): 415-422.

⑤ Finkelhor D., Ormrod R., Turner H., et al., "Pathways to Poly-victimization", *Child Maltreat*, 2009, 14 (4): 316-329.

及以上类型被害的受访者界定为多重伤害者。

在获得教育部门和学校的批准后，调查人员在上课时间进入教室，向调查对象详细解释此次问卷调查的目的和问卷填写方式，并告知是自愿作答，匿名填写，信息保密。由调查人员负责当场发放问卷，对受访者在答题过程中遇到的问题进行解答，问卷填写完成后当场收回，整个调查过程学校老师和管理人员被要求回避。此次调查共发放问卷 2533 份，其中 13 人拒绝参加，现场回收问卷 2520 份，剔除无效问卷 22 份，最终有效问卷 2498 份，有效问卷率为 98.6%。样本中：男性占 47.6%（N = 1188），女性占 47.6%（N = 1189），另有 121 人该项信息缺失；汉族占 43.4%（N = 1083），少数民族占 55.8%（N = 1395），另有 20 人该项信息缺失；平均年龄为 13.5 岁。排除城市儿童、从农村流动到城市的流动儿童、从一个城市流动到另一个城市的流动儿童，仅保留其中拥有农业户籍且居住在户籍地的儿童，最终的样本数为 1788，其中男性占 49.5%，女性占 50.5%，平均年龄为 13.5 岁。剔除分析时变量有缺失的样本后，共有 1681 名农村儿童进入本文分析，其中包括 676 名农村留守儿童和 1005 名农村非留守儿童。表 1 提供了样本的基本特征。

表 1　受访者的基本特征描述（N = 1681）

单位：人，%

变量		频数	百分比
性别	男	803	47.8
	女	799	47.5
	缺失值	79	4.7
年龄	12 岁及以下	261	15.5
	13 岁	552	32.8
	14 岁	475	28.3
	15 岁	297	17.7
	16 岁及以上	26	1.5
	缺失值	70	4.2

变量		频数	百分比
民族	汉族	437	26.0
	少数民族	1244	74.0
身份	农村留守儿童	676	40.2
	农村非留守儿童	1005	59.8

（三）统计分析

使用SPSS19.0软件进行统计分析，运用独立样本T检验和卡方检验来考察农村留守儿童与农村非留守儿童过去1年里在一般侵害、忽视与虐待、来自同伴或兄弟姐妹的侵害、目睹暴力以及多重伤害的发生情况上是否存在显著差异，以$p < 0.05$表示差异具有统计学意义。

三　分析结果

（一）农村留守儿童与农村非留守儿童遭受一般侵害的比较

与农村非留守儿童相比，过去1年里农村留守儿童遭受了更多的一般侵害，差异具有统计学意义（$p < 0.001$）。卡方检验结果显示：与农村非留守儿童相比，过去1年里农村留守儿童更可能经历被他人抢劫，被他人偷走东西并且没有还回来，被他人故意毁坏东西，被他人故意使用武器殴打，被他人徒手殴打，他人因为自己家庭背景差或身体有缺陷而打自己，但是两组儿童在被他人试图攻击但没有成功、他人想要绑架自己这两类被害经历的发生率上不存在显著差异。对于农村留守儿童来说，与农村非留守儿童一样，最常见的是被他人故意毁坏东西，其次是被他人偷走东西并且没有还回来，再次是被他人徒手殴打，发生率较低的是有人因为自己是少数民族、家庭背景差或身体有缺陷而打自己，有人想绑架自己（见表2）。

表 2 受访者过去 1 年里遭受一般侵害的情况

问题	类型	均值	标准差	从未有过（%）	有过（%）	T 检验
一般侵害（a = 0.778）	农村留守儿童	2.24	1.87			−5.242 ***
	农村非留守儿童	1.76	1.78			
（1）是否有人抢劫过你的东西？	农村留守儿童			82.5	17.5	8.588 **
	农村非留守儿童			87.7	12.3	
（2）是否有人偷走你的东西并且没有还回来？	农村留守儿童			42.2	57.8	22.783 ***
	农村非留守儿童			54.0	46.0	
（3）是否有人故意毁坏你的东西？	农村留守儿童			41.0	59.0	17.099 ***
	农村非留守儿童			51.2	48.8	
（4）是否有人故意使用武器（如棍棒、石头、刀子等）打你？	农村留守儿童			79.0	21.0	11.948 **
	农村非留守儿童			85.5	14.5	
（5）是否有人徒手（不使用武器）打你？	农村留守儿童			59.3	40.7	15.812 ***
	农村非留守儿童			68.8	31.2	
（6）是否有人试图攻击你但没有成功（有人救了你或你逃走了）？	农村留守儿童			80.8	19.2	0.468
	农村非留守儿童			82.1	17.9	
（7）是否有人想要绑架你？	农村留守儿童			97.0	3.0	0.043
	农村非留守儿童			97.2	2.8	
（8）是否有人因为你是少数民族、家庭背景差或身体有缺陷而打你？	农村留守儿童			94.7	5.3	8.532 **
	农村非留守儿童			97.4	2.6	

说明：＊p＜0.05；＊＊p＜0.01；＊＊＊p＜0.001。

（二）过去1年里忽视与虐待的发生情况

与农村非留守儿童相比，过去 1 年里农村留守儿童遭受了更多的忽视与虐待，但是差异不具有统计学意义（p＞0.05）。卡方检验结果显示：与农村非留守儿童相比，过去 1 年里农村留守儿童遭受监护人忽视，父亲（或母亲）为了不让自己跟母亲（或父亲）见面而限制自己自由的风险更高，但是两组儿童在被监护人打、踢或实施其他身体伤害以及因为监护人直呼自己的名字、说恶意的话或说不想要自己而感到害怕或难过这两类被害经历的发挥上不存在显著差异。对于农村留守儿童来说，与农村非留守儿童一样，最常见的是被监护人打、踢或实施其他身体伤害，其次是因为监护人直呼自己的名字、说恶意的话或说不想要自己而感到害怕或难过，发生率较低的是被监护人忽视，父亲（或母亲）为了不让自己跟母亲（或父亲）见面而限制自己的自由（见表3）。

表3　受访者过去1年里忽视与虐待的发生情况

问题	类型	均值	标准差	从未有过（%）	有过（%）	T检验
忽视与虐待（a = 0.684）	农村留守儿童	0.88	1.08			-0.833
	农村非留守儿童	0.84	1.00			
（1）监护人是否打你、踢你或实施其他身体伤害（不包括打屁股）？	农村留守儿童			66.1	33.9	0.892
	农村非留守儿童			63.9	36.1	
（2）你是否因为监护人直呼你的名字、说恶意的话或说不想要你而感到害怕或难过？	农村留守儿童			67.9	32.1	0.160
	农村非留守儿童			67.0	33.0	
（3）你被监护人忽视了吗？（被忽视是指监护人没有履行应尽的义务，例如，不给你足够的食物，生病时不带你去医院，或没给你安全的住所）	农村留守儿童			83.3	16.7	8.074 **
	农村非留守儿童			88.2	11.8	
（4）你的父亲（或母亲）是否为了不让你跟母亲（或父亲）见面而限制你的自由，把你藏起来？【父母离异的学生回答此题】	农村留守儿童			94.2	5.8	6.677 *
	农村非留守儿童			96.8	3.2	

说明：* p < 0.05；** p < 0.01；*** p < 0.001。

（三）过去1年里遭受来自同伴或兄弟姐妹的侵害的情况

与农村非留守儿童相比，过去1年里农村留守儿童遭受了更多来自同伴或兄弟姐妹的侵害，差异具有统计学意义（p < 0.001）。卡方检验结果显示：与农村非留守儿童相比，过去1年里农村留守儿童被同学拉帮结伙地打，被同学或兄弟姐妹打或踢自己的隐私部位，被同学或兄弟姐妹招惹自己，被同学或兄弟姐妹直呼自己的名字、说恶意的话或说不喜欢和自己一起玩而感到害怕或难过，被男（女）朋友或其他约会对象打的风险更高，但是两组儿童在被同学或兄弟姐妹非拉帮结伙地打这一被害经历的发生率上不存在显著差异。对于农村留守儿童来说，与农村非留守儿童一样，最常见的

是被同学或兄弟姐妹直呼自己的名字、说恶意的话或说不喜欢和自己一起玩而感到害怕或难过，其次是有同学或兄弟姐妹招惹自己，发生率最低的是被男（女）朋友或其他约会对象打（见表4）。

表4　受访者过去1年里遭受同伴或兄弟姐妹侵害的发生情况

问题	类型	均值	标准差	从未有过（%）	有过（%）	T检验
遭受同伴或兄弟姐妹侵害（a=0.720）	农村留守儿童	1.09	1.41			−4.127***
	农村非留守儿童	0.81	1.28			
（1）是否有同学拉帮结伙地打你？	农村留守儿童			81.8	18.2	8.044**
	农村非留守儿童			86.9	13.1	
（2）是否有同学或兄弟姐妹打你（非拉帮结伙）？	农村留守儿童			84.0	16.0	3.291
	农村非留守儿童			87.2	12.8	
（3）是否有同学或兄弟姐妹打或踢你的隐私部位？	农村留守儿童			82.4	17.6	11.468**
	农村非留守儿童			88.3	11.7	
（4）是否有同学或兄弟姐妹招惹你，如追赶你、抓你的头发和衣服，或逼你做你不愿意做的事？	农村留守儿童			78.1	21.9	4.522*
	农村非留守儿童			82.3	17.7	
（5）你是否因为同学或兄弟姐妹直呼你的名字、说恶意的话或说不喜欢和你一起玩而感到害怕或难过？	农村留守儿童			70.6	29.4	11.961**
	农村非留守儿童			78.0	22.0	
（6）你的男（女）朋友或其他约会对象是否打过你？	农村留守儿童			93.8	6.2	4.343*
	农村非留守儿童			96.0	4.0	

说明：*p<0.05；**p<0.01；***p<0.001。

（四）过去1年里目睹暴力的发生情况

与农村非留守儿童相比，过去1年里农村留守儿童目睹了更多的暴力，差异具有统计学意义（p<0.001）。卡方检验结果显示，与农村非留守儿童相比，过去1年里农村留守儿童遭受以下被害的风险更高：目睹他人被其他人用棍子、石头、枪、刀子或者其他能伤人的东西攻击；目睹他人被其他人徒手殴打；被人偷走了家里或宿舍里的东西。但是两组儿童在目睹父亲（母亲）打母亲（父亲）、目睹父母打自己的兄弟姐妹这两类被害经历上不

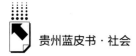

存在显著差异。对于农村留守儿童来说，与农村非留守儿童一样，最常见的是目睹他人被其他人徒手殴打（见表5）。发生率最低的是目睹他人被其他人用棍子、石头、枪、刀子或其它能伤人的东西攻击。

表5　受访者过去1年里目睹暴力的发生情况

问题	类型	均值	标准差	从未有过（%）	有过（%）	T检验
目睹暴力（a = 0.667）	农村留守儿童	1.75	1.56			− 3.764 ***
	农村非留守儿童	1.46	1.52			
（1）是否目睹父亲（母亲）打母亲（父亲）？	农村留守儿童			70.1	29.9	0.976
	农村非留守儿童			72.3	27.7	
（2）是否目睹父母打你的兄弟姐妹（非独生子女回答）？	农村留守儿童			67.6	32.4	1.648
	农村非留守儿童			70.5	29.5	
（3）是否目睹他人被其他人用棍子、石头、枪、刀子或者其他能伤人的东西攻击？	农村留守儿童			72.8	27.2	4.694 *
	农村非留守儿童			77.4	22.6	
（4）是否目睹他人被其他人徒手殴打？	农村留守儿童			57.8	42.2	5.419 *
	农村非留守儿童			63.5	36.5	
（5）是否有人偷走了你家里或你宿舍里的东西？	农村留守儿童			61.4	38.6	21.813 ***
	农村非留守儿童			72.2	27.8	

说明：* p < 0.05；** p < 0.01；*** p < 0.001。

（五）过去1年里多重伤害的发生情况

56.5%的农村留守儿童过去1年里有过多重伤害的经历，45.6%的农村非留守儿童过去1年里有过多重伤害的经历。卡方检验结果显示：过去1年里农村留守儿童多重伤害的发生率高于农村非留守儿童，差异具有统计学意义（p < 0.001）。

表6　受访者过去1年里多重伤害的发生情况

单位：人，%

变量	类型	从未有过	有过	卡方检验
多重伤害	农村留守儿童	294（43.5）	382（56.5）	19.337 ***
	农村非留守儿童	547（54.4）	458（45.6）	

说明：* p < 0.05；** p < 0.01；*** p < 0.001。

四 结论与政策启示

（一）结论

通过对贵州省 10 所中学的 1681 名农村儿童（包括 676 名农村留守儿童和 1005 名农村非留守儿童）进行问卷调查，得出以下发现。

过去 1 年里农村留守儿童和农村非留守儿童多重伤害的发生率分别为 56.5% 和 45.6%。尽管不同研究在调查地点、调查对象的选择以及多重伤害的可操作性定义上有所不同，研究结论无法直接进行比较，但是本文得出的多重伤害的发生率明显高于以往的研究结果，应当引起重视。例如，Chan 通过对中国 6 个城市 18341 名 15～17 岁学生进行调查，发现过去 1 年里多重伤害（经历 4 种及以上类型的被害）的发生率是 9.5%。[①] Dong 等通过对山东省 3155 名 12～18 岁儿童进行调查，发现过去 1 年里多重伤害（经历 5 种及以上类型的被害）的发生率为 16.9%。[②] Hu 等通过对 26 个省（自治区、直辖市）的 1371 名 6～16 岁留守儿童进行调查，发现留守儿童多重伤害（经历 2 种及以上类型的被害）的发生率为 10.94%。[③] 造成本文中两组儿童多重伤害的发生率如此高的原因可能在于选取的调查对象是 12～16 岁的初中生，该年龄阶段本身就是最容易遭受多重伤害的时期。[④][⑤]

[①] Chan K. L., "Victimization and Poly-victimization among School-aged Chinese Adolescents: Prevalence and Associations with Health," *Preventive Medicine*, 2013, 56: 207–210.

[②] Dong F., Cao F., Cheng P., et al., "Prevalence and Associated Factors of Poly-victimization in Chinese Adolescents," *Scandinavian Journal of Psychology*, 2013, 54 (5): 415–422.

[③] Hu H. W., Zhu X. R., Jiang H. X., et al. "The Association and Mediating Mechanism between Poverty and Poly-victimization of Left-behind Children in Rural China", *Children and Youth Services Review*, 2018, 91.

[④] Chan K. L., "Victimization and Poly-victimization among School-aged Chinese Adolescents: Prevalence and Associations with Health," *Preventive Medicine*, 2013, 56: 207–210.

[⑤] Dong F., Cao F., Cheng P., et al., "Prevalence and Associated Factors of Poly-victimization in Chinese Adolescents," *Scandinavian Journal of Psychology*, 2013, 54 (5): 415–422.

与农村非留守儿童相比，农村留守儿童过去1年里遭受一般侵害、来自同伴或兄弟姐妹的侵害、目睹暴力的频率更高，多重伤害的发生率也显著高于农村非留守儿童，但是两组人群在忽视与虐待的发生频率上并不存在显著差异。与以往的研究结论基本一致，例如，Chen和Chan通过对四川省827名4~9年级儿童进行调查，发现与非留守儿童相比，留守儿童遭受了更多的身体攻击、财产犯罪侵害、虐待、家庭暴力，多重伤害的发生率更高。[①]研究结果表明，父母外出务工会显著增加农村留守儿童遭受各类被害及多重伤害的可能性。原因可能是多方面的：一是父母外出务工，造成亲子分离，农村留守儿童长期缺乏有效的监护照料、心理关怀、安全防护指导；二是隔代监护比例高，祖父母或外祖父母作为监护人，年事已高，体力和精力不足，农村留守儿童监护缺失或监护不到位问题较为严重；三是学校重视应试教育，对在校学生安全教育的重视程度不够，导致农村留守儿童安全意识和自我保护能力不足。当然留守状况影响儿童多重伤害的具体机制还有待未来进一步的研究。

（二）政策启示

基于上述研究结论，本文提出以下对策建议。

通过宣传栏、微信公众号推送、发放宣传册、举办讲座、开设家长学校等多种方式，针对家长开展系统性的教养知识和技能培训，提高其对家庭养育的重要性认识，加强对孩子的监督和照顾，尤其要避免对孩子采取不一致的教养方式或是一味地严厉惩罚，避免使用暴力，努力为孩子创造一个功能健全、充满爱心的家庭养育环境。[②]

充分发挥共青团、妇联、村委会的职能作用，加强农村留守儿童关爱保护工作，例如，社区建立留守儿童之家、关爱留守儿童中心，通过青年志愿

---

① Chen M., Chan K. L., "Parental Absence, Child Victimization, and Psychological Well-being in Rural China," *Child Abuse & Neglect*, 2016, 59: 45-54.

② 屈佳：《社会转型背景下的犯罪行为影响因素研究》，中国人民公安大学博士学位论文，2018。

者、社会工作者组织辖区农村留守儿童开展丰富多彩的活动，提供学习、娱乐、心理疏导等全方位的关爱。[①]

采取发放宣传手册、普法宣传等多种形式，广泛宣传自我保护、被害预防知识，提高农村儿童自我保护意识和能力。

参考文献

郭开元、张晓冰：《我国农村留守儿童权益保护及对策研究》，《中国青年社会科学》2018年第4期。

唐冬纯、蔡伟聪、李丽萍：《广州留守与非留守儿童校园受欺凌情况及其影响因素》，《中国学校卫生》2018年第7期。

Zhang Huiping, Zhou Huazhen, Cao Ruixin, "Bullying Victimization Among Left-Behind Children in Rural China: Prevalence and Associated Risk Factors," *Journal of Interpersonal Violence*, 2019.

Li Yan et al., "Bullying Victimization and Child Sexual Abuse among Left-behind and Non-left-behind Children in China," *PeerJ*, 2018.

程培霞、达朝锦、曹枫林、历萍、封丹珺、蒋陈君：《农村留守与非留守儿童心理虐待与忽视及情绪和行为问题对比研究》，《中国临床心理学杂志》2010年第2期。

王鑫强、霍俊妤、张大均、刘培杰：《农村留守与非留守儿童的心理健康、虐待经历比较及其关系研究——基于两维四象心理健康结构的分析与对策建议》，《中国特殊教育》2018年第1期。

韩芳、秦明芳、马春明、潘建平、焦锋：《403名农村小学9~11岁学生忽视情况调查分析》，《中国儿童保健杂志》2015年第3期。

Chen X. J., Liang N., Ostertag S. F., "Victimization of Children Left Behind in Rural China," *Journal of Research in Crime & Delinquency*, 2017, 54（4）.

Finkelhor D., Hamby S. L., Ormrod R., et al., "The Juvenile Victimization Questionnaire: Reliability, Validity, and National Norms," *Child Abuse & Neglect*, 2005, 29（4）.

Chan K. L., "Victimization and Poly-victimization among School-aged Chinese Adolescents:

[①] 郭开元：《论农村留守儿童犯罪的现状、问题和治理对策》，《犯罪研究》2018年第5期，第49~55页。

Prevalence and Associations with Health," *Preventive Medicine*, 2013, 56.

刘佳佳、曹枫林、陈倩倩等:《遭受多重侵害儿童的执行功能》,《中国心理卫生杂志》2012 年第 3 期。

Dong F., Cao F., Cheng P., et al., "Prevalence and Associated Factors of Poly-victimization in Chinese Adolescents", *Scandinavian Journal of Psychology*, 2013, 54 (5).

Finkelhor D., Ormrod R., Turner H., et al., "Pathways to Poly-victimization", *Child Maltreat*, 2009, 14 (4).

Hongwei H., Xinran Z., Haixia J., et al., "The Association and Mediating Mechanism between Poverty and Poly-victimization of Left-behind Children in Rural China," *Children and Youth Services Review*, 2018, 91.

Chen M., Chan K. L., "Parental Absence, Child Victimization, and Psychological Well-being in Rural China," *Child Abuse & Neglect*, 2016, 59.

屈佳:《社会转型背景下的犯罪行为影响因素研究》,中国人民公安大学博士学位论文,2018。

郭开元:《论农村留守儿童犯罪的现状、问题和治理对策》,《犯罪研究》2018 年第 5 期。

B.11
贵州老年人康养服务发展报告*

高圆圆　王馨聆**

摘　要： 通过对贵州老年人康养服务基地建设、医养结合建设、健康养生服务、旅居养老服务以及智能化、科技感养老服务的分析，可以发现，贵州康养服务存在的问题集中在政策体系、机构建设和观念创新等方面。具体来说：贵州未形成系统完善的康养服务体系；康养机构医疗服务支持力度小，政府购买服务机制建设不够完善；家庭康养服务单一，缺乏创新观念。通过对我国康养服务优秀实践经验的总结，可以发现"互联网＋养老"、社会工作介入以及失能预防为老年人提供了更切实有效的服务。针对贵州省的实际情况，可以从开展老年医养结合保障体系建设，推进适合贵州优势的康养机构建设，开展独具贵州山地特色的老年辅具、服务设施建设，完善服务体系和平台建设等方面出发推动贵州康养服务体系发展，进一步贴合老年群体的需求，提升其生活幸福感。

关键词： 贵州　健康养老　养老服务

---

* 本文系贵州省高校人文社会科学研究项目"贵州生态农业企业与弱势农户利益联结中问题及保障研究"（项目编号为2020ZD009）；贵州大学人文社会科学青年课题"残障农户可持续脱贫的影响因素及路径研究"（项目编号为GDQN2019005）的阶段性成果。

** 高圆圆，贵州大学公共管理学院副教授，博士，研究方向为老年保障研究；王馨聆，贵州大学公共管理学院硕士研究生，研究方向为老年社会工作。

一 问题的提出

在 2019 年 11 月举行的专题发布会上，国家卫健委公布了当前我国患有一种及以上慢性病的老年人比例高达 75%。这意味着我国老年人健康养老和推动健康老龄化事业发展具有紧迫性。贵州人口老龄化进程逐渐加快，为应对人口老龄化挑战和推进健康老龄化事业，贵州已出台一系列养老服务政策，为老年人健康养老提供了基础条件。本文旨在梳理贵州健康养老发展实践状况，借鉴各省市优秀经验，结合贵州实际提出有益于推进贵州健康养老事业的路径。

（一）贵州康养服务发展的法律依据

近 5 年，中共中央在健康老龄化和推动健康养老方面发布的文件，为贵州省健康养老服务的提出和发展奠定了基础。2016 年 10 月，中共中央、国务院印发《健康中国 2030 规划纲要》，提出促进健康老龄化的总体规划目标和基本实现路径。[①] 2019 年，中共中央、国务院出台《国家积极应对人口老龄化中长期规划》，在为老服务和产品供给体系等方面做出安排和规划。党的十九届五中全会通过了《中共中央关于制定国民经济和社会发展第十四个五年规划和二〇三五年远景目标的建议》，提出完善康养服务体系建设，构建居家、社区、机构三位一体的养老服务方式，实现与医疗机构合作，促进医养结合，提高服务质量，保障老年人身体健康；根据老年人失能程度的具体情况，进行医疗康复服务；对老年群体容易患有的失能、慢性病等进行预防干预，提高老年人晚年生活质量，为老年人提供一体化的健康养老服务。2019 年 12 月 28 日提出的《中华人民共和国基本医疗卫生与健康促进法》是我国首部重视医疗卫生和健康促进的法律，遵循健康养老的理

---

① 马凤芝、陈海萍：《基于时空视角的健康老龄化与社会工作服务》，《社会建设》2020 年第 1 期。

念，提出健康生活习惯、健康教育、健康环境等概念，将为保障我国社会健康老龄化提供法律依据，促进医养结合健康养老的发展。

（二）老年人健康养老服务发展的研究基础

目前，学界有关健康养老服务的关注点主要集中在健康老龄化制约因素、医养结合服务供给研究、新型健康养老服务等方面。在健康老龄化制约因素方面，李智环、杨军昌较早地探讨了贵州健康老龄化的问题，提出贵州农村人口老龄化程度高于城镇，制约贵州健康老龄化的非经济因素主要有法治环境问题，政府、社区组织老年工作问题以及养老文化面临冲击问题[1]。李春凯、江山等通过研究社会参与和社会支持对 696 名中国老年人心理健康的影响，发现社会参与、社会支持与老年人生活满意度、抑郁程度的关系，印证了社会参与会影响老年人健康养老[2]。在医养结合服务供给研究方面，王丹通过对社区老年人需求进行调查分析发现，目前老年人对于医疗卫生服务方面的需求旺盛，而且有将近 40% 的老年人时常感到孤独，说明完善老年人医疗和心理健康服务的必要性，应在推进老年人医疗健康服务的同时，关注老年人心理健康并且提供心理咨询和辅导[3]。林巧珍指出我国农村留守老人面临医疗保障不完善的困境，同时存在情感寄托缺失问题，提出倡导家庭养老传统，制定专门养老计划，完善新农合，提升农村医疗水平，建立和完善农村老年人组织等措施建议[4]。在新型健康养老服务方面，睢党臣、彭庆超认为"互联网＋"模式能为老年人提供更有效的服务，能更好地形成政府、社区、家庭三者共同参与的服务模式[5]；高菁认为"互联网＋养老机

---

① 李智环、杨军昌：《贵州乡村旅游文化资源与乡村人口传统文化素质探析》，《西北人口》2009 年第 1 期。

② Chunkai Li, Shan Jiang, Na Li, Qiunv Zhang, "Influence of Social Participation on Life Satisfaction and Depression Among Chinese Elderly: Social Support as a Mediator," *Journal of Community Psychology*,2018，3：2018, 46 (31: 345 −355)。

③ 王丹：《医务社会工作者的角色实践困境探析》，华中师范大学硕士学位论文，2015。

④ 林巧珍：《我国农村留守老人养老问题》，《合作经济与科技》2010 年第 19 期。

⑤ 睢党臣、彭庆超：《"互联网＋居家养老"：智慧居家养老服务模式》，《新疆师范大学学报》（哲学社会科学版）2016 年第 5 期。

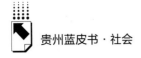

构"模式中，机构资金短缺、人才缺口以及老年人接受"互联网＋"能力不强等问题对模式发展造成一定阻碍①。

（三）小结

通过整理相关法律依据和文献可知，国家提出了保障老年群体身心健康、构建和完善老年人康养服务体系、提高康养服务水平和质量的重要任务，同时贵州正加速进入人口老龄化，发展康养服务也是满足老年人与日俱增的康养需要的必然要求，在当前贵州实施大健康战略背景下，贵州康养事业将迎来前所未有的机遇。本文通过分析当前老年人康养服务建设现状困境，借鉴其他省份的优秀经验，提出具有可行性的对策建议。

二 当前贵州老年人健康养老服务发展概况

贵州老年人健康养老服务发展概况主要包括政策探索情况、康养服务基地建设情况、医养结合方面建设情况、健康养生服务发展情况、旅居养老服务发展情况以及智能化、科技感养老服务发展情况。

（一）贵州老年人康养服务政策探索

随着贵州省老年人口增加迅速，老年人口抚养比从2013年的13.9%上升到2019年的16.13%。贵州城乡老年人数量持续增长，老年人养老形势日益严峻，健康养老问题日益突出。贵州省委、省政府为应对健康老龄化问题出台了一系列相关政策（见表1）。政策密切关注老有所医、健康权益、旅居生态养老、新业态养老等健康老龄化发展问题。2019年省卫生健康委发布有关贵州省健康养老事业方面的报告，提出贵州人口老龄化速度快、服务供给不足，未来要将保障老年人老有所医列为重要

---

① 高菁：《"互联网＋"养老服务在公建民营养老机构中的实践研究》，沈阳师范大学硕士学位论文，2017。

任务。2020 年省卫健委等 8 个部门又共同制定并发布政策文件，提出以维护老年人健康权益为中心，努力提高老年人健康水平和获得感，提高老年人健康养老质量和水平等任务。此外，贵州省持续推进旅居养老建设规划，推进旅居养老、生态养老，鼓励"养老 +"新业态的目标，提出三年行动计划。计划旨在推进社区无障碍环境改造工作和推进医养结合、综合性照料服务建设。在城乡社区之间建立照料服务中心，定期为社区内老年人进行身体检查，并提供基础日常的照料服务；加强养老机构的医疗卫生管理，与医疗机构实现对接，开展专业的康复护理服务，保障老年人的身体健康。

表 1 2016～2021 年贵州省主要养老服务政策文件

发文时间	文件标题	政策重点	发文机构
2016.6.24	《关于加快推进医疗卫生与养老服务相结合的实施意见》	推动贵州医养结合的实现，切实为老年群体提供专业的医疗护理服务，提升养老服务质量	贵州省卫生健康委员会
2017.8.21	《关于印发贵州省"十三五"老龄事业发展规划的通知》	建立健全老年养老保障、多层次养老服务与健康支持三大体系；加强老年群体教育文化体育活动、社会参与以及权益保障	贵州省人民政府办公厅
2017.12.15	《关于确定第二批省级医养结合试点示范单位的通知》	确定贵州神奇中西医结合老年病医院等10 个单位作为第二批省级医养结合试点示范单位，积极探索医养结合的有效形式	贵州省民政厅
2017.12.21	《关于印发贵州省"十三五"健康老龄化规划的通知》	推进老年健康服务供给侧结构性改革，由以治病为中心转变为以人民健康为中心，保障老年人能够获得整合型健康服务	贵州省卫生健康委员会
2018.4.26	《贵州省人民政府关于全面放开养老服务市场提升养老服务质量的实施意见》	抓好政府兜底保障型、社区居家、社会化三大养老板块，构建贵州养老服务投融资发展和"互联网 + 养老"服务管理平台，努力打造综合性养老市场	贵州省人民政府

发文时间	文件标题	政策重点	发文机构
2021.1.6	《贵州省深化养老服务改革发展若干措施》	构建居家社区机构相协调、医养康养相结合的养老服务体系,实现为老年人群提供全方面、综合性的养老服务	贵州省民政厅

（二）贵州康养服务基地建设情况

2019 年首届中国康养大会发布"2019 年中国康养城市排行榜 50 强",其中,贵阳、遵义、六盘水 3 地分别列榜单第 4、第 32、第 50 位。可见,贵州具有得天独厚的生态资源。在大健康、大生态战略推动下,贵州森林康养和温泉康养均得到快速发展。

1. 森林康养基地建设情况

根据《贵州省康养基地规划技术规程》定义,森林康养是以森林景观、森林空气环境、森林食材等方面的设施为基础,开展各类森林度假、保健和养生等活动。森林康养基地建设则是围绕当地森林资源而开展的设施建设、服务建设以及配套设施的建设。

（1）森林康养基地建设相关政策出台

通过政府和各界人士推动,已有很多优质森林康养项目相继在贵州得以实施。自 2016 年以来,贵州支持森林康养发展连续 4 年写入省委、省政府文件中。贵州省人民政府连续 4 年安排财政专项资金,支持森林康养发展,促进林业经济转型升级,实现农民增收以助推脱贫攻坚;并且,开展森林康养试点基地建设工作,先后建设赤水天岛湖、剑河国际温泉等省级森林康养试点基地 64 个。截至 2020 年 3 月贵州省内共有国家级森林康养试点基地共计 40 家。

（2）森林康养项目的实践发展

森林康养项目发展体现了养老产品一体化融合的特点,这些康养项目切实发挥了牵引作用。其一,森林康养将多种产品融入养老项目。黔南州以都匀市东山养老基地为试点,由原来只提供单一康复照护服务,转变为提供多元融合一体的养老服务。目前主要是依托都匀市东山公园的生态资源，实现医疗、生态、保健多元素融合，打造一体化养老特色产品，切实保障老年人身心健康。其二，森林康养以项目为依托，带动康养服务发展。以遵义市为例，该市重视项目引领的积极作用，落实财政税收优惠政策。从2018年至2020年遵义市已实施249个康养项目，积极探索旅居、智慧等养老模式发展，引进专科医院、亚健康治疗中心等健康项目和智慧医疗产品，成功打造桐梓兴茂康养旅游度假区。该度假区已成为省级示范的健康养老小镇，其健乐养护院成为省级示范养老机构。

2. 温泉康养基地建设情况

贵州温泉资源丰富，据2016年全省旅游资源大普查，已探明温泉资源202处，遍布全省各市州县，成为全国唯一实现地热全覆盖省份。贵州的地热资源大都分布在自然生态良好、民族文化浓郁的城镇附近，与其他旅游资源组合条件优良，发展温泉康养潜力巨大。

（1）贵州温泉康养基地建设和服务情况

2016年，贵州省已经统计的温泉资源中超过半数为自然露出泉，优良级温泉资源约80处，地热覆盖范围遍及全省，在全国名列前茅。贵州约80个县市均有温泉分布，集中在贵阳、六盘水、铜仁等地，呈现北多南少的不平衡特点。贵州着力推动"温泉＋"康养融合发展。通过大力培育温泉文化，整合生态资源和民族文化资源，充分利用温泉综合性强、带动力大、辐射面广的特点，推动温泉疗养保健服务发展，培育一批"温泉＋"康养服务聚集区。同时，贵州将温泉建设与民族医药紧密结合，开发出具有贵州特色的温泉旅游产品。

（2）温泉康养对老年人身心健康的作用

贵州温泉资源丰富，同时泉质所含矿物元素丰富，对人们身体具有很好的疗养作用。通过对温泉在设施、环境、康养特点等方面进行对比，可以发现贵州不同的温泉资源对老年人康养的价值也有所不同。从1956年省总工会建疗养院开始的息烽温泉接待以疗养为目的的老年人较多；石阡温泉的设施始建于明万历三十四年（1606年），至今已有400多年历史，可谓中国最古老的温泉之一，由于项目多样吸引了除老年人之外的各年龄段游客；而剑河温泉则具有四季不干涸的特点。三处温泉康养设施均对老年人皮肤病、消化道疾病、心脑血管疾病有辅助疗效（见表2）。

表2 贵州典型温泉康养基地的温泉康养特点、成分与价值

基地名称	康养特点	康养成分	康养价值
息烽温泉	国内著名优质天然医疗和饮用矿泉，世界少有	含偏硅酸和锶的重质碳酸钙型氡泉。含有多种对人体有益微量元素，并含有放射性元素氡	对老年人风湿病、慢性消化道疾病、慢性肝病、胆道疾病、糖尿病、痛风、心血管病、高血压等有疗效
石阡温泉	全国独有、世界少有，既可洗浴又能直接饮用的天然矿泉温泉	富含硒、锶、锂、氡、锌、碘、偏硅酸等多种对人体养生保健有益的微量元素	对老年人糖尿病、冠心病、高血压、关节炎、神经炎、皮肤病等病症有很好的辅助医疗效果
剑河温泉	中国唯一的苗侗文化园林主题康养温泉	富含硫、铁、钾、钙、氡等40多种元素，已达到《矿泉分类法》规定的优质氡硫温泉标准	推荐应用于风湿性疾病、呼吸道疾病治疗；考虑应用于静脉曲张病和皮肤病治疗

（三）贵州医养结合服务建设情况

1. 医养结合机构建设规模

根据老年人医疗保健需求，截至2017年6月贵州省有958家养老机构与医疗机构进行合作，67家二级以上医院设立老年病科或兴办养老服务机构，396家养老机构开设医务室或自办医院，全省80%以上医疗机构为老年人开设绿色通道，65岁以上老年人健康管理率达71.72%。贵州省各级市区积极推动医养结合，2016年贵阳市、铜仁市、遵义市成功申报为国家级医养结合试点城市；贵阳市乌当区曜阳养老服务中心等15家单位被确定为第一批省级医养结合试点示范单位；将具有专业医疗服务水平的民办养老机构认定为医保定点机构，引导和鼓励民营养老机构提升自身的专业医疗服务质量，吸引企业和社会组织参与到医养结合试点项目中。

2. 医养结合服务体系建设

贵州省保障老年人医疗健康需求，构建医养结合服务体系。首先是为老

年人提供家庭医生签约服务，截至 2018 年全省老年人家庭医生签约率为 62.24%，并为 235.66 万名老人进行健康体检。其次是推动医疗卫生机构与养老机构实现融合，为老年人提供全方位医疗保健服务，截至 2018 年底全省与养老机构建立协作关系的医疗卫生机构达 428 个。最后是为老年人开通医院的便利就医绿色通道，实现老年人绿色快速就医，截至 2018 年底全省医院为老年人开通绿色通道实现全覆盖。

3. 医养结合特色模式发展

（1）"1234"健康养老服务模式

六盘水市推动养老服务发展，提出"1234"养老服务模式，力争完善医养服务体系建设，通过建设统一管理平台进行数据汇总整理，将养老服务融入医疗卫生和乡村旅游当中，侧重促进城乡之间、公私之间、普特之间的资源统筹，探索互助式、候鸟式、智慧式、文化式等新型养老模式，以便更好地满足老年人多样化需求。总之，该市这一创新模式将保障老年人身体健康作为重点，切实为老年人提供全方位养老服务。该模式对贵州省推进养老资源统筹整合提供了有益经验，为下一步创新养老服务模式做出了有力探索。

（2）"党建＋政策＋部门推动"健康养老模式

黔东南州促进养老服务发展，积极探索和创新党政、社会、老年群体之间三方共赢模式。该州政府高度重视养老服务发展，不断加大养老项目资金投入。政府出台相关政策加大财政投入力度，2020 年 8 月在养老服务方面的总投资达到 10 多亿元，在全州范围内建立了 900 多家养老服务设施，其中，已经投入使用的有 14 所县级福利院、6 个城市老年养护楼、80 所农村敬老院、619 个农村幸福院、143 个居家养老服务机构和 36 个社区日间照料中心。为了吸引社会组织积极参与养老服务，政府对公益性养老服务机构给予补贴或者政策支持。该州利用 300 多万元福彩公益金支持民办养老机构，2020 年 8 月已经建成民办养老机构 5 所，公办民营的养老机构 16 所；最后切实保障老年人身体健康，全州养老机构切实关注老年人具体需求，引进专业人员，为老年人提供日常照护以及医疗护理、康复护理等专业服务，得到当地老年群体的高度赞誉。

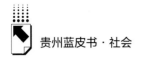

（四）贵州健康养生服务发展情况

1. 健康养生的政策实践

为积极响应国家健康养老倡导，贵州省出台了《贵州省健康养生产业发展规划（2015～2020年）》，明确提出依托贵州省气候、空气、山水以及绿色食品等资源优势以及中药材、农产品、中医药民族医疗优势，大力发展贵州省健康养生服务，提升全省民族医疗养生保健作用。目前，贵州省重视发展滋补养生产业，着力打造人体滋补养生基地，截至2017年，累计打造省级示范基地5个以上。[①]

2. 健康养生产品开发情况

大力开发绿色有机食品、药膳保健以及民族医疗保健有利于保障老年人健康。一方面，大力发展绿色有机健康养生产品。依托各市州高效农业示范园区茶园、蔬菜水果种植基地，着力发展绿色有机健康养生产品。这不仅可以丰富老年人绿色食品的选择，还可以预防老年人因食品健康而引发的疾病。另一方面，发展药膳保健观念及产品开发，依托各市州中药材种植基地、民族医药园，推进中药与保健品融合开发，着力发展贵州药膳保健产品。通过发展中医药膳保健，不仅能够改善老年人饮食结构，还能够改善老年人自主养生能力。

3. 大力发展中医民族医疗保健

目前依托各市州中医院、康养基地园，以中医民族医疗的预防和保健理念为重点，大力开发药浴、保健、预防慢性病等功能的服务，有利于促进贵州康养服务的提质扩容。同时，发展中医民族医疗保健，也切实提升了老年人健康养生的预防和保健意识，有利于为老年人提供更多选择的养生保健服务。根据贵州省中医类医疗机构床位数分析报告，2016～2018年中医类医疗机构床位数量、中西医结合医院床位数量、民族医院床位数量有所增加。2020

---

① 《贵州健康养生产业四大业态》，贵州省人民政府网，http://www.guizhou.gov.cn/xwdt/djfb/201709/t20170925_875671.html，2015年3月16日。

年，贵州省中医药管理局印发相关通知，鼓励政府制定规划和建立专项投入经费，出台与中医药健康旅游相关的政策；突出贵州在中医药健康旅游领域的潜力和康养特色，树立贵州中医药康养品牌，提升市场吸引力；另外，还积极提供标准化和个性化、长中短期相结合的中医药健康旅游服务。发展自然生态类、历史文化类、诊疗康养类、研发制造类等中医药健康旅游，尤其在发掘康养价值方面，有利于丰富下一步贵州省康养服务项目的内容和范围。

（五）贵州旅居养老服务发展情况

为促进贵州老年人在省内各州市旅居养老，政府从资金支持、行业补助、税收减免和土地利用等方面大力推进旅居养老服务业发展。[①]

1. 贵州省持续推进旅居养老建设

全省大部分旅游景点、公园等向 60 岁及以上老年人免费开放，促进老年人跨市州县旅居养老。贵州省老龄产业协会推出"贵州人游贵州"项目，通过结合社会组织等社会性旅游资源开展老年人旅游文化交流活动，不仅丰富了老年人旅居养老方式，还为"养老＋"新业态目标实施提供了新渠道。2016 年 7 月 27 日，贵州省老龄产业协会、贵州省海峡阳光国家旅行社合作举办首届"贵州人游贵州"旅游文化交流活动。贵州省通过提高老年人津贴为旅居养老提供现金保障。目前贵州普遍建立 80 周岁及以上高龄津贴制度，年发放津贴 3 亿元以上，全省享受高龄补贴的老年人 84.5 万人，享受护理补贴的老年人 3 万余人。

2. 各区县旅居养老机构呈现综合服务特点

在大健康背景下，许多养老机构针对老年群体实际需求开始实行医养结合模式，尤其是根据失能等级采取分级护理服务，更好地为老年人提供多层次的养老服务。贵阳市拥有 120 张床位的某老年公寓，采取划分自理、半护、全护、特护四类护理等级提供老年服务，服务内容主要包括娱乐休闲项目、

---

① 袁亚杰：《积极老龄化视野下我国旅居养老发展机遇与挑战》，《教育教学论坛》2019 年第 32 期。

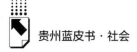

绿色营养餐、医疗保健服务、医护人员定期向老人传授保健知识、处理身体不适等集医养、休闲于一体的服务。拥有 200 张床位的某中心敬老院围绕失能、半失能老人提供长期医疗和照护服务，为老人提供 24 小时全程服务。

（六）贵州智能化、科技感养老服务发展情况

智慧健康养老作为新时代我国康养服务的新模式，是充分发挥信息科技支撑、加大数据资源融合、拉动信息消费能力的供给侧改革方式。近年来，智慧健康养老服务蓬勃发展，信息平台构建速度增快，不断促进健康养老服务智慧化、信息化、精细化。

1. "智慧养老统一平台"发展

在大健康背景下，贵州省重视智慧养老发展，与贵州广电网络公司合作构建"互联网＋智慧养老"统一服务管理平台，链接相关资源，为老年人群日常生活提供"线上＋线下"养老服务，为相关监管部门、养老机构以及社区居家养老服务站点提供老年人信息数据。贵阳市普遍开展的老旧小区新增电梯项目成为推进老年人健康养老的重要举措。"美好家＋"社区 App 也使得老年人享受到生活全覆盖的服务，也通过 App 组织社群活动加强了与邻里的互动。

2. "互联网＋"养老服务的特色平台

随着科技不断发展进步，智慧养老开始受到各地政府重视，开展"互联网＋"养老服务能与时俱进地满足老年人的需求。遵义市推广构建"安心养老服务综合服务平台"，通过整合相关养老数据和需求，建立老年群体的信息库系统，建立"互联网＋"智慧养老服务评估机制，实现为老年人提供多元化全方位的高品质智能化养老服务。2020 年 4 月，该平台已上线老年人达到 23000 人之多。铜仁市开展"梵净·康养乐园"智慧养老服务平台建设，以"12349"服务热线和智能援助终端为重点，为老年群体提供多方位服务项目，采用智能化和"医养护"照护系统，使老年群体可以足不出户就解决相关需求。截至 2020 年 2 月，铜仁市的主城区已有 1.4 万余名老人享受智能服务。

三　贵州老年人康养服务发展困境

因政府管理机制不完善、社会参与度低、人才匮乏等原因，目前贵州健康养老服务出现康养政策、制度、机制不完善，机构服务建设滞后于需求，居家康养服务发展不足等问题。

（一）康养制度、机制不完善

贵州康养服务建设起步较晚，尚未构建出完善的康养服务制度体系，还无法满足当前康养服务需求和康养事业发展的需要。

1. 管理机制不够合理

随着贵州省人口老龄化程度加深，加之贵州省有关养老服务的法律法规和政策措施不完善、管理体系不够健全等，本省原有的养老服务已经无法满足人口老化加快所带来的健康养老需求。已有的养老项目管理方面，卫健部门、民政部门之间分管职能不明确，致使老年群体相关的医疗、保险等扶助制度很难落实到位；对于新型的旅居养老、智慧养老等服务模式或者服务项目，则存在服务目的和服务内容认识不全面，农业农村部门、文旅部门、林业部门、发改委等各部门的主管职能尚未厘清等问题。长此以往，医养结合、智慧模式等制度、模式与理念都将落后于老年人不断增长的养老需求。

2. 反馈机制不够完善

目前对康养服务政策执行效果缺少评估机制，影响康养服务供给的效果。养老服务供给方面的评价、反馈，主要是对目前开展的医养设施建设、人才队伍建设进行的反馈，还缺少对老年人心理健康的反馈指标和相应考察。所开展的养老服务重视建设和投入力度，忽略了实施效果和存在问题的反馈机制，监督成为养老服务工作中最薄弱环节；而监管不到位会致使养老服务不能很好地满足老年人多样需求，导致服务建设投入不精准，资源浪费，供给质量令人担忧。

3. 政企合作不够充分

目前旅居养老、智慧养老等新型的养老服务模式层出不穷，仅依靠政府的单一职能部门很难进行系统的管理。从多元福利供给主体来看，福利资源提供者、资源传递者、服务提供者三者缺一不可。目前政府虽然制定了市场准入政策，但财政资金匮乏，缺少项目支持；而民间养老机构作为养老服务的供给主体，凭借着国家对企业和社会组织的有关政策，需要把民间资源更好地融入整个社会的服务供给中，进一步投入整个养老服务体系当中，但当前许多民办机构服务水平低，服务质量很难达到预期，也导致政企合作之间的脱节。

4. 人才培养制度不够完善

在康养人才培养方面，缺乏有关康养人才发展的政策引导，致使养老服务业普遍缺乏专业人才支持，特别是医务护理、心理咨询与治疗、康复理疗师、保健咨询师、营养咨询师十分匮乏。具体来说，不仅缺少较为完备的人才职业教育培训体系，以及规范养老服务人员的管理制度，也未建立起养老机构服务人员的资格认证、职称评定体系，造成其职业发展定位模糊，导致康养人才的薪资、晋升和职业发展等权益均无法保障。

（二）机构服务发展不足

贵州康养机构服务主要体现在医养结合型养老院、疗养院、康养中心等方面。其服务发展受到政策环境、服务职能定位等方面的制约。

1. 外部发展环境薄弱

目前贵州省在养老服务的政府购买机制方面尚不完善。财政投入保障方面，政府的养老服务投资较少，致使社会化养老机构项目稀缺，补助标准模糊，机构内部专业服务发展缺少经费支持；社会筹资渠道匮乏，康养服务市场参与还不够活跃，不少企业采取观望态度，也存在一些公益性组织在服务方面随大流、缺少创新和自主性现象。除了税收优惠政策外，其他鼓励性措施较少，很难吸引到企业资金。这些原因致使养老服务网络薄弱。机构发展仅依靠政府项目补助，将无法提供可持续性服务。

2. 服务层面较单一

目前养老机构的服务内容和形式单一，基本是为老年人提供日常的生活起居照料。一是专业的医疗服务匮乏，这与重病老年人、特殊困难老年人的大病保险、基本医疗保险保障能力弱有一定关系，另外养老机构中医疗服务不足也对此产生很大影响；二是老年人的康复护理服务较为稀缺，较为缺少失能预防、老年病症缓解等方面的专业服务，这与失能预防宣传不足、护理设施建设不足、人力资源短缺均有一定关系；三是老年人文化服务和精神慰藉服务方面发展不足，文化服务在整个服务体系当中未受到充分重视，娱乐活动、情感辅导方面服务质量粗糙，覆盖面也不够广。

（三）居家康养服务发展不足

建立起预防与健康养老观念、加强老年人健康管理服务应提上日程。目前居家养老服务中针对预防疾病、保健、养生观念方面的服务比较少，原因主要是贵州一些农村地区老年人就医观念根深蒂固，大部分老年人只有在生病时才去注意自己身体，缺乏事前预防、及时就医诊治、事后康复以及养生保健的意识。随着年龄增加，老年人慢性病征开始出现，医疗方面需求开始提高，然而，大多数家庭所能提供的服务仍停留在简单的生活照料阶段，缺乏专业医疗护理能力，不能有效解决老年人群的护理和康复需求。目前社区居家养老服务体系建设逐渐推行，但是在促进和完善居家医养方面还存在一定阻碍。其不仅体现在医疗护理人才短缺方面，还体现在医护服务产业发展不足、医疗保障报销机制不完善等方面。目前医疗护理人才匮乏较为普遍，特别是在地州层面，医护人才短缺是当前制约社区居家养老服务的瓶颈，导致居家康养服务难以向专业化服务转变；同时，在目前的医保报销体系中，居家康养治疗产生的医疗费难以通过医保报销的方式解决，存在报销渠道不畅、报销比例较低等问题。

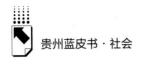

四 其他省市康养服务优秀实践经验借鉴

（一）"互联网＋医养结合"创新养老服务新模式

近年来智慧养老和医养结合作为新型的养老服务模式发展较快。2017年，三部委印发《智慧养老产业发展行动计划（2017～2020年）》，意味着智慧养老相关政策的出台。将信息技术运用到养老服务上，不仅建立统一线上平台整合老年人数据信息，而且将各类养老资源进行汇总整理，从而促进公私之间的融合优化。各省市均在不断拓宽养老服务的范围，将"互联网＋医养"结合起来，线上整合老年人数据信息，线下提供具有针对性的为老服务，积极探索老年人健康养老信息的互联互通。以苏州市姑苏区为例，该区在医养结合模式上进行大胆创新，将居家、机构、社区资源整合起来，构建全方位的医养模式体系，为各个老年群体提供医疗保健服务，并运用"互联网＋医养"技术创新，提供线上医生远程诊疗，推进医养结合养老服务的智慧化、专业化和技术化。全面启动"3＋X"医养融合的姑苏模式，可以为老年人提供基本医疗、基本公共卫生、双向转诊、家庭医生签约等基础性服务。[1] 这些都为贵州康养服务发展提供了宝贵经验。

（二）"社会工作介入＋健康促进"

在解决社会问题、构建社会和谐方面，社会工作是一副良方。社会工作介入健康促进可以为老年人群体提供健康教育服务，提高其健康养生意愿，促使其不良行为改变。以浙江省绍兴市人民医院为例，该医院通过设立医务社工，运用社会工作专业技巧与方法，向病患、家属及社区民众提供健康促进与健康教育服务，协助他们处理与疾病、治疗及健康维护相关的问题，提升治疗和康复效果，提高民众健康素养水平，促进社区民众健康意识养成。

---

[1] 《姑苏区探索转型"3＋X"医养融合姑苏模式》，《姑苏晚报》2016年4月16日。

社会工作介入，既可以帮助患者及家属有效改善因疾病产生的社会、心理问题，又可以促使患者转变观念，主动配合医护人员工作，提升其医疗康复作用。在养老服务提供过程中通过运用社会工作个案、小组、社区工作方法，达到促进老年人健康意愿、健康养老行为改变的目的。[1] 贵州有一些本土发展较好的社工机构以及外援机构，但是专门从事养老服务或者健康服务促进的机构较少，为了进一步满足社区居家健康养老的需要，可采取政府扶持和社会筹资的方式促使一些机构转型，或鼓励其开展更多健康促进服务项目。

（三）失能预防服务

为增强全社会失能预防意识，推动失能预防关口前移，提高失能预防知识水平，降低老年人失能发生率，提高老年人健康水平，通过事前干预提升健康预期寿命、降低伤残调整预期寿命、减少老年人失能风险，反而比事后干预更加重要。日本作为较早进入老龄化社会的国家，在长期照护服务领域取得了积极成就，积累了丰富实践经验，对我们开展失能预防服务具有极大参考价值。首先是将老年失能预防纳入照护需求等级评估中，制定统一标准。其次是向"潜在需求者"和失智老年人提供预防照护服务。再次是将失能预防纳入长期照护保险给付范围，推行"预防给付"和"照护给付"并重政策，为老年人提供失能预防保健和健康评估服务。最后是重视居家社区的失能预防养老服务建设。[2] 失能普遍存在于老年人群中，严重影响老年人生活质量，通过评估老年人失能影响因素，制定有针对性的预防措施，提高老年人在疾病认知和管理方面的能力，从而降低失能情况的发生。[3] 贵州某些城市长期照护保险正在试点，可以尝试在预防给予和照护给予方面进行一定尝试和探索，同时加强贵州居家社区失能预防服务也十分必要。

---

① 陈利坚：《社会工作在健康促进与健康教育工作中的实践》，《家庭医药》2019 年第 4 期。
② 史毅、张立龙：《日本失能预防服务体系对中国健康老龄化的启示》，《健康中国观察》2020 年第 9 期。
③ 李利平、孙建萍：《老年慢性病患者失能预防的研究进展》，《护理学杂志》2018 年第 21 期。

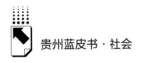

五 贵州老年人康养服务发展对策

通过总结其他省市"互联网＋"、"社会工作介入＋"、失能预防等优秀做法经验，结合《渥太华宪章》对老年人健康养老发展提出的完善公共卫生服务的期待，下一步发展贵州老年人康养服务，应紧紧围绕贵州省大健康战略，构建贵州老年人健康养老政策体系和配套措施，以助力老年人康养生活。

（一）开展老年医养结合保障体系建设

随着老年人医养结合需求的进一步提高，构建完善的医养结合保障体系有利于为老年人提供有效医疗服务，切实保障其身心健康发展。

1. 完善老年人医养结合服务保障体系

全面了解和掌握贵州城乡贫困老年人数量和生活状况，在实施健康扶贫基础上，继续优先扶持贫困老年人。对无业可扶、无力脱贫老年人要将其全部纳入医疗救助制度。构建基本医疗保险、大病保险、医疗救助相互衔接的"三重医疗保障"体系，保障老年人看得起病。实施"两提高、一减免、两降低"倾斜医疗救助政策，对确定为农村具有特殊经济困难的老年人，提高门诊报销和住院报销比例，逐步取消转诊普通住院大病保险起付线，降低医疗费用和个人支出，大幅度调整省级医疗机构住院起付线；强调社会保险的互济性，对社会医疗保险无法根本缓解和补偿的贫困老年人，通过完善医疗救助和慈善救助，切实解决贫困老年人看病难问题。

2. 推动健康类公益慈善和发展互助护理组织

鼓励老年人自愿参加健康养老类慈善捐赠、慈善信托、扶贫济困、志愿服务等慈善公益事业活动，对以公益慈善为名从事侵害老年人合法权益等违反法律法规和公序良俗的行为要依法查处。深入贯彻落实《中华人民共和国慈善法》，举办慈善项目推介会，建好慈善捐赠服务平台，加强慈善宣传，营造依法行善、慈善光荣、慈善可敬的社会氛围。培育和建立互助型护理组织，发挥低龄老年人、健康老年人在互助护理方面的积极作用。社会组织应当为健康低龄老年人，为失能、半失能、高龄、独居老人开展互助护理服务提供必要条件，依法保障他们的合法权益。

3. 建立健全老年健康养老扶助和津贴制度

深入贯彻落实《贵州省老年人权益保障条例》和《贵州省老年人优待办法》，进一步扩大优待范围和内容，逐步放宽条件以覆盖全体老年人。依法保障老年人享有健康医疗救助的权益，做好医养结合医院老年人医疗待遇的无缝对接，为老年人就诊提供更为便捷的绿色通道，切实保障老年人的及时就医；为城乡失能老人和高龄老人建立养老扶助制度，根据轻度、中度、重度三类等级设计老年人护理服务补助或者发放服务券，还要做好残疾老年人和失能老年人的津贴制度之间的衔接，切实保障残障和失能交加的老年人健康养老质量；进一步完善城乡独生子女家庭老年人的奖励制度和扶助措施，大幅度提高救助、扶助水平，扩大享受范围，切实保障独生子女家庭老年人健康养老权益。对失独老年人的津贴扶助制度应和失能老年人津贴制度相结合，加大失独失能老年人护理救助力度，做好制度之间的衔接。

（二）开展康养机构，老年辅具、服务设施建设

1. 加快建设具有贵州生态优势的康养服务机构

结合贵州森林康养、温泉康养、旅居康养优势，激发各类康养服务主体活力，实现医疗、保健、休闲、养生等养老服务的融合式发展，有效提升养老机构的专业医护水平。进一步放宽康养服务市场准入机制，在贵州各州市县社会发展规划、城乡规划、土地规划等方面，结合贵州老年人康养服务设施建设需要，进一步推动社会化康养机构发展。如建立具有康养、养生、旅居等多功能的森林康养院、森林护理院、温泉疗养院、温泉康复中心等；鼓励社会力量通过多种方式参与公办养老机构改革，并在康养项目申报和审批等环节上进行优化，为申报和审批等创造便利条件；将支持社会资本举办非营利性、公益性的老年人健康养老服务组织和机构放在优先位置，优先向社会资本开放新增疗养类的医疗机构、新区、县乡级医疗机构建设。

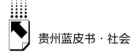

2. 开展独具贵州山地特色的老年辅具、服务设施建设

贵州现在已经步入解决当前适老辅具发展不平衡不充分、不适应贵州山地特色问题的重要时刻。需要抓住新时代适老辅具事业发展机遇，以创新引领为导向，以适应山地特点供给为目标，对接山地老年人群体对辅具服务需求，解决适老辅具不适应贵州坡地多、山坡陡峭、弯路崎岖等问题。适老化产品研发需要注意安装、外观、设计的贵州元素。在服务设施建设方面，要加强山地特色与老年人适老环境改造的独特设计，要实现"水平有坡度，垂直零距离"。做到地面必须有坡度过渡，不能有高坎或高度差；"垂直零距离"，要给有行动障碍、使用轮椅的老人留有足够过渡空间。对于盲人和低视力老年人，应尽可能地保障室内设施稳定性和固定性。适老服务设施建设与改造，应做到"一户一案、一人一案"。这有利于推动贵州适老辅具服务发展，有利于实现适老辅具服务本土化和适宜性。同时，还要加强贵州山区、易地搬迁社区老年人康复辅具观念普及，鼓励老年人摒弃过度关注居家养老的旧观念，扩大外出活动交流交往空间，通过康复辅具的使用强化自理能力，减少辅具使用不足可能导致的交往缺失和心理问题。

（三）服务体系和平台建设

1. 打造健康养老服务的"三个平台"

积极打造"中西医并重、强化民族医药"的贵州老年人医养结合服务平台。加快推进"政府扶持与社会资本相结合、居家养老与机构养老相结合、州市县乡村五位一体、西医中医与民族医药相结合，突出失能老人、高龄老人等重点老人康养"创新模式，大力发展苗药、侗医在养老服务方面的应用，打造具有贵州特色医养结合平台。鼓励和扶持州市县建立老年康养院、康复中心、安宁疗护中心等医养结合机构，完善治疗、康复、中长期护理服务、安宁疗护等服务体系，推动养老机构资源、医疗机构、康复机构互动融合，实现医疗、养老、护理资源效益的最大化。

加快推进贵州老年人智慧康养服务平台，实现"大数据＋大健康"的融合。构建"互联网＋康养"老年人智慧养老发展模式，树立"立足当地、服务全省、辐射周边"的智慧康养公共服务理念。在贵州版"硅谷"贵安新区数字化小镇打造有核心竞争力的康养类数字企业，做好贵州老年人健康数据的存储开发、开放共享、安全保障。建立全面养老数据管理系统实时监测健康动态；构建完善的老年群体健康诊疗模式；加强智能化老年康复辅具建设，提高老年人使用互联网、人工智能的自我管理能力，实现家属对其健康状况实时掌握。

加快探索贵州老年人康养治理服务平台。建立智慧康养社区、森林康养、智慧康养、文化康养、康养旅游等康养公共服务体系。到 2030 年，建成与国际一流和谐宜居之都相适应的现代化健康养老治理平台，贵州城乡老年人"人人享受健康养老生活""人人享有基本医疗康复""人人享有基本护理服务""人人饮水保障安全""人人享受绿色景观休闲空间""人人拥有健康环境"的局面基本形成，步入国内先进水平，贵州基本建成健康中国生态特区。

2. 大力发展示范村镇生态康养服务

可依托贵州特色乡村、村寨自然资源和人文历史等优势，大力发展乡村地区老年人生态康养，实现"大健康、大旅游、大生态"的联动。到 2030 年，在贵州建成一批健康城市、健康村镇建设的示范市和示范村镇。乘着大健康战略实施东风，发展村镇生态康养服务，有效利用当地特色自然环境优势，运用康养结合、康养保障服务，构建高效的乡镇康养服务体系，打造融中西医治疗、中医药康复、养生、养老与休闲旅游于一体的具有示范意义的康养综合项目。通过村镇生态康养服务，激发城镇居民就地就近享受高质量康养，有效带动当地留守妇女、留守低龄老人就业增收，推动农村一、二、三产业融合发展，激发落后地区农村经济新活力。围绕着村镇生态康养服务升级，还将开发出更多与康养相关的就业岗位，例如康养咨询与宣传、康养照料、康复治疗、康养技术服务等中高端技术岗位和管理岗位。因此，需要结合本地发展模式挑选和培育一批乡村劳动力，并为其提供康养信息指导咨询、康养技术培训、资金扶持、政策优惠等良好发展环境。下一步为了更有效地保护农村康养生态环境，实现农村经济内生性和长远性增长，应遵循自

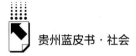

然生态环境变化规律发展康养行业，在农村生态环境承受范围内发展服务产业以实现农村产业发展与环境发展的协同。

参考文献

马凤芝、陈海萍：《基于时空视角的健康老龄化与社会工作服务》，《社会建设》2020 年第 1 期。

李智环、杨军昌：《贵州乡村旅游文化资源与乡村人口传统文化素质探析》，《西北人口》2009 年第 1 期。

Chunkai Li, Shan Jiang, Na Li, Qiunv Zhang, "Influence of Social Participation on Life Satisfaction and Depression Among Chinese Elderly：Social Support as a Mediator," *Journal of Community Psychology*，2018，3：2018，45（31：345 – 355）.

王丹：《医务社会工作者的角色实践困境探析》，华中师范大学硕士学位论文，2015。

林巧珍：《我国农村留守老人养老问题》，《合作经济与科技》2010 年第 19 期。

睢党臣、彭庆超：《"互联网＋居家养老"：智慧居家养老服务模式》，《新疆师范大学学报》（哲学社会科学版）2016 年第 5 期。

高菁：《"互联网＋"养老服务在公建民营养老机构中的实践研究》，沈阳师范大学硕士学位论文，2017。

《贵州健康养生产业四大业态》，贵州省人民政府网，http：//www. guizhou. gov. cn/xwdt/djfb/201709/t20170925_ 875671. html，2015 年 3 月 16 日。

袁亚杰：《积极老龄化视野下我国旅居养老发展机遇与挑战》，《教育教学论坛》2019 年第 32 期。

《姑苏区探索转型 "3 ＋X" 医养融合姑苏模式》，《姑苏晚报》2016 年 4 月 16 日。

陈利坚：《社会工作在健康促进与健康教育工作中的实践》，《家庭医药》2019 年第 4 期。

史毅、张立龙：《日本失能预防服务体系对中国健康老龄化的启示》，《健康中国观察》2020 年第 9 期。

李利平、孙建萍：《老年慢性病患者失能预防的研究进展》，《护理学杂志》2018 年第 21 期。

B.12
贵州新型城镇化的人口
空间布局优化研究[*]

陈文福　申时昌　郝瑞峰　史亚飞[**]

摘　要：　"十二五"以来，贵州省委、省政府认真贯彻落实习近平总书记关于新型城镇化的重要指示精神，大力实施城镇化带动战略，全省常住人口城镇化率较快提高，人口空间布局发生了新的变化。值得指出的是，贵州新型城镇化潜力仍然较大，人口空间布局尚需进一步优化。

关键词：　新型城镇化　人口空间布局　贵州

遵照贵州省委十二届八次全会关于"坚持以人为核心的新型城镇化""构建高质量发展城镇体系"的重要部署，2020年以来，贵州省人民政府发展研究中心课题组就"贵州省新型城镇化的人口空间布局问题研究"开展了专题研究，并形成本研究报告。

---

*　本文系贵州省人民政府发展研究中心组织开展的"贵州省新型城镇化的人口空间布局问题研究"课题的阶段性成果之一。

**　陈文福，贵州省人民政府发展研究中心区域经济与城镇化研究部部长，经济学博士，研究员，研究方向为城镇化、区域经济；申时昌，贵州省人民政府发展研究中心助理研究员，研究方向为城镇化、区域经济；郝瑞峰，贵州省人民政府发展研究中心助理研究员，研究方向为城镇化、区域经济；史亚飞，贵州省人民政府发展研究中心助理研究员，研究方向为城镇化、区域经济。

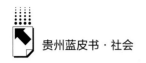

一　近10年来贵州城镇人口空间分布的几大变化

（一）常住人口

贵州省常住人口从乡村向城镇较快流动，乡村人口持续减少、城镇常住人口持续增加。与 2010 年相比，2019 年贵州省常住人口城镇化率从 33.81% 提高到 49.02%，增加了 15.21 个百分点，年均增长 1.69 个百分点，年均增幅高于全国 0.48 个百分点。全省乡村人口从 2302.75 万人下降至 1846.98 万人，年均减少 50.64 万人；乡村就业人员由 1245.14 万人下降至 1061.71 万人，年均减少 20.38 万人。全省城镇常住人口从 1176.25 万人增加到 1775.97 万人，年均增加 66.64 万人；城镇就业人口由 525.76 万人增加到 987.69 万人，年均增加 51.33 万人。特别是 2016 年以来，随着易地扶贫搬迁工程的强力推进，贵州省乡村人口向城镇流动的趋势不断增强。

新增城镇常住人口向市辖区、县级市和重点县集聚，人口流动呈现随要素资源集聚而集聚的态势。根据省住建厅全省县域常住人口城镇化数据监测，2011～2018 年，贵州省新增城镇常住人口超过 15 万人的县级区域共有 14 个，即花溪区、红花岗区、七星关区、盘州市等市辖区、县级市和重点县，共计新增城镇人口 359.23 万人，占全省新增城镇常住人口比重达到 40.21%。新增 10 万人城镇人口以上的县级区域达到 31 个，新增常住城镇人口总量达到 574.31 万人，占全省比重达到 64.29%。这些新增城镇人口较多的区市县，大多是因区位占优、经济发展快、就业岗位增加、基础设施不断完善、公共服务水平高等要素资源持续集聚，带来新增常住人口的不断增多。与此相反，不少县级区域因区位处于劣势、经济发展滞缓、就业岗位新增不多、基础设施改善不够、公共服务水平不高等原因，吸聚人口不多，甚至减少。2011～2018 年，全省有 20 个县新增城镇常住人口少于 5 万人，而经济、区位等要素条件较差的黔东南和黔西南达到 12 个县，占到新增少于 5 万人口的区县比重的 3/5。

随着综合立体交通体系的建立健全，人口不断向交通干道沿线的城市和城镇集聚。近年来，随着沪昆高铁、黔渝快铁、贵广高铁等铁路逐步建成营运，与沪昆高速、贵遵高速、夏蓉高速等高速铁路协同发展，形成了以贵阳为中心的东西向、南北向两条带状人口集聚区，成为贵州省人口集聚度较高的两条轴线。其中，东西向人口集聚区为六盘水—安顺—贵阳—凯里—铜仁沿线，南北向人口集聚区为遵义—贵阳—都匀沿线。2019年，两条轴沿线集聚总人口达到1782.34万人，占全省人口总量的49.20%，较2010年增加212.9万人，提高4.09个百分点（见表1）。这两条交通主轴沿线的城市和城镇，仍然是贵州常住人口的主要集聚区。

表1　2010~2019年贵州省两大交通轴线人口集聚总量占比变动情况

单位：万人，%

年份		2010年	2015年	2016年	2017年	2018年	2019年
全省		3479	3529.5	3555	3580	3600	3622.95
南北交通轴沿线	南 明 区	83.07	87.97	89.64	91.90	92.39	92.70
	云 岩 区	95.83	99.44	99.54	99.59	99.64	96.14
	乌 当 区	37.75	23.91	24.33	24.88	25.28	25.74
	白 云 区	26.49	27.90	28.39	29.02	29.58	30.12
	观山湖区	—	25.15	26.78	28.97	32.77	37.03
	花 溪 区	60.90	64.17	65.21	66.71	67.74	72.70
	修 文 县	24.93	26.65	27.04	27.65	28.09	28.60
	息 烽 县	21.31	22.50	23.16	23.97	24.33	24.78
	开 阳 县	35.85	36.86	37.39	38.23	38.34	39.04
	播 州 区	94.52	94.39	68.28	68.51	68.86	69.18
	红花岗区	65.74	68.46	85.85	85.67	86.14	86.68
	汇 川 区	43.90	45.99	56.98	57.25	57.56	58.02
	桐 梓 县	52.23	52.54	52.73	52.84	52.92	53.23
	都 匀 市	44.43	45.57	46.09	46.71	46.89	47.06
	丹 寨 县	12.26	12.25	12.33	12.39	12.44	12.49
	榕 江 县	28.68	28.63	28.78	28.92	29.03	29.14
	从 江 县	29.13	29.06	29.21	29.34	29.46	29.58
	合　　计	757.02	791.44	801.14	812.55	821.46	832.23

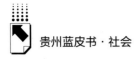

续表

年份		2010 年	2015 年	2016 年	2017 年	2018 年	2019 年
东西交通轴沿线	清 镇 市	46.80	47.64	48.20	49.28	50.03	50.29
	平 坝 区	29.85	31.12	31.50	32.25	32.69	32.90
	西 秀 区	76.63	77.21	77.90	78.30	79.39	80.18
	镇 宁 县	28.41	28.45	28.55	28.70	28.72	28.73
	关 岭 县	30.20	28.36	28.46	28.56	27.84	27.85
	晴 隆 县	24.70	24.80	24.60	24.75	24.85	23.92
	普 安 县	25.47	25.80	25.50	25.65	26.05	26.21
	盘 州 市	10.36	104.60	105.34	106.06	106.51	107.05
	六枝特区	49.56	49.90	50.15	50.40	50.55	50.66
	钟 山 区	61.76	60.23	60.84	60.46	60.98	61.29
	水 城 县	70.52	74.26	74.36	75.49	75.69	76.05
	威 宁 县	126.56	127.68	128.37	128.71	129.18	129.72
	龙 里 县	18.09	16.04	16.07	16.16	16.21	16.28
	贵 定 县	23.13	24.04	24.19	24.26	24.33	24.35
	福 泉 市	28.44	29.32	29.44	29.60	29.69	29.77
	凯 里 市	47.92	53.81	54.31	54.52	54.71	54.89
	台 江 县	11.24	11.11	11.18	11.23	11.28	11.33
	剑 河 县	18.08	18.08	18.18	18.26	18.34	18.41
	三 穗 县	15.60	15.52	15.62	15.70	15.77	15.84
	岑 巩 县	16.22	16.06	16.16	16.24	16.31	16.37
	玉 屏 县	11.86	12.03	12.14	12.77	13.72	15.58
	万 山 区	4.79	11.51	11.65	11.90	13.27	15.76
	碧 江 区	36.23	31.16	31.58	32.02	33.61	36.68
	合 计	812.42	918.73	924.29	931.27	939.72	950.11
两大轴沿线合计		1569.44	1710.17	1725.43	1743.82	1761.18	1782.34
占全省比重		45.11	48.45	48.54	48.71	48.92	49.20

资料来源：根据 2010~2019 年《贵州省统计年鉴》、贵州省统计局提供数据整理计算。

（二）户籍人口

户籍人口跨省流动规模庞大，乡村出省务工人员是"主力军"。跨省流出人口规模庞大。2019 年，贵州省户籍人口达到 4571.45 万人，但常住人口为 3622.95 万人，人口跨省净流出为 948.50 万人，净流出人口数量较

2010 年增加 238.5 万人，增加 33.59%。其中："十二五"时期，年均增长 31.17 万人，年均增幅 4.39 个百分点；"十三五"以来，年均增长 16.53 万人，年均增幅 2.33 个百分点。乡村出省务工人员是跨省流出的"主力军"。根据省人社局"十三五"以来统计的数据，2019 年全省乡村出省务工人员占全省外流人口的比重为 59.7%，虽然较 2015 年占比降低了 11.6 个百分点，但仍然是跨省流出的"主力军"（见表 2）。

表 2　2010~2019 年贵州省人口跨区域流动情况

单位：万人

类　别	2010 年	2015 年	2016 年	2017 年	2018 年	2019 年
户籍人口	4189.00	4395.33	4452.80	4474.94	4528.63	4571.45
常住人口	3479.00	3529.50	3555.00	3580.00	3600.00	3622.95
跨省流出量	710.00	865.83	897.80	894.94	928.63	948.50
农业人口跨省流出量	—	617.01	612.15	614.91	614.51	566.40

资料来源：根据贵州省公安厅、省人社厅、省统计局、省生态移民局提供的数据整理计算。

二　"十四五"时期贵州人口空间分布潜力分析

（一）关于"十四五"时期人口规模和城镇人口总量预测

2019 年，贵州省常住人口城镇化率达到 49.02%，城镇常住人口总量达到 1775.97 万人，全省常住人口总量达到 3622.95 万人。参照 2015~2019 年常住人口年均增长 18 万人左右的规模测算，到 2025 年全省常住人口总量可达到 3730 万人左右。参照 2015~2019 年全省城镇化率平均增长幅度 1.4 个百分点测算，到 2025 年全省常住人口城镇化率可达到 57.5% 左右，城镇常住人口规模达到 2150 万人左右，年均新增城镇常住人口达到 62 万人左右。

（二）关于黔中城市群作为全省最具人口吸聚潜力基本盘分析

人口空间分布受经济、社会、自然、体制等多种因素共同作用，具有一定的人口集聚规律性。通过区域人口吸聚潜力指数分析，可推算一定区域的人口吸聚潜力。人口吸聚潜力指数是指现有人口状况下各地区能够继续容纳人口的潜力大小。通过对国内外关于人口吸聚潜力指数测算方法的文献检索，目前，运用较为普遍的模型为：人口吸聚指数 = $\alpha \times$ 生态环境指数 + $\beta \times$ 市场活力指数 + $\gamma \times$ 交通便捷指数（系数 α、β、γ 根据工业化水平所处阶段确定）。其中：生态环境指数 = 0.35 × 生物丰度指数 + 0.25 × 植被覆盖指数 + 0.15 × 水网密度指数 + 0.15 ×（100 - 土地胁迫指数）+ 0.10 ×（100 - 污染负荷指数）+ 环境限制指数；市场活力指数 = 民间投资额 ÷ 政府投资额；交通便捷指数 = 区域综合交通路网密度 ÷ 全域综合交通路网密度。

运用上述人口吸聚潜力指数模型测算，2018 年黔中城市群的人口吸聚潜力指数为 27.972，同年该城市群 GDP 增速和人口密度分别是 10.6% 和 328.46 人/平方千米，与省内各市州比较，人口综合吸聚能力略低于贵阳市，但明显高于其他市州（见表 3）。与国内重要城市群比较，黔中城市群人口密度明显高于国内第三方阵城市群的平均水平，接近第二方阵城市群的中等水平（见表 4）。按照第一方阵中与贵州省区域空间最近的成渝城市群613.52 人/平方千米的现有人口密度标准计算，黔中城市群具有 1533.65 万人的吸聚潜力空间，黔中城市群将成为贵州省最具人口吸聚潜力的基本盘。

表 3　2018 年黔中城市群及各市州人口吸聚潜力比较

区域	人口吸聚潜力指数	GDP 增速（%）	人口密度（人/平方千米）
黔中城市群	27.972	10.6	328.46
贵阳市	28.230	9.9	607.66
遵义市	26.741	10.4	203.85
铜仁市	26.096	9.6	176.02
黔西南州	25.442	12.0	170.89
毕节市	25.124	10.2	248.99
黔东南州	24.888	7.9	116.64
黔南州	24.021	10.8	125.67
安顺市	23.910	10.3	253.93
六盘水市	21.333	8.8	294.77

资料来源：根据贵州省 2019 年统计年鉴及 2018 年社会发展统计公报计算。

表4 2018年国内重要城市群人口密度比较

单位：人/平方千米

级　别	国内主要城市群	人口密度
第一方阵:国家级重点 建设城市群	珠江三角洲城市群	1765.92
	长江三角洲城市群	803.00
	京津冀城市群	782.14
	成渝城市群	613.52
	长江中游城市群	553.32
第二方阵:区域性稳步 建设推进城市群	山东半岛城市群	1391.54
	中原城市群	658.14
	辽中南城市群	503.76
	海峡西岸城市群	429.39
	北部湾城市群	375.15
	关中城市群	371.69
	江淮城市群	246.85
	哈长城市群	168.84
	天山北坡城市群	48.01
第三方阵:地区性引导 培育城市群	晋中城市群	472.61
	黔中城市群	328.46
	滇中城市群	200.70
	兰西城市群	142.36
	宁夏沿黄城市群	118.29
	呼包鄂榆城市群	65.05

资料来源：根据2019年各省统计年鉴数据计算。

（三）关于贵阳市作为全省最具人口吸聚潜力城市分析

与周边省会城市、直辖市对比，2018年贵阳市人口吸聚潜力指数、GDP增速和人口密度分别比昆明高0.67、1.5个百分点和288.65人/平方千米，比南宁高 1.70、4.5 个百分点和 279.59 人/平方千米，接近长沙水平。但与成都和重庆比较，人口吸聚潜力指数分别比成都和重庆低 10.06 和 15.53，差距十分明显（见表5）。与省内其他市（州）比较，2018 年，贵阳市的人口吸聚潜力指数分别比六盘水、遵义、安顺、毕节、铜仁、黔西南、黔东南和黔南分别高 6.897、1.489、4.320、3.106、2.134、2.788、3.342 和 4.209，位居 9 个市（州）之首，贵阳市仍是全省最具吸聚人口潜力的城市。同时，其他市（州）人口吸聚潜力仍有一定空间。

表5   2018 年贵阳及周边主要城市吸聚人口潜力比较

城市名称	人口吸聚潜力指数	GDP 增速（%）	人口密度（人/平方千米）
贵阳市	28.23	9.9	607.66
昆明市	27.56	8.4	319.01
成都市	38.29	8.0	1118.11
重庆市	43.76	6.0	373.19
长沙市	36.15	8.5	689.97
南宁市	26.53	5.4	328.07

资料来源：根据《中国统计年鉴（2019）》提供的数据计算得到。

（四）关于人口吸聚潜力指数分析结论

综合人口吸聚潜力指数和人口地域集聚指数比较分析，得出如下结论。

一是从城市体系看，贵州省人口空间集聚的重点区域是黔中城市群、贵阳都市圈和遵义都市圈、贵阳和遵义两个大城市。

二是从行政区划看，贵州省市辖区和县级市以及少部分县的人口吸聚潜力较大。大多数县，特别是地处省际交界、经济发展滞后、基础设施落后的县，则成为人口流出县。

三是基于国家主体功能区政策导向和贵州省新型城镇化发展趋势，黔中城市群和以其他市州政府所在的区域性中心城市为龙头的城镇组团是省内城镇化重点地区，是人口吸聚的重点区域，需要吸纳大量乡村人口。

三 贵州城镇人口空间布局和几点建议

（一）总体布局设想

"十四五"及未来一段时期，贵州省城镇人口布局应以"中心带动、多级突破"的思路，着力打造"一群两圈五组团"与"特色小城镇"融合发展的城镇人口空间总体布局。

"一群"即黔中城市群，为全省城镇人口空间集聚的中心区和重点发展区，由规划范围的33个市辖区、县级市和部分县城组成，为全省城镇化区域的优先发展区。初步预计，到2025年：黔中城市群应集聚全省常住人口的60%左右，规模达到2600万人左右，年均新增常住人口规模达到50万人左右；城镇化率达到70%左右，城镇常住人口达到1300万人左右，年均新增城镇常住人口50万人左右。

"两圈"即贵阳都市圈和遵义都市圈，两大都市圈为黔中城市群的核心区域，为全省城镇人口集聚的优先发展区。其中，贵阳都市圈包括贵阳市的6区3县1市，安顺市的西秀区、平坝区、普定县和镇宁县，黔南州的龙里县、惠水县。初步预计，到2025年：该都市圈应集聚黔中城市群城镇常住人口总量的60%左右，城镇常住人口规模达到780万人左右，城镇化率超过70%；常住人口总量达到1100万人左右，占黔中城市群区域常住人口总量的42%左右。遵义都市圈包括遵义市的红花岗区、汇川区、播州区、仁怀市、绥阳县、湄潭县、桐梓县和毕节市的金沙县。初步预计，到2025年：该都市圈应集聚黔中城市群城镇常住人口总量的30%左右，城镇常住人口规模达到400万人左右，城镇化率达到70%左右；全区域常住人口总量达到600万人左右，占黔中城市群区域常住人口总量的25%左右。

"五组团"，即黔中城市群以外的5个重要城镇组团，为全省城镇人口集聚的协同发展区。这些城镇组团对本区域人口具备一定的吸引能力，应进一步加大特色城镇建设，打造成为全省人口分布的次级集聚区和区域人口集聚中心。其分别为：西北部毕节城镇组团，包括七星关区、大方县、黔西县区域，初步预计，到2025年，该城镇组团常住人口达到330万人左右，城镇常住人口达到155万人左右；西部六盘水城镇组团，包括六盘水市的钟山区、六枝特区、水城县和毕节市的威宁县区域，初步预计，到2025年，该城镇组团集聚常住人口达到300万人左右，城镇常住人口达到180万人左右；西南部兴义城镇组团，包括兴义市、兴仁市、盘州市区域，初步预计，到2025年，该城镇组团集聚常住人口达到250万人左右，城镇常住人口达到150万人左右；东南部凯里、都匀城镇组团，包括凯里市、麻江县、贵定县、都匀市、福泉市、龙里县区域，初步预计，到2025年，该城镇组团集聚常住人口达到250万人左右，城镇常住人口达到180万人左右；东部铜仁城镇组团，包括碧江区、万山区、玉屏县、江口县、印江县、石阡县等区域，初步预计，到2025年，该城镇组团集聚常住人口达到240万人左右，城镇常住人口规模达到145万人左右。

特色小城镇建设，即特色小城镇建设与大中小城市融合发展，将特色小城镇融入城市群、都市圈、城镇组团中，让特色小城镇成为全省承载城镇人口的重要功能区，形成功能集中、特色突出、层次分明的重要城镇人口承载和集聚区，有效分担大中小城市的人口压力。

（二）人口空间布局优化的几点对策建议

1. 实施"就业创业提升工程"，增强人口吸聚能力

增强中心城市和城市群等经济发展优势区域的人口吸聚能力，关键在于增加区域就业岗位，满足各类人群就业创业需求。"十四五"期间贵州省应坚定不移地实施就业创业提升工程，以提升就业供给质量、创业服务质量支撑城镇人口空间布局优化。一是推进"兴产业、带就业"。鼓励新增就业人口、流动就业人口向绿色食品产业、十大工业产业、现代服务业等贵州省未来发展重点产业集中。支持养老、家政服务等劳动密集型企业更多吸纳就业。鼓励利用现有房屋和土地兴办文化创意、健康养老、众创空间、生产性服务业、"互联网＋"等新业态，提高新业态就业数量。二

是为创新创业提供信贷支持。搭建金融机构与就业创业担保、再担保机构合作平台，探索设立贵阳都市圈和遵义都市圈创业基金，对优秀创业项目给予资助，为创业扶持对象提供股权投资、融资担保等服务。鼓励现有各类产业投资基金设立就业创业子基金，加大对初创企业的支持力度。鼓励发展贷款、保险、财政风险补偿捆绑的专利权质押融资新模式，降低创业融资成本，提高融资便利性。三是实施创业安居工程。在贵阳、遵义等城市，依托优良生态环境和地理区位，建设一批人才公寓、共有产权住房，重点支持符合条件的创新骨干、创业人才入住人才公寓、购买共有产权住房，把地区生态优势转化为发展优势，打造高层次人才集聚的创新创业活力区、安居乐业试验田。

2. 优化公共资源配置，让集聚人口享受高质量的公共服务

基础设施和公共服务资源是增强区域人口集聚能力的重要保障，贵州省依然存在基础设施和公共服务资源总量偏少、质量不高等问题。"十四五"时期，贵州省应加快补齐短板，增强城镇人口综合承载能力。一是开展基础设施综合提升行动。城镇基础设施的建设需要 3~5 年的周期甚至更长，在快速城镇化时期往往跟不上人口变动步伐。贵州省应超前谋划建设一批城镇配套设施，完善垃圾无害化资源化处理设施，健全污水集中处理设施，优化市政交通设施，完善市政管网设施，发展配送投递设施，推进城市智慧化改造，解决城市内涝、交通拥堵、垃圾围城、噪声污染等"城市病"问题。二是实行教育水平上台阶行动。以为各类人口提供优质公平教育资源为导向，按照常住人口规模配置教育资源。优化中小学、幼儿园布局，新建或改扩建公办幼儿园，引导社会力量建设普惠性幼儿园。按照义务教育学校基本办学标准，改善教学设施和生活设施，实现校舍和场所标准化。三是推进医疗卫生水平提升行动。努力增加优质医疗资源供给，新创建一批三甲医院，推进县（市、区）和乡镇综合医院提标改造，以门（急）诊、住院、医技科室为重点增加业务用房并配备必要设备。促成贵阳市区内三甲医院与县（市、区）中心医院合作，实现卫生人才的流动和技术、设备、信息的共享。

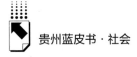

3. 推进区划调整，优化人口集聚行政空间

重点在黔中城市群、两大都市圈以及区域性中心城市辐射带动效应较强的区域，通过撤县（市）设区和撤县设市，拓展中心城区和城市发展空间，增强人口承载力和吸纳能力。一是建议积极推进贵阳市域范围的清镇、修文、息烽等撤县（市）设市辖区，开展遵义中心城区周边的绥阳县、湄潭县撤县设区工作；二是建议推进大方县撤县设区工作，解决毕节作为地级市"一市一区"问题；三是建议加快黔西县、金沙县、习水县、瓮安县等撤县设市工作。同时，贵州省部分县国土面积不足 2000 平方千米，人口在 10 万～15 万人，经济发展滞后，产业特色不强，发展后劲不足。对这些县域进行撤并，并适时开展撤县设市工作，将有利于拓展这些区域的资源配置空间，将产业做特做强，增强吸聚人口的能力。

4. 深化改革创新，激发城镇人口集聚活力

传统城镇化中存在户籍制度限制、盲目地土地开发、土地利用浪费等诸多问题，限制了城镇化的发展。新型城镇化应注重改革创新，应当通过政策、体制机制创新，实现生态空间、农业空间和城镇空间的有机统一，让城乡发展更具活力。一是完善居民同权共享的户籍制度。全面落实居住证制度，实现居住证持有者、城中（郊）村居民在义务教育、住房保障等公共服务上与当地城镇居民同等待遇。建立农业转移人口市民化奖励机制，增加对吸纳农业转移人口较多的贵阳、遵义等大中城市的财政、金融支持力度，增强大中城市政府提供基本公共服务的能力。二是健全"流转合理有序"的土地出让机制。规范推进城乡建设用地增减挂钩工作，建立健全城镇低效用地再开发激励约束机制。借鉴重庆"地票"经验，将省内人口输出地农村宅基地复垦后的建设用地指标调剂到贵阳、遵义等大中城市，以解决这些城市增加公共服务和基础设施配置的建设用地指标不足问题。建立健全农村产权流转市场体系，完善相关制度，探索形成农户对"三权"的自愿有偿退出机制，支持和引导进城落户农民依法自愿有偿转让上述权益。三是建立"乡土人才"培育提升机制。组织开展乡土人才摸底调查，建立乡土人才数据库。实施乡土人才培育计划，分级分类开展乡土人才教育和技能培训，定

期举办全省民间传统技艺技能大赛，建设一批乡土人才技能大师工作室，培育 100 名历史经典工艺传承技能大师。实施乡土人才"三带"行动，扶持引导乡土人才带领技艺传承、带强产业发展、带动群众致富。建立乡土人才评价体系，组织开展乡土人才技能等级评定。完善乡土人才激励机制，组织开展拔尖乡土人才评选活动，每 2 年评选 100 名省级拔尖乡土人才。四是建立高效转化的城镇化生态价值实现机制。整合城乡绿色资源和碎片化生态资源，依托生态场景叠加生态体验、文化创意、体育运动等新兴消费功能，营建以绿道网络为纽带的绿色经济体系，推动生态效益的价值实现。创新生态建设投入产出平衡机制，划定绿隔区边界外相应区域作为生态建设成本提取控制区，将土地增值部分收益定向用于生态项目建设，形成土地增值与生态投入良性互动机制。

社会治理篇

Social Governance Reports

B.13

贵州城市社区治理中的德治研究*

——基于贵阳市白云区的考察

丁胜　张莹**

摘　要： 贵州历来重视城市社区治理中的德治实践，无论是忠孝传家的伦理治理、民间约定的共识治理，还是榜样示范的贤能治理，都具有德治的意蕴并具有广泛的实践基础和发展成效；但同时也还存在基层重视程度不够、创新手段不多以及让位于刚性治理、技术治理等问题。贵阳市白云区的德治实践颇具综合性和代表性，其基于伦理引领、诚信示范、道德劝善和共识凝聚基础上的德治实践，不仅蕴含了城市社区治理的内核要义，同时也为贵州城市社区探索了柔性治理的经验典

* 本文系国家社科基金西部项目"中国乡村治理中的自发秩序研究"（项目编号为19XZZ006）的阶段性研究成果。
** 丁胜，贵州省社会科学院副研究员，博士，研究方向为政治学理论、政府治理；张莹，贵州日报报刊社主任编辑，研究方向为文化传播、新闻传播。

范，具有启发意义。

关键词： 基层治理　城市社区　德治

现代性背景下，城市社区人与人之间的疏离感较强与认同度较低同时存在，如若没有价值共识性基础上的德治回归与集体行动，碎片化风险一旦凝结为系统性风险，就会给社区治理套上沉重的枷锁，进而使其陷入依靠外力维持秩序的泥潭。2020 年贵州常住人口城镇化率首次超过 50%，同期新媒体用户呈现几何级增长态势，高流动性和网络空间的"脱域化"及"无边界"突破时空局限，使得城市社区的治理风险散落于钢筋水泥之中，一旦这些"沉寂式"风险积聚到一定程度，便会在特定环境中由"潜在的风险"变为"现实的危机"。这就要求地方治理中必须高度重视德治的凝聚、劝善和教化作用。贵州历来重视德治在城市社区中的重要地位和作用发挥，旨在以德治的内省性、规范性、劝善性、教化性以及调适性等柔性要素润育秩序的刚性，从而推动实现共建共治共享的良好局面。

一　贵阳市白云区城市社区治理中德治的主要做法

白云区是贵阳市 6 个中心城区之一，但在其 272 平方千米的行政区域里分布着两乡三镇五街道，社会治理既涵括"熟人制"的乡村治理、"混居制"的城乡接合部治理，同时还有"街区制"的城市社区治理，治理样态十分丰富。具体到城市社区，由于五个街道存在一定的差异性，其中既有"单位制"遗留的老旧工矿社区、"村改居"伴生的新市民社区，同时还有"现代性"规划的大型社区，面对社区差异性伴生的治理多样性，白云区将具有温度和情怀的德治作为治理创新重点。其中，无论是泉湖街道的水滴文化、大山洞街道的诚信文化、龚家寨街道的贤能文化、云城街道的智慧文化，还是都拉营街道的孝亲文化，都呈现德治意蕴下的柔韧性、自发性、调

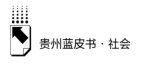

适性以及低成本、高效率等时代特征。可以说，白云区城市社区治理的德治实践，赋予了社会治理鲜活的内容和丰富的含义，具有积极的启发借鉴意义。

（一）上善若水，水滴文化为德治注入社会活力

白云区是贵阳市城市空间拓展改造的重点区域，城市化快速推进中出现的若干问题，诸如小区物业问题、房地产开发遗留问题、老旧小区基础设施改造问题、流动人口市民化问题等成为社会治理的问题多发领域，这些涉及市场行为和自愿选择基础上的问题，如果没有个人德性的约束、群体共识的达成并形成自发的行动逻辑，最终都会或多或少地演变成为政府兜底的问题，从而迫使泛政府责任的扩大化。传统文化以水为镜号召人们德性的回归。"上善若水"意即最善良的人总是像水一样滋长万物，以规律之柔克事物之刚，从而达到"利万物而不争"的效果。隐喻的是，只有每个人都上善若水做人、虚怀若谷处世，才能如同水分子一样顺流进入大海，由散乱的个人主张形成有序的整体秩序。白云区泉湖街道的"水滴文化"具有创新性，为城市社区治理注入了活力。

2018年以来，泉湖街道聚焦"泉心服务·水滴成湖"的治理理念，不断激励人们崇德向善、遵守规范并自愿奉献，为城市社区治理中内生动力的培育和接续提供了示范。一是"水润万物"，形成专业化团队提供多元化服务。泉湖街道根据志愿者年龄、职业、特长和业余爱好等情况，引导辖区内党员、退伍老兵、学校师生、律师、商家等分别设置宣传、环保、居家养老、法律援助、文艺等10支水滴志愿服务小分队，使志愿者能够人尽其才，为受助者提供个性化服务，涓涓细流温暖人心，帮助弱势群体或特殊困难居民融入社会、增强归属感。二是"饮水思源"，为志愿者打造精神家园。爱心需要互动，善意需要认可，泉湖街道通过设置志愿服务工作站、综合文化服务站以及泉泉小屋等，为志愿者和爱心人士搭建心灵加油站，使他们感受家的温暖，更好地传递爱心、传播文明，增强幸福感。三是"智者乐水"，以激励制度提升服务水平。道德需要引导和智识协同，泉湖街道通过设置五星级志愿者评比制度，调动志愿者开展活动的积极性，同时激励广大居民投

身志愿服务。评比制度计分标准以服务时长为单位，1 小时计 1 分，累计达到 100 分评定为一星级街道志愿者、300 分为二星级街道志愿者、500 分为三星级街道志愿者、700 分为四星级街道志愿者、1000 分为五星级街道志愿者，在授予星级证书的同时，分别奖励相应面额的礼品券。可以说，泉湖街道"我是泉湖小水滴"志愿服务品牌的打造很好地诠释了"积水成海"的伦理含义，将城市社区治理中政府唱"独角戏"引导为人人参与的"大合唱"。在水滴文化的浸润与洗礼下，白云区崇德向善之习气蔚然成风，人心思上、人心向善的理念深入人心。

（二）忠孝传家，孝亲文化为德治凝魂铸魄

中国传统文化将"忠孝悌忍善"作为家庭伦理的重点，无论是奉劝人们心怀"身体发肤，受之父母"的感恩之心，及时敬孝父母以免"子欲养而亲不待"的谆谆教诲，还是提倡对待父母要"能竭其力"的忠告，都体现了将孝道、顺从和反哺作为伦理治理重点的思想。白云区城市社区治理十分重视孝亲文化的培育，依托良好的道德传承、基础条件和自然环境，围绕"老吾老，以及人之老"做文章，孝亲文化声名远播。

一是老有所安，引导社会养老中的德性回归。龚家寨街道"贵阳市贵铝智慧幸福苑"是贵州铝厂独家投资兴办的中高端养老机构，为介助护理、失能、失智年长者提供生活照料、医疗康复、心理慰藉等，因服务环境好、服务质量优等在贵阳市养老机构中拥有较高声誉。需要指出的是，这家养老机构收费较高，但在啃老族、卡奴族、月光族盛行的今天，不与父母争利恰好能够映衬晚辈的人性光辉。正如孟子所言"为人子者怀利以事其父"则"怀利以相接，然而不亡者，未之有也"，即是说，孝敬父母不能以利为中心，如果以功利之心对待长者，则最终必然因利交恶而家庭解体。"贵铝智慧幸福苑"入住率较高，应市场之需不断规划拓展，从"积德累善生大爱""敬老助人扬美德"等锦旗中可见对孝亲文化的赞赏。此外，都拉营街道在俊发城建立养老机构并与德国蕾娜范养老机构签订了运营意向书，泉湖街道的蓝天日间照料中心与贵州自吾医学科技发展有限公司达成协议进行试运营

等。可以说，孝亲文化在白云区的推广成为德性回归的见证，并日益成为社区治理中一道亮丽的风景线。二是老有所依，提供居家养老中的人文关怀。白云区在每个街道建立老年人日间照料中心的基础上，依托区内老旧工矿社区"单位制"的孝亲传统，对老年人进行居家人文关怀。云城街道对行动不方便的老年人采取送服务上门，重点放在送餐、送护理、送医疗、送家政的上门服务；都拉营街道划拨专项资金慰问孤寡老人、引导企业爱心捐赠等；龚家寨街道组织志愿者为失能失独老人提供心理慰藉，为老年人理发等；大山洞街道发起"爱心小纸条"，为老年人的需求提供"点单式"服务；泉湖街道"五个必访"中有三个是对老年人的关照，即老党员必访、老干部必访、孤寡老人必访，多维立体的人文关怀增强了老有所依的厚度。三是老有所乐，社会活动凸显老人价值。在注重社会养老和居家养老德性回归的基础上，老年人的身心健康和智识传递成为关注的重点，云城街道等通过举办文娱活动、志愿服务、知识讲座等方式，引导老年人回归社会并乐于奉献，老有所想、老有所行、老有所值蔚然成风。

（三）蒙以养正，爱幼文化为德治培育传承力量

中国传统文化十分重视青少年时期的道德教化，无论是"蒙以养正，圣功也"的价值倡导，"少成若天性，习惯如自然"的理性认知，还是"幼吾幼，以及人之幼"的人性关爱，都体现了将爱幼、培育和德化作为伦理治理重点的思想。白云区十分重视青少年发展工作，秉持"儿童安则家庭安，家庭安则社会安，社会安则国家安"的理念，不仅以儿童为核心撬动多元主体共同关心关注社会治理问题，同时还将引导儿童成人成才作为白云区德治续航的保障。

一是蒙以养正，注重青少年发展中的传统文化教育。以大山洞街道为例，辖区"儿童幸福家园"是白云区青少年培育尤其是儿童道德教育的典型示范。这家初期针对贵州铝厂等上班职工孩子无人照料而兴办的机构，自2012年成立以来逐渐发展壮大并成为白云区甚至贵阳市儿童机构的翘楚，多次荣获国家级表彰。幸福家园十分重视孩子们伦理、道德、礼仪的教化工

作，旨在通过传统文化教育，尤其是通过发挥家风对正向激励的引导作用、家训对道德禁区的警示作用、节假日对家国情怀的凝聚作用等，扩大儿童参与度、增强儿童接受度以及促进儿童认同度，不断引导孩子们崇德向善、知晓礼仪、尊重自然、追求和谐以及勤奋自强等，为社会治理蓄积后备力量。二是幼人之幼，聚焦儿童权利保障与情感管护。随着白云区城市化步伐的加快和经济社会的发展，部分"上班族"子女课后无人看管、务工人员子女就地义务教育、流动人口子女异地情感冷漠等问题不断凸显，引发了一系列社会治理问题。对此，白云区在加大义务教育资源均衡化、受教育权利均等化执行力度基础上，不断优化儿童成人成才的社会环境。以大山洞街道为例，为了解决辖区内近万名儿童的托管等问题，幸福家园推出"日照料""周活动""月家访""建台账""延时制"五项机制，保证了爱心教育的常态化，2 名专职爱心妈妈与530 多名兼职爱心人士的加盟，为区内儿童提供了多维立体的爱心服务，围绕儿童教育出现的社会治理问题几近消失。三是幼有所长，注重儿童智识培养与家国情怀。一个社会的德性培育始于启蒙教育，只有从小引导良好的道德认知与价值取向，整个社会的治理根基才会稳固，国家才会长治久安。白云区在注重传统文化教育和管护教育基础上，通过培育和选树先进典型、邀请"五老"人员讲述家风家教、孝老爱亲、国学经典、道德故事，以及创新推出爱心积分、爱心连线、爱心淘宝、爱心救助、爱心公益"五爱活动"等活动，增长儿童知识面并引导树立良好的人格修养，不断为社会治理注入活力和生命力。

（四）善信善治，诚信共同体为德治提供保障

传统中国德治认知里，无论是"仁义礼智信"的价值共识、"信以成之"的信念引领、"言必信，行必果"的逻辑推演，还是"与朋友交，言而有信"的道德劝善，都将诚信看作是展示个人品质和规范人际关系的核心要素，也被认为是国家、社会和个人的治理之道和秩序之源。当代中国德治实践中，诚信作为社会主义核心价值观的内容之一，因其在提升政府信任资本存量、规范市场经济秩序和形成个人自发秩序等方面的作用而备受重视。

白云区历来重视诚信建设并将其融入社会治理，诚信作为柔性治理的"最大公约数"不断内化为人们的情感认同和行为习惯，在城市社区治理中发挥着不可替代的作用。历经多年理论探索与实践，白云区建构了一个以党政为先锋、社会为主体、个人为重点的诚信治理共同体，通过约定俗成的方式诠释"善信善治"的德治意蕴。其中，大山洞街道的"诚信十条"坚持抱诚守真的理念，是系统化诚信治理实践在基层的开拓者。大山洞街道既是老旧工矿社区也是城市化建设重点区域，2014年以来该街道针对城市化、市场化和信息化衍生的问题推出了五个"诚信十条"，旨在建构以政务诚信、社会诚信、个人诚信为一体的诚信共同体，为社会治理提供软约束。

一是以政务诚信夯实社会信任资本存量，推出"政务诚信十条"。政务诚信是市场经济健康发展和社会信用体系建设的重要保障，只有为政者刚正不阿和言而有信，才能做好以身示范和吹哨聚力的角色，即达到"政者，正也"和"言善信、政善治"的传统治国理政意蕴。"政务诚信十条"旨在以政务诚信为突破口引领社会诚信和个人诚信，推出诚信于党、诚信于国、诚信于法等十条约定，对于提升市场主体和社会成员的诚信意识，培养和形成良好的诚信习惯起到压舱石的作用。二是以市场诚信为重点规范社会秩序，推出"市场诚信十条"。城市化进程中商业的流动性、市场化进程中资本的逐利性以及信息化进程中约束的隐秘性，都使得市场治理必须借助显性的规则和隐性的道德规避风险。大山洞街道在充分征求市场主体意见基础上推出的诚信经营、诚信纳税等10条约定，既是约定俗成基础上的非正式规范，也是具有明确约束力的正式规范，对于维护和规范市场秩序起到举重若轻的作用。三是以个人诚信为目标形成自发秩序，推出"居民诚信十条"。随着大山洞街道城市化、市场化的纵深推进以及人员流动的日趋加速，辖区居民的亲缘、地缘、业缘纽带一度呈现逐步瓦解的趋向，为了避免居民间的组织方式变得松散、邻里关系趋于淡漠以及社区归属感逐渐消失，大山洞街道探索以德治"最大公约数"的诚信对个人进行共识再造。针对居民推出的诚信于法、诚信于人等10条约定，很好地发挥了德性约束和凝心聚力的作用。四是以行为强化为方法，推出"励诚十条"和"非诚十条"。为正强化守信行为和负强化失信行为，大山洞街道对于积极践行诚信的个人或商户，给予授星奖励、就业优先、收视奖励、话费奖励、保险奖励、购物奖励、安防奖励、贷款奖励以及计生优质服务等 10 个方面的奖励；而对于修建违法违章建筑、煽动闹事、不依法纳税等 10 个方面违反诚信约定的行为则给予惩处，奖惩"十条"逐渐成为社会治理中不确定性与风险性的稳压器，成为诚信治理体系的道德基石。

（五）见贤思齐，道德劝善为德治营造浓厚氛围

我国的城市社区治理凸显为党领导下的权力分工治理，党的领导权、政府治理权是核心和主导，社会参与权、村居自治权是内容和基础，作为原子化的个人则是影响治理成效的关键变量，需要制度硬约束与德性软约束相向而行。或者说，城市社区治理在注重制度硬约束基础上，还应该注重道德软约束的贤能治理，只有每一个行业中的道德践行者、诚信引领者与正义维护者同向而行并提供榜样示范，全社会的共建共治共享才有躯体和灵魂。多年来，白云区城市社区治理十分重视道德模范的榜样示范和贤能人士的道德劝善，通过发掘、支持与弘扬尚贤文化，一批又一批充满时代感、饱含正能量的个人和集体涌现出来，成为德治的重要力量。

一是注重"关键少数"的道德引领。实践中紧紧抓住党员干部这个关键群体，注重制度建设和考核督促，切实推动每一位党员干部慎独、慎微，筑牢权为民所用、利为民所谋的道德根基。如云城街道以党的建设为主线，以"三感社区"建设为靶向，坚持公德的"群众标准"，通过问政于民、问需于民、问计于民等举措赋予公权力道德自律；通过"心驰延安，红色 E 站"建设并组织党员干部深入参观学习，促进红色基因与传统道德的深度融合；实施"头雁先锋"计划，激发党员干部的道德争优，党员干部的形象提升和示范作用不断彰显。泉湖街道号召党员干部树立"滴水穿石"的实干精神、"钉钉子"的苦干精神和"绣花"的巧干精神，通过"支部吹哨，党员报到"机制，增强服务群众的自觉性，破解基层治理"最后一公里"难题。二是注重贤能人士的道德劝善。城市社区治理中，除了党员干

部和道德模范等关键少数外，社区中具有善心善行或立志于公义的贤能人士更具有道德劝善和价值凝聚的作用，能够促使普通人通过比拟和模仿产生关联性认知和体悟，从而保持对生活的积极想象和行为自律。白云区历来重视贤能人士的挖掘、引导和支持，不仅涌现出感动中国的刘芳、省市道德模范的王信、身边好人的蒋文峰等公众人物，同时还有大量散居于大街小巷的贤能人士，正是他们筑牢了白云区德治的基石。以龚家寨街道为例，吸毒人员曾经是社区治理的难点。辖区内"黔辉阿梅保洁公司"是一家特殊的保洁服务公司，其特殊性在于大多数员工都是曾经的吸毒人员。发起人单国梅的弟弟有多年吸毒史，原本幸福的家庭深受其害，年迈父母无房可住的艰辛以及弟弟戒毒后因为难以融入社会而复吸的经历深深刺痛了她。单国梅认为吸毒人员也是受害者，只有戒毒后在家庭和社会中找到归属感并且有一份职业谋生才能走上正轨，因此变卖家产并贷款创办了这家主要招纳戒毒人员和残疾人员的保洁公司，其善行广受赞誉并形成道德示范，公司内曾经吸毒的员工没有一人复吸，为社区治理贡献了民间力量。三是选树先进凝聚共识。白云区十分重视挖掘百姓身边可亲、可敬、可信、可学的先进典型，凝聚社会正能量，让人们从心底迸发对道德的敬重。云城街道以"感动云城""最美"系列活动形塑价值共识，通过"以文促德""以评促德""以规促德"选树正面典型，不断增强对道德的情感认同和以身示范。大山洞街道通过挖掘和培育，推动"爱心"现象从盆景变风景，从风景成风尚，让人感到先进并非高高在上，好人就在身边，一些爱心人士成长为省市道德模范和身边好人，起到很好的引领示范作用。如此等等，城市社区治理逐渐形成一个好人带动一群好人、一群好人带来满城新风的氛围，托起了白云区的道德丰碑。

二 白云区城市社区治理中德治的主要经验与主要启示

习近平总书记指出："人心是最大的政治，共识是奋进的动力。"白云区城市社区治理的德治实践作为典型的柔性治理方式，着眼于行政权力、技术手段和物质激励不能满足的治理诉求，通过非强制性手段，尤其是以传统伦理为依托、以关键群体为重点、以道德劝善为指引，几乎建构了一个从思想到行为的德治共同体。

（一）主要经验

1. 培育德治孕育机制，注重伦理道德的回归

一个地方的良好秩序往往与三个方面息息相关，即价值、信仰等深层因素根深蒂固；传统、文化等中层因素保存完好；民治、官治等外层因素能够互洽。白云区的社会秩序之所以能够长期保持稳定并居于贵阳市前列，三个层次的道德孕育机制较好地诠释了内在动因。首先，在价值和信仰层面，无论是水滴文化、诚信文化还是贤能文化，无不是中国优秀传统文化的当代写照，以刘芳老师等为道德模范的先进人物很好地阐释了"大道至简"的丰富内涵，正是他们用一颗颗热诚的心照亮了身边无数的人，书写了平凡人生的光辉，形塑了广大居民"明德惟馨"的价值信仰；以单国梅、毛师傅等为典型的普通居民为公众之事竭尽全力而不为一己私利的精神，更是浓缩在群众的口碑里，成为激励普通群众崇德向善、坚守普遍正义和信守承诺的价值追求。其次，在传统和文化层面，工矿社区曾经的荣耀感以及孝亲文化、爱幼文化、诚信文化的推广，形塑了社区居民最为朴素的价值追求，这种文化底蕴和精神追求一旦成为共识和传统，便成为孕育白云区城市社区文明的"母体"，为"德治"的诞生和发展奠定坚实的社会基础。最后，在民治和官治互洽方面，白云区通过社区自组织自管理、政务诚信建设、人大和政协工作站以及政府购买准公共产品等方式，让渡权力的同时推动"为民作主"向"由民作主"的转变，使社区治理真正成为官治民治互洽的场域，以此激发居民参与热情，提高资源配置的效率和效果，发挥治理主体的叠加效应。

2. 引导德治催生机制，注重"元治理"角色的发挥

在中国，党委、政府在治理现代化进程中是总览全局、统筹各方的"元治理者"。虽然白云区民间有丰富的传统德治资源，也有较为雄厚的志愿服务的社会基础，但由于基层社会也还存在自治组织能力分散化、流动性

社会问题多发、网络虚拟空间民间治理难以介入、社会组织覆盖面以及专业能力不足等缺陷和问题，因此需要充分发挥党委、政府"元治理"角色作用，推动制度优势转化为治理效能。首先，重点做好社会治理"元治理"的角色。在"一核多元"社会治理体系框架下，白云区以德治理念为基准，通过党委统筹、政府引导以及税收优惠等政策措施，有效引导、培育、推动社会组织健康发展。具有诚信价值观念的社会组织的加盟，使得白云区蕴藏丰富的民间德治资源能够被催生、整合进社区治理中，并充分发挥其应有的价值。其次，重点推动民间贤能进入社会治理领域。西方学者将贤能政治作为中国政治的主要特征，认为传统中国的考试制度和贤能制度作为中国政治区别于西方政治，为世界政治做出了突出贡献。白云区社区治理中，基于贤能治理的共识凝聚性、道德劝善性、榜样示范性以及智识教化性等特征，因而十分重视社会精英的治理作用，通过选任社区干部与民间贤能人士，推动德治与法治、自治的有机融合。最后，以"三感"为标靶，以党建引领德治新格局。白云区将党建思想贯穿德治实践，将党建的视野从基层转向整体，由体制内转向体制外，由封闭式单位党建转向市场主体、行业组织、区域党建，既让党建覆盖到社区内的每一个角落，也让社区的需求方享受"溢出效应"，平等获取党建资源，进而使得党建思想深入德治建设中，成为"德治"建设的核心内容。①

3. 塑造德治动力机制，注重赏罚分明的环境营造

德治作为中国长时段影响基层社会实践的柔性治理学说，其以德为本、修身为上的精神内核聚焦价值共识、行为规范、道德劝善以及贤能示范等内容，成为引导和形成城市社区自发秩序的坐标参考系。"五天伦""五人伦"不仅孕育出"仁义礼智信"五常规范，同时也在中国长时段独尊儒术的时空背景下生发出"忠孝悌忍善""温良恭俭让""忠孝勇恭廉"等道德准则，成为凝聚价值共识和教化集体行动的儒家精髓。因此，德治也需要强

① 施远涛、赵定东、何长缨：《基层社会治理中的德治：功能定位、运行机制与发展路径——基于浙江温州的社会治理实践分析》，《浙江社会科学》2010 年第 8 期，第 75～82 页。

化。白云区德治实践昭示，各治理主体之间也还存在相互之间的关系依赖以及一定程度上的权力依赖，也就是说，致力于集体行动的组织必须相互依靠、交换资源并形成共同目标。如何督促形成合作共治的局面，成为白云区城市社区能否达到"善治"的关键。需要指出的是，与刚性约束的法治不同，德治通过道德劝善等非建构的精神力量来维持，在基层治理中表现为一种自发性，但当德治与社区公约等结合，便由空泛的理论说教转变为具有可操作性，因而探索道德赏罚机制是保证其良性运转的内在动力机制。近年来，白云区在德治建设中，通过最美系列、爱心系列、感动系列、诚信系列以及失信惩戒、居民评议等构建起较为完善的道德赏罚机制，同时通过小区故事讲述、道德宣讲、媒体宣介等渠道加大对道德的宣传力度，使受表彰者犹如"道德明星"受到社会的热议和点赞。除了精神奖励，白云区城市社区为了加大对受表彰者的物质奖励，通过奖惩并举，重塑信用环境，强化德治在基层社会治理中的运转动力，从而树立起道德的权威，促进社会道德的内化，进而增强道德在社区治理中的调节功能。

（二）主要启示

1. 德治具有教化功能，贵在以最少资源投入换取最大的社会效益

白云区德治的启示之一，即是重视百姓"自治"空间的赋能，以德为介引导居民形成自发秩序，四两拨千斤，以最小的治理投入换来最好的治理效果。或者说，白云区德治实践带来的思考，即是城市社区由若干散乱的原子化个体组合而成，党委、政府直接面对每个人的非制度化诉求既不现实也无必要，而是应该立基于制度建设基础上，引导个体的价值追求并形成赏罚机制，以此实现道德劝善基础上的个人秩序和整体秩序。如此，才能有效减低用于维持秩序的投入，或者说只需投入少量的行政力量和公共资源就能确保整体秩序的高效运转，从而将更多资源投入民生领域。具体而言，城市社区治理就是要通过治理理念的转变，逐步退出直接性的社会干预，让渡出自治空间，通过赋权引导居民、志愿者团体以及其他社会组织成为真正的自治主体，为社区滋养的本土性德治资源提供广阔的公共空间。

2. 德治具有规范功能，理应推动"德治"向"德制"的转变

"德治的良性运转需要制度保驾护航，因为道德从其本源来讲是'主观的科学'，它必须借助客观的明细规则才具有可操作性，也只有通过制度的赋予，才能使其获得社会的普遍认同，从而提高道德的权威性。因此，在德治建设的具体过程中，应将社区德治共同体内基于文化认同和价值共识"[①]的"最大公约数"进行提炼，并通过民主程序上升为约定俗成的规范。需要指出的是，基于韧性威权主义和泛政府责任的阶段性特征，这些约定俗成需要公权力的支持以形成具体、明确、易懂、实体化和可操作化的规则明细，以此形塑具有公共权威属性、民间习惯法特征以及具有公信力内容的新型德治体系，从而推动城市社区治理由"德治"向"德制"的转变。

3. 德治具有调适功能，也是化解焦虑和规避冲突的必要条件

梳理白云区的德治实践，可以发现诚信和共识是良好秩序形成、传承和发展的心理基础，是凝心聚力和规范行为的关键，在相当长的时间里对于维持社会秩序的稳定性发挥着重要作用。或者说，白云区城市社区中的居民自觉遵从法律法规等刚性规则，同时对于自发形成的诚信有着共识性认同与维护。调研中有居民认为"法律百十条，多条人不知"。他们认为，法律法规多如牛毛而又涉及各行各业，因此要靠学习所有的法律知识来维持秩序几乎不太可能，但法律是人们普遍遵守的道德和规范的"最大公约数"，都是底线性要求。因此，居民不违法不全是因为懂法，而是因为心中有戒律和道义，具体到社区治理中，遵守民约就不会违法。[②] 这种朴素的德性认知对于居民行为的自发性调节行为具有重要作用，也是社会秩序得以调适和延续的主观因素。

4. 德治具有涵养功能，也是润育感恩和关爱文化的重要内容

传统中国文化中，道家、法家、儒家的思想为中国基层社会治理中的自

---

① 施远涛、赵定东、何长缨：《基层社会治理中的德治：功能定位、运行机制与发展路径——基于浙江温州的社会治理实践分析》，《浙江社会科学》2010 年第 8 期，第 75～82 页。

② 丁胜、韦幼青：《贵州城乡融合发展中的社会治理体系建设研究》，《贵阳市委党校学报》2018 年第 6 期，第 1～8 页。

治、法治、德治提供了理论参考。其中，儒家的德治偏向柔性，法家的法治偏向刚性，前者旨在通过无形的约束型构一个等级社会，后者旨在通过有形的缰绳塑造一个专制社会，而道家的自治则指引人们奔向"为而不争"的理想社会。[①] 这个社会即为老子理想中的"华胥氏之国"，这里一切顺其自然，人们心中充满关爱而秩序井然。白云区城市社区德治实践中，在诸如大山洞、龚家寨等伦理文化中，蕴含关爱和感恩的价值共识犹如一池清泉，面对外界多元文化冲击时展现的韧性不断消纳负面影响力，化有形于无形，确保内部规范和秩序的延续。可以说，白云区城市社区治理中的德治无论是忠孝传家的伦理性、关键少数的道德引领性、贤能人士的道德劝善性，还是邻里之间的互助互爱性，都可见德治共同体文化蕴含的涵养功能。

三　结语

习近平总书记在北大师生座谈会上指出："每个时代都有每个时代的精神，每个时代都有每个时代的价值观念。国有四维，礼义廉耻，'四维不张，国乃灭亡'。"继而在山东曲阜考察孔府和孔子研究院时指出："国无德不兴，人无德不立，核心价值观其实就是一种德，既是个人的德，也是一种大德，就是国家的德，社会的德。"在中国，发端于轴心时代的伦理道德源远流长，深刻地影响着中国乃至世界的治国理政思想和人们的价值信念。具体到城市社区治理中，伦理道德作为具有约束力的价值共识，与地域性、人文性融合后成为地方的精神指引和约定俗成并传承下来，逐渐固化成为地方的标志性文化符号和精神图腾。人类社会的一个普遍现象，就是人们往往会对既存的事物投入感情，这种感情转化为行动上的保守性，由此产生一致性压力和群体性行动偏好，为自我规范和自发秩序提供心理基础。民众的上帝从未消失，在权力难以化解所有心结和矛盾的今天，白云区城市社区治理实

---

① 丁胜：《道家的自发秩序观及其对乡村治理的影响》，《江汉论坛》2021 年第 2 期，第 128 ~ 134 页。

践带给人们最大的思考，即是信念庇护下的集体行动最具持久性，或者说，道德所具有的自省性和劝善性不断地警醒人们虔诚地履行共识性约定；这种由有序的自发秩序和稳定的整体秩序组合而成的城市社区治理结构，终将成为保持社会活力和激发社会创新的活力源头。

B.14
贵州易地扶贫搬迁社区少数民族移民文化适应研究

高　翔*

摘　要：　易地扶贫搬迁作为党和政府解决居住在生存条件恶劣、生态环境脆弱、自然灾害频发等地区的贫困人口的一项综合性扶贫方式，按照"政府主导、群众自愿"的原则，对不适宜人类生存和发展地区的少数民族进行搬迁。在此过程中，少数民族搬迁群众或多或少会出现"文化适应"问题。因此，对易地扶贫社区少数民族移民的不同时期文化适应问题进行分析研究并提出共同体认识、尊重民族文化以及建立社区认同等方面的建议，对于铸牢中华民族共同体意识以及解决少数民族移民"稳得住""心进城"有着重要的意义。

关键词：　易地扶贫搬迁　少数民族移民　文化适应

本文在对调研材料进行分析统计的基础上，针对少数民族移民文化适应中出现的问题，探讨如何让搬迁少数民族群众适应新的文化，从"身进城"转为"心进城"；如何使搬迁群众在文化融合的过程中广泛交往、全面交流、深度交融，最终促进民族共同体意识的形成。

＊　高翔，贵州财经大学公共管理学院副教授，博士，硕士生导师，研究方向为民族社会学、民族社会工作、民族地区社会治理。

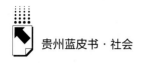

一 易地扶贫搬迁社区少数民族移民文化适应情况分析

2020年7月至12月，针对少数民族移民文化适应问题，笔者分别在贵阳市花溪区 NX 社区、铜仁市 XM 社区、赤水市 TY 社区、惠水县 M 社区、安顺市 SY 社区以及黔西县 JX 社区进行了调研。最后，笔者选择 SY 社区与 JX 社区作为本文的分析对象，并进行深入访谈，找到共通点和差异性，以便为解决少数民族的文化适应问题提出更有效的建议。之所以选择这两个调研地进行分析，是因为二者具有典型性和共通性。其中：SY 社区代表的是小型搬迁社区，存在文化适应应激方面的问题；JX 社区代表的是大型搬迁社区，作为一个很成熟的搬迁社区，搬迁群众已经较好地融入新社区。两个样本点共调查人数为60人，回收问卷60份，有效问卷60份，其中 SY 社区20份，JX 社区40份。受访者具有不同的民族特征、文化程度特征等，数据质量较好，完全可以为后续研究提供真实的支撑。

通过走访不同移民安置点、深入少数民族移民家庭调研以及与相关部门进行座谈等途径，笔者了解到两个社区在搬迁群众文化适应方面开展了大量工作，但是"喜忧参半"。只有正确地面对少数民族移民不同阶段的文化适应问题、对待问题，才能更好地让少数民族移民更快地融入社区，从而达到"稳得住"的目的。

（一）调研对象基本概况分析

1. SY 社区

SY 社区位于安顺市某乡镇，集中安置该镇4个村226户821人，其中40%人口为布依族，小区入住率为88%。贫困群众搬迁出来，虽然彻底摆脱了恶劣的生存环境和艰苦的生产生活条件，社区内的群众均实现了稳定脱贫，但是社区内仍然存在"两头居住"及"回迁"情况。其中，"两头居住" 10 户 30 人，回迁 26 户 114 人。回迁具体原因：一是部分群众搬迁后，不愿意在安置点居住；二是部分搬迁群众在旧房拆除时不同意拆除。

2. JX 社区

JX 社区位于毕节地区，集中安置全县 24 个乡镇的 271 个村的 4044 户，共计 17892 人。其中，1182 户 5262 人分属于 18 个少数民族，占搬迁总人口的 29.4%。人口较多的民族分别为彝族 572 户 2453 人、苗族 405 户 1912 人、白族 50 户 241 人、布依族 58 户 244 人、仡佬族 37 户 160 人，其中还包括少数民族特色文化传承人 89 人。其中，苗医传承人 1 人、手工艺品传承人 46 人、苗歌传承人 8 人、彝歌传承人 2 人、特色小吃传承人 1 人、芦笙舞传承人 10 人、二胡传承人 6 人、唢呐传承人 15 人。在调研过程中，未发现"两头居住"和"回迁"情况。

3. 调研对象基本情况介绍

来自两个社区的采访对象主要为彝族和布依族（见图 1），且搬迁时间多为 2 年以上（见图 2）。

（1）民族构成

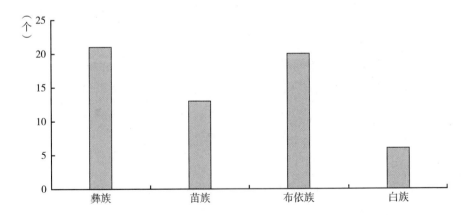

图 1　调研对象民族构成

（2）迁入本小区的时间

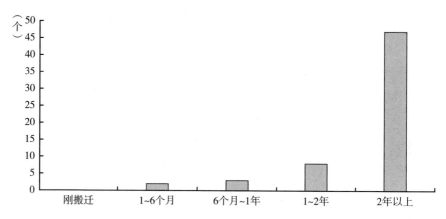

图 2　调研对象迁入易地扶贫搬迁社区时间

（二）搬迁社区在民族移民文化适应过程中所做的工作

1. JX 社区

（1）社区治理方面

首先，将社区划分为 3 个大片区（大网格），同时把 69 栋居民楼划分为 69 个小片区（小网格）。其次，充分尊重各族群众意愿，优选各族群众代表参与社区治理工作，社区干部队伍和网格长、网格员队伍中少数民族群众约占三分之一，以激发他们的参与热情。再次，将民族团结、互帮互助等纳入居规民约，各族居民都成为交往交流交融的参与者、贡献者。最后，推行"1+6"工作机制（定好一个"目标"，建好一条"链"、铺好一张"网"、立好一篇"规"、建好一个"行"、晒好一张"照"、办好一个"社"），引导各族群众和睦相处、守望相助、和谐共居。

（2）文化交流方面

搬迁社区尊重少数民族风俗习惯，根据各民族的乡土文化、民族文化习俗特点，发掘搬迁群众中各民族的"民间艺人"，并将他们的民族文化"复制"到社区中，让更多的人了解、认知各民族原生态的民族文化魅力，如打造 JX 社区乡愁馆和感恩故事屋。在乡愁馆，通过陈列民族服饰、民族乐器、生产生活工具等少数民族器物，展示各少数民族的发展历程；在感恩故事屋，通过"摆龙门阵、话感恩情"等方式，让群众通过讲述各民族的风俗趣事，达到宣讲民族团结"好故事"、传播民族团结"好声音"的目的，实现"鼓舞人、激励人、凝聚人"的作用。

（3）公共服务方面

搬迁社区聚焦搬迁群众"公共教育""医疗卫生""社会保障""社区服务"四大要素，开展配套建设。如在"公共教育"方面，通过配备一名汉苗双语辅导教师解决搬迁群众的语言沟通问题；在"社会保障"方面，将符合条件的居民精准纳入城市最低生活保障和救助范畴。

（4）就业方面

搬迁社区通过"六个一批"（培训上岗就业一批、劳务输出就业一批、就近自主创业和就业一批、公益性岗位安置及社区"两委"解决一批、引进扶贫车间就业一批、发展合作社就业一批）就业模式，引导和鼓励少数民族移民选择熟悉的产业就业。

（5）法治方面

搬迁社区通过在社区设置法治宣传平台、法官进社区等多种方式，加强普法宣传和法律援助，让搬迁少数民族群众知法、懂法、用法，树牢法治意识、自觉遵守国家法律法规。在逐步形成"办事依法、遇事找法、解决问题用法、化解矛盾靠法"良好氛围的同时，依法妥善处置各类涉民族因素矛盾。

2. SY 社区

（1）社区治理方面

搬迁社区通过建立基层党组织，充分发挥少数民族党员在社区内的先锋模范作用；采用民族群众自治的社会治理模式，完善社区治理体系。

（2）文化交流方面

搬迁社区建设乡愁馆。同 JX 社区类似，在乡愁馆，通过陈列民族服饰、民族乐器、生产生活工具等少数民族器物，展示各少数民族的发展历程。

（3）公共服务方面

搬迁社区设置老年活动室、儿童之家、红白喜事办事点、道德讲堂等公共基础设施，在丰富公共文化的基础上，增强各族群众的文化融合。如：每天下午4∶30安排教师到儿童之家为学龄儿童进行辅导，帮助儿童尽快融入新环境；只需向社区申请就可以使用红白喜事办事点，解决办红白喜事无场地的困难；开展扫黑除恶宣讲会、禁毒宣传、"三保障"政策等宣讲活动及感恩教育活动，举办以送春联、春节联欢、迎新春、播放老电影为主题的文艺活动10次，丰富少数民族移民的业余生活，增加其安全感、幸福感和获得感。

（4）就业方面

搬迁社区针对少数民族移民群众开展就业培训，先后引进玩具厂、棉被厂等企业，带动少数民族移民就业达40余人。同时，设置公益性岗位，部分少数民族移民在社区内做行政助理、打扫卫生等工作，实现了少数民族移民收入稳定。

（三）少数民族移民的物质文化适应

物质文化是物质形态的文化产品，是人类为了处理与自然的关系而发生的一系列技术系统，包括劳动工具和人类为满足衣、食、住、行等多种需要而创造出来的一切物质产品。[①] 易地扶贫搬迁社区少数民族群众搬迁前主要居住于不同的自然村落，搬迁后面对城镇文化的多元化，少数民族移民首先面临的就是物质文化适应问题。

1. 生计方式适应

生计方式指的是人们相对稳定、持续地维持生活的计谋或者办法。[②] 每一个民族在漫长的历史演进中，都形成了自身相对稳定的生计模式及相应的文化特质，有一套自己的耕种技术和生活方式，具有鲜明的民族文化特征。SY社区和JX社区的移民，搬迁前均以种养殖业为主，且农作物主要为玉米、土豆等。在实现自给的基础上，变卖多余的农畜产品换取基本生活用

---

① 社会学概论编写组：《社会学概论》，人民出版社，2011，第77页。

② 周大鸣主编《文化人类学概论》，中山大学出版社，2009，第106页。

品。但是，随着搬迁，其生活环境发生变化，导致生计方式也就相应地发生变化（见表1）。

表1　少数民族群众搬迁前后生计方式变化情况

单位：户

问题		种植玉米	种植小麦	种植稻谷	养殖猪、牛	打工	做生意
以前主要收入来源	SY 社区	17	12	8	20	3	0
	JX 社区	37	12	5	39	2	0
现在主要收入来源	SY 社区	0	0	0	0	18	2
	JX 社区	0	0	0	0	37	3

从表1中可以看出，搬迁前移民主要以种植庄稼和饲养牲畜为主。在种植方面，受山地环境的影响，大部分以种植玉米、黄豆和红薯等为主，一部分家庭响应国家"退耕还林"政策，改种树木；在养殖方面，主要以养殖猪、牛等为主，其中养猪最为普遍，几乎家家都有。搬迁后，所有移民都放弃了传统的种植业和养殖业，主要以打工和做生意为主。

随着生计方式的变化，其搬迁前后的收入水平也产生较大变化，详见表2。

表2　少数民族群众搬迁前后收入变化情况

单位：户

问题		1000 元及以下	1001~2000 元	2001~3000 元	3001~4000 元	4001 元以上
以前由种养殖业带来的总月收入额大致为	SY 社区	17	3	0	0	0
	JX 社区	36	4	0	0	0
现在由打工带来的总月收入额大致为	SY 社区	0	9	11	1	0
	JX 社区	0	12	21	6	1

从表2中可以看出，搬迁前后，移民收入发生了较大变化，100% 群众收入实现了倍增。

搬迁后，大部分移民在收入方面发生了较大变化，但是否满足预期，详见图3。

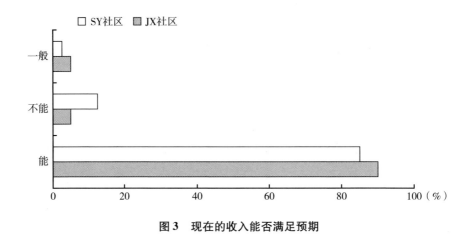

图3 现在的收入能否满足预期

由图3可以看出，80%以上的移民认为现在的收入能满足预期。

在调研过程中，笔者与SY社区的李XX①进行访谈，她说：

搬迁之前，就靠种植庄稼来维持生计，但是家里土地都很远，而且都是爬坡上坎的，不能进行机械操作，产量低，家里只有两个女儿且都远嫁，所以干农活很辛苦，收入也很低，一年不到8000元收入。有了搬迁的机会后就搬迁过来了。现在每天在小区的玩具厂上班，1个月可以拿3000多元，不用日晒雨淋，每天都可以出工，工作也很轻松，即使现在年龄大了也能做，鞋子也不脏了。

此外，笔者还与JX社区杨XX②进行访谈，他说：

之前居住的地方交通实在是（让人）恼火，种养殖的东西也没有办法运出来，后来就种点苞谷、红苕自己吃，那时候每天想到的就是吃

① 李XX，女，布依族，70岁，该小区为数不多的党员之一，采访于2020年12月5日SY社区。

② 杨XX，男，彝族，53岁，采访于2020年12月6日JX社区。

大米，过年才吃大米。现在不一样了，天天可以吃大米。现在在中药基地上班，工资可以拿到几千元，比以前轻松多了。

通过问卷结果分析及访谈可以看出，两个社区的移民群众通过搬迁，实现了生计方式的根本性变化，实现了由"农"到"工（商）"的转变，并且在很大程度上适应了新的身份。究其原因，一是移民前多数属于精准扶贫户，几乎都是以"种养"为生，一方面"望天收"，另一方面"等靠要"，导致经济收入水平低；少部分人虽出门务工，但一般从事重体力工作，危险系数大、工资低，目的就是回村修一栋房子，改善居住环境。二是移民后社区积极开展就业帮扶工作，引导就业，大家摒弃了原有的"望天收"和"等靠要"思想，实现了生计方式的改变。虽然如此，仍有部分人持"观望"和"排斥"态度。究其原因，不外乎以下两种：一是没有完全适应新的生计方式，抱着"走着看"的心态；二是部分新工作需要一定的工作技能，但是很多人都没有这些工作技能。因此，面对新的生计方式的改变，移民需要转变观念，尽快适应新环境，同时通过技能培训，掌握一技之长。

2. 生活方式适应

针对搬迁社区少数民族群众生活方式的文化适应研究，可以参照社会学者孙立平提出的"过程－事件分析"研究策略，寻找社区中发生的特定"事件"，通过分析这些特定"事件"，研究人们对现有生活方式的文化适应态度。以下就居住环境和饮食习惯加以简要分析。

（1）居住环境适应

两个社区搬迁群众世代生活的自然环境恶劣，土地贫瘠，房屋以茅草房、瓦房为主，很多家庭一楼圈养牲畜、二楼住人，或者人畜混居，中间用木板隔开，而且没有厕所，卫生条件较差，新社区住房为楼房，环境优美、卫生。通过与 SY 社区工作人员的访谈，得知：

这些少数民族群众都来自边远山区，从来没有用过洗衣机、电冰

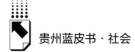

箱、电饭煲，我们专门召集了志愿者，在集中搬迁的时候教这些人使用电器，专门教他们冲厕所，还有的群众连拖地都不会。好多群众来了后，没有地方圈养牲畜，还在阳台上养鸡养猪，搞得脏兮兮的，我们花了好久的时间才改变了他们的这种生活方式。①

通过观察可见，现在两个社区内卫生都有了非常大的改善，特别是 JX 社区的环境卫生已经和城市社区无异。可见，通过一段时间的"适应"，搬迁群众在一定程度上适应了新的居住环境，完成了由"乡村人"到"城里人"的转变，完成了对居住环境的文化适应。

（2）饮食习惯适应

"民以食为天"，吃什么？为什么吃？什么时候吃？怎么吃？饮食是一个民族文化的重要组成部分。两个社区移民搬迁前，一日三餐主要以玉米、红薯等为主，辅以腌制食品。搬迁后，由于没有土地可种，且购物方便，随时随地可以买到鲜肉和蔬菜，一日三餐以米饭为主，其腌制食品已成为一种民族特色食品。另外，社区某些民族在农历六月六、冬至等节庆时有吃狗肉的习俗，但搬到社区后，没有了杀狗的场地和烹饪狗肉的条件，导致吃狗肉的饮食习惯发生改变。

正如 SY 社区韦 XX② 所言：

> 以前我们过六月六、冬至都要杀狗吃狗肉，现在吃不了了，没有条件，想吃狗肉只能去镇上吃一碗狗肉粉，但是又贵，吃都吃不起。

此外，针对生活方式是否适应，笔者也进行了问卷，结果见表 3：

---

① 胡 XX，女，布依族，35 岁，SY 社区所在乡镇副镇长，采访于 2020 年 12 月 5 日 SY 社区。
② 韦 XX，男，布依族，54 岁，玩具厂工人，采访于 2020 年 12 月 5 日 SY 社区。

表3　搬迁少数民族群众生活方式的适应情况

单位：%

问题	回答		
		①想	②不想
现在是否还想回老家	SY 社区	45	55
	JX 社区	5	95
		①是	②不是
这里的生活是不是更加方便	SY 社区	100	
	JX 社区	100	
		①大	②不大
现在的生活对您影响大吗	SY 社区	100	
	JX 社区	100	

综上所述，搬迁社区的民族群众对现在的物质文化生活基本适应。

由表3可见，JX 社区移民群众在物质文化方面融入度较高，SY 社区移民群众在物质文化方面融入度较低。究其原因，SY 社区离原搬迁地距离较近，移民群众经常返回搬出地，导致与原有的物质文化"藕断丝连"，文化适应较难。同时，在搬迁社区居住不便利，只是为了孩子读书方便，才会选择搬迁。

（四）少数民族移民的精神文化适应

精神文化主要包括价值观、世界观、人生观、审美观、哲学社会思想、伦理道德思想等内容，反映了一个民族的民族精神、道德、意志和追求，蕴含在语言文字、节日文化、民族交流以及民族艺术中。在易地扶贫搬迁少数民族移民的文化适应过程中，精神文化适应也是非常重要的内容之一。

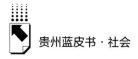

1. 语言文字适应

搬迁前，两个社区因居住地较为偏远，与外界交流较少，居住地几乎都是本族群的人，在交流时大部分使用自己的民族语言或者地方方言。搬迁后，SY 社区作为一个小型社区，社区内主要由本镇内的汉族和布依族两个民族组成，在长期的交流中，彼此在语言交流方面较为顺畅。同时与外界交流较少，原生的语言文字改变较少。不过，由于语言的障碍，不仅对生活出行带来不便，同时也可能产生自卑心理。与此相反，JX 社区作为一个大型社区，社区内民族群众来自不同的乡镇甚至是其他县份，民族众多。因此，为了更好地交流，移民会主动调整自己的语言，去适应环境，进而融入社区。

如在 SY 社区调查过程中，部分民族群众无法用国家标准语言文字与调查者正常交流，尤其是在与一些老年移民交流时，需要社区工作人员进行翻译。而在 JX 社区调查过程中，此种情况就较少发生。

2. 民族节日适应

搬迁前，SY 社区民族群众的民族节日主要有六月六、七月米花节、庆年节等，JX 社区民族群众的民族节日主要有苗族四月八、苗族龙舟节、苗族跳年节、彝族年、彝族火把节、跳公子节、赛装节等（见表4）。

表4　搬迁前民族节日仪式调查汇总

搬迁前节日分别有什么仪式	彝族火把节：农历六月二十四，唱歌跳舞喝烧酒，穿盛装打牲畜，祭献灵牌，祭火巡游，斗牛，火把打跳 彝族年：一般为农历十月初一，像过年一样重视，家家户户杀猪不杀其他牲畜，跳舞唱歌 苗族跳年节：农历初六至初八，3天，自编唱歌跳舞，吹芦笙 布依族六月六：包粽子，跳舞，唱山歌，杀狗(吃狗肉) 苗族花坡节：时间在农历二月份，是苗族举行的拉亲活动 苗族龙舟节：将龙舟洗刷干净，举办划龙舟比赛，其间男女青年可由双方对唱，谈情说爱 布依族四月八：要穿上新衣，披戴银饰，聚集一起打花鼓 布依族米花节：农历七月十六至十八，3天，谈情说爱、赛山歌

从表4至表7中的调查内容可以看出，搬迁后 SY 社区与 JX 社区少数民族移民群众的民族节日仪式均发生较大变化。第一，不同的民族移民群众尝试不断调适自己的节日文化去适应社区的大环境，以达到社区融入的目的。第二，社区内不同民族虽有不同的民族节日，但因大家联系较多，部分民族

表5　移民后民族节日的仪式变化情况

单位：%

问题	回答		
		有	没有
移民后节日的仪式有变化吗	SY 社区	80	20
	JX 社区	27.5	72.5

表6　搬迁后少数民族节日仪式变化情况

问题	回答
哪些节日是需要您回到原来的村子里过的，哪些节日是不需要回到原来的村子过的	不回村过的：龙舟节、火把节、六月六、跳花坡等，社区会组织相关活动 回村过的：四月八、祭祖、跳年节、米花节、彝族年
您现在居住的地方有什么和你们不同的节日吗	苗族可以和彝族过火把节 彝族和布依族一起过六月六、除夕、端午节、七夕节、中秋节、国庆节、元旦

表7　搬迁后少数民族婚丧礼仪变化情况

问题	回答
搬迁前您所在居住地在婚丧嫁娶方面有什么风俗吗	苗族：高山流水喝酒，喝烧酒打花猪，请先生，办三天、转嘎打牛吹哨，接亲送亲、打嘎出客、拦门酒、长桌宴。新婚妇女必须穿戴民族新衣，从女孩子出生起，由家中长辈一针一线绣出来，直到出嫁之日穿戴，拜堂挂红 彝族：少女换裙带礼，泼水接亲、喝酒唱歌、穿民族服饰、彝族婚俗，男女青年相识和相恋后，双方都情投意合，称心如意，男方父母就请毕摩选一吉日，婚礼举行前几天，新娘子饿食饿水、结婚时相互泼水，各种嫁妆展示；以火焚尸的丧葬方式
搬迁后婚丧风俗有没有发生变化，什么变化	没有高山流水喝酒，形式简化了，因为搬迁到新环境融入城市，这些风俗渐渐因人们观念的变化而慢慢改变，现在这种嫁衣不再是一针一线绣出来了，而是去买的，没按风俗来举行，这里礼节全都不用了，现在都不需要了，殡葬改变，变简单了

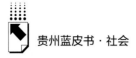

节日参与族别也越来越多，民族边界划分日渐模糊。第三，遇到特色民族节日时，少数民族移民还会选择回到原来居住地过节。第四，随着与周边民族的交往越来越多，很多非本民族的传统节日，如端午节、中秋节、元旦等，在社区的引导下，现在也成为少数民族移民群众节日生活中不可缺少的部分。

3. 社会交往适应

社会交往作为人的基本需求和存在方式之一，自人之产生就已经开始。搬迁前，移民群众因交际圈较小，社会交往形式单一，主要以面对面交往为主。搬迁后，随着交际圈的扩大，特别是随着对现代信息技术的不断掌握，交际方式日趋多元化、现代化（见表8）。

表8 少数民族移民群众与亲戚朋友交流变化情况

单位：%

问题	社区	串门	打电话	视频	其他
过去是怎么和亲戚朋友交流的	SY 社区	70	20	5	5
	JX 社区	75	17.5	7.5	0
现在是怎么和亲戚朋友交流的	SY 社区	30	30	40	0
	JX 社区	25	32.5	42.5	0

表9 移民后对日常交往方式的影响

单位：%

问题	社区	有影响	没有影响
移民后对您的日常交往方式有影响吗	SY 社区	70	30
	JX 社区	37.5	62.5

表10 空闲时间的文化适应情况分析

单位：%

问题	社区	打麻将	聊天	看电视	跳广场舞	休息	其他
过去空闲时间做什么	SY 社区	25	25	15	0	35	0
	JX 社区	20	30	30	0	20	0
现在空闲时间做什么	SY 社区	5	20	20	30	5	20
	JX 社区	2.5	20	15	37.5	12.5	12.5

从表8至表10中的调查内容可以看出，移民群众搬迁前后社会交往模式发生较大变化，社会交往适应越来越广泛。究其原因，移民由"同一"群体变为"非同一"群体，特别是在同一社区，人们的依赖性和互惠性需求增强，且为了维护集体利益，人们势必加强沟通，通过沟通联络感情、增进友谊，进而导致社交模式改变，完成新的社交适应。

（五）少数民族移民的制度文化适应

社会制度作为社会行动具有稳定性和持续性制约作用的规则，一旦形成，就会对人们的社会行动产生制约。基于历史原因，特别是在少数民族村寨，因受宗教信仰、社会组织及习俗等的影响，形成了各自具有民族特色的制度文化。但是，随着搬迁，原有的制度文化必然会受到冲击，取而代之的是主流的制度文化，进而完成制度文化的适应。

1. 社区治理文化的适应

治理源自古典拉丁文或古希腊语"引领导航"（steering）一词，原意是控制、引导和操纵，现指在特定范围、在众多不同利益主体参与下，建立一致或取得认同，以便实施某项计划。在社区治理方面，指对社区范围内公共事务所进行的治理。

搬迁后，原有的社会模式在搬迁后发生改变，进而导致社区治理模式发生变化。如彝族人在火把节期间，往往会喝酒，之后就会出现一些醉酒之人睡在路边等不文明现象。在传统社会，大家认为这"无伤大雅"，宗族或者族长不会对其加以处罚。在搬迁之后，该种行为就会对社区造成一定的影响。如JX社区就依据相关制度，不仅将此种行为列为不文明行为，还进行曝光、扣文明积分等。又如，民族群众在中元节期间，会设香堂、摆酒肉、烧纸钱祭拜逝者，要在外烧大量的纸钱给逝去的老人，但是搬迁社区因为防火需要以及对环境保护等原因，不允许在公共场所烧纸，这就要求人们对原来的传统制度文化做相应的调整，换成另外的祭祀方式。可见，民族移民群众可以通过模仿、学习和创新等方式实现有效的制度选择，去适应新的制度文化。

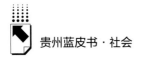

但是，社区在面对少数民族移民文化适应问题时，可能选择了一概而论和无差别的制度化处理方式。就以少数民族丧葬仪式的适应为例，贵州少数民族在丧葬仪式上有自己的一套礼仪，对于他们来说，"当大事"是人生当中最重要的事，届时会有隆重的仪式，仪式的举行一方面可以给予亲人慰藉，另一方面也是传统文化的展现。在 SY 社区虽然看到有专门给少数民族移民设置的红白喜事办事点，但是场地狭小，不能满足其需求。

在 JX 社区调查期间一位杨姓苗族老人就说：

> 我们现在对这里的生活还是很满意的，唯一觉得不足的就是我们苗族有好多活动的，跳花坡、打嘎祭祖等，热闹得很，现在在这里都搞不了了。我们都老了，活不到好久了，我们苗族去世的时候有特别的仪式，要打嘎，要杀牛，有祭司做法事祭祀，现在住的这个地方都是楼，不得在这种地方做这些事，现在就想到还是老家舒服。我们老年人又不贪图钱，住在这里虽然方便，但是意义不大了嘛。①

可见，无差别的制度化的规章制度对于少数民族移民来说，可能会让他们在社区融入和社会适应方面出现适应困难，甚至会导致他们产生排斥心理。

移民群众移民前主要以家支、血缘、姻亲等为纽带形成社会关系，在信仰文化、生活习惯、为人处世等方面高度一致，血缘关系不仅在婚丧嫁娶、盖屋修路、抵御外敌及自然灾害方面起着团结族人、凝聚力量的作用，而且是家族内部及外部沟通的重要纽带。在此情况下，宗族首要人物或者族长具有一定的权威性，成为社区治理的关键因素。

2. 法律制度文化的适应

搬迁前，民族移民居住在各个自然村寨中，世代遵循着代代延续下来的村规民约及习俗，且渗透到群众生产、生活及人际交往等方面。从社会学视

_____

① 杨 XX，男，苗族，70 岁，采访于 2020 年 12 月 5 日 JX 社区。

角考察，村规民约及习俗被当地群众当作法律来遵守。

在 SY 社区采访时，有一个王姓老人说：

> 我们都有自己寨老，有我们自己的寨子里的处理方式，我们那个村就要求人们不许偷杀抢等，如果发现，就不能进祖坟山，要着全族人骂，所以我们那个村只是穷，但是不得（没有）犯罪的人。①

可见，由于村规民约及习俗的存在且具有一定的约束力，人们得以和平相处。

搬迁后，随着传统社区的"失去"，村规民约及习俗变为小区公约及成文法。在此情况下，村规民约及习俗的约束力势必降低，小区公约及成文法的约束力势必增强。因此，搬迁移民必然会经历法律制度文化的适应。虽然，因各种原因，如习惯、文化水平等，适应过程必然出现"阵痛"。但是，面对一种全新的文化形态，一方面要求移民群众必须尽快熟悉新的法律文化，另一方面要求社区在加强教育的同时，也要尊重移民的意愿及传统村规民约、习俗，通过"循序渐进"的方式，实现移民的法律制度文化适应。

二　易地扶贫搬迁社区移民文化适应的路径选择

易地扶贫搬迁不仅是空间距离的移动，同时也是农耕文明与城市文明的碰撞，更是不同文化的遭遇。当来自不同地区、不同族群的移民群众不断与同一社区的人发生直接接触，同时也与社区周边及整个社会发生更加紧密的联系时，一方或双方的原文化类型必然会产生变化，形成所谓的文化适应。当然，这一过程不是"一蹴而就"的，需要经历一个较为长期的过程，这一过程可分为文化蜜月期、文化冲突期及文化变化期。因此，为了更好地帮助搬迁移民进行文化适应、解决文化冲突，笔者根据不同阶段提出如下路径。

---

① 王 XX，男，彝族，75 岁，采访于 2020 年 12 月 5 日 SY 社区。

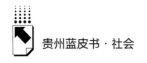

（一）文化蜜月期形成共同体认识

在文化适应之初，不同人群都带着不同的文化，在这一时期重点在于增强彼此之间的认识，在思想上形成共识，进而形成"共同体"。具体到易地扶贫搬迁而言，在这个阶段重点要增强社区少数民族移民中华民族共同体认识，加强中华民族共同体、中华民族多元一体格局教育，在意识形态领域"同化"，即弱化原有的"族群"意识，增强中华民族共同体意识。在各族移民群众"五个认同"的基础上，牢固树立正确的国家观、民族观、宗教观、历史观、文化观。通过形成共同体意识，坚定搬迁群众"搬得来、稳得住、能发展、可致富"的信心决心，全力营造"你中有我，我中有你，谁也离不开谁"的和谐氛围，通过人人参与、人人奋进，努力构建创新包容的利益共同体和命运共同体的局面，让少数民族移民感受到新社区是其生产生活的新家园。

（二）文化冲突期尊重少数民族文化

在度过"蜜月"之后，面对现实生活，不同族群之间的文化冲突及新文化与母体文化之间的冲突势必"放大"。在此情况下，面对文化冲突，主要解决方式就是要尊重移民的民族习惯。如：在社区通过推选民族传承人，让少数民族移民能在新社区看到家乡文化，解决思乡之愁，增强民族自信；开展民族节庆活动，让少数民族群众在民族节庆活动中表达自己的民族感情。节庆活动的开展还能使社区内的各少数民族群众相互了解对方文化，达到交往交流的目的，进而达到文化交融；因此通过民族文化传承人的挖掘、培养以及少数民族节庆活动的开展，可以让移民群众感受到社区对本民族文化的尊重、对自己的认同，进而实现对社区管理的认同。

（三）文化变化期建立社区认同

经历过文化冲突之后，少数民族移民需要通过相互接触、交流沟通进而相互吸收、渗透，融为一体。少数民族移民从乡村"熟人社会"过渡到城镇"契约社会",从"茅草房"到"楼房",从"农田"到"工厂",经历过一系列冲突之后,要从多方面进行适应。具体来说,包括以下几个方面。

第一,为少数民族移民提供就业,比如:针对少数民族女性善于做针线活的特点,可以成立刺绣坊、蜡染坊等,让其较快适应新的生计方式;针对少数民族男性善于干农活、缺乏技术性的特点,可就近联系社区附近的中药材基地、草莓园基地、建筑工地等,解决其就业问题,从而让移民获得经济上的满足,进而适应新的社会文化环境,真正稳定下来,融入新的社区生活情境之中。

第二,开展社区"四点半课堂""希望小学堂",在教学中,通过社区社会工作者和志愿者的教学,加强社区儿童的社会主义核心价值观教育,帮助他们牢固树立正确的价值观,增强少数民族儿童对中华文化的认同;通过学校、道德大讲堂、民族文化大讲堂等多渠道,以喜闻乐见的形式增加社区儿童对中华文化的认同感,从根本上解决儿童教育问题,稳定社区民族儿童离乡情绪,培育认同,达到认同。

第三,少数民族群众长期生活在缺医少药的地方,形成独特的少数民族医药文化,对中医的认同度较高,如对待医治小孩积食,少数民族群众更认同按摩消食,而且效果良好。因此,除了通过设置社区医院、引进先进的医疗机构以及与大型医院开展合作医疗等方式满足移民的基本医疗需求以外,还可以在社区内设置中医馆或者民族医馆,为少数民族移民提供中医药治疗。

第四,通过教育引导移民群众遵守小区公约及成文法,增强移民群众的法制意识。同时,也要尊重移民的传统习惯,可效仿传统的寨老制度和村规制度,选举楼长替代寨老,制定"楼约"代替村规民约,让所有人参与进来,同参与、共治理。

第五,针对移民群众受教育程度低、娱乐项目单一、熟悉乡土娱乐等特点,可联合相关机构,开展文化娱乐节目表演、电影放映、爱国主义宣传等。同时,还可组织社区居民进行乡土娱乐活动表演,如芦笙舞、布依山歌对唱等,进而构建社区多样文化生活。

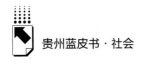

三　结论

在易地扶贫搬迁过程中，移民群众面临的最重要的问题之一就是文化适应问题。如何解决文化适应，不仅是移民群众能否"留得住、稳得下"的关键，更是考验地方政府社会治理能力的关键之一。当然，文化适应并不是要求移民群众放弃原有的传统文化，而是要在与主流文化相适应的基础上，实现文化的融合，从而让少数民族移民获得真正意义上的幸福感、安全感和获得感。

参考文献

习近平：《在全国民族团结进步表彰大会上的讲话》，新华网，http：//www.xinhuanet.com/politics/leaders/2019－09/27/c_ 1125049000.htm，2019 年 9 月 27 日。

郝时远：《关于全面正确贯彻落实党的民族政策的若干思考》，《民族研究》2013 年第 1 期。

董芯茜：《扶贫移民的社会适应困境及其化解——基于社会记忆理论视角》，《湖南农业大学学报》（社会科学版）2018 年第 2 期。

〔美〕保罗·康纳顿：《社会如何记忆》，纳日碧力戈译，上海人民出版社，2000。

费孝通：《反思·对话·文化自觉》，《北京大学学报》（哲学社会科学版）1997 年第 3 期。

艾娟、王新建：《集体记忆：研究群体认同的新路径》，《新疆社会科学》2011 年第 2 期。

夏艳玲：《易地扶贫搬迁移民的可持续生计研究——以广西巴马瑶族自治县为例》，《西南民族大学学报》（人文社会科学版）2019 年第 9 期。

B.15
贵州城市社区治理模式
创新的地方探索与实践

——基于赤水市"五·三"社区治理模式的调查分析

张 新 王雪君*

摘 要： 本文以贵州省赤水市城乡社区治理为对象，对其在社区治理
中不断实践创新形成的以"三双三治三联三定三变"为内容
的"五·三"社区治理模式进行调查分析，发现当前赤水市
"五·三"社区治理模式面临着城乡社区治理边界内容趋于
泛化、城乡社区福利事业内生动力不足、城乡社区项目规划
实施存有差距、城乡社区治理基础专业人才不足、城乡社区
治理事务体制缺乏规范、城乡社区治理经济来源渠道单一等
方面的挑战，并就此提出了进一步促进赤水市社区治理、完
善"五·三"社区治理模式的对策建议，助推当地及省内其
他地区社区治理创新，推动乡村振兴。

关键词： 社区治理 "五·三"社区治理模式 赤水市

随着现代化发展和全面建成小康社会的步伐加快，为适应社会发展现实
进路和满足人民对美好生活的追求，国家在制度层面重点转向关注社会管理

---

* 张新，遵义师范学院管理学院院长，教授，研究方向为民族法治与社会养老；王雪君，赤水
市民政局副局长，经济师，研究方向为社会治理与社会服务。

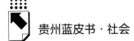

和社会治理领域的发展空间。党的十八届三中全会提出"创新社会治理体制"的任务，用"社会治理"代替"社会管理"。① 2017年《中共中央　国务院关于加强和完善城乡社区治理的意见》提出一系列充分发挥基层党组织领导核心作用、基层政府主导作用、基层群众性自治组织基础作用、社会力量协同作用等具体提升城乡社区治理水平的方针和要求。党的十九大报告进一步明确指出"加强社会治理制度建设，完善党委领导、政府负责、社会协同、公众参与、法制保障的社会治理体制"。② 《中共中央办公厅关于加强和改进城市基层党的建设工作的意见》指出"完善协同联动的社区治理架构""健全党组织领导下的社区居民自治机制"。③ 《中共中央　国务院关于抓好"三农"领域重点工作确保如期实现全面小康的意见》中强调"健全乡村治理工作体系"。④ 《中共中央关于制定国民经济和社会发展第十四个五年规划和二〇三五年远景目标的建议》提出"推动社会治理重心向基层下移，向基层放权赋能，加强城乡社区治理和服务体系建设""加强和创新市域社会治理，推进市域社会治理现代化"。⑤ "治理能力""治理体系""社会治理""社区治理"等关键主题无疑成为基层工作落实和学术各界主要研究的对象。如今，"脱贫攻坚"虽已全面收官，但在新的发展指标下，农村仍存在部分相对贫困群体或个人，经济贫困仍然是相对贫困群体的主要特征。⑥ 因此，"后精准扶贫"时期在保障基本物质条件的前提下，如何从

① 《中共中央关于全面深化改革若干重大问题的决定》，中华人民共和国中央人民政府网，http：//www. gov. cn/zhengce/2013 – 11/15/content_ 5407874. htm，2013 年 11 月 15 日。
② 习近平：《决胜全面建成小康社会　夺取新时代中国特色社会主义伟大胜利》，《人民日报》2017 年 10 月 28 日。
③ 《关于加强和改进城市基层党的建设工作的意见》，中华人民共和国中央人民政府网，http：//www. gov. cn/zhengce/2019 –05/08/content_ 5389836. htm，2019 年 5 月 8 日。
④ 《中共中央　国务院关于抓好"三农"领域重点工作确保如期实现全面小康的意见》，《人民日报》2020 年 2 月 6 日。
⑤ 《中共中央关于制定国民经济和社会发展第十四个五年规划和二〇三五年远景目标的建议》，中华人民共和国中央人民政府网，http：//www. gov. cn/zhengce/2020 – 11/03/content_ 5556991. htm，2020 年 11 月 3 日。
⑥ 王思斌：《社会治理共同体建设与社会工作的促进作用》，《社会工作》2020 年第 2 期，第 3 ~ 9、108 页。

总体上帮助区域相对贫困问题的改善，达到振兴的目标也是基层社区治理领域需大力关注的议题。社区治理是指在多元主体的合作和居民认同条件下，充分整合社区内部和外部的资源，充分调动居民建设社区事务的积极性，形成良好有序的社区生活。其内容涉及并涵盖社会成员参与社会生活的各个领域，与社区成员需求和利益息息相关，包括社区服务、社区照顾、社区安全、社区公共卫生、社区文化等。赤水市拥有独特的红色文化资源，依靠得天独厚的地理位置和气候条件，成为贵州省内经济发达程度较高的县级市之一。2020 全年地区生产总值（地区 GDP）106.17 亿元，比上年增长5.59%，全年城镇居民人均可支配收入36215 元，增长 5.2%，农村居民人均可支配收入14831 元，增长 8.6%，远高于贵州省城镇和农村居民人均可支配收入标准。且赤水市与习水县是贵州省内为数不多的持开放态度较早接触和引进社会工作服务、社会工作人才的市县，给本土区域内济贫扶弱领域民生工作带来新的发展机遇。自 2017 年以来，赤水市在中央政策的指导下，治理成效显著，先后获全国法治先进县（市）、全国信访工作"三无县"等荣誉，其"法治扶贫"经验获全省推广，被省、市内多家媒体宣传和报道，人民群众安全感、满意度位居贵州省前列，典型代表性日益凸显。故以贵州省赤水市城乡社区治理实践为例，对其治理领域做出的尝试进行归纳分析，总结在农村和城市社区治理过程中的实践经验，分析面临的挑战并提出相应的对策建议，助推当地及省内其他地区社区治理创新，推动乡村振兴。

一 赤水市"五·三"社区治理模式创新及实践成效

赤水市位于贵州省西北部，赤水河流域中下游，毗邻四川省、重庆市，区位优越，是贵州省最大的通江口岸。其历史悠久，受巴蜀文化影响较深，是贵州省较早开发的地区，也是贵州省实施"北上"战略的重要窗口。赤水市按照"山地、高效、特色、安全"的总体目标，大力推进山地生态特色农业建设和产业结构调整。在优渥的资源条件整合情况下，赤水市社区变动情况见表1。

表1 2003～2020年赤水市城乡社区变动情况

类别	2003～2015年	2016年	2017年	2019年	2020年
行政村	100	90	90	90	90
社区	22	34	36	37	37
村民小组	737	625	625	625	625
居民小组	91	203	235	254	254

从社区变动数量上来说，赤水市在不停地调整和探索中村（居）民小组总量变动情况不大，社区与居民小组数量呈直线递增状态，发展总体逐渐趋于稳定。总结发现，赤水市城乡社区治理实践主要内容集中在党建干部、社区救助、社会养老、易地扶贫搬迁、精神文明、民主协商机制、社区治安等方面。同时，赤水市重点关注辖区内城乡社区治理领域建设和落实工作情况，着力推动城乡社区工作向基层延伸，以城乡社区为载体，有效整合各类资源，精准定位、对焦治理短板，力争开创城乡社区治理工作新格局。为进一步实现城乡社区"一体化"发展，加快步伐迈进小康社会，赤水市从最初社区治理基本工作探索至今，不断实践创新形成"五·三"社区治理模式，即在国家政策指导下，赤水市城乡社区治理实践过程中凝练总结而成的"三双三治三联三定三变"实践经验，具体包括以下几个方面。

（一）"三双"工程

第一，"双晋"即双向晋升机制。一方面，按照公务员职务与职级并行规定，积极为符合晋升条件的人员办理晋升手续，拓宽用人渠道，优化干部队伍结构；另一方面，深化"支部晋级、党员晋星"机制，严格落实"三会一课"、组织生活会、民主评议党员、村级干部等级序列制度、村级干部薪酬管理体系机制。第二，"双领"即双向领导机制。一方面，树立"党建引领、村企合一、市场运作、群众参与、共建共享"集体经济发展理念，以升级发展集体经济为突破口，抓牢"领头雁"人才和"领头羊"产业；另一方面，以推动村企合一为关键点，按照"党支部+村企+市场+群众"

发展模式，建立了董事会（理事会）、经理会、公司（合作社）、股东（社员）代表大会等基本制度。第三，"双驱"即双向驱动机制。一方面，创建"双驱"示范工程，深化"双报到"工作机制；另一方面，持续非公企业和社会组织"区域化"党建工作，推行党员和党支部积分化考评机制、"党性双体检"机制和党内激励帮扶关怀工作机制，督促党员在一线工作中发挥责任。如，赤水市坚持以"三双""六化"标准梯次推进全市农村、社区、学校、医院等 11 个领域 529 个党支部标准化规范化建设，完成"支部"整顿，组建联村联产党支部 16 个、党小组 140 个，建立易地扶贫搬迁安置地党支部 3 个、党小组 22 个等。

（二）"三治"工程

第一，居民"自治"。不断强化党组织引领作用，完善民主管理和自治功能。遵循主体意愿，突出群众自觉，以群众为主体，设计群众寓教于乐、易于参与的服务项目，调动农民群众自我服务的积极性和主动性。第二，民主"法治"。在社区治理过程中全面深化法治建设，建立以完善法治为保障的城乡社区治理体系。全面推进依法行政和公正司法，深化综合行政执法体制改革，以综治中心为主要载体，广泛开展法治宣传、法律援助、咨询等便民利民服务，积极开展"纠纷调解""法律服务""社区矫正"等各类志愿服务活动。第三，文明"德治"。健全覆盖社区的服务网络，通过核心队伍引领作用，发展壮大文明实践志愿队伍和建立志愿服务体系。深入开展"理想信念引领""理论政策宣传宣讲"等系列主题志愿服务活动，通过群众自荐、居民推荐等方式评选出身边好人、文明家庭、孝亲敬老等典范，用典型和榜样的力量加强影响力，丰富农民群众精神文化生活，全面提升乡风文明。如，赤水市深入推进民主选举、民主决策、民主管理、民主监督。城乡社区普遍建立并执行"四议两公开"制度，凡涉及群众切身利益的事项均通过居民代表会议、居民会议协商和决策。同时，建立《村级小微权力清单》和《社区公共服务目录》。

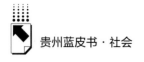
（三）"三联"工程

第一，跨部门"联合"。搭建"社区＋部门＋企业＋商家"的共建互助平台，明确基础共建内容。同时，突出"村级党组织＋龙头企业＋村级经济组织＋贫困农户"利益联结机制，探索"抱团发展""强村带弱村""村村联动"发展模式。第二，跨领域"联动"。整合"体制内"和"体制外"的政法、综治、信访、司法等资源，依托党员义工服务队伍，组建治安联防队，构建城市基层社区治安联防、矛盾联调、困难联帮、问题联治、平安联创的社区综合治理模式。依托基层治理综合信息平台，统筹建立群众诉求、问题隐患等事项分级分类办理机制，形成源头发现、采集建档、分流交办、执行处置、检查督促、结果反馈的闭环式工作机制。第三，跨形式"联营"。整合建立"一站式"公共服务阵地，积极引导医疗、金融、保险、服务业等进驻社区，为居民提供医疗卫生、健身娱乐、学习交流、教育培训等服务。同时，引导农村信用社、贵州银行等搭建商圈和银行交流平台，为社区集体经济发展提供资金支持、政策优惠、人才招聘、信贷资金等服务。如，赤水市"雪亮工程"镇村平台与市公安局110指挥中心平台实现互联互通，建立以公安特巡警、民辅警为骨干，民兵、消防、武警队伍为补充的专职巡防队，和矛盾调解中心、村级人民调解委员会、派出所警民联调室、各行业专业调委会密切协作的多元矛盾联调机制等。

（四）"三定"工程

第一，干部定责。积极探索"一网格一支部、一楼宇一党小组"的组织设置方式，建立"社区党总支＋网格党支部＋楼宇党小组＋党员中心户"四个纵向网格化管理层级，实现党建网与治理网双网合一。推行社区党总支书记负责社区、网格支部书记负责片区、支部委员负责小区、党小组长负责楼栋四级负责办法，建立"需求在网格发现、服务在网格开展、问题在网格落实"的网格管理机制。第二，组织定位。坚持把优秀人才选进社区"两委"班子，探索由街道统筹各类人才资源，实行全域选配，推进社区两委班子成员交叉任职和书记、主任"一肩挑",明确责任分工。第三,群众定效。一方面,创新推出"群众点单 + 志愿接单"服务模式,将低保家庭、空巢老人、留守儿童、残疾人家庭等列为重点联系服务对象,梳理环境整治、物业管理、配套设施和安全出行等群众需求,以户为单位,建立民情档案;另一方面,重点围绕"老 – 少"群体,整合日间照料中心、社区健康中心、科普中心、"四点半课堂"功能,推动社区服务科学化、人性化和便民化。赤水市自换届以来,全市因考取事业单位、公务员等原因出缺村(居)委主任 30 名,其中 27 个村(居)已完成补选,另 3 个村正在补选;依法补选了 29 名村(居)委副主任,22 名村(居)委委员。

(五)"三变"工程

第一,农民变股民。以群众为主体,对于拥有较少资源的贫困对象,帮助盘活土地资源,按亩产市场价值做好土地、林地收储,统筹经营、管理和支配。引导培育和引进实力强劲的经营主体,采取不同组织方式发动农户入股景区、专业合作社等,根据入股的经营主体不同的产业收益比例获得分红。第二,资源变资产。根据区域比较优势,选择具有市场前景和开发潜力的特色产品作为开发的主攻方向。同时,考虑到提高产品质量,形成区域化种植、规模化生产、集约化经营。第三,资金变股金。分类引导,对于有资金、有技术的城乡社区"两有"人员,鼓励和引导以土地、资金、技术等多种方式入股,从中获取租金、薪金和股金。同时,将财政项目资金、扶贫专项资金、村集体资金和闲散的农户资金充分运用变为股金,整体带动群众脱贫致富,助推乡村振兴。2020 年赤水市 96 个行政村(除市中、金华、文华等 4 个不涉农行政村外)全面开展"三变"改革,覆盖村占 100%。参与试点村"三变"改革经营主体 249 个,实施"三变"改革股份合作项目 198 个,带动股东(含贫困户)收入增加 4722 万元,村集体经济累积 915.27 万元。[1]

---

[1] 《赤水市农村"三变"改革"五点经验"推进乡村振兴》,赤水市人民政府网,http://www.gzchishui.gov.cn/xwzx/bmdt/zxxx_ 5150161/202012/t20201231_ 65896805.html,2020 年 12 月 31 日。

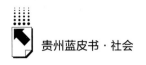
二 赤水市"五·三"社区治理模式面临的挑战

（一）城乡社区治理边界内容趋于泛化

研究发现，赤水市在城乡社区治理时并未将农村和城市社区治理内容分开，而是基本上采取统一的标准从保障激励机制、社区服务水平、社区治理联动、社区管理网格、社区数据家园、社区阵地功能、社区组织体系等方面进行施策、管理和发展，虽然目前来说在实践中取得良好成效并形成了社区治理"五·三"实践模式，但始终无法触及在社区治理后期阶段城乡社区各自治理范畴内的深层次、多角度和宽领域问题。比如，在一些稍微偏远的农村社区，其所获得的资源和本身的条件根本不足以支撑社区治理的标准和规范，更不用说，在策略的执行和落实情况上的差距。

（二）城乡社区福利事业内生动力不足

社会福利事业涉及民生多个领域，涵盖赤水城乡所有社区迫切关注和需要解决的问题。如城乡居民低保、贫困群体救助、社区养老服务、社会组织管理、基层政权建设及特殊人群管理等等。但因社会福利事业本身工作覆盖面较广、所涉及群体往往具有多样化复杂特质，城乡社区福利事业建设任务更加繁重。加之，刚性治理手段下原有社区福利事业基础薄弱、综合服务设施建设滞后、养老机构功能不全等问题都在一定程度上制约城乡社区治理和社会发展。而在农村地区问题更为严峻。如在一些农村社区，保障居民福利的最基础的设施建设、活动场所等还未修缮完毕，受益群体本身对于福利事业情况知晓度很低，无法保障福利事业功能的主动性发挥。

（三）城乡社区项目规划实施存有差距

"十三五"期间，赤水市在城乡间建设多个项目，取得成效的同时也暴露出一些问题。一方面，赤水城市发展规划与民政公共服务实施项目间出现脱节，无法持续为社区治理提供充足的保障。如，在民政养老规划方面，相应的税收、信贷、水电等优惠扶持政策较难落实。另一方面，农村社区居民与城市社区居民在项目中的实际需求存有较大差距，同样标准的项目在双方的推动实施成效也是截然不同的。最直接体现在社区中开展教育性活动项目，城市社区居民受教育程度和其他因素影响，其积极主动性必然远远超过农村社区，并维持在较高的水平，而农村社区居民则全然相反，其需求可能往往侧重在文体娱乐层面。

（四）城乡社区治理基础专业人才不足

人才是保障社区治理政策内容得到落实的先行者和推动力，赤水市人才储备数量相对于省内其他地区占据部分优势。但放眼赤水全市，社区治理社会工作及其他专业人才仍处于紧缺状态。以社工为例，根据《全国市域社会治理现代化试点工作指引》（2020 版）对社会工作人才数量的要求，赤水市应具备社工专业人才 310 人，而目前赤水拥有助理社工师资格证的社会工作者较少，加之未获得资格证的社会工作者也远不达标。另外，从大多数基层干部的态度观念和行为认知情况来看，较少基层干部会选择长期留守在农村一线。相对于城市社区来说，农村社区基层干部的流失和流动现象十分严峻，而培养的一些本土干部受教育程度较低，在开展社区治理工作时多数存在吃紧情形。赤水市虽然为所有社区（村）都配备了固定的后备干部名额，但人才总体呈匮乏状态。

（五）城乡社区治理事务体制缺乏规范

赤水内较多城乡社区都不同程度存在事务公开阵地、公开内容、公开程序、公开时间、公开形式不规范的历史遗留问题，原因更多可能在于治理体制本身的缺陷和不完整。对于农村来说，由于本身条件的限制，更多的不规范集中存在农村社区或者农转居的易地扶贫搬迁社区中。如无防风雨设施且面积不足 3 平方米的有 32 个村（社区）；存在公开漏项的有 15 个村（社区）；未经村（社区）"三委"负责人审核把关的有 27 个村（社区）；村级集体账务未按月公示的有 21 个村（社区）；等等。另外，部分搬迁社区居民还存在影响公序良俗的行为习惯，维护社区公共环境卫生意识淡薄。

（六）城乡社区治理经济来源渠道单一

现有财税体制和行政管理体制下，面对当前社区治理中多元化的社会公共利益诉求，对于建设经费方面，赤水市现经费用途较分散，多集中于社会公共事务领域，资金投入和分配较少。而主要依靠村级经济来源支撑的农村社区，无法满足社区治理工作内容。在我国一些发达地区农村的政策导向是转变村委会（居委会）的管理职能，从以经济管理为主转到社会管理，实行政企分开、政资分离。但结合自身实际情况，实现此目标的难度较大。村委会（居委会）要对全体村民进行社会管理，提供公共服务，仅靠地方政府规划中分配的部分工作或项目经费是远远不够的，由此城乡社区治理经济来源渠道单一让治理主体多样性和异质性更加凸显。

三 进一步促进赤水市社区治理的对策建议

综上所述，根据赤水市城区治理中目前存在的问题和长远发展需求，应进一步避免暴露更多问题，鼓励构建和推行"双轨"治理架构。"双轨制"，也称为"双重轨制"，指的是两种不同体制并行的制度，兴起于 20 世纪 90 年代，被广泛应用于金融、教育法律、社会保障和社会组织等领域。本文中所指的"双轨"治理架构是指在原有城乡社区治理经验的基础上，构建农村社区治理与城市社区治理两种轨道并行的"双轨"治理架构。这并不是意味着单轨双方的完全独立和分离，而是在两者结合的情况下更有针对性地对农村和城市社区中的客观性差异和问题采取不同的治理措施和治理方式进行接轨。

（一）平衡城乡社区"双轨"治理边界

"双轨"治理实践中社区治理的发育往往需要同时借力和充分调动社区自身资源，在城市和农村社区之间寻求平衡，这个平衡的点需要做到合理、合法、合规律性把控。作为单轨一方的农村社区应该充分考虑到自身在人际关系、社会发展、生态环境等方面的短板，避免脱离实际盲目跟从城市社区治理策略，切实推动自身发展。作为单轨另外一方的城市社区，其发达程度和社区治理时效都远远高于农村。因此，在自身治理情况较好的情况下，可考虑结对帮扶农村社区，通过开放资源与合作治理，加强双方的交流和沟通，分享自身治理经验，帮助和加快农村社区治理步骤，优化和升级双方治理措施。

（二）细化城乡社区"双轨"福利事业

加大政府、社会、社区、组织、居民等多元主体正确认识社会福利事业在社区治理中发挥的关键性作用，以弱势群体实际需求为准绳，鼓励将养老事业、社区服务、殡仪服务及设施列入政府重点补助发展规划。城市社区中加大对涵盖多功能的医养结合养老机构、社区居家养老或老年人日间照料中心等服务设施建设，为社区福利事业提供基础的物质保障。农村社区中加强对弱势群体的关爱和保护，将政策和优惠落到实处，着力加大城乡福利政策和福利事业的宣传，激发居民内生动力，激发其参与社区福利事业建设的积极性，促进社区福利事业建立健全。

（三）落实城乡社区"双轨"项目规划

一方面，争取中央、省、市项目，加快标准化建设进度。建立由市委组织部、市发改局、市民政局、市农业农村局、市教育局等部门组成的项目建设协调工作组，整合各部门的项目资金，集中资源打造标准化社区。另一方面，主动将城乡社区项目招投标进行区别，双方根据参数分别设立独立的标准和规范，对城市社区项目和农村社区项目内容涉及、各项要求、提供服务

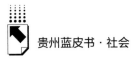

等方面尽可能地清晰和量化，加大对农村社区项目的投入，将资源更多地向建设速度较为缓慢的农村社区倾斜，尽可能地缩小农村与城市社区差距。

（四）加强城乡社区"双轨"人才培育

一方面，大力推动校地合作、人才博览会、高校招聘等平台，精准引进一批拥有专业技术的高层次和社会工作专业人才，强化人才网格资源建设，统筹现有基层人才资源，以社会工作者和其他专业技术型人才为主，面向广大居民进行遴选，吸收和培养当地"能人"，充实骨干力量，注重本土性领军人才培养，更好地应对"熟人社会""熟人社区"规则惯例。同时，在专业人才培养方面，健全激励机制，建立专业人才津贴标准。探索"项目＋人才"模式，进一步优化完善工作责任体系。另一方面，突出政治标准和素质能力，着力打造村级干部、带头能人、农技专业人才队伍为农村社区提供服务。充分链接资源开设社区治理储备干部培训班，强化培训流程，相关培养费用列入财政预算。

（五）推进城乡社区"双轨"治理体系建设

一方面，加强"三双三治三联三定三变"的"五·三"治理模式的深入探索，重点关注城市和农村社区治理过程中各自出现的问题，规范社区事务公开透明，并推动建立长效治理机制。同时，强化监督保障，建立民主评议干部规则，完善干部进入-退出机制，切实增强干部工作责任心，全面推行组织下移、资源下沉、清单下放、业绩下评"四下工作法"。另一方面，对标《全国市域社会治理现代化试点工作指引》全要素要求，找差距补短板，加强城乡社区治理成员单位的协同配合，形成齐抓共管合力，不断推动城乡社区治理精准化、精细化发展。

（六）链接城乡社区"双轨"资金渠道

一方面，强化村集体经济资产收入的组织职能，侧重对农村社区居民和社区经济发展建设，关注农村社区治理资金的来源，积极结合农村实际情况进行创新，坚定不移在农村继续推广实施"三变"改革工程，推动村集体经济的发展。另一方面，转变资金监管和使用思路，拓宽城市社区治理资金渠道，有序整合各辖区资源，健全资金使用和公开机制，搭建稳定的资金来源渠道"进入－流通"关系网络，以推进城乡社区治理项目建设，为治理工作提供充足的资金来源和保障。在城乡社区治理实践过程中，链接多元资金，将原本各自主体性渠道之间进行相互关联、重叠和交叉，使原初不同、分散的多个资金主体聚合为共同的目标发挥作用。

四　结语

城乡社区治理在社会治理和发展中占据较大比重，其治理反映内容本身就是一种新型的政治文化诉求。纵然很多地区都已经、正在或者将要进行城乡社区治理的实践，但仍存在很多问题和不足。本文中提出的"五·三"治理模式是基于赤水市城乡社区治理实践接轨的新思考。新时代社区治理创新还需在治理理念、治理主体、治理手段、治理形态等层面整体发力，更需要在基层情境中不断探索。

参考文献

《中共中央关于全面深化改革若干重大问题的决定》，中华人民共和国中央人民政府网，http：//www. gov. cn/zhengce/2013－11/15/content＿5407874. htm，2013年11月15日。

习近平：《决胜全面建成小康社会　夺取新时代中国特色社会主义伟大胜利》，《人民日报》2017年10月28日。

《关于加强和改进城市基层党的建设工作的意见》，中华人民共和国中央人民政府网，http：//www. gov. cn/zhengce/2019－05/08/content＿5389836. htm，2019年5月8日。

《中共中央　国务院关于抓好"三农"领域重点工作确保如期实现全面小康的意见》，《人民日报》2020年2月6日。

《中共中央关于制定国民经济和社会发展第十四个五年规划和二〇三五年远景目标

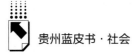
的建议》,中华人民共和国中央人民政府网,http://www.gov.cn/zhengce/2020 - 11/03/content_ 5556991. htm,2020 年 11 月 3 日。

王思斌:《社会治理共同体建设与社会工作的促进作用》,《社会工作》2020 年第 2 期。

《2019 年赤水市国民经济和社会发展统计公报》,赤水市人民政府网,http://www. gzchishui. gov. cn/zwgk/zfxxgkml/tjxx/tjfx/202011/t20201104 _ 64991034. html,2020 年 10 月 13 日。

曹庆新、徐晗:《乡村振兴战略背景下社会工作介入农村社区治理研究——以湖南省 P 村为例》,《农村经济与科技》2020 年第 31 卷第 21 期。

赵方方:《社会工作介入农村社区治理实践研究——以三亚市 S 村社区为例》,《农场经济管理》2020 年第 10 期。

安娜青:《以人口为中心探索新型农村社区治理》,《农村经济与科技》2020 年第 31 卷第 21 期。

安勇、王贝:《浅析民俗文化在农村新型社区治理中的作用》,《经济研究导刊》2020 年第 30 期,第 17~18、29 页。

卞国风:《新时代农村社区治理的社会力量参与研究》,《核农学报》2020 年第 34 卷第 12 期。

张兴宇、季中扬:《新乡贤参与农村社区治理的路径和实践方式——基于社会关系网络的视角》,《南京社会科学》2020 年第 8 期。

戚晓明:《社区治理类型与乡村振兴下的农村社区环境治理》,《南京工业大学学报》(社会科学版)2019 年第 18 卷第 5 期。

唐南:《社区文化保育:凝聚社区居民力量参与社区治理——社会工作介入农村社区治理的探索研究》,《教育现代化》2019 年第 6 卷第 60 期。

房亚明、周文艺:《服务以增能:社会工作嵌入"村改居"社区治理的实践路径》,《社会工作与管理》2020 年第 20 卷第 6 期。

陈伟东、吴岚波:《从嵌入到融入:社区三社联动发展趋势研究》,《中州学刊》2019 年第 1 期。

朱振亚、宴兰萍:《新农村建设"安吉模式"成功经验探究》,《天津农业科学》2012 年第 6 期。

《赤水市农村"三变"改革"五点经验"推进乡村振兴》,赤水市人民政府网,http://www.gzchishui. gov. cn/xwzx/bmdt/zxxx_ 5150161/202012/t20201231 _ 65896805. html,2020 年 12 月 31 日。

B.16
新时代贵州超大型城市
社区治理问题研究[*]

——以贵阳市为例

周　欢[**]

摘　要：　城市社区是社会治理的基本单元，加强和创新城市社区治理，是推进国家治理体系和治理能力现代化的重要内容，是夯实党的执政根基、巩固基层政权的最基础性工作。贵阳市是贵州省的省会，是贵州省特大型社区的集中地，由于这些社区人口相对集中，构成复杂，管理体量庞大，社会矛盾凸显，在很大程度上加大了城市社区治理的难度。本文在对贵阳市超大型社区进行调研的基础上，总结了贵州省超大型社区治理的主要做法及取得的成效，对存在的权小责大、事务繁重、专业化低、缺乏机制等问题进行了识别和分析，并针对性地提出党建引领、机制创新、强化服务、要素供给等对策建议。

关键词：　贵州　超大型城市社区　社区治理

* 本文系贵州省社会科学院2021年度哲学社会科学创新工程项目"从城中村到城中城：花果园'超大型社区'社会治理研究"（项目编号为CXZK2101）的阶段性研究成果。
** 周欢，贵州省社会科学院城市经济研究所助理研究员，研究方向为农村发展、农业经济、产业经济。

城市社区是社会治理的基本单元，加强和创新城市社区治理，是推进国家治理体系和治理能力现代化的重要内容①，是夯实党的执政根基、巩固基层政权的最基础性工作②。改革开放以来，随着我国国力的增强，贵州省城市化建设发展迅速，特别是棚户区改造、旧城区改造的迅速发展，形成了一大批超大型城市社区。由于这些社区人口相对集中，构成复杂，管理体量庞大，社会矛盾凸显，在很大程度上加大了城市社区治理的难度，已引起了各级党委、政府的高度重视和社会各界的密切关注。本文基于城市社区治理过程中存在的现实问题，旨在从政府视角出发，通过召开座谈会、个别访谈、综合分析等方式，对贵州省超大型城市社区治理的改革与实践、贵州超大型城市社区治理凸显的问题及原因进行分析，提出了新时代加强和创新贵州省超大型城市社区治理的对策建议。

一 概念界定及现状分析

改革开放以来，在党中央正确领导和省委的坚强领导下，贵州省经济社会发展成效显著。特别是党的十八大以来，贵州省各级党委、政府紧紧围绕统筹推进"五位一体"的总体布局和协调推进"四个全面"的战略布局，落实高质量发展要求，全力打好三大攻坚战，经济持续快速增长，社会建设稳步发展，城乡社区治理强力推进，尤其在城市超大型社区治理方面，按照党委领导、政府负责、社会协同、大众参与、法治保障的社会治理体制，努力打造共建共治共享的社会治理格局，成效明显。

（一）超大型社区概念界定和基本特征

1. 超大型社区概念界定

社区：社区是一个区域性社会，是聚集在一定地域内的群体依照既定的

---

① 青舟：《创新社区治理是推进国家治理能力现代化的重要抓手》，《城市观察》2015年第5期，第1页。
② 中央党校第43期中青一班第7课题组：《加强和创新基层治理的探索与实践——基于山东省威海市、烟台市、淄博市的调研报告》，《中国民政》2018年第9期。

社会关系与制度，组建起来的具备人口因素的地域生活共同体①。从社区的构成要素来看，其主要包括五个方面：地域因素、人口因素、情感因素、社区基础设施、社区文化。② 城市社区一般是指由居住在城市的一定数量和质量的人口组成多种社会关系和群体，从事各种社会活动所构成的相对完整的地域社会共同体。截至 2020 年 12 月，国家和省对其没有一个统一的标准，只能从现行的一些政策和"约定俗成"做大致的划分。一是《中华人民共和国城市居民委员会组织法》规定，按照便民和居民自治原则，一般在 100～700 户的范围内设立居民委员会。二是国家城乡住建部、发改委 2014 年发布的城市社区服务站建设标准按照常住人口分成三类，即一类 6000～9000 人、二类 3000～6000 人、三类 3000 人以下分类实施。三是贵州省委、省政府印发的《关于加强易地移民新区社区治理的意见》明确提出 3 万人可以建立社区服务中心。四是从目前贵阳市南明、云岩、观山湖中心城区 15 个社区服务中心服务对象来看，通常每个社区在 3 万人左右。综合以上二、三两项，一般社区应在 3 万人左右，超过 5 万人应为大型社区，超过 10 万人应属于超大型社区。由此大致就可以将城市超大型社区的内涵表述为由 10 万人以上组成的、各种社会关系构成相对完整的地域社会共同体。

2. 超大型社区基本特征

大型社区、超大型社区与中型社区、小型社区有着共同的特点，但又有着不同于中型社区、小型社区的基本特征。其一，体量庞大，人口密度高，社会矛盾集中，社会治理的难度大；其二，社会构成复杂，既有老住户，也有新市民，同时外来求职人口、流动人口众多；其三，居民自治的自我管理、自我服务与物业管理在一定程度上难以统筹和协调；其四，居民需求量大，社区综合服务不平衡、不充分的矛盾较为突出。客观上超大型社区各项特征决定了其社区治理的难度和复杂性。

---

① 袁德红：《社区治理中的公民参与及相关问题分析》，《人才资源开发》2016 年第 22 期，第 251 页。

② 康美佳：《红岗区社区治理存在的问题及对策研究》，黑龙江八一农垦大学硕士学位论文，2020 年。

（二）贵阳市超大型城市社区基本现状

贵阳市作为贵州省省会，是贵州省超大楼盘的集中地。统计资料显示，贵阳市花果园片区、世纪城社区、水东社区入住人口均超过 10 万人，属超大楼盘社区。其中，花果园片区从 2010 年开始建设，总开发面积 10平方千米，共 22 个分区，现已交房 18.9 万套，项目建成后预计可容纳 50万人。截至 2020 年 12 月已入住 45 万人，人口密度达 4.5 万人/平方千米，每日人流量达 80 万人以上；登记入驻市场主体总数达 27119 户，其中各类行业场所 17000 余家、投融资公司 322 家、酒店 205 家、娱乐餐饮等场所 4860 家。该片区共设 2 个社区服务中心，即花果园社区服务中心和小车河社区服务中心。花果园社区服务中心编制 37 人，在编 27 人；小车河社区服务中心编制 30 人，在编 6 人。两个社区分别成立居民委员会12 个。世纪城社区建于 2007 年，总面积 5.38 平方千米，规划入住 5200户 20.8 万人。截至 2020 年 12 月已入住 11.3 万人；落户社区的企业共4000 余家。目前世纪城社区设置社区服务中心 1 个，现有编制 46 人，实际在岗 42 人，区聘人员 40 人，另有城管大队区聘人员 50 名，卫健局区聘人员 2 名，民政局下沉人员 1 名，政法委下沉区聘人员 2 名，世纪城派出所正式民警 30 名、辅警 50 名；社区下辖居委会 17 个，两委工作人员共 108 名。水东社区总面积 11.5 平方千米，截至 2019 年 12 月交房 7.4万套，已入住 17 万人，待入住完毕后预计入住人口 40 余万人；该社区设置社区服务中心 1 个，辖 2 个行政村、10 个居委会，有 3 个居委会正在筹备中。

二 贵州省超大型社区治理的主要做法及取得的成效

贵阳市是贵州省最早探索城市社区治理的地区。贵阳市大型社区现行的管理体制机制是基于 2010 年城市基层管理体制改革推行的基本模式，其基本做法如下。

（一）实行领导体制扁平化

2010 年 2 月，贵阳市委、市政府出台了《贵阳市城市基层管理体制改革试点工作指导意见》，撤销街道办事处，设立社区服务中心，精简管理层级，改变了原有的"市-区-街道办事处-居委会"管理模式，形成"市-区-社区"三级管理模式，推动城市基层管理体制改革。

（二）构建"一核多元"的组织框架

构建以社区党委为核心，社区委员会、社区服务中心等共同参与的"一核多元"组织框架，将辖区（小区）内党组织、非公有经济组织和社会组织等纳入管理范围，增强了社区管理服务功能。社区设置"大党委"，对社区工作负全面责任，党委书记实行"公推直选"等措施，在改革工作中发挥驻区单位党组织、驻社区党员的模范作用，推动区政府及相关职能部门的服务事务直接向社区延伸。将原办事处承担的民政、卫健、治安等行政管理职能划转社区服务中心，将原居委会承担的行政事务剥离出来由社区服务中心承担。

（三）加强社区治理党建引领

按照"筑牢一线战斗堡垒"的要求，同步调整社区党组织设置，在社区服务中心设立基层党委（暂不具备条件的可设党总支），统筹抓好社区服务中心辖区内各领域党的基层组织建设和工青妇等群团组织建设。社区服务中心党组织班子成员实行选任制，选好配强党组织书记，探索社区党委兼职委员制，把社区党组织建设成为社区坚强的领导核心。党组织班子职数按照党内有关规定和工作需要，按管理权限报上级党委审批配备。合理设置基层党支部和党小组，积极推行"社区建党委、楼栋建党支部、楼道建党小组"，基层党委统筹辖区内的党建工作，将非公制经济组织和社会组织的党组织、流动党员纳入管理，实现区域化、全覆盖。

（四）切实推进民生兜底保障的落实

按照"三有一化"（有人管事、有钱办事、有场所议事，构建城市基层区域化党建格局）要求，整合原有街道和社区的人力、物力以及服务资源。认真贯彻落实社会民生兜底保障各项政策，持续抓好民政、养老保险、创业就业、残联服务等基本保障服务，构建社会民生兜底保障体系。将社区服务场所纳入城市建设规划，各社区办公用房、活动场所面积最大的达到10000余平方米，最小的300平方米，保障"三无"人员低保金发放，民生兜底保障的基础设施支撑更加夯实。

三 贵州超大型城市社区治理凸显的问题及原因

贵州省城市社区治理改革进程中，贵阳市以新时代城市工作特点为基础，对社区治理尤其是超大型城市社区治理做了大量的积极探索，但同时也存在一些亟须引起高度重视并认真加以解决的情况和问题。以花果园片区为例，其在社会服务、社会组织能力、社区综合服务、基层人财物等方面都不同程度存在一些问题。

（一）社区权力小但相应责任大的问题未能解决

社区作为基层群众自治组织，本不应该承担行政事务，但在实际工作中社区却成为政府职能部门在基层的"腿"。在实际工作中，行政事务处置的权力没有对应下放到社区，社区在处理行政事务过程中处于"权力无限小，责任无限大"的尴尬境地。调研结果显示，在实际工作中社区需要"全权"负责开具证明、定期普查、区域卫生、协助治安、纠纷调解和各种临时安排的事务，且街道办事处各职能部门临时安排的行政事务是社区日常事务的"重头戏"，社区"全权"负责街道办事处职能部门的本职工作，长期处于"权责"不对等的状态，难以全力以赴抓好"群众自治"的主责业务。

（二）社区居委会负担过重

居委会作为居民自我管理、自我教育、自我服务的基层群众性自治组织，并不是国家行政组织，没有行政权力控制和推动社区的各项事业。但是，社区服务中心的各个行政部门几乎都可以给居委会交任务、下指标、提要求，居委会责任大、权力小、事情多、经费少、待遇低、力量弱，造成社区居委会超负荷劳动。如计生调查、经济普查、社区治安、社区卫生、疾病防控、消防安全等，这些政府职能部门的行政工作，均交给没有行政管理权和执法权的居委会，极大加重了居委会的负担，部分工作需要专业知识、专业技能，社区服务中心的居委会显然不具备相对应的人才储备，工作效率和工作质量难免会出现问题。

（三）社会服务工作专业化程度相对较低

社工队伍是参与社区治理建设的重要组成部分，发达地区的相关实践表明，做好社区治理工作，必须紧紧依靠社会工作者和社会组织的积极参与，才能实现共建共享共治的目标。从调研情况看，社会工作者队伍参与社区治理工作严重不足。由于政府相关部门重视和引导不够，现有社会工作者队伍中专业人才不足。如花果园这么庞大的社区中，社会工作者参与社区治理的几乎为零。同时，由于社会组织的引进和培育缺乏有效机制，服务供给不能与社区发展同步跟进，再加上政府购买社会服务资金落实不到位，社会组织参与动力严重不足，社会组织建设滞后。目前，整个花果园区域登记在册且运行情况较好的社会组织仅有 3 家。

（四）共建共治共享机制尚未形成

社区治理更多依靠行政手段推动，居民委员会忙于应付繁杂的行政事务，加之各个部门的参与、资源下沉没有相关机制保障，费随事转、权随责走不到位，导致人员下沉、资源下沉、服务下沉落实不够好。如在人员下沉方面，世纪城社区服务中心除城管大队下沉区聘人员 50 名、卫健委下沉区聘人员 2

名、民政局下沉区聘人员 1 名、公安派驻人员 104 名、市场监管局派驻工作人员 1 名、司法部门派驻人员 3 名外，其他政府职能部门落实不够。在服务的内容上，服务项目设置未能实现对服务需求的全覆盖，比如留守儿童服务、困境儿童服务、老年人日间照料服务、殡仪服务等某些社区还处于空白。

（五）基层民主自治机制有待完善

贵阳市实行城市管理改革以后，按照《中华人民共和国城市居民委员会组织法》相关规定，各社区服务中心尤其是在花果园、水东、世纪城等超大型城市社区，居民委员会设置缺口大。2019 年 12 月统计显示，花果园区域居委会平均每人服务对象为 1.75 万人，远远超过国家一类社区服务人口数量 6000～9000 人的标准。在居民委员会建设过程中，由于前期筹建工作准备不充分，居民之间缺乏相互了解，居委会建设薄弱。如花果园区域的 24 个居委会中，部分曾经有过"刑事案件"记录的人员被选举为居民委员会的成员，为社区工作带来隐患，7 个居委会因没有党员或党员数量不足 3 人未成立党组织。同时，由于缺乏留住人才的有效机制，居委会难以吸纳所需的专业人才投身基层社区治理工作。目前，贵阳市居民委员会成员补贴标准上调后，居民委员会成员稳定性得到很大提升，但是在每天繁重的行政工作压力下，依然难以吸引年轻人投身于居民委员会建设。居民委员会成员虽然由居民选举产生，但是现行体制下，居民习惯于将居民委员会成员当成政府的基层代表，由于待遇较低等问题的存在，居民委员会成员通常将自己定位为政府的"临聘人员"，对居民委员会的认同感较差，事业心较弱。除部分热衷于居委会事业的同志外，甚至有人将居委会作为找到更好工作的"临时选择"，没有全身心投入居民委员会工作。2019 年，贵州省一档最低工资标准每月 1680 元，在全国 33 个省区市中，与黑龙江、江西、广西、陕西等省份并列第 16 名。同时，贵州省全口径城镇单位就业人员年平均工资 72113 元，月平均工资 6009.42 元，其中贵阳市年平均工资 81766 元，月平均工资 6813.83 元。[①] 虽然

---

① 资料来源：《贵州省统计年鉴（2020）》。

2018 年 9 月，贵阳市民政局、市财政局联合印发《关于调整全市居民委员会"两委"成员补贴的实施方案》，对居民委员会"两委"（支部委员会和居民委员会）成员补贴标准进行调整，调整后的补贴标准使得居民委员会工作人员收入水平首次高于贵阳市最低工资标准。但是，与全省或贵阳市 2019 年全口径城镇单位就业人员年平均工资相比，居民委员会收入依然较低。

（六）基层工作经费投入严重不足

城市社区承担着经济和服务两手抓的重任，但由于缺乏长期的经济积累，目前城市社区管理投入严重不足，目前部分社区尤其是"大城市、大农村"型社区硬件设施落后，制约了社区发展。硬件设施的落后影响了社区各项工作的高质量开展，形成了"有项目缺硬件，想服务缺场所"的尴尬局面。此外，在市场经济条件下，快速集聚的部分城市居民由于认识上的偏差，价值观、利益观发生了扭曲，影响居民公益事业参与度。

自 2012 年贵阳市实施城市社区治理体制改革以来，社区服务中心的经济工作职能被取消，社区作为区属事业单位，每年的收入来源主要是一般公共预算拨款。尽管近年来政府对社区服务中心的资金支持在逐年递增，但是从经费支出情况看，相对于体量较大的超大型城市社区而言，经费保障不足问题依然严重。如：2018 年花果园社区服务中心全年获得财政拨款 2334.55 万元，其中事业运行经费占 53.72%。从公共事务支出项看，全年公安支出（含消防）为 213 万元，占总经费的 9.13%，而花果园区域每年仅仅 110 处接警就达 72215 起，占南明区接处警总数的 49%，辖区派出所民警（在编民警、辅警）人均处理 515.82 件，相对于繁重的公安工作，经费严重不足；全年科普活动经费支出 8 万元，占工作总经费的 0.34%，24 个居委会平均工作经费 0.33 万元，42 万居住人口人均经费仅 0.19 元；全年群众文化经费支出 24.20 万元，占工作总经费的 1.04%，平均每个居委会工作经费约 1 万元，居民人均经费 0.57 万元；受新筹备成立居民委员会影响，2018 年基层政权和社区建设经费支出较高，达到 630.47 万元，占工作总经费的 27.01%（见表 1）。

表1 2018年贵阳市南明区花果园社区服务中心工作经费情况

单位：万元，%

指标	财政收入	占比
贵阳市南明区花果园社区服务中心	2334.55	100.00
事业运行	1254.23	53.72
其他政府办公厅(室)及相关机构事务支出	53.68	2.30
消防	3.00	0.13
其他公安支出	210.00	9.00
科普活动	8.00	0.34
群众文化	24.20	1.04
基层政权和社区建设	630.47	27.01
其他环境保护管理事务支出	124.00	5.31
住房公积金	26.97	1.16

资料来源：贵阳市花果园社区服务中心提供。

四 国内社区治理经验借鉴

为学习借鉴其他地区城市社区治理的先进经验，全面、快速、高效提升贵阳市大型社区治理水平，本文对上海市和广州市的城市社区治理模式进行了分析和研究，总结了其优秀经验和做法以供参考。

（一）上海市城市社区治理经验

上海市社区治理模式创新始于20世纪90年代[①]，当时上海政府针对社区治理问题出台了《中共上海市委、上海市人民政府关于加强街道、居委会建设和社区管理的政策意见》，文件中首次明确提出"两级政府、三级管理"的社区治理机制，标志着上海市成为国内最早实施社区治理模式创新

---

① 葛天任、李强：《我国城市社区治理创新的四种模式》，《西北师大学报》（社会科学版）2016年第6期，第5～13页。

的城市①。上海社区治理的特点主要体现在三个方面：一是突出党组织在社区治理中的引导作用，把市、区二级政府公共领域的部分权力下放到社区，增加了社区治理的灵活性和高效性；二是将街道党的工作委员会作为区委的派出机关，动员全社会共同参与社区治理，并维系整个基层社会的协调和运转；三是对参与社区治理的各级政府的权责关系、分工要求进行明确。简而言之，上海模式最大的亮点和创新就是加强了党组织和政府在社区治理中的作用，同时将社区治理的权力下放，打造了典型的"街道社区"，是典型的行政主导社区治理模式。

（二）广州市城市社区治理经验

广州市较上海市来说，社区治理创新稍晚，主要以 2002 年开始在 30 个社区居委会进行的"议行分设"工作机制试点为标志，紧接着 2005 年启动社会组织管理的"三级网络管理体系"建设、2006 年发展政府购买社区服务、2009 年开展新一轮基层社会管理模式创新试点工作、2011 年全面推进新一轮基层社会管理模式创新工作等举措，都无一例外地推动了广州市基层社区治理的进程，有效提升了基层社区治理的水平②。围绕重心下移进行街道层级的行政管理体制和运行机制改革，加强基层社会服务功能，以及完善基层社区治理结构三大主线，广州市社区治理创新改革取得几点经验：一是整合管理服务职能，构建了建立管理、服务、执法"三位一体"的基层社会治理格；二是通过政府购买服务，打造了多元主体的社区治理模式；三是大力推进基础设施建设，改善街道社区的服务环境；四是通过整合社会组织、义工、志愿者队伍、社区医院、学校、机关单位、企业等社区资源，形成社区服务的"协同共赢"合作机制③。

---

① 楼珊珊：《城市社区治理模式创新研究》，南昌大学硕士学位论文，2020。
② 张军文：《社会组织参与城乡社区治理大有可为——以广州市天河区为例》，《大社会》2017 年第 11 期，第 56～58 页。
③ 罗光华：《城市基层社会管理模式创新研究》，武汉大学博士学位论文，2011。

（三）经验启示

总结上海市和广州市的社区治理体系，可以发现其共同之处在于以下几个方面：一是均是坚持党组织和政府主导的行政型基层社区治理管理模式；二是均通过公共管理权限下放，形成了"政社分离"的自治型基层社区治理体系；三是均引导和动员全社会共同参与社区治理。虽然不同城市社区治理有着不同优点和缺点，但都是在区域社会经济发展情况与自身社区治理现状基础上，以居民需求为导向，找到的适合自身发展的社区治理方法。

五　新时代加强和创新超大型城市
社区治理的对策建议

党的十九大报告明确指出"打造共建共治共享的社会治理格局。加强社会治理制度建设，完善党委领导、政府负责、社会协同、公众参与、法治保障的社会治理体制，提高社会治理社会化、法治化、智能化、专业化水平"，习近平总书记强调"社会治理的重心必须落实到城乡社区，社区服务和管理强了，社会治理的基础就实了"，为社区治理提供了方向指导和根本遵循。结合此次调研的情况，课题组认为新时代加强和创新超大型城市社区治理，需着力"六个坚持"推动治理能力现代化。

（一）坚持发挥党组织的核心领导作用

认真贯彻落实《中共中央　国务院关于加强和完善城乡社区治理的意见》，完善省、市两级层面的社区治理协调机制，切实加强党委对社区工作的领导，切实加强社区治理的顶层设计，加强部门的协同与配合，构建"齐抓共管"的治理格局。

（二）坚持完善创新基层治理机制

健全居务公开制度，根据相关法律法规和政策要求，完善居务公开内容，按照实际、实用、实效原则，规范公开形式、时间和基本程序，强化信息公开监督，保障群众知情权。充分发挥政府推进"三社联动"的主导作用，建立"以社区服务中心为平台，政府扶持监督、社会组织承接、项目化管理运作、专业社工引领、志愿者参与"的社区服务新模式，实现三轮驱动，形成社区、社会组织和专业社工之间资源共享、优势互补、相互促进的良好局面。以社区治理实际的服务需求为导向，根据政府、社区服务中心、居委会的各项法定职能，制定权责清单，充分调动和发挥政府、社区服务中心、居委会参与社区治理的积极性，实现三者之间的良性互动。认真贯彻社区精神文明建设有关精神，坚持预防为主，妥善处理群体性事件，继续强化社区人民调解分工包片制度，进一步强化社区矛盾纠纷化解机制。

（三）坚持构建完善社区服务体系

参考《中华人民共和国城市居民委员会组织法》关于100~700户设置居民委员会的标准，结合贵州省超大型城市社区实际工作需要和城市居民居住分布情况，建议按照5000户的标准设置居民委员会，合理划分社区服务中心和居委会地域的空间布局。各职能部门应该立足自身职能，严格按照"权责清单"推动人员下沉、资源下沉、服务下沉，民政部门作为社区治理的牵头部门，要主动作为，带头做好服务工作。鉴于当前的情况，应增加相关服务项目设置，如日间照料服务中心、留守儿童和困境儿童服务中心、流浪乞讨临时救助中心、殡仪服务指导中心、残疾人康复中心等，为居民提供更加全面优质的公共服务。完善党委领导、政府负责、社会协同、公众参与、法治保障的社会治理体制，整合社区治理服务力量，引导企业、物管、业主委员会等主体参与社区治理。

（四）坚持加强社区治理队伍建设

严格按照当前社区服务中心人员编制情况，根据"编随事走、人随编走"的原则，抓紧配齐配强社区服务中心工作队伍。完善政府和社区工作人员培训机制，丰富培训方式和内容，进一步提升社区工作人员的政治思想素质，提高工作人员的业务水平。构建社会力量参与的长效机制，积极引导社区、社会组织吸纳优秀社会工作者加入社区治理工作团队。重视配备和使用社会工作专业人才，创造条件引导和鼓励社会工作专业人才到社区开展服务，逐步扩大社会工作师和助理社会工作师在社区工作人员中的比例。积极鼓励、支持社会工作人员参加专业社工考试，出台相关奖励制度，实现社区、社会组织、社会工作专业人才队伍协同归位和融合发展。

（五）坚持加大基层社区治理经费投入

加大社区治理和服务经费投入，统筹使用各级各部门投入社区的符合条件的相关资金，提高资金使用效率，重点支持做好社区治理和服务各项工作。增加财政预算经费中文化、科普等社区公共服务支出比例，优化社区财政经费结构，提升公共服务供给能力。鼓励社会力量参与投资社区治理和服务工作，扩大社区资金来源。积极拓宽社区融资渠道，引导社会资金向社区建设领域投入，为支持社会力量参与社区治理和服务创造条件。将社区治理和服务工作纳入政府购买服务范围，在本级现有财政预算中统筹考虑。

（六）坚持强化提升基层自治能力

健全基层民主协商机制，扩大人民有序政治参与，保证人民依法实行民主选举、民主协商、民主决策、民主管理、民主监督。充分利用网络、新闻媒体、社交平台等资源，拓展基层民主协商渠道。坚持人人尽责、人人享有、坚守底线、突出重点、完善制度、引导预期的原则，积极完善公共服务体系，最大限度保障群众基本生活，满足人民日益增长的美好生活需要，促进社会公平正义，形成有效的社会治理、良好的社会秩序，使人民的获得感、幸福感、安全感更加充实、更有保障、更可持续。

参考文献

青舟：《创新社区治理是推进国家治理能力现代化的重要抓手》，《城市观察》2015年第5期。

中央党校第43期中青一班第7课题组：《加强和创新基层治理的探索与实践——基于山东省威海市、烟台市、淄博市的调研报告》《中国民政》2018年第9期。

袁德红：《社区治理中的公民参与及相关问题分析》，《人才资源开发》2016年第22期。

康美佳：《红岗区社区治理存在的问题及对策研究》，黑龙江八一农垦大学硕士学位论文，2020。

葛天任、李强：《我国城市社区治理创新的四种模式》，《西北师大学报》（社会科学版）2016年第6期。

楼珊珊：《城市社区治理模式创新研究》，南昌大学硕士学位论文，2020。

张军文：《社会组织参与城乡社区治理大有可为——以广州市天河区为例》，《大社会》2017年第11期。

罗光华：《城市基层社会管理模式创新研究》，武汉大学博士学位论文，2011。

乡村振兴篇

Revitalization of the Countryside Reports

B.17
乡村振兴背景下贵州少数民族
村寨经济转型研究[*]

李文钢^{**}

摘　要：　党的十九大报告提出了乡村振兴战略，乡村产业兴旺和经济
　　　　　发展只是基础，乡风文明、生态宜居、治理有效和生活富裕
　　　　　才是未来中国乡村生活的一幅美好图景。因此，乡村振兴战
　　　　　略在本质上要处理的是经济系统和社会系统之间的关系，要
　　　　　完成的是经济和社会建设的双重任务。在乡村振兴的背景下
　　　　　思考贵州少数民族村寨经济转型问题时，贵州少数民族村寨
　　　　　未来的经济发展方式不仅要能够促进村寨经济发展，还应该
　　　　　承担乡土社会重建的历史重任。基于以上认识，本文提出了
　　　　　贵州少数民族村寨经济在未来转型过程中不仅应着眼于解决

　＊　本文系 2020 年度贵州省理论创新课题（联合课题）"乡村振兴背景下贵州少数民族村寨经济
　　　转型研究"（项目编号为 GZLCLH－2020－062）的阶段性成果。
＊＊　李文钢，贵州财经大学公共管理学院副教授、硕士生导师，研究方向为民族地区农村发展。

贫困人口的稳定脱贫问题，还应该树立村寨经济发展是为所有村民追求美好生活服务的观念。贵州的少数民族村寨应当借助乡村振兴战略实施的历史机遇，重点探索发展农村集体经济，依托农村集体经济发展提高为村民提供公共服务和解决村寨事务的能力。

关键词： 乡村振兴　少数民族村寨　经济转型　农村集体经济

一　选题背景

党的十九大报告提出实施乡村振兴战略，其时代背景是改革开放以后，中西部农村的大量青壮年劳动力向东部地区迁移寻找工作，"三留守"问题导致了家庭空巢化、人口老龄化和村庄空心化。[①] 要改变中西部地区的乡村衰败，则需要培育中西部地区农村"在地化"发展经济的能力。因此，在乡村振兴战略实施过程中，乡村产业兴旺在五个总要求中被摆在了突出位置，这也说明了乡村经济发展仍然是未来中国乡村建设的核心内容。但是，中西部地区乡村因为资源禀赋、区位原因，一直以来都面临着发展经济的困境，大规模的人口外流导致的村庄空心化问题又进一步削弱了中西部地区乡村实现经济发展的社会基础。在全面实施乡村振兴战略的过程中，中西部地区的乡村要想实现经济发展，过去的村寨经济模式已经难以发挥作用，必须要实现经济发展方式的转型。

本文提出贵州少数民族村寨经济在未来转型过程中不仅应着眼于解决贫困人口的稳定脱贫问题，还应该树立村寨经济发展是为所有村民追求美好生活服务的观念。贵州的少数民族村寨应当借助乡村振兴战略实施的历史机

---

① 贺雪峰：《实施乡村振兴战略要防止的几种倾向》，《中国农业大学学报》（社会科学版）2018 年第 3 期，第 111～116 页。

遇，重点探索发展农村集体经济，依托农村集体经济发展提高为村民提供公共服务和解决村寨事务的能力。围绕着农村集体经济发展、利益的分配和使用将分散的农民重新组织起来，重建乡村公共性。只有组织起来的农民才有对接国家资源的能力，将国家输入乡村的资源转化为建设美好乡村的能力，进而促进贵州少数民族聚居乡村的全面振兴。此外，贵州少数民族地区的民族传统文化在少数民族的生产生活中仍然发挥着重要作用，在少数民族村寨经济转型的过程中挖掘有利于村民之间开展社会合作的民族传统文化要素，为农村集体经济发展寻找民族文化支点。

二 贵州少数民族村寨经济转型的案例研究

自 20 世纪 80 年代至今，推动中国少数民族村寨经济转型的主要动力是市场经济持续不断地渗透，造成了农民的个体化，又进一步造成了农民对市场的边缘性参与，最终导致了农民在市场经济体系中成为被资本"剥削"的对象。2013 年开始实施的精准扶贫政策，以产业扶贫为突破口，在产业发展过程中依靠国家权力的强有力干预，依托引入龙头企业、发展合作社等方式创新利益联结机制，保护在市场中处于弱势的农民，试图消除市场对农民造成的消极影响。但是，在脱贫攻坚的巨大压力之下，地方政府在实施精准扶贫政策时过于注重在短期内提高农民的经济收入，在很大程度上忽视了农民的组织建设和乡土社会重建这样的长期目标。在缺乏社会基础的情况下，产业扶贫常常走向失败。[1]

新时代的乡村振兴战略将农村产业兴旺放在了第一位，再次说明了中国的乡村需要首先实现经济发展，只有乡村经济得到充分的发展，才能为乡村其他方面的振兴奠定坚实的物质基础。同时，乡村振兴战略要求中国乡村实现全面复兴，乡村经济发展只是乡村振兴的一个方面，但乡村经济发展和其

---

[1] 梁栋、吴慧芳：《农业产业扶贫的实践困境、内在机理与可行路径——基于江西林镇及所辖李村的调查》，《南京农业大学学报》（社会科学版）2019 年第 1 期，第 49~57 页。

他方面的振兴是一种有机联系。在乡村振兴战略的视域下思考少数民族村寨经济转型问题，需要将村寨经济发展与生活富裕、环境宜居、乡风文明、治理有效联系起来理解。本部分将以贵州省的两个少数民族村寨作为研究案例，在乡村振兴的背景下阐述这两个少数民族村寨经济转型过程、取得的成效、存在的问题，为后面的政策建议提供坚实的经验支撑。

（一）白泥村的村寨经济转型

1. 转型过程

白泥村位于清镇市红枫湖镇南部，地处红枫湖核心水源保护区，距离清镇市区3千米，紧邻G60沪昆高速清镇A收费站，规划中的贵阳旅游环线清镇段穿村而过。全村下辖6个村民小组，2019年时共有2023人，其中4/5是少数民族，主要居住着汉、苗、布依、彝等民族。全村土地面积约12平方千米，田地1126亩，林地1058亩。2018年种植"蜂糖李"果树490亩，其余以传统农作物种植为主。2014～2016年萝卜土、水洞两个村民小组整体搬迁安置，所属土地进行生态恢复，客观上造成部分农村失地人口增加，劳动力闲置。虽然村支两委积极探索产业结构调整，大力推广生态种植和农业休闲观光项目，但受"两湖一库"生态环境相关法规限制，能落地实施的项目不多，村子中产业发展相对滞后。2018年时村里开始引进两家农业企业，主营农业种植和农产品加工。2018年村集体经济只有依靠出租土地而获得4万元收入。全村有建档立卡贫困户14户（因病、因残致贫），共38人。

贵州清镇白盛农业发展有限公司，位于清镇市红枫湖镇白泥田村高院组，是专业从事食用菌种植、研发、产品深加工、餐饮、技术推广的专业食用菌产业链企业。公司成立于2012年5月，占地面积150亩。企业注册资本300万元人民币，总资产1600万元，是贵阳市农业产业化经营重点龙头企业，清镇市诚信龙头企业。2019年，公司以"企业＋合作社＋农户"模式，带动农户92户发展，其中贫困户14户，合作社2个（社员49人），户均增收2.2万元/年。2019年6月，公司与红枫湖镇白泥村村委及农户签订食用菌种植协议 50000 棒，采取由公司提供种植大棚、技术指导、统一收购，老百姓种植、管理、采摘。白泥村引进食用菌企业的目的是加快向特色绿色有机农业转变，发挥产业的辐射、服务、带动、引领作用。

除了引进企业带动几个民族的村民实现村寨经济转型之外，白泥村村支两委还积极利用靠近红枫湖旅游区的区位优势，发动村子中较为富裕的村民开展乡村休闲旅游经营活动。2019 年 8 月，在驻村干部的帮助下，发动高院村民小组村民韩蓉投资 200 余万元，成立了村里第一家乡村旅游点。驻村干部在多次向上级部门咨询乡村民宿相关政策后，将政策传递给经营户，增设了 6 间客房的民宿，创建五星级乡村农家乐。但是，乡村旅游设施建设投资大、见效慢，游客数量并不稳定，再加上是村民个人投资，对于整个村子的经济转型产生的推动作用并不是十分明显。

白泥村的另一家企业是党建扶贫园，占地面积 10 亩，以钓鱼、农家乐、乡村休闲旅游为经营项目。2018 年，企业自筹资金 20 万元，村委会及驻村干部协调各类资金 20 余万元，不断完善党建扶贫园项目，积极谋划拓展项目经营内容，稳步建设乡村生态旅游设施。经营半年，从 2019 年 4 月开始实现盈利，企业将一半的利润上交白泥村，充实白泥村的村集体经济收入。白泥村村集体经济由 2018 年的零产业，仅靠土地租金收入 4 万元，发展到 2019 年的 3 个产业，村集体经济收入 28 万元。

白泥村的两家企业，相对而言只有食用菌企业对整个村庄的经济转型产生较大影响。食用菌企业采用的"企业 + 农户 + 合作社"经营模式也是当前中国农村常见的一种产业发展模式。食用菌企业提供项目所需的技术、培训等服务；合作社负责动员、组织协调村里的贫困户参与食用菌的种植，将中共贵阳市委党校提供的 10 万元帮扶资金用于购买菌棒。农户除获取每月 1000 元的工资收入外，还可以获得食用菌丰收后的销售提成，并学习食用菌的技能，免除贫困户后顾之忧，每户预计每年增收 8000 元，相对弹性的务工时间，贫困户还能兼顾照顾家庭。但是，笔者在实地调研中发现，白泥村的食用菌企业在经营过程中存在两种风险：一是市场风险，二是合作农户之间缺乏组织建设造成的风险。

对于农业产业而言，市场风险难以规避。由于农业产业的技术和资金准入门槛低，决定了农业产业是一个较为容易进入的领域，市场上的供需关系难以预测。白泥村食用菌企业生产的食用菌是市场上十分常见的菌种，相对于其他企业在农产品的种类和品质上并无优势。在很多情况下，企业生产的农产品面临着巨大的销售难题。为了拓宽食用菌的销售渠道，帮助企业发展，驻村干部曾经利用个人的社会关系，带着食用菌深加工产品到贵阳机场，找到相关负责人洽谈在机场设立销售专柜事宜，与"黔货出山"相关部门负责人合作建立销售渠道，与贵州农业职业学院开展"校村企"共建现代农业产学研实训基地。食用菌企业负责人也坦言，食用菌的市场供需关系很不稳定，种植食用菌的收益也自然很不稳定。为了抵消市场供需关系对食用菌价格造成的影响，目前可行的办法是购入相关的烘干设备，以此延长食用菌的销售时间，以及将食用菌深加工之后拓宽食用菌的销售渠道。但是，限于企业自身的财力，无法购买烘干设备和深加工设备。

如果说食用菌企业可以通过购入烘干设备和深加工设备在一定程度上规避市场风险，那么食用菌企业对农民在种植食用菌的过程中产生的违约风险就显得有点无可奈何。"企业 + 合作社 + 农户"这样一种农业经营方式本身就存在不稳定性。[1] 诸多的相关研究表明，公司和农户的地位并不对等，公司违约的可能性很大，农户的经济利益经常受到损害。[2] 其主要表现为，在公司和农户签订种植协议确定收购价后，当市场价低于收购价时，公司为了减少亏损，会拒绝或是减少收购农户生产的农产品，最终损害了农户的经济收益。但是，白泥村食用菌企业负责人表示，农户与公司打交道时并非总是处于弱势地位。农户在缺乏契约精神的情况下，农户违约的可能性同样很大，也会给公司经营造成经济损失。其主要表现为，当市场价高于收购价时，农户看到将农产品卖给公司后自己的经济收益和市场价相比时要低，农

① 徐宗阳：《资本下乡的社会基础——基于华北地区一个公司型农场的经验研究》，《社会学研究》2016 年第 5 期，第 63～87 页。
② 韩朝华：《个体农户和农业规模化经营：家庭农场理论评述》，《经济研究》2017 年第 7 期，第 184～199 页。

户就会违反协议将自己的农产品悄悄拿到市场上销售。

白泥村食用菌企业负责人就谈到，他在另外一个村的种植基地就发生过市场价格高于收购价格时，农民违反收购协议悄悄把食用菌拿到市场上销售，给公司当年造成了不小的损失。白泥村为了对接食用菌企业入驻村子带动贫困户脱贫，专门成立了食用菌种植专业合作社。但是，合作社唯一发挥作用的地方在于统计贫困户信息，动员村子里的 14 户贫困户中有劳动能力的人到基地打工，再就是动员非贫困户也积极参与到食用菌种植中来。由于合作社与村民之间缺乏利益连接和制衡机制，当村民发生违约行为时，合作社也无法强势要求村民履行合约。同时，菌棒是由中共贵阳市委党校的 10 万元扶贫资金购买后分发给村民种植的，食用菌企业负责按协议价回收，企业与村民之间也缺乏利益连接和制衡机制，导致双方都可能产生违约行为。

2. 成效与问题

从上文的描述中也许会觉得白泥村的村寨经济转型存在很多问题，也缺乏实质性的成效。但事实上，白泥村村寨经济转型过程是自然而然发生的。村子离清镇市市区只有 3 公里，交通也十分便利，大量村民在改革开放以后就开始走出村子来到市区谋生，只有年龄较大的村民才留在村子中以耕种土地为生。白泥村各民族村民从事的职业类型十分广泛，包括做装修行业、开出租车、在市区做小生意、农贸市场批发经营等。在调查过程中，村民认为白泥村离城市很近，工作机会很多，自改革开放以后村民们基本上就是自谋生路。由于村子离市区很近，又面临着人多地少的资源约束，过去村支两委除了向村民提供最低限度的公共服务和执行上级政府交代办理的事务之外，并没有试图将村民组织起来抱团发展一项产业。但村民通过个人的努力，村子中真正的贫困户并不多。

只是在精准扶贫政策实施以后，村子中有 14 户贫困户是因病和因残无法外出赚钱而致贫，14 户贫困户脱贫是白泥村村支两委必须要解决的问题。在精准扶贫的"五个一批"中有发展生产脱贫一批的要求，白泥村村支两委为了解决 14 户贫困户的脱贫问题，才引进了食用菌种植企业。在食用菌企业落户白泥村后，在村支两委的牵头下，成立专门的合作社对接食用菌企业，合作社负责组织贫困户到食用菌企业务工，动员村民参与食用菌的种植。很多村民觉得与食用菌企业合作种植食用菌，不如在外面打工自由和收入高，年轻人都不愿意留在村子里发展产业。只有一些不方便外出务工的村民在合作社的动员之下加入了合作社，成为食用菌企业的合作对象。

白泥村虽然是一个多民族聚居的少数民族村子，但长期以来受到城市化和市场化的深入影响，村民与村民之间的社会交往是一种典型的"原子化"① 关系，村民彼此之间很难实现合同协作。造成村民对在村子中发展农业产业和抱团发展不感兴趣的原因在于，各民族村民一方面认为村子内部缺乏支撑村庄经济发展的自然资源，另一方面又认为村子距市区很近，随便在市区找份工作也要比种植农作物的收入高。也正是因为距市区太近的原因，村支两委和各民族村民都普遍认为白泥村很快就要被"城市化"，村子里的土地多少要被征收，在村子里发展农业产业，或是做乡村旅游并不长久，不如等待着城市化以后由村民变市民。然而，在田野调查中笔者发现，村支两委和各民族村民对于城市化以后面临的生计方式转型问题也显得缺乏规划，认为政府肯定会想办法解决他们在城市化以后面临的问题。

白泥村村支两委认为，在乡村振兴的五个总体要求中，相对而言只有环境整治最容易实现，但是也需要大量资金支持。目前，白泥村进行环境整治时是通过在村子中设立公益岗位，由贫困户负责村子中的环境卫生。当询问为什么不通过基层党建、通过党员的带头示范作用发动村民一起进行环境整治时，村支两委的负责人均表示，村民大多在外打工赚钱，留在村子里的妇女和老人要耕种土地和照顾家庭，对村子内部的公共事务也漠不关心，很难将他们组织和发动起来。同时，由于村子内部缺乏产业和集体经济，村委会的财力十分有限，也无力为村子提供更多的公共服务。在乡村振兴战略实施过程中，白泥村面临的最大问题是缺乏产业支撑，以及在村民之间缺乏有效的利益联结机制将村民整合起来为村子的发展提供内生动力。

---

① 周大鸣、廖越：《我们如何认识中国乡村社会结构的变化：以"原子化"概念为中心的讨论》，《广西师范学院学报》（哲学社会科学版）2018 年第 4 期，第 74～81 页。

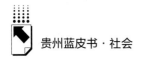

（二）盘逛村的村寨经济转型

1. 转型过程

忠诚镇位于榕江县北端，镇政府驻地忠诚堡距县城 9 千米，行政区域面积 180.2 平方千米。全镇下辖 20 个行政村，130 个村民小组，1 个居委会。2019 年末全镇总户数 8508 户，总人口 32476 人，是全县第二人口大镇，主要居住有汉族、侗族、苗族、水族等多个民族。该镇现有耕地面积 18174.75 亩，其中田面积 12765 亩，土面积 5409.75 亩，人均耕地面积 0.6 亩；林业用地面积 1928.71 公顷。忠诚镇是个农业大镇，农业仍然占据经济主体地位，传统优势农产品主要有优质西瓜、甘蔗、荸荠、早熟蔬菜、杨梅、小香鸡、小香羊、肉牛等，新增发展种植的优势农产品有油茶、罗汉果、百香果、草珊瑚等。

为充分发挥典型示范和辐射带动作用，提升产业扶贫质量水平，促进产业扶贫取得更大成效。忠诚镇利用环境区位优势，将 20 个行政村划分为"坝区村、公路沿线沿河村寨、山区村"3 个产业建设战场，明细产业发展思路，发展不同的扶贫产业，促进贫困地区发展、增加贫困农户收入。坝区和公路沿线沿河村寨主要发展果蔬种植，山区村寨发展中药材、油茶、锡利贡米种植和养猪、养鸡，实现"长、中、短"有效结合。盘逛村地处忠诚镇北部，主要为苗族村民聚居村寨，是忠诚镇典型的贫困落后山区村。基于历史地理文化原因，盘逛村经济社会发展极为滞后，精准扶贫开始实施时，全村 404 户 1640 人中建档立卡贫困户就有 171 户 761 人，贫困发生率为 46.40%，是贵州省深度贫困村之一。由于盘逛村的贫困落后状况，不管是村民经济收入情况还是公共设施、环境卫生条件等都明显落后于其他村寨。要想改变村子的贫困状态，只有转变生计方式，从过去种植传统的粮食作物向种植经济作物转变，改变自给自足的自然经济，积极融入市场经济之中。

过去盘逛村的村寨经济一直是自给自足的自然经济，村民的经济收入主要是依靠外出打工获取，盘逛村的村寨经济转型是发生在精准扶贫政策实施以后。在实施脱贫攻坚背景下，上级政府派驻村干部到盘逛村驻村帮扶，以便更好地完成脱贫攻坚任务。盘逛村是一个典型的少数民族村寨，贫困人口多，村民受教育程度低，又加上地处山区，交通基础设施极为落后，在经济发展过程中面临着资源不足和人力资本缺乏的困境。在过去的农村发展实践中，农村产业走向失败的一个主要因素就是在产业选择方面没有符合老百姓的意愿，也不符合当地的实际条件，最终造成了"逼民致富"。在贵州省委提出的农村产业革命"八要素"中，第一个要素就是产业选择。一个地方要能够实现发展，关键之处在于选对适合地方资源禀赋的经济发展之路，具体而言是选对具有地方特色的农业产业。

种植业和养殖业是农民最为熟悉的，农村发展种植业和养殖业容易被农民接受，也能够契合农民的知识水平和专业技能。盘垭村是贫困的少数民族聚居村寨，盘垭村高寅弄蛋鸡养殖合作社创建的初衷，就是为了发展本村经济。只有村寨经济实现了发展，村民收入提高了，才能缩短与其他村寨之间的发展差距。2016 年 8 月，在榕江县委、县政府的支持帮助下，忠诚镇党委结合上级扶贫政策组织盘垭村的村支两委干部共同商讨，最终选定了将蛋鸡养殖作为发展建设项目，成立了盘垭村高寅弄蛋鸡养殖农民专业合作社。2017 年 5 月第一条生产线投产，生产创收让盘垭村村民看到了发展致富的希望。陆续加入的贫困户达 64 户，最终建成占地 6.7 亩、建筑面积 3112 平方米、总投资 308 万元，其中财政专项扶贫资金 101 万元、自筹资金 207 万元的盘垭村蛋鸡养殖合作社。

但是，贫困村民也面临着资金和市场开拓问题。正在困难时刻，2016年榕江县全县实施了"特惠贷"扶贫政策，每户贫困户可以办理贴息贷款 5 万元。由于生产条件差、技术水平低，如果贫困户独自用 5 万元投资生产很难发挥出效益，甚至经营不善还会亏损。合作社通过吸纳贫困户加入成为社员，将"特惠贷"资金入股合作社，形成了"合作社 + 大户 + 社员（贫困户）"模式的经济体，把有限和分散的资金捆绑起来集中使用，充分发挥资金的效能。另外，合作社通过积极争取，得到政府的大力支持，把蛋鸡养殖项目列入扶贫产业项目，共获得了 101 万元的财政扶持资金。按照扶贫项目必须覆盖贫困户的要求，合作社采取了以项目扶持资金量化入股的方式，把生产发展能力不强的贫困户吸纳为社员，使其享受利益分红。合作社通过以

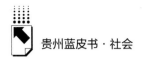

上两种形式，实现资金融合，抱团发展。

合作社之所以在众多种养殖项目中选择了蛋鸡养殖，是因为在前期工作中做了调查和论证。在笔者的调查中，合作社负责人介绍时表示，当前在忠诚镇乃至在榕江县境内都没有大型的蛋鸡养殖场，境内市场上的鸡蛋产品基本上是从外地购进。虽然外地购进的鸡蛋价格比较低，但是只要合作社养殖场在各个环节控制得好，降低成本，本地生产的鸡蛋还是有市场潜力的。合作社抱着"人无我有，人有我优"的经营理念，通过引进养殖技术，优化劳动力配置，在提高养殖效率的情况下又降低了养殖成本。养殖场场址设在海拔较高的高寅弄坡头，生态环境良好、无污染，再加上与饲料厂家合作，以价优质好的饲料保障控制成本的同时也保证了鸡蛋的品质。产品投放市场以来，深受消费者欢迎，产品供不应求。2019 年，合作社蛋鸡养殖规模已达 2.5 万羽，存栏蛋鸡 2.5 万羽，一只鸡纯利润在 30 元以上，经济效益达到 72 万元。

在农民专业合作社的发展过程中，选好领头人对于合作社的发展至关重要。在忠诚镇党委政府的帮助下，盘踅村的村支书薛佩恒经合作社成员推选成为榕江县忠诚镇盘踅村蛋鸡养殖农民专业合作社负责人。作为村支书的薛佩恒也积极响应脱贫攻坚工作的要求，充分发挥其号召力和凝聚力积极动员贫困户入股合作社，2018 年成功动员 51 户 206 人进入合作社，其中非贫困户 3 户 12 人，贫困户 48 户 194 人。合作社成立以后，日常管理工作对于合作社能否正常运作发挥着决定性作用。合作社注重各方面的管理，包括机构管理、财务管理、生产管理、技术管理、环保管理、营销管理、效益管理等。通过不断学习、实践，不断总结经验，当前合作社的运作已逐步走向规范，生产管理能力不断得到加强。在忠诚镇的各村级经济实体中，盘踅村高寅弄蛋鸡养殖合作社已经凸显优势，具有一定的示范带动作用。

为规范合作社内部管理制度，经过多次探索之后，合作社逐步建立和健全了相关的管理制度。2017 年初，合作社组织修订了《合作社章程》，进一步建立健全了合作社事务的民主议事决策制度、合作社成员的入股资格审查制度、合作社经营过程中的财务会计制度、合作社成员之间的收益分配制度、合作社成员身份的档案管理制度、农产品销售管理办法等。改革的目的是保证地方合作社能够健全治理体系并运作规范化，为合作社成员扩大生产和增加收入，为合作社增强市场竞争力提供坚实的制度保障。特别是在合作社的财务管理制度方面，合作社专门聘请了专职会计，严格按照《农民专业合作社财务会计制度》进行账目管理。合作社的日常开支实行理事长签字制度，如果遇到有重大开支时则需要提请理事会讨论决定。按照合作社财务管理制度的规定，健全了会计账目，并及时做好账务处理，严格以季度为单位公布各项财务收支，提高了合作社资金监管透明度，确保将合作社的有限资金充分发挥作用。

贫困户之所以会长期处于贫困状态，一个最为主要的原因是可行能力缺失，可行能力包括生产技术水平、信息获取整合能力、受教育水平、个人发展动力等方面。蛋鸡合作社的绝大部分成员是村子里的贫困户，他们可行能力缺失会制约合作社的未来发展，一个可靠的解决办法就是加强贫困户的技能培训。合作社为提高养殖技术和产品质量，聘请专家为社员不定期进行培训。合作社采取走出去学习和请进来培训的方式，组织合作社的相关管理人员到合作社发展得好的地方考察，学习其他地区先进的合作社管理理念。此外，合作社还定期邀请相关的农业技术专家到合作社为社员开展技术培训，积极推广应用新的养殖技术。为社员提供优质服务是合作社的重要工作，通过开展技术培训，社员掌握了养殖技能，进一步抓好各个生产环节，从而保证了产品质量。

农业产业由于准入门槛低，很难实现产品的独特性，一旦大规模生产某种农业产品之后，应对市场变化及抓好产品销售就是最为重要的工作，这决定了农业产业的最终成败。为了进一步适应市场经济的需求，增强合作社在市场中的竞争力，拓宽产品的销售渠道，合作社做了三个方面的工作：一是及时申请了"盘垦村土鸡蛋"农产品商标，借助地理标志提高产品知名度；二是加强宣传推广工作，利用社会资源和县、镇两级政府的宣传报道，助推产品提高品牌的知名度和美誉度，建立本地土鸡蛋的特色品牌；三是依托政府的支持搭建县内销售渠道，与各大超市、批发商达成购销协议，构建了稳定的销售渠道，合作社产出的鸡蛋在榕江县内的市场

就能够实现消化。

2. 成效与问题

盘踅村蛋鸡养殖农民专业合作社成立后，在政府、企业和社会多方的支持下，经过 3 年的规范化发展，内部运行逐渐规范，基础设施得以改善，生产经营规模得以扩大，合作社凝聚力得以增强，入股贫困户收入得以提高。合作社中的贫困户以"特惠贷"资金作为入股资金，第一年分红 3200 元/户，第二年 3500 元/户，第三年 3800 元/户，每年如期兑现分红给贫困户，受到贫困户的一致好评。合作社在日常运作雇工中也优先解决贫困户的就业问题，帮助 5 户贫困户家庭中的成员实现稳定就业，每月 3000 元的劳务报酬增加了他们的家庭收入，解决了他们稳定脱贫问题。至少在目前看来，合作社的运行是成功的，合作社带动村民发展了一项产业，也在一定程度上帮助贫困人口实现了稳定脱贫。

在过去对中国少数民族村寨经济转型的研究中，研究者常常假定少数民族文化与市场经济是冲突的，少数民族村民的经济活动难以融入和适应市场经济。盘踅村是一个典型的少数民族聚居的山区贫困村，过去村寨内部的生计方式也在发生转型，只不过以往这种村寨经济转型表现为打工经济的兴起。在过去村子中的苗族村民并不是生活在封闭的环境中，他们也在努力融入市场经济体系之中。在少数民族村寨经济转型过程中，打工经济兴起和农业产业化发展是两条不同的转型路径，打工经济主要是依托个体层面的生计方式转型，而农业产业化发展必须依靠村民之间的合作，以组织化的方式实现生计方式转型。因此，我们可以看到，在上级政府、社会组织的帮助之下，盘踅村成立了蛋鸡养殖农民专业合作社，在选对合作社带头人的情况下，合作社得到规范化发展和长足发展。从盘踅村的村寨经济转向农业产业的过程中我们可以发现，当前制约少数民族村寨经济转型的主要因素并不是民族文化，而是村民的个体化导致了村民之间的合作难以实现。而合作社的成立和有效运转，正好实现了村民的组织化，依托组织的力量成功发展了一项农业产业，促进村寨经济成功转型。

盘踅村村民过去的生计方式是典型的"半工半耕"，大量青壮年劳动力在外打工，"三留守"问题十分突出。精准扶贫政策实施以后，在上级政府、社会各界的大力支持下，村子中成立蛋鸡养殖合作社，村寨经济逐渐从过去的"半工半耕"转向在地化发展。但是，精准扶贫政策的实施划定了一道政策边界，将村寨内部的村民划分为贫困户和非贫困户，在产业发展方面要优先解决贫困户的稳定脱贫问题。由之，盘踅村村寨经济转型的受益者主要是村子中的贫困户，合作社成员只有2户非贫困户。尽管合作社在发展过程中设计了利益联结机制，但这种利益联结机制也主要是针对贫困户而制定的。也就是说，当前盘踅村的村寨经济转型并没有惠及整个村寨内的村民。有可能随着村寨经济转型的推进，这会进一步造成村寨社会结构分化，村民与村民之间的关系也进一步"原子化"。

因此，从脱贫攻坚的层面来看盘踅村的村寨经济转型取得的成效，农业产业从无到有，蛋鸡养殖合作社的发展也比较规范，这无疑在一定程度上解决了村寨中贫困人口的脱贫问题。如果是从乡村振兴的层面来看盘踅村村寨经济转型存在的问题，则是蛋鸡养殖整个扶贫项目是为村寨中的贫困人口设计的，并没有考虑让整个村寨中的村民成为受益者。同时，盘踅村的蛋鸡养殖是一种典型的合作经济，但合作范围被限制在了贫困人口中，蛋鸡养殖产业对壮大盘踅村的村集体经济没有发挥应有的作用。乡村振兴战略与脱贫攻坚的不同之处是，乡村振兴瞄准的是整个村寨经济、文化、社会方面的全面复兴，而脱贫攻坚的核心目标是解决贫困人口的家庭收入问题。村寨中虽然发展了一项产业，但村集体经济并没有因此得到发展，缺乏财力支持的村集体难以向整个村寨的村民提供公共产品，由之也建立利益联结机制，将分散的农民组织起来，再造乡土社会的公共性。

三 乡村振兴背景下推动贵州少数民族 村寨经济转型的政策建议

有一种观点认为，脱贫攻坚和乡村振兴两者之间呈现了一种过渡关系，强调脱贫攻坚只是乡村振兴的阶段性和铺垫性工作，乡村振兴则是关涉决胜全面建成小康社会和社会主义现代化国家实现的重大战略。① 本文也认同上述观点，脱贫攻坚对于贵州的少数民族地区发展而言是"雪中送炭"，大量的少数民族贫困人口在精准扶贫政策实施后实现了脱贫，在一定程度上培养了贫困人口的内生发展动力。乡村振兴战略对于贵州的少数民族地区发展而言则是"锦上添花"，在少数民族地区的绝对贫困问题解决后，接下来的努力方向是如何使村民生活在一个富裕、乡风文明、治理有序、生态环境良好的村庄中。

乡村振兴战略的实施是基于中国乡村衰败的现实，而中国的乡村衰败不仅体现在乡村经济发展面临困境，还体现在频繁的人口流动导致传统村落共同体解体，乡村风气日益恶化，人们变得个体化和功利化，乡村内部难以通过自身的力量维持乡村秩序，乡村治理面临诸多问题。党的十九大报告指出，中国社会面临的基本矛盾已经转变为人民日益增长的美好生活需要和不平衡不充分的发展之间的矛盾。人民对美好生活的向往不仅仅体现在经济方面的收入增加，更体现在过上一种更为美好的社会生活，而人的社会性决定了这种美好生活只能在共同体中找寻。在乡村振兴战略的背景下思考贵州少数民族村寨经济转型问题，不能再像过去一样只注重村寨经济发展，忽视乡村社会建设。② 中国乡村经济发展的最终目的是实现乡村公共性重建和维系村落共同体的存在，为村民提供归属感和认同感，促使乡村内部能够再生社会秩序。

（一）发展新型农村集体经济

党中央早就已经认识到发展农村集体经济对于乡村社会建设所具有的重要意义。自2007年党的十七大报告中提出要积极"探索集体经济的有效实现形式"以来，党的十八大报告、十九大报告，党的十七届三中全会、十八届三中全会和十九届四中全会，以及2008年以来每年的中央一

---

① 龚亮保：《从脱贫攻坚到乡村振兴》，《老区建设》2017年第21期，第1页。
② 李文钢、张引：《当乡村振兴遭遇发展主义：后发展时代的人类学审思》，《西北民族大学学报》（哲学社会科学版）2018年第6期，第76~83页。

号文件、乡村振兴战略规划等文件就坚持农村土地集体所有制、完善农村基本经营制度，通过推进农村集体产权改革来发展壮大新型农村集体经济，并立足于市场经济来探索新型农村集体经济多样化的实现方式等问题进行了明确表述。本文通过政策梳理发现，党和国家的相关政策对当前要发展的新型农村集体经济的内涵进行了明确界定：新型农村集体经济是村社集体成员利用集体所有的资源要素，通过资源、资产、劳动力合作与联合实现共同发展的一种经济形态。当前党和政府鼓励发展的农村集体经济，与过去政社合一的农村集体经济存在若干区别，学术界将其称为新型农村集体经济。

贵州少数民族多分布在山区和半山区的村寨，这些地方的资源禀赋通常适合发展种养殖业。可充分利用农村土地"三权分置"制度，通过土地流转，实现种养殖业的产业化、规模化经营。在市场经济条件下，新型农村集体经济以村社成员自愿合作为基础，这种合作不仅仅是村民之间通过劳动力的劳动联合，还包括了资本和资产的联合，在收入方面采取按劳分配和按生产要素分配相结合的方式，既兼顾劳动者获益的公平性，又兼顾资本和资产获得的经济收益。农村土地集体所有制决定了新型农村集体经济的关键是产权制度，只有建立在农村土地集体所有制基础上的农村经济才可以将其称为集体经济。当前，土地股份合作是一种最为典型的新型农村集体经济实现形式。在这种实现形式中，村民将土地入股合作社获得股权，由集体统一经营土地，土地产权仍然坚持为村集体所有，村民除了获得作为劳动者的收益和经营权转让之后的土地租金外，还可享受股权带来的分红收入。[1] 当然，在新的历史条件下，新型农村集体经济的实现形式多种多样，并没有统一的形式，各地可结合中央、地方政策和自身的资源禀赋条件探索新型农村集体经济的有效实现形式。在此情况下，本文只能提供一种问题解决思路，无法给出具体的关于新型农村集体经济实现形式的政策建议。

---

[1] 李文钢、马良灿：《新型农村集体经济复兴与乡土社会重建——学术回应与研究反思》，《社会学评论》2020年第6期，第58~68页。

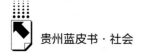
（二）推动农民组织化建设

自改革开放以来，以及家庭联产承包责任制实施以后，少数民族村寨经济向市场转型过程导致了村民的个体化和功利化，乡村社会内部既缺乏秩序再生能力，也丧失了乡村社会发展的内生动力。新时代的乡村振兴，必须以农民的组织化重建乡村的主体性，以乡村为主体吸纳整合各种资源要素，培育乡村内生发展动力，重塑城乡关系。[①] 乡村振兴固然离不开外部的资金、技术、人才的支持，但乡村振兴的主体只能是生活于乡村之中的广大农民，也只有组织起来的农民才能将国家输入乡村的资源转化为建设美好生活的能力。

当前，中国社会已经处于后乡土时期。后乡土时期的社会特征是，不流动的乡土演变为人口频繁流动的村庄，乡村的社会结构明显分化导致社会阶层的多样化。[②] 在当前，少数民族村寨的边界已经被打破，在大量村民外出务工经商的情况下，村民与村寨之间的利益关系变得十分复杂。当前的少数民族村寨和过去已经大不一样，村民之间出现了极大的分化，甚至有些村民已经全家来到城市生活，逐渐退出了过去的人情圈。"原子化村落"面临的困境在于，农民之间的横向联结匮乏，村落社会整合能力降低，农民与政府和市场中的正式组织对接困难，自然就难以有效获取发展资源。[③] 在村民走向社会分化、村寨利益变得多样化、村级组织越来越行政化的情况下，过去的村寨组织体系已经很难再发挥作用，如何将农民组织起来就成为乡村振兴面临的一个根本性难题。

贺雪峰认为，在乡村振兴战略实施的时代背景下，将农民组织起来的最

---

① 吴重庆、张慧鹏：《以农民组织化重建乡村主体性：新时代乡村振兴的基础》，《中国农业大学学报》（社会科学版）2018 年第 3 期，第 74～81 页。

② 陆益龙：《后乡土中国的基本问题及其出路》，《社会科学研究》2015 年第 1 期，第 116～123 页。

③ 吕方：《再造乡土团结：农村社会组织发展与"新公共性"》，《南开学报》（哲学社会科学版）2013 年第 3 期，第 133～138 页。

重要制度基础是农村土地集体所有制及建立在该制度基础之上的农村集体经济。① 贺雪峰对四川成都、广东清远、山东等地的以农村土地集体所有制为基础发展起来的新型农村集体经济展开研究后指出，发展新型农村集体经济，努力提升村集体组织为村民提供公共产品，改善公共服务能力，将个体化和功利化的村民重新整合起来，重塑村庄的公共性，最终让村民对村庄产生认同感和归属感。② 丁波对安徽南部四个空心化村庄的个案研究也指出，农村集体经济能够得到有效发展的村庄，根据每个村庄的实际情况，在个体化的村民之间建立一套有效的利益联结机制，可以将分散的农民重新组织起来，培育村庄的"公共性"，实现乡村有效治理。③ 就此而言，贵州少数民族村寨在经济转型过程中围绕着新型农村集体经济发展，培育村民的公共意识、公共合作、公共精神，继而增强村寨的凝聚力和村民对村寨的认同感。

（三）促进民族传统文化的创造性转化

尽管贵州少数民族村寨经历了持久的社会文化变迁，但很多少数民族村寨仍然保留了浓郁的民族传统文化要素，这些文化要素在少数民族村民的生产生活中还在发挥着十分重要的作用。在过去的农村发展政策中，民族传统文化往往被认为是一种阻碍经济发展的因素，在民族地区旅游业兴起后，民族传统文化又被认为是推动民族地区经济发展的一种资源。乡村振兴战略作为一种国家政策，在少数民族地区实践的过程必然会正面遭遇民族传统文化。当前，有诸多学者和地方政府在对乡村振兴战略的解读中，将乡村振兴战略简单化地理解为一种新的农村发展政策，笔者在过去的研究中将其称为

---

① 贺雪峰：《乡村振兴与农村集体经济》，《武汉大学学报》（哲学社会科学版）2019年第4期，第185～192页。

② 贺雪峰：《如何再造村社集体》，《南京农业大学学报》（社会科学版）2019年第3期，第1～8页。

③ 丁波：《乡村振兴背景下农村集体经济与乡村治理有效性——基于皖南四个村的实地调查》，《南京农业大学学报》（社会科学版）2020年第3期，第53～61页。

"乡村振兴遭遇发展主义"①。事实上，党中央和国务院对乡村振兴战略的诸多表述已经表明，乡村振兴战略是一种综合性的社会政策，包含了多重政策目标。因此，在乡村振兴的视域下思考民族传统文化的作用，应当致力于发现民族传统文化在经济之外的价值。

在市场化和城市化进程中，中国乡村在经济功能上已经弱化，整个农业的产值占国民经济的比重已经不到10%。需要指出的是，虽然中国乡村在经济功能上已经大为弱化，但经济功能的弱化并不等于乡村文化也随之走向衰败，乡村正在经历的是社会文化转型过程，以适应新的社会现实。孙庆忠在云南一个少数民族村寨的田野调查中就指出，尽管村寨里的年轻人大量外出务工，但是整个村寨并没有因为大量年轻人外出而走向衰败。最为根本的原因是，村寨里的老年人通过一年一度的祖先祭天仪式，让外出务工的年轻人不要忘记祖先的历史，不要忘记自己的乡村文化。② 社会学者的相关调查研究也指出，在中国走向"村落终结"和"农民终结"的只是沿海发达地区的那些富裕村庄，中西部地区的绝大部分农村仍然有大量的中老年人生活于其中，他们的生活方式并未发生大的改变，乡村文化也因此能够持续传承下去。③

在前文的论述中，本文强调了民族地区存在的经济发展困境导致了大量青壮年人口外出务工经商，村落共同体面临解体的命运，村落共同体解体又反过来制约着民族地区未来的经济发展。而要实现民族地区的乡村振兴和村落共同体重建，在少数民族村寨经济转型过程中应当大力发展新型农村集体经济。但是，基于上述多位学者的讨论，我们在理解乡村的经济基础与乡村文化之间的关系时，不能简单地认为经济基础决定上层建筑。因为，物质变迁的速度远远超过文化变迁的速度，而缓慢变迁的文化也仍然可以发挥社会

---

① 李文钢、张引：《当乡村振兴遭遇发展主义：后发展时代的人类学审思》，《西北民族大学学报》（哲学社会科学版）2018年第6期，第76~83页。

② 孙庆忠：《田野工作与促进生命变革的乡村研究》，《中国农业大学学报》（社会科学版）2018年第3期，第127~136页。

③ 夏柱智：《论"半工半耕"的社会学意涵》，《人文杂志》2014年第7期，第112~116页。

整合的作用。因此，在讨论民族地区乡村振兴和村落共同体重建时，不仅需要大力发展新型农村集体经济，也需要利用民族传统文化的社会整合作用来重建村落共同体，为少数民族村寨经济发展方式向新型农村集体经济转型奠定社会基础。

四 结语

乡村振兴战略提出了全面振兴中国乡村的要求，在此背景下思考少数民族村寨经济转型问题时，少数民族村寨面临着经济发展和社会建设的双重任务。因此，本文提出了贵州少数民族村寨经济在未来转型过程中应该重点探索发展农村集体经济，依托农村集体经济发展将分散的农民重新组织起来，重建乡村公共性。并围绕着农村集体经济发展，在村民之间建立紧密的利益联结机制，培育村民对村寨的认同感和归属感，以现代社会特征为基础重建村落共同体，在此基础上实现少数民族聚居乡村的乡村全面振兴。同时，贵州少数民族在经历了快速的社会文化变迁之后，民族传统文化仍然在他们的生产生活中发挥着重要作用。促进民族传统文化的创造性转化，利用民族传统文化中有利于村民开展社会合作的文化要素，为农村集体经济发展寻找民族文化支点。

参考文献

丁波：《乡村振兴背景下农村集体经济与乡村治理有效性——基于皖南四个村的实地调查》，《南京农业大学学报》（社会科学版）2020年第3期。

龚亮保：《从脱贫攻坚到乡村振兴》，《老区建设》2017年第21期。

贺雪峰：《实施乡村振兴战略要防止的几种倾向》，《中国农业大学学报》（社会科学版）2018年第3期。

贺雪峰：《乡村振兴与农村集体经济》，《武汉大学学报》（哲学社会科学版）2019年第4期。

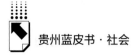

贺雪峰：《如何再造村社集体》，《南京农业大学学报》（社会科学版）2019 年第 3 期。

韩朝华：《个体农户和农业规模化经营：家庭农场理论评述》，《经济研究》2017 年第 7 期。

梁栋、吴慧芳：《农业产业扶贫的实践困境、内在机理与可行路径——基于江西林镇及所辖李村的调查》，《南京农业大学学报》（社会科学版）2019 年第 1 期。

李文钢、张引：《当乡村振兴遭遇发展主义：后发展时代的人类学审思》，《西北民族大学学报》（哲学社会科学版）2018 年第 6 期。

李文钢、马良灿：《新型农村集体经济复兴与乡土社会重建——学术回应与研究反思》，《社会学评论》2020 年第 6 期。

陆益龙：《后乡土中国的基本问题及其出路》，《社会科学研究》2015 年第 1 期。

吕方：《再造乡土团结：农村社会组织发展与"新公共性"》，《南开学报》（哲学社会科学版）2013 年第 3 期。

孙庆忠：《田野工作与促进生命变革的乡村研究》，《中国农业大学学报》（社会科学版）2018 年第 3 期。

吴重庆、张慧鹏：《以农民组织化重建乡村主体性：新时代乡村振兴的基础》，《中国农业大学学报》（社会科学版）2018 年第 3 期。

徐宗阳：《资本下乡的社会基础——基于华北地区一个公司型农场的经验研究》，《社会学研究》2016 年第 5 期。

周大鸣、廖越：《我们如何认识中国乡村社会结构的变化：以"原子化"概念为中心的讨论》，《广西师范学院学报》（哲学社会科学版）2018 年第 4 期。

B.18
贵州女性专业合作的发展与乡村振兴

蒋楚麟　黄晓　侯万平*

摘　要：　当前农村男性劳动力大量外出务工，农业女性化现象越发显
　　　　　著，农村妇女作为农村留守群体，毋庸置疑成为农村家庭及其
　　　　　所在生活社区的中流砥柱。基于此，农村妇女开始涌进乡村社
　　　　　区公共空间的经济领域和文化领域，并成为乡村振兴的重要参
　　　　　与群体。农民专业合作社已经成为乡村振兴的主要抓手，近年
　　　　　来呈"爆发式"增长态势，它的出现为农村妇女提供了参与学
　　　　　习的机会和增收致富的途径，而相应地，她们的参与进一步推
　　　　　动了合作社的发展和完善，为实现乡村振兴战略目标贡献着
　　　　　"她力量"。女性专业合作社主要是指以女性为理事长和女性
　　　　　社员居多的专业合作社，其最主要创新和意义在于"生产＋生
　　　　　计＋生态＋生活"的融合：她们将合作社的经济发展、农村社
　　　　　区的文化活动建设和公共服务提供结合起来，走出了一条独特
　　　　　的重塑社区公共文化空间、完善社区公共服务供给、带动可持
　　　　　续的和生态的地方特色产业和就业创新之路。必须正确认识和
　　　　　高度重视农村妇女的价值和农村女性合作社的组织化建设问
　　　　　题，肯定并强化农村妇女在乡村振兴中的积极作用，进一步激
　　　　　发女性领办创办合作社的动力。农村女性合作社的建立和发
　　　　　展，既要关注微观层面上能够激发农村女性合作社发展的内部

---

* 蒋楚麟，贵州省社会科学院副研究员，博士，研究方向为发展经济学、贫困与发展；黄晓，
贵州省社会科学院研究员，研究方向为民族学、性别与发展；侯万平，贵州省社会科学院副
研究员，研究方向为教育学、民族文化。

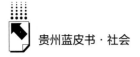

因素，更要强调来自中观和宏观层面的强大外部驱动力量。

关键词： 贵州　妇女　农民专业合作组织　乡村振兴

2007年我国出台并实施的《中华人民共和国农民专业合作社法》，开启了中国合作社发展的新纪元。2019年中央农办、农业农村部等单位联合印发《关于开展农民合作社规范提升行动的若干意见》，开展农民合作社规范提升行动。农民合作社已成为组织服务农民群众、激活乡村资源要素、引领乡村产业发展和维护农民权益的重要组织载体，在助力脱贫攻坚、推动乡村振兴、引领小农户步入现代农业发展轨道等方面发挥了重要作用。

贵州作为2020年实现脱困的省份，在这场脱贫攻坚战役中贡献了地方智慧和经验，尤其在广大的贫困乡村，居家妇女在乡村脱困和乡村振兴道路上做出相当有价值的贡献，走出许多新路，也回应了习近平总书记提出的"中国实践证明，推动妇女参加社会和经济活动，能有效提高妇女地位，也能极大提升社会生产力和经济活力"。农民专业合作社则为贵州农村妇女提供了一条有效参加社会、经济活动的途径。截至2020年6月，贵州省共有6.51万个农民专业合作社，其中包括近6000家由女性担任理事长的专业合作社。农民专业合作社达到省内行政村全覆盖，平均每个行政村拥有1~3个农民专业合作社，农民专业合作社的发展正成为贵州脱困后实施乡村振兴战略中的重要举措之一。

所谓的女性专业合作社，就是主要以女性为理事长和女性社员居多的专业合作社。以妇女为主体的农民专业合作社是一个经济实体、社会组织，在少数民族地区更是一个"情感组织"和家庭之间维系纽带，在产业发展、乡村治理、生态保护、文化传承、脱贫攻坚等方面发挥多维功能。①

---

① 黄晓：《发挥妇女在农民专业合作社中的作用》，贵州日报网，http://szb.gzrbs.com.cn/gzrb/gzrb/rb/20201104/Articel10002JQ.htm，2020年11月4日，第10版。

本文将视角聚焦贵州农村女性专业合作社，在目前分性别资料较为缺乏的现状之下，2020 年新冠肺炎疫情期间，笔者一行通过到贵州省农业农村部门、妇联组织、市场监督局等相关部门收集数据资料、举行座谈会，又先后赴黔南、黔东南、黔西南、安顺等地州市开展实地调研，深度访谈十几位女性专业合作社理事长，对贵州农村女性专业合作社的现状有了初步掌握；继而对所收集资料进行归纳、整理和分析，结合理论思考形成文本，拟在为农村妇女参与乡村振兴提供有效实践经验。

一　贵州女性专业合作社的发展现状与特点

（一）贵州省2019年农民专业合作社登记注册情况

1. 总体基本情况

2019 年，贵州省农民专业合作社登记注册 5817 个，共计成员 15760 人。如图 1 所示，毕节市合作社注册数量最多，位居全省第一，遵义和铜仁紧随其后，分别为 860 个和 724 个，而六盘水市的合作社最少，仅 149 个。

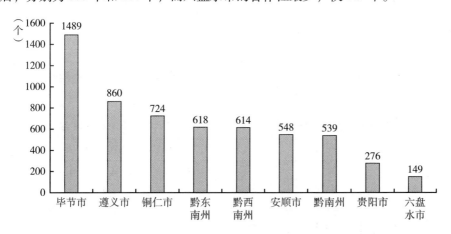

图 1　2019 年贵州省各市（州）农民专业合作社数量分布情况

资料来源：贵州省市场监督管理局、贵州省农业农村厅 2020 年实地调研资料。

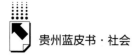

全省注册的合作社其法定代表人男女占比为9∶1，年龄范围主要集中在40～50岁年龄段，成员人数最多的达483人。总体来看，87%的合作社成员在10人以内，规模较小，但其涉及的行业较广，经营内容包括种植、养殖、畜牧、与农业生产经营有关的信息服务、工程建设及维修等劳务服务、农产品的生产加工及供销、手工艺品制作以及当地旅游生态产业发展等。

2. 各地区农民专业合作社法人的男女比例

各地区农民专业合作社的注册法人主要是男性，其中毕节市92%的合作社都以男性为法定代表人，贵阳的合作社女性法人占比最高，为13%（见图2、表1）。

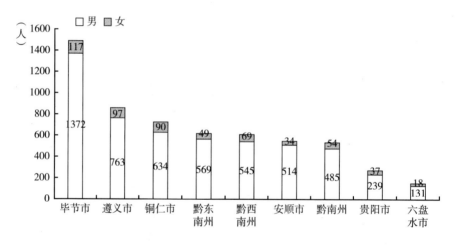

图2　2019年贵州省各市（州）农民专业合作社法人的男女人数情况

表1　2019年贵州省各市（州）农民专业合作社法人的男女人数及其占比情况

市（州）	男性法人		女性法人		
	人数（人）	占比（%）	人数（人）	占比（%）	人数汇总（人）
毕节市	1372	92	117	8	1489
遵义市	763	89	97	11	860
铜仁市	634	88	90	12	724
黔东南州	569	92	49	8	618
黔西南州	545	89	69	11	614
安顺市	514	94	34	6	548

市(州)	男性法人		女性法人		
	人数(人)	占比(%)	人数(人)	占比(%)	人数汇总(人)
黔南州	485	90	54	10	539
贵阳市	239	87	37	13	276
六盘水市	131	88	18	12	149
总计	5252	90	565	10	5817

从全省 16 个深度贫困县的数据来看（见图 3），合作社法人的男女比例失衡，整体平均的男女比例是 13∶1。其中罗甸县共有合作社 34 个，却没有一个合作社为女性主导。

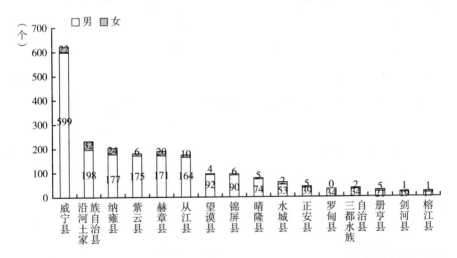

图 3　2019 年贵州省深度贫困县中农民专业合作社法人的男女比例情况

3. 合作社经营内容的种类

首先，从农民专业合作社的注册名称及从事的经营活动来看，包括：单一种植、单一养殖、混合多渠道经营的种植养殖；农产业①生产加工；农副

---

① 果蔬、花椒、大米、竹子等。

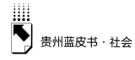

产品①生产加工；农牧业②；服装加工③；农业发展④；农业服务⑤；劳务服务、工程建设、供销合作。

调查显示，贵州省80%以上农民专业合作社的经营内容均为单一种植、单一养殖业以及种植养殖混合这一类型。另外，纺织以及手工艺品制作上大多为女性主导，且参与度更高，因而在服装加工和手工艺行业中，注册法人的性别失衡有所缓解，约为1∶1。而在工程建设、农牧等体力活较多行业中，基本是由男性主导。

其次，从供应链⑥的角度来看，农民专业合作社在"走出去"上相对欠缺，前端从事三种不同渠道的种植养殖合作社高达4829个，而农产品、农副产品加工方面仅182个，面向市场环节的供销合作社仅22个。各地区除去种植、养殖、种植养殖混合类合作社外，剩余合作社体现了当地合作社经营内容的偏重，例如毕节市的农牧、农业发展、农业服务的合作社数量最多，一定程度上体现了当地政府和村民对于生态畜牧、生态旅游以及文化旅游等产业发展的重视。

另外，在全省61个农民工程建设合作社中，59个合作社都位于黔东南州，相对于其他地区，黔东南州工程队伍之间的合作更加密集，男性外出务工的可能性更高。再者，黔西南州的纺织业和手工艺品制作的合作社数量最多，超过半数的手工艺合作社在该地区登记注册。而遵义市在产品供应上的整体性更高，其种植合作社是全省第二多的地区，农产品、农副产品生产加工及供销的合作社都是全省最多的，由此可见，遵义市对于农产品走向商业化、贸易化的发展更为关注。绝大多数地区的种植养殖多渠道混合经营的合作社为数较多，单一养殖或种植的合作社相对较少。但在毕节市，单一养殖和单一种植的合作社高达79%。

---

① 茶叶和中药材。
② 生态畜牧及其他相关产业要素的支持。
③ 服饰加工及其代工。
④ 生态旅游、农家乐、文化旅游等。
⑤ 农业种植、动物防御、农业机械等技术支持。
⑥ 种植采摘、生产加工和供销合作。

（二）贵州女性农民专业合作社发展及特点[①]

2015 年，贵州省农民专业合作社登记注册个数为 5476 个，2018 年达到 8746 个，增长了 37%（见图 4）。从专业合作社法人的性别来看，女性法人数量 2018 年增长迅速（见表 2）；从合作社规模来看，小型合作社是主流，10 人以下的合作社占到 85%；合作社法人年龄段主要集中在 30~55 岁。

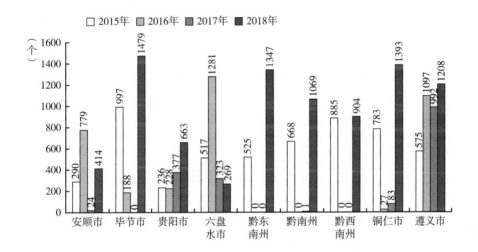

图 4 2015~2018 年贵州省各市（州）农民专业合作社数量分布情况

表 2 2015~2018 年贵州省农民专业合作社法人的男女人数及占比情况

单位：人

性别	2015 年	2016 年	2017 年	2018 年	2019 年
男	4803	3226	1628	7917	5252
女	673	374	172	829	565
总计	5476	3600	1800	8746	5817
男女比例	7:1	9:1	9:1	10:1	9:1

[①] 黄晓：《发挥妇女在农民专业合作社中的作用》，《贵州日报》2020 年 11 月 4 日，第 10 版。

1. 女性理事长占比增长平稳，其年龄呈年轻化趋势

据数据分析估算，2020年约有6000家女性专业合作社①。此外，还存在一定数量以女村支书为主而领办的"村社合一"专业合作社。2015年、2018年和2019年贵州省女性法人的专业合作社中，两个年龄段的理事长人数呈上升趋势，即20~30岁年龄段，以及31~40岁年龄段，前一年龄段增长速度最快，从2015年的6.24%激增为2019年的14.87%（见表3）。这充分说明越来越多受过九年义务教育甚至高等教育的乡村青壮年妇女参与乡村建设的积极性激增。她们拥有丰富的外出打工经验，并积累了一定量的知识技能，对家乡的美好发展越来越充满信心。②

表3 贵州省女性法人专业合作社三年年龄段比较

单位：人，%

年龄段	2015年		2018年		2019年		
	人数（总673）	占比	人数（总829）	占比	人数（总565）	占比	
20~30岁	42	6.24	76	9.2	84	14.87	上升
31~40岁	187	27.79	295	35.59	196	34.69	
41~50岁	280	41.60	316	38.12	211	37.35	
51~60岁	144	21.40	131	15.80	68	12.04	下降
61岁以上	20	2.97	11	1.33	6	1.06	

2. 经营规模小型化，生产内容特点化，发展模式多样化

调查显示，女性专业合作社的发展规模与全省农民专业合作社发展情况大致相同，注册资金和社员人数都偏少。生产活动上，女性专业合作社相较男性主导的专业合作社，有其自身特点。除了传统主营的种植养殖业外，从事服装加工、农副产品、手工艺活动的合作社成为亮点，特别是手工艺专业合作社数量在本行业占比达54%。调查发现，注重发展少数民族手工艺的众多地方举措为女性专业合作社的建立起助推发展作用，如组织相关的培训和学习、提供有效的信息和资金扶持、在龙头企业建立专业合作社孵化基地等。③

---

① 按照2019年6月贵州省6.51万个农民专业合作社为基数进行测算。
② 黄晓：《发挥妇女在农民专业合作社中的作用》，《贵州日报》2020年11月4日，第10版。
③ 黄晓：《发挥妇女在农民专业合作社中的作用》，《贵州日报》2020年11月4日，第10版。

发展模式和发展类型上，主要以（公司＋合作社）＋合作社＋农户、龙头企业＋合作社＋农户、（家庭农场＋合作社＋公司）＋农户模式操作。由于规模不大，相当数量的理事长同时也兼公司法人，便于经营活动。实地调查中，亦有许多女性经营大户，带领更多的社员和村民实现共同富裕。如在2007年率先成立的全省第一家农民专业合作社——安顺市秀璞茶业农民专业合作社，罗丽娟理事长带领下九溪村社员实现茶产业致富目标。又如三都水族自治县大河镇仙桥村股份经济合作社理事长王大英，因自己所创办的小型合作社成效显著，被推选为村支书，成为"村社合一"合作社理事长，带领全村社员走上集体经济发展道路。

3. 女性专业合作社区域发展不均衡

仅从2019年登记注册数据来看，合作社理事长的男女比例安顺市最高，达15∶1，而全省16个深度贫困县合作社理事长的男女比例失衡严重，高于全省9∶1的平均值（见表4），有的贫困县几乎没有女性专业合作社。这从一个侧面反映了越是贫困地区，女性的自觉意识、参与性和领导力越低，也充分说明妇女的积极参与对实现脱困的重要性。①

表4　2015～2019年贵州省各市（州）农民专业合作社法人的男女人数及其占比情况

单位：人

市（州）	2015年			2016年			2017年			2018年			2019年		
	男	女	男女比例	男	女	男女比例	男	女	男女比例	男	女	男女比例	男	女	男女比例
安顺市	248	42	6∶1	712	67	11∶1	20	4	5∶1	378	36	11∶1	514	34	15∶1
毕节市	882	115	8∶1	170	18	9∶1	—	—	—	1311	168	8∶1	1372	117	12∶1
贵阳市	196	40	5∶1	192	36	5∶1	347	30	12∶1	598	65	9∶1	239	37	6∶1
六盘水市	436	81	5∶1	1156	125	9∶1	287	36	8∶1	239	30	8∶1	131	18	7∶1
黔东南州	480	45	11∶1							1249	98	13∶1	569	49	12∶1
黔南州	582	86	7∶1				1			961	108	9∶1	485	54	9∶1
黔西南州	787	98	8∶1							816	88	9∶1	545	69	8∶1
铜仁市	682	101	7∶1	23	4	6∶1	82	1	82∶1	1267	126	10∶1	634	90	7∶1
遵义市	510	65	8∶1	973	124	8∶1	891	101	9∶1	1098	110	10∶1	763	97	8∶1
总计	4803	673	7∶1	3226	374	9∶1	1628	172	9∶1	7917	829	10∶1	5252	565	9∶1

---

① 黄晓：《发挥妇女在农民专业合作社中的作用》，《贵州日报》2020年11月4日，第10版。

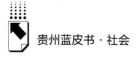
4. 刚柔并济的领导能力

领导力表现为以身作则、身先士卒、事必躬亲，同时也讲究方式方法。大多数女理事长都有较为曲折和艰辛的创业故事，她们懂技术也懂经营，作为最大的股东，她们时刻将自己与社员的利益捆绑在一起，用女性特有的亲和力和爱心把社员和村民团聚在一起。过程是艰难的，但坚持和不放弃是她们说得最多的话。兴义市绣娘服饰农民专业合作社理事长冯时素说，2020年疫情严重许多合作社都没有活做，她想方设法找订单，只要能维持机器运转自己不盈利都要坚持挺过去。兴义紫龙灵专业合作社理事长袁平全年基本守在基地，付出难以想象的艰辛，在出现不可控危机面前依然坚持。①

5. 社会责任感和家乡情怀构建起合作社文化

调查访谈的多数女性理事长，对乡村都有较深的感情。她们建立合作社的初衷并不只是单纯考虑其经济效益，更多的则是希望在自己的能力范围内去回馈乡村，担负对家乡建设的社会责任。在发展合作社的过程中，她们将自身的积极、健康、正向的精气神传递给合作社的社员和其所置身的乡村社会，在社区里推动，并形成一种独特的合作社文化。例如福泉市道坪镇鸿鑫种养殖专业合作社理事长王会珍，她通过"公司＋合作社"的模式，联合并带动周边其他各种类型的合作社共同增收致富。兴义鼎裕种养殖农民专业合作社理事长王春，作为外来户，在贫困社区利用"家庭农场＋合作社＋农户"的合作社模式，创建春天坪家庭农场，解决了所在贫困社区留守村民的就地就近就业问题，而她所创建的春天坪，也成为社区的公共文化活动中心。她本人同时也成为地方上关爱留守老人、小孩的热心人，并义务帮助村民采购生活物资、解决邻里纠纷等。

二 贵州女性专业合作社的作用与价值

习近平总书记指出，农业合作社是发展方向，有助于农业现代化路子走

---

① 黄晓：《发挥妇女在农民专业合作社中的作用》，《贵州日报》2020年11月4日，第10版。

得稳、步子迈得开。党中央在经济工作会议上，强调要重视培育农民合作社等新兴经营主体。贵州省对这项工作十分重视，2017 年下发文件要求全省发展农民专业合作社，助力脱贫攻坚。从实践来看，这项工作取得了积极的成效。据统计，截至 2020 年 6 月底，全省拥有农民专业合作社 6.51 万户，100% 的贫困村建立了合作社，100% 的贫困户成为合作社的社员，大多数人借此脱贫。合作社的发展不仅帮助农民脱贫增收，壮大农村经济，还有助于推动农村产业发展和革命，对贵州实现脱贫攻坚、同步全面小康和乡村振兴具有重要的意义。

2017 年贵州农村常住总人口为 1932.48 万人，妇女人口约为 1127.15 万人①，占总人口的 58.33%，女性比男性稍多，其中留守妇女占一定比例，使得贵州的一些合作社女性成员居多。同时，贵州农村的一些传统技艺和新兴产业，如服饰、刺绣、茶叶、水果种植等既适合女性特点，也适合发展合作社。仅贵州的锦绣计划（2013 年启动至今）就有数十万妇女从业，建立了数千个基地、企业和合作社。

女性专业合作社呈现多方面的作用和价值。一是政治价值。妇女的发展体现了国家的进步，通过农村妇女专业合作组织这一平台和媒介，妇女参与公共事务，获得参与权和决策权，分享经济社会发展的成果，对我国性别平等的国家战略提供理论实践。二是经济价值。农村妇女专业合作组织的最大功用就是发展生产、产生经济效益，从而解决贫困问题。从投入产出比来分析，得出获得的直接经济收益对摆脱绝对贫困的意义所在，对全面建设小康社会和乡村振兴的价值所在。三是社会价值。农村妇女专业合作组织作为一个有目标的核心集体，在当今国家治理、乡村基层治理框架下发挥应有的作用。四是文化价值。妇女专业合作组织对传统技艺的传承、对亲缘社会关系的认同、对邻里相帮精神的发扬以及对形成共同的家园归属感等都具有重要作用。女性专业合作社既是一个经济组织，也是一个社会组织。其作用具体表现在以下几个方面。

---

① 由 2017 年贵州省女性总人口 1734.08 万人 ［见《贵州省年鉴（2018）》，p. 636］和农村女性占全省女性 65%（见杨云《脱贫路上贵州显力量》，http：//news. youth. cn/sh/201703/t2017 0309_ 9250087. htm，最后检索时间：2020 年 3 月 7 日）换算得来。

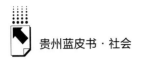

（一）帮助农村妇女就业与增收

乡村的振兴首先是农民经济收入的提升。其表现为农民安居乐业，人人有事做、有活忙、有稳定的职业，都能通过正当诚实的生产经营活动实现脱贫致富，个人和家庭收入增加，生活富裕。发展女性合作社，一个直接、现实的作用就是有利于贵州农村女性就业，个人和家庭增收，带动地方经济发展。

与我国许多发达省份和地区相比，贵州仍存在较大差距，2019年贵州农村居民人均收入为10756元，较全国平均水平相差5265元。对此，发展合作社是帮助农民就业增收、促进农村经济增长的有效途径，也是贵州缩小与发达省份地区差距的重要措施，特别是对贵州实现脱贫攻坚、与全国同步进入全面小康社会，具有非常积极的现实意义。

发展女性合作社，既有利于发挥女性的特点和优势，又能发挥合作社的作用。受传统观念、文化、教育等因素的制约，相当一部分农村妇女在就业务工、创业增收、发家致富方面面临诸多困难。但贵州妇女勤劳肯干、能吃苦、富于韧性，具有创造精神和发家致富的强烈愿望，只要能给她们提供合适的平台和机会，她们就能够实现愿望，在经济领域发挥自己的作用。女性合作社的发展，已经成功帮助许多妇女实现了本地就业和增收致富，取得了良好的经济效益。例如，榕江县车江坝月寨村的阳光合作社，社员56名全是留守妇女。合作社通过种植西红柿和联合周边村寨发展，一年可获综合效益600万元以上。社员靠合作社增收致富，2019年杨求仙获分红16万元，石珍获分红8万元，其他社员也获得了数万元不等的分红，带动了全村17户贫困户脱贫。

（二）促进农村妇女组织化生产与产业发展

乡村振兴的一个重要支撑是产业的充分发展，而产业的基本特征是组织化、有规模的生产经营。发展女性合作社，最根本、最重要的作用就是能帮助贵州农村女性实现组织化、规模化生产经营，提高市场化水平，促进农村女性优势技能实现产业转化、升级和革命，助推农业的现代化发展。

贵州农村地处喀斯特山区，一家一户的生产组织形式很难改变，随着市场经济的发展，这种生产经营形式越来越不适应时代的需要，成为阻碍发展的一个重要因素。面对市场的激烈竞争，农民处于明显的弱势地位。加上打工潮的涌动，男性劳动力外出务工，留守妇女独自承担家庭生产经营活动，竞争力更加薄弱。在这种情况下，发展合作社就成为一条新的出路。

近年来，随着经济的发展和城镇化的推进，留守妇女在逐步减少，但仍然占有不小的数量和比例。截至2017年，贵州农村常住人口中妇女占58.33%，其中包括为数不少的留守妇女，她们成为农村主要的劳动力。妇女本身在体力、文化等方面并不占优势，单个从事生产经营的力量很薄弱。虽然她们心灵手巧，多有一技之长，如养殖种植，蜡染、刺绣、银饰、工艺美术、美食等传统手工艺，也有干事创业、增收致富的渴望和想法，无奈势单力薄，形不成规模。因而，把单独分散的妇女联合起来成立合作社，进行组织化、规模化生产经营，就能通过团队合作提高生产能力和产品的市场竞争力，同时把妇女身上的优势技能转化为产业，促进农村产业发展。

（三）提升农村妇女综合素质

乡村振兴的根本依靠在于人，在于乡村主体素质的提高。发展女性合作社，可以有效地提升贵州农村女性的综合素质，提高其现代农业生产技术、市场意识、经营管理水平，增强其合作意识、团队意识、民主决策能力，促进女性全面发展，为贵州乡村振兴提供必需的人才和智力支持。

由于受历史、经济、文化、教育等影响，当前贵州农村留守劳动力的综合素质总体不够高，不太适应农业农村现代化发展的需要。大多数留守妇女文化程度较低，走出学校后接受系统专门培训和继续教育的情况较少，通过外出打工、经商等增长见识和才干的机会不多，基本上局限于农村劳作和家庭事务。加之受性别差异、家庭分工、传统生产生活方式和观念的影响，这些妇女不习惯学习新知识，不适应市场经济和农村产业现代化发展要求，不懂得现代农业生产技术和经营管理，也没有市场意识，这必然影响着贵州乡村主体的整体素质、农业农村发展、妇女自身的发展和贵州乡村振兴的进程。

发展女性合作社可以在很大程度上提升农村女性的素质。通过组织化、规模化生产，发展现代种植业、养殖业、加工业、服务业等，打破了传统一家一户的小农生产方式，倒逼广大妇女更新思想观念，学习各种急需的现代农业实用技术和知识，学习经营管理、面对市场，培养团队合作精神。女性合作社有助于推动广大妇女从传统农民向现代农民转变。

（四）促进农村社会和谐与乡风文明

乡村振兴不仅意味着乡村经济的振兴、收入和生活水平的提高，还体现在社会秩序井然、村民的精神道德水平提升等方面。发展女性合作社，有助于发挥女性与合作社各自的特点和优势，培育女性的主体责任意识、团队意识、社会参与能力和合作互助精神，稳定农村社会秩序，维护社会安定团结与和谐，促进乡风文明、治理有序。

传统上，农村社会都是由男性主导管理的，妇女由于受教育程度较低，经济收入和地位不高，加上受传统"男强女弱""男主外女主内"性别观念的影响，普遍缺乏社会参与的主动性，不习惯也不善于参与乡村社会事务管理，而习惯于把自己的角色局限在家庭内。

女性合作社的发展，帮助许多贵州农村留守妇女实现了就地就近就业，方便了女性照顾家庭、老人和子女，保证了孩子的教育，让留守儿童得到关爱。女性能力和经济收入的提高有助于家庭稳定，提高了女性地位，夫妻平等，家庭矛盾减少。通过学习现代农业技术、管理销售等知识，发展合适的产业，艰苦创业致富增收，树立了通过知识和劳动致富的典型。妇女们通过自身经历，反感好吃懒做、坐吃山空等不良风气，自觉抵制和禁止偷盗、赌博等违法乱纪行为。为了合作社、村集体的发展，大家积极参与出主意，心往一处想，劲往一处使，风险共担，利益共享，培养了团结合作、互帮互助的精神，促进了良好乡风与文明道德建设。

（五）助力农村文化建设与保护传承

乡村振兴离不开文化支撑。女性合作社发展有利于贵州乡村文化建设，提高乡村现代科技文化水平，同时，有利于促进优秀传统文化的保护与传承，在推进农村现代化进程中宣传贵州文化，塑造多彩贵州的美丽乡村形象。

女性合作社的发展，迫使广大妇女为了就业和增收致富，不断学习各种现代农业生产技术，以提高自身能力。通过妇女带头学习和示范，提高了贵州农村社区的整体文化水平，为乡村振兴提供了智力支持。许多女性合作社，依靠从事蜡染、刺绣以及其他手工艺带动广大妇女实现就业增收，通过经常定期或不定期组织教学、培训，保护和传承了传统文化。

在新的发展时期和新形势下，女性合作社作为农村女性的生产经营合作组织，为贵州广大妇女实现就业增收、干事创业提供了重要的平台和出路，有助于推动贵州农村的产业发展和升级革命，提升女性素质，促进农村乡风文明建设和文化建设。

三　贵州女性专业合作社发展存在的问题与挑战

在本研究中，通过数据分析和实地调研发现，贵州女性专业合作社的发展与全省农村专业合作社的发展一样，还处于初生阶段，存在许多问题和现实挑战。

（一）女性主体对农民专业合作社的知晓度、认知度不高

《中华人民共和国农民专业合作社法》所提出的需要遵循的原则，设立的条件，社员享有的权利、行使的职权和财务管理等规定，绝大多数理事长和社员都不是很清楚，只对 5 名以上农民就可以登记注册这一点比较知晓，部分理事长对合作社可以争取政府项目有所了解，甚至有的理事长对为什么要设立合作社、其目的和作用都不清楚；有的理事长在合作社设立之前就管理着小企业或者公司，为了争取到只倾斜和扶持合作社的项目资金而设立合作社；还有的是政府对合作社的扶持资金希望能见成效，鼓励和动员当地能人带头设立合作社。这在一定程度上是违背合作社自愿和民主管理原则的，

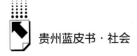

因此，在合作社运作过程中就出现了系列问题：理事长仍然采取企业或公司模式，理事会和监事会基本如同虚设，社员也不知晓自己的权利和义务，其股权最后稀释，收归理事长个人，名为社员，实际上还是拿工资的员工。另外，5人就能设立合作社的原则，也使得一个家族成员就能设立合作社，其管理和运作仍然是个人而非民主的，也就不存在利益共担和分红一说。

以上种种，我们认为是对专业合作社的认识和理解有偏差，合作社是以保护小农户的利益为目的，需要全体社员的一致努力共同获取经济效益，实现利益共享、风险共担，走可持续发展道路。我们所走访的女性理事长大都接受过初中以上的教育，有的还接受过大学教育，并有外出务工和经商的经历，知识阅历较为丰富，她们对合作社的理解尚且如此，留守在家的女性社员的认知度会更低。若要真正落实农民专业合作社的要求，使其在新时期区别于过去出现的人民公社、互助组、协会之类，需要加强对合作社知识的宣传和普及，真正将农村女性的主体性作用发挥出来，实现合作社的价值。

（二）女性专业合作社数量少、经营规模小

当前，贵州省由女性担任理事长的专业合作社，大约为全省农民专业合作社的10%；女性社员由于缺乏数据支撑，尚难于统计。贵州农村妇女占到60%以上的广大农村地区，目前留守在家并且具备劳动力的大多数是妇女，在调查的典型案例中，贵州专业合作社主要从事农业和农副产业的居多，田间管理人员也以妇女为多，因此，合作社的发展，女性社员成为一支不可忽视的力量。但以女性担当理事长或女性社员居多的专业合作社还占少数，与当前的妇女发展现状不相符合。

从规模上来看，稍具规模的合作社主要集中在"村社合一"的专业合作社中，但其中女性理事长极少。规模小表现出实力较弱，抵御市场风险的能力较差，一旦市场出现波动或资金等缺乏，容易导致停摆。

（三）合作社内部运作不规范，民主管理水平低

在众多的合作社调查中发现，除了墙上挂的登记证以及监事会、理事会

章程等外，对于召开社员大会、理事会、监事会等都很少；财务管理也是实行的公司管理，大多是公司、合作社两块牌子同时运作，针对不同的项目使用合适的牌子。有的项目只准许合作社操作，合作社又很难向银行、信用社贷款，为了发展，很多合作社采取"公司＋合作社"模式，但管理层实际上是同一个。这种界限不明晰的运作，最后出现的都是公司企业运作模式，社员很难有参与权和话语权，合作社只成为一个发展工具。对此问题如何解决，尤其是在经济发展水平还较为落后的贵州乡村，村民之间素质差距较大，实现民主管理还有很长的路要走。

（四）女性专业合作社发展动力不足，发展成效不明显

由于女性专业合作社人数少、规模小，所从事的生产活动主要以农副产品、服饰加工、手工艺活动为主的合作社较多，传统农牧渔业相对较少，在国家支持发展农业和农村经济建设项目中对传统农业支持较大，女性专业合作社获得扶持机会就相对要少，发展动力不足。同时规模小，发展成效不明显，有的合作社基本没有效益，甚至出现"僵尸社"和"空壳社"现象。这就需要在今后的扶持举措和项目上，有意识地对这部分合作社给予关照和扶持。

（五）外部支持缺乏，获享资源较为困难

调查发现，女性专业合作社的理事长基本上在凭一己之力艰难地经营着合作社，与管理和指导合作社发展的政府机构联系较少，很难获取国家关于合作社的最新政策，政府和合作社之间存在信息沟通不顺畅的现象，这对于合作社的管理和发展造成诸多不利。同时，合作社之间也缺乏相互交流学习的平台和机会，导致视野不开阔，许多困难本可以及时解决却找不到解决途径。因此，畅通信息交流渠道，为农村女性提供诸如培训、学习等各方面的机会，提高她们的认识水平、经营水平和管理水平显得尤为重要。

（六）品牌意识不强，产业链短

多数专业合作社都没有创建自己的产品品牌，调查发现，只有经营了七

八年以上的公司或企业有自己的品牌，尤其是农副产品的加工生产，没有品牌意识，产品的附加值上不去，经济效益难以凸显。就贵州省来看，农民专业合作社的销售中，初级农产品仍占主导，而从农业生产获得的利润却仅为销售加工利润的20%，农民增收的幅度较小。从范围来看，跨区域联合与合作较少，范围较广的销售产品占比有限。将产业链延长，增加加工销售的环节，将对合作社的持续发展注入活力。

四　乡村振兴背景下贵州女性专业合作社的发展逻辑和路径选择

综上所述，西部地区农村男性劳动力大量外出务工，农业女性化现象越发显著，农村妇女作为农村留守群体，毋庸置疑地成为农村家庭及其所在生活社区的中流砥柱。基于此，她们开始涌进乡村社区公共空间的经济领域和文化领域，成为乡村振兴的重要参与群体。农民专业合作社已经成为乡村振兴的主要抓手，近年来呈"爆发式"增长态势，它的出现也为农村妇女提供了参与学习的机会和增收致富的途径，而相应地，大量农村妇女的参与进一步推动了合作社的发展和完善，为实现乡村振兴战略目标贡献着"她力量"。

经调查发现，由农村妇女主导领办创办的合作社，可以更有效地激发农村妇女的内生动力，特别是妇女自发创办的合作社，既具经济功能，又兼顾文化传承、社区服务、乡村治理、生态保护等综合性功能，即不仅能增加家庭的经济收入，促进农村经济的发展，还能满足她们的精神、文化需求，通过文化活动激活社区活力、重塑社区精神，同时在参与的过程中还能实现对农村妇女的增能赋权，显现其在乡村建设中的主体作用以及有助于实现其人生价值，并促进农村社区和谐。

农村女性领办创办的合作社最主要的创新和意义在于"生产＋生计＋生态＋生活"的融合：她们将合作社的经济发展、农村社区的文化活动建设和公共服务提供结合起来，走出了一条独特的重塑社区公共文化空间、完善社区公共服务供给、带动可持续的和生态的地方特色产业和就业创新之路。

《乡村振兴战略规划（2018~2022 年)》明确提出，"如何引导农村妇女积极创业，对乡村振兴战略的顺利实施具有至关重要的作用"。必须正确认识和高度重视农村妇女的价值和农村女性合作社的组织化建设问题，肯定并强化农村妇女在乡村振兴中的积极作用，从而激发妇女领办创办合作社的动力。中国传统文化特别强调和重视家庭与亲属关系，特别是在农村地区，对于超越家庭或亲缘关系的合作组织，无论从认知层面还是从实践层面上，对农村妇女来说，都有相当的局限性。因此要推动农村女性合作社的建立和发展，不仅需要关注微观层面上能够激发农村女性合作社发展的内部因素，更要强调来自中观和宏观层面的强大外部驱动力量。

从微观层面来看，要不断完善和加强农村女性合作社的自身建设，完善合作社的管理机制，注重女性能人的培养，开展农村妇女能力建设活动，包括通过培训、交流、教育等手段和方式，增强妇女对合作社的认知和主动参与，依托女性优势发展特色合作社。

从中观层面来看，要充分发挥农村妇女合作社在完善社区公共服务和重塑社区文化空间方面的积极作用，不仅要推动她们与同地区、同行业的其他合作社之间的合作，也要鼓励她们与跨地区、跨行业的合作社、企业、社会组织之间的联合。依托合作社联合网络，最大限度地综合利用优势资源，促进利益共享和提高风险抵御能力。

从宏观层面来看，要加强党建引领保障农村合作社高质量发展的顶层设计，全面贯彻落实与合作社有关的系列方针和政策，完善包括财政、金融、税收、技术服务、信息咨询等在内的相关扶持政策。重点加大各级政府对农村女性合作社的政策支持力度，建立健全合作社登记、注册和管理的性别统计机制，大力开展政府相关政策的性别分析工作，为农村妇女领办创办和参与合作社建设营造支持性的政策环境，培育壮大一批典型，发挥带头示范作用，增强农村妇女参与合作社建设的意愿，进而充分发挥农村妇女主力军作用，助力乡村振兴。

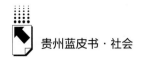

（一）加强政治站位：农村妇女组织和加入农民专业合作社是中国特色社会主义妇女发展道路的有效实践

中国特色的社会主义妇女发展道路，是中国特色社会主义道路的组成部分，中国特色是中国共产党领导下在社会主义道路上不断探寻从实践中总结出来的结果。男女平等纳入我国的基本国策，妇女参加生产劳动、发挥妇女半边天的作用历来是我党和我国的政策主张，新中国成立以来设立了妇联等覆盖全国各层级的机构，帮助妇女走出家庭、进入社会。在农村曾出现互助组、协会等妇女组织，探索社会主义妇女发展的方法和途径；专业合作社的出现，再一次将妇女能力展现，打破"户"的限制，以更为规范和更受法律保护和约束的方式让妇女进入公共经济领域，享有同样的独立的参与权和决策权。从这个角度审视，农民专业合作社为妇女进入公共领域开启了一扇大门，也为中国特色社会主义妇女发展道路增添特色。尽管在调查中发现，《农民专业合作社法》的实施和执行效果目前很难达到预期，《农民专业合作社法》也还缺少性别视角，女性专业合作社所占比例也还很小，但不可否认的是，已经有很多受过教育、掌握知识的女性能通过成立合作社的路径实现自己的人生追求和价值。对该价值贡献的深刻认识，就是对中国特色社会主义妇女发展道路的坚定和自信。

（二）必须正确认识农村妇女推动乡村振兴的主力军作用，关心妇女需求，在合作社发展和村庄治理中发挥妇女自身所具有的性别特长优势，即敏感性、坚韧性和社会交往能力

针对部分领导干部和农民对妇女参与合作社建设认知程度不够的问题，要加大宣传引导，充分认识以妇女为主体的农民合作社不仅具有经济功能，更重要的是发挥着社会、文化等多维功能。尤其是在农业女性化背景下，必须强化组织领导和政策引导，将合作社的高质量和综合发展作为当前的工作重点，特别要发挥好妇女在合作社建设中"生产+生计+生态+生活"模式的优势特点。

（三）加大对农村女性专业合作社的扶持力度，培育壮大农村女性合作社

当前农村女性合作社无论是在数量还是在规模上都仍处于初始阶段，缺乏市场竞争力，且专业化和组织化程度较低，亟须政府政策的引领和扶持。农村妇女在参与合作社的过程中，能够增强其专业化、规模化和组织化程度，加深对合作社的了解和互动，真正参与到社区治理和农村发展工作中来，应将政府相关部门支持合作社发展的优惠政策、资金、项目等向农村女性合作社倾斜。同时，增加对农村妇女领办、创办合作社的相关配套的投入，包括基础设施和设备建设，以降低她们的创办成本。

（四）统筹好涉农资金的管理和使用

一方面加大对国家级和省级示范社规范化提升的扶持，另一方面通过创建女性创业孵化基地，打造适合妇女自身特点以及能够最大限度发挥其优势的合作社和特色产业体系，鼓励和培养一批以女性为主的特色农村合作社，将农村妇女广泛地动员和组织起来，通过合作社发展生态旅游、民族手工艺制作、农村社区休闲文化等产业。

（五）为妇女参与合作社建设提供财政扶持，推进完善相应的金融保险和信贷服务体系，以及税收优惠政策支持

尽快开展合作社信用评价指标体系建设工作，支持金融机构针对合作社开展金融产品创新服务，特别是金融资源向妇女倾斜。加大对女性合作社的金融优惠政策，有效缓解妇女创业融资困难。积极为农村妇女争取低息、贴息贷款，从而满足她们领办创办合作社的资金需求。在税收、信贷等方面对农村妇女提供扶持，给予适当的政策性补贴，例如实施扶持妇女创办和运营合作社的小额资金贷款和补贴等项目。同时，精准识别补贴对象以及合理分配有限的补贴资金，特别是向女性领办、创办的合作社倾斜。在设定的财政资金支持资源范围内，精确地识别出符合条件的补贴对象并为其提供必要的支持。

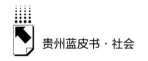

（六）构建信息数据库，加强信息技术与合作社建设的融合，推进"互联网＋合作社"体系建设

快速推进涉农信息数据库和网络平台的建设工作。一方面解决合作社对新技术、新产品，以及与市场销售有关信息获取的问题；另一方面农民在生产前、生产中及生产后所遇到的技术问题，亦可通过平台与专家等开展互动得以解决。另外，实现合作社运行情况的动态化监测，及时为合作社推送扶持其发展的相关政策信息。

（七）加强农村妇女能力建设，特别是女性合作社领办创办人才，培养鼓励和引导女能人、女精英们在农村社区领办创办合作社，重点关注、优先扶持并培育壮大一批典型的女性合作社

开展合作社领办创办人培训，进一步落实和细化《新型农业经营主体带头人指导性培训方案》，依托体系内现有培训项目和教师骨干，提高培训的灵活性和参与性。一方面，在政府组织开展的合作社相关专项培训中，进一步明确女性合作社领办创办人参加培训的比例，并根据农村妇女的实际需求，有针对性地计划和制订一定的培训内容，依托妇联、人社部门以及科研院所和高校，围绕地方产业特色，提供文化、技能、管理、风险防控等培训。另一方面，涉农部门在组织参加各类农副产品展销会、推介会、市场相关的超市和物流配送中心考察、地区内外农副产品加工厂联络等活动时，优先给予女性合作社领办创办人参与的机会。此外，开展妇女能力建设培训活动，不断扩大农村妇女受训范围，加大农村妇女学习掌握实用技术、手工艺制作以及参与决策和学习管理技能的培训。

（八）充分认识针对合作社相关数据开展性别统计的重要性，进一步完善合作社统计机制

建议省市场监督管理局和农业农村厅将性别统计纳入农民合作社统计指标体系，对合作社法人和成员开展分性别的统计工作，从而充分了解和掌握全省农村妇女合作社的发展情况。分性别地开展统计，能够增强政策决策者和执行者的性别敏感度，另外，量化数据也更具客观性和科学性，能真实地反映出男女两性不同的利益诉求，通过对性别数据的分析，可以准确地为政策制定、出台和实施提供实证参考，以便最大限度地发挥男女两性的积极作用。

（九）大力推进合作社与其他农业经营主体的联合建设，特别是同"村社合一"合作社的联合，鼓励社会组织参与到农村合作社的建设中来

努力探索和引导农村女性合作社与其他类型合作社的联合，特别是与"村社合一"合作社的联合，从而形成合力，实现物质资源、人力资源和社会资源的优势整合，依托联合发展，共同维护农户的利益，同时增强合作社的风险抵御能力。

（十）加强农村社会风险管理体系建设，特别是要建立农村社会风险预警和监测系统与机制

包括引导各类行业协会特别是围绕贵州省农村产业革命的 12 个农村特色产业行业协会，举办交流会和实地参观考察，通过经验交流激发和拓展合作社的发展思路，不断增强合作社的抗风险能力，其中适当考虑性别参与比例，为有意愿领办、创办合作社的妇女提供学习平台。

参考文献

李晓明：《贵州农村留守妇女现状》，《贵州日报》2007 年 1 月 10 日。

黄晓、邹少骅：《贵州妇女发展报告（2011～2015）》，中国社会出版社，2016。

李旭：《农民专业合作社成长与运行机理研究》，经济管理出版社，2018。

杜洁等：《内生性脱贫视角下的农村妇女与合作组织》，《妇女研究论丛》2020 年第 1 期。

B.19
贵州茶旅一体化与乡村
振兴融合发展研究

欧阳红*

摘　要：　近年来我国提出了"一带一路""精准扶贫""乡村振兴"等
　　　　　发展战略,这一系列战略目标的提出为经济社会的发展带来
　　　　　新的机遇和挑战。贵州是一个茶产业大省,茶产业是贵州农
　　　　　村农业的主导产业之一。乡村旅游扶贫是发展乡村经济的重
　　　　　要途径,因而对贵州来说大力发展茶产业,促进茶旅融合,
　　　　　对实现乡村振兴极具现实意义。它可以有效地破解乡村振兴
　　　　　过程中出现的产业同质化、文化内涵单一化以及产业融资、
　　　　　人才引进等瓶颈问题。通过文化挖掘、产业转型、"茶旅相
　　　　　促、茶旅融合",推动茶旅体验、乡村休闲游、茶旅创意产
　　　　　品开发等茶旅新业态落地,进而促进茶产地乡村扶贫、乡村
　　　　　文化、乡村振兴的进一步发展。

关键词：　乡村振兴　乡村文化　茶旅融合　贵州

　　乡村振兴战略是中国建设现代化经济体系的重要内容,其总体要求是实现产业兴旺、生态宜居、乡风文明、治理有效、生活富裕。其中,产业兴旺是基础。乡村振兴,关键是产业要振兴,其体现的是一个宏观的、系统的、

＊　欧阳红,贵州省社会科学院副研究馆员,研究方向为旅游经济、公共服务。

综合性的、全局性的发展方略。乡村旅游是乡村振兴战略中的重要手段和途径，深入发掘乡村旅游资源，开发特色乡村旅游产品，可以推动乡村的绿色崛起，促进美丽乡村建设与发展。据中国旅游研究院（文化和旅游部数据中心）《2019 年旅游市场基本情况》数据：2019 年全年国内旅游人数 60.06 亿人次，比上年同期增长 8.4%；全年实现旅游总收入 6.63 万亿元，同比增长 11%；2019 年旅游业对 GDP 的综合贡献为 10.94 万亿元，占 GDP 的 11.05%。2019 年旅游的热点产业是乡村旅游。茶旅融合是乡村振兴战略落地的有效载体，可以促进茶产地的产业转型升级、文化元素融合，推动茶文化体验、茶田茶山休闲度假、茶旅商品开发等。

一 茶旅一体化与乡村振兴的关联性研究

（一）乡村旅游的内涵与发展路径

农业是乡村旅游的基础，乡村旅游是一、三产业结合的新型旅游产业，其概念包含发生在乡村地区和以乡村性作为核心内容的旅游吸引物。在以农业为主体的欠发达地区，乡村振兴、城乡一体化发展中乡村旅游是一个很好的发展途径，其发展过程中既要有效地开发乡村旅游资源，又不能破坏农村原有的生态环境，既要"绿水青山"，也要"金山银山"。因而乡村旅游项目的实施需要融合诸多部门的力量，才能更好地落地与发展，以推动旅游产业的发展。在乡村旅游发展中政府主管部门的作用至关重要，政府要对乡村旅游规划、土地、政策等方面进行监管，对乡村旅游资源系统、环境系统、经济系统、管理服务系统进行统筹，构建推动乡村土地增值收益与品牌效益体系，将旅游收益用于乡村旅游资源开发以及乡村基础设施建设与改造，以达到乡村产业基础、产业规模、产业资源、社区管理水平的良性平衡和可持续发展。

茶旅一体化概念融合了生态观光、度假休闲、旅游购物、文化体验等多种旅游形式，是乡村旅游的一种新型旅游方式，对茶产业的发展意义重大，对城乡一体化和农村脱贫以及乡村振兴有着积极的促进作用。茶产业定制扶贫模式是茶产地发展和现代农业的重要载体，在茶旅融合背景下的观光茶园与一般茶叶生产园既有相同之处，又有明显的区别。茶旅融合的特色茶园必备条件是观光游览区、休闲度假区，需要做到有景可观、有茶可品、有礼可购。结合国家乡村振兴战略，茶乡应该从重点产业载体、内涵创新两个方面进行资源挖掘、产业拓展、品牌塑造、产品推广（见图1）。

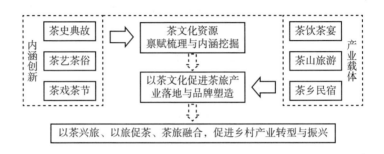

图1　茶旅融合发展内涵与产业转型

（二）茶旅一体化推动贵州乡村振兴新路径

旅游与乡村振兴融合的本质在于寻找切实可行的市场干预策略使农村人口参与到旅游业中，因而旅游业与当地经济的关联性是旅游与乡村振兴的关键所在。其中旅游和农业的结合越来越成为学术和政策的关注点。茶产业作为贵州最重要的农产业之一，近年来贵州的茶产业发展迅速，农业发展和观光的潜力巨大，同时农业和旅游业的天然联系，增强了旅游与当地景区的关联性，为乡村振兴奠定了有利基础。茶产业和旅游业是当今世界关联性极强的两大产业，茶旅融合催生贵州黄果树、梵净山、湄潭茶海、万峰岭等一批优秀景区和优质茶品牌的融合，使茶产业能为游客增添一片绿景，旅游业能让茶产业"声名远扬"。因而，茶旅融合发展需要以乡村振兴战略为契机，建设绿色美丽茶园，实现茶叶绿色振兴和绿色崛起，以此来提升乡村的魅力，带动旅游业的发展，吸引更多的游客参观茶园，从而实现茶旅深度融合发展。

探索茶产业发展模式，打造优质招牌。要以全面提升茶产业的经济价值、社会价值、生态价值和文化价值为抓手，做强茶业，打造优质茶品牌，借鉴全国各地优秀景区茶旅融合成功案例，拉长产业链，拓展价值链，在推动茶叶发展的同时为旅游业贡献出一分力量，然后再由旅游业反过来带动茶产业发展。

（三）乡村振兴助力贵州茶产区文化保护与传承

贵州发展茶旅需要深挖茶旅文化，展开"茶文化"和"茶旅文化"的专题研究，并把这些成果融入精品路线打造之中，丰富游客的旅游生活。在深挖茶旅文化的过程中，各茶区的文化得以传承和保护，同时这些优秀传统文化的传承也促进了乡村文化的振兴。美丽乡村建设使得贵州产茶区的地方政府对区域文化保护与传承都做出了规划与部署。传统的古建筑特别是一些具备茶文化特色的历史遗迹、古村落得到重视和修缮，和茶文化相关联的民风、民俗、民族特色也因茶旅的开展而被人们熟知，为贵州茶产区文化保护与传承创造了良好的发展条件。

首先，贵州茶产区乡村振兴发展是茶产区文化保护与传承的物质基础。贵州茶产区乡村振兴发展，是以提升茶区内居民的经济发展、消费收入为目标和任务的，其最终目的是提高乡村物质文化水平。在这个发展过程中茶区的经济得到迅速发展，经济的发展也使得茶区文化保护与传承具备强有力的支撑，使得茶区文化保护与传承成效显著，同时也彰显乡村振兴对文化提升的重要意义。其次，贵州茶区乡村振兴的发展，赋予茶区内文化保护与传承工作良好的生态空间。文化保护与传承根植于良好的生态和精神环境中，只有在良好文明环境条件下，贵州茶区文化才能具备良好的生存与发展空间。因而乡村振兴在推动茶区文化活力上有着积极的推动作用。最后，乡村振兴不仅仅是振兴经济，文化的保护与传承也是其中不可缺少的内容。从贵州茶区的实际来看，茶产区文化保护与传承是提升茶区乡村建设品位、提升茶区居民文化认同与文化归属感、建设美丽乡村、实现乡村振兴的最强推动力。由此可见，乡村振兴是贵州茶产区文化保护与传承发挥的外部助力，同时贵州茶文化保护与传承工作对于茶产区乡村振兴有着不容忽视的推动作用。

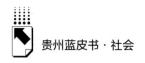

二 贵州丰富的茶旅历史文化资源

茶文化资源是贵州发展茶文化旅游基础。贵州的茶文化发展历史悠久，汉武帝时期贵州的夜郎集市上就有茶贸易，茶圣陆羽《茶经》中记载："茶之出黔中，生思州、播州……"思州、播州就是现贵州的铜仁、遵义地区。宋代黄庭坚降职涪州时，对贵州茶甚是喜爱，在黔州期间遍访当地名山名茶，写下描写贵州茶的词《阮郎归》："黔中桃李可寻芳，摘茶人自忙。月团犀腌斗圆方，研膏入焙香；青箬裹，绛纱囊，品高闻外江……"明清时期贵州茶叶产量大幅度增加，成为全国13个行省贡茶进献量排名第二的省份，现今在都匀、金沙等地，都能发现明清时期的贡茶碑。

贵州茶文化历史底蕴丰厚。1980年7月，在晴隆县发现的一枚茶籽化石，是从100万年前到现在地球上发现的最古老的茶籽化石。贵州还拥有大量的野生古茶树资源，集中于贵州东部梵净山和贵州北的乌江流域一带，分布在石阡、印江、沿河、安龙、普安、务川等县。贵州是一个民族众多的省份，俗话说"三里不同风，十里不同俗"，贵州独特的高原性风土人情使得各民族的生活习俗各有特色。这些世居民族在生活中发现茶，并把它利用在饮料、药物、饮食等日常生活中，让茶与民族文化密切联系，形成了少数民族独特、神秘、多彩的民俗民间茶文化。日本松下智的著作《中国の茶》一书记述《中国的苗族最早利用茶事》一书。可见贵州茶对各民族都有深远的影响。

近现代贵州与茶的渊源很深，民国时期中央实验茶场在贵州湄潭成立，茶产业大门向贵州敞开，揭开贵州茶产业新的历史篇章：一片茶叶、一座城市、一段历史。历史为贵州留下了十分丰富的茶叶文化遗产，完整保存的茶叶植物和器皿、多个茶叶生产队古迹和茶叶科学研究大楼、科学技术茶园等。2013年贵州茶文化博物馆在湄潭落成，成为介绍贵州茶文化资源的重要平台。

茶旅标志性建筑物天下第一壶落成，这个巨型茶壶茶杯是当代贵州茶产业发展的一大景观，被列入吉尼斯世界纪录。同时天下第一壶茶文化公园也成为爱茶之人贵州茶旅之行的必去景点。

三　贵州茶旅文化开发的资源条件

贵州茶资源的主要优势首先是其丰富性、野生性及广泛性。野生及栽培茶树遍布全省，品种达 600 余种，沿河和石阡是古树茶的重要代表地区，湄潭、都匀是大面积种植茶园的代表地区。截至 2019 年底，贵州省种植茶叶700 万亩（其中投产 601.7 万亩），连续 7 年位居全国第一。2020 年在疫情影响的情况下，上半年全省茶叶产量 16.88 万吨，产值 319.04 亿元，分别较上年同期增长 7.5%、11.77%，全省茶叶销售量 13.64 万吨，销售额262.76 亿元；1~4 月，贵阳海关共出口茶叶 8523.1 万元，同比增长90.7%。数据背后看到贵州正在成为一个茶叶种植大省。贵州已经形成贵州东部、贵州西北部、贵州西南部、黔中、黔南 5 个特色茶区，分别是优质绿茶出口带、高山有机茶带、大叶种早生绿茶和花茶的基地，以及高档名优绿茶产业带。贵州茶叶的特点是香气浓郁，清新、柔嫩、醇度高，尤其是以都匀毛尖为代表的贵州茶，它具有品种和品质的优良性，深受国内外朋友的青睐，发展潜力巨大。

其次是适宜的自然生态环境。贵州的地理位置使其成为全国唯一具有"低纬度、高海拔、多光少晒"多种条件并存的生态茶区。贵州处于平均1100 米左右海拔高度，是高海拔低气压的气候，这样的自然和气候条件使茶树的蒸腾作用迅速，茶树生长的环境良好。贵州的土壤主要是酸性的，土质松软且易于排水，土壤中富含矿物质，尤其是对人体健康有益的微量元素，如硒、锌、硅等。在这样的自然环境中生长的茶，具有茶多酚含量低、氨基酸含量高的特性，因而茶叶的苦涩味就不会那么重，茶汤口感自然鲜活灵动。

同时，贵州各茶区的自然环境迷人，魅力十足。贵州的各大茶叶生产区，都位于国家级重点风景区。例如，梵净山茶产在国家级自然保护区梵净山，其生物资源完整性是地球同纬度上最好的地区，被联合国列入"人与生物圈保护网"；雷公山银球茶产区位于雷公山国家级自然保护区核心位置，同时还拥有国家级非物质文化遗产的西江千户苗寨景区；安顺茶区处在黄果树瀑布景区附近，有很高的知名度；都匀毛尖产于风景名胜地剑江；贵定云雾茶产在风景优美的云雾山中。贵州茶产业发展趋势好、旅游宣传到位，文化旅游资源丰厚，多种优势资源的相互叠加，成就了贵州茶文化旅游发展。

四 贵州茶旅融合发展模式

茶文化旅游是以茶作为核心吸引力的旅游，最终目的仍然是旅游，因而茶旅业的发展必须符合旅游业的发展规律。分析现有的茶旅产业模式，为茶旅融合之路提供有效的参考。

（一）文化带动型：世界遗产 + 茶叶

代表：都匀毛尖、湄潭翠芽等

多彩贵州具有神秘而美丽的自然风光风景名胜，都匀毛尖是中国十大名茶之一，迄今有500多年的历史。漫长岁月赋予它丰富的文化内涵，清乾隆曾将此茶命名为"鱼钩茶"，并封为"贡茶"，新中国成立后毛泽东主席将其更名为"都匀毛尖茶"。

贵州有现今发现的世界第一颗古茶籽，普安、石阡、沿河还有丰富的古茶树，古茶树之旅的文化探源对游人非常有吸引力，这里还有综合了多种元素的湄潭茶博物馆。贵州具有其他国家和地区所没有的优势，茶博览的文化探索之旅系统全面地融合了整个茶产业的发展历史。它使旅游消费者感受到与茶叶有关的物质和文化元素，并使消费者对茶叶及茶叶产业的发展历史形成全面的了解。这种融合了茶与文化遗产的形式成为茶之旅极好的补充。

（二）茶企带动型：区域公用品牌 + 旅游

代表：都匀毛尖、湄潭翠芽、梵净山茶、凤岗锌硒茶、遵义红

区域公用品牌是区域生产者共享的品牌和该区域的名片。它在区域的形象、声誉和旅游业中发挥着积极作用。从全国 2019 年茶叶区域公用品牌价值评估数据中我们看到，参评的 107 个有效品牌中，贵州都匀毛尖的品牌价值达到 32.9 亿元，湄潭翠芽品牌价值为 25.22 亿元，这充分说明这些品牌已在区域内起到带动经济、传承文化的作用，在生产营销、产业发展方面对区域经济起到良好的促进作用，使得这些品牌未来的发展趋势和生产收益有了较强的保障。随着茶旅经济的进一步推动，将更加增强茶叶区域公共品牌的影响力。同时与茶企合作，实现工业旅游与乡村旅游的融合，促进了茶文化旅游的全方位融合。

（三）互联网聚合型：社群网络平台 + 茶旅游

代表：茶友会、茶旅会

茶友会、茶旅会是通过个各类以茶为主题的网络服务平台传播茶文化，以茶为媒介通过微信、微博传播茶知识，通过线上线下联动开展茶旅、雅集、茶鉴赏、茶讲座、品茗等方式的活动，让更多的人认识和了解茶文化。贵州在这方面还处于起步阶段，并没有可以作为代表的网络平台。虽然目前贵阳市以及各地州也出现了不少茶工作室，但都是以茶会为依托来销售茶产品，茶旅文化活动基本没有开展。在这点上我们可以借鉴浙江问山茶友会的模式来分析。问山茶友会除了拥有我们前面提到的网络茶文化传播平台外，还走在文化和旅游一体化领域的最前沿，在许多茶产区设立游学考察基地，让游客到产业生产原产地进行学习，把种植、生产、品鉴三者结合起来，体验茶种植地的生态环境、好茶的生产制作工艺以及学习茶的评鉴评审方法，让游客真正全方位了解茶叶。教学和旅游两相宜，游客可以边学边游。其茶旅路线有福鼎访白茶、武夷山访岩茶、台湾访茶、斯里兰卡浪漫寻茶之旅等，同时平台还开展四时幽赏茶会梅花茶会、荷花茶会、桂花茶会、三清茶会等推广新的饮茶形式。

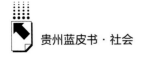
（四）旅游引领性：风景名胜＋茶叶

代表：安顺茶乡、石阡贡茶之乡、开阳云山茶海

茶产业和旅游业是当今世界关联性极强的两大产业，茶产业给旅游业赋予了新的含义，旅游业促进了茶产业的更新升级，新的景区和优秀茶品牌不断涌现。2018 年 6 月"中国风景名胜茶旅联盟"成立，首批茶旅联盟成员景区每年接待游客超过 1 亿人次，覆盖中国 4 个主要的茶产区，形成了"东西南北中，茶旅行九州"的格局。贵州在景区与茶产业的结合上可以茶旅联盟联合，结合贵州省优异的自然环境和风景名胜，将茶与景融合进行整体性开发，依托贵州自然景观和生态环境，让茶的形色气韵和名胜景观融为一体。近年来贵州的山水游日渐成熟，构建山水、茶名胜加旅游的度假模式，既能创新利用其开发茶文化资源的各种元素，又能在项目开发过程中了解和发现茶旅市场中的供需关联。

（五）文化养生引领型：茶叶＋庄园

茶文化养生庄园是贵州茶旅缺失的模式，目前，全国最早最成熟的一个是位于中国普洱澜沧景迈山的柏联普洱茶庄园。该庄园是以茶为主题三大产业融合的田园综合体。以法国葡萄酒庄园管理模式为参考，其亮点体现田园建筑魅力、让茶园成为核心景观、让乡村茶文化聚集、让农事成为旅游体验、让茶文化创意吸金、让饮茶文化成为时尚、让田园体验富有意境，这种茶庄园旅游业为茶旅开创了医疗养生的新模式，是高端健康养生和高品质生活方式的体现。

从贵州的实际来看，发展这样的模式还比较困难，但可以根据实际建设以特色农业为基础的现代农茶庄园模式。选择以生态农业、有机特色农业为切入点，构建现代化的茶场管理模式。在茶旅融合上，应把名优茶产地作为核心区域，充分挖掘该地区茶文化、特色农业和民族习俗，运用现代农茶庄园的管理模式来规划建设，有效地构建一体化的茶旅农庄模式。通过对农庄模式的精准定位和合理规划，打造茶文化主题体验公园，打造集观光、生产体验、茶饮文化以及茶食材休闲食品为一体的茶旅休闲康养特色"双品牌"文化，并创建智慧茶区，打造"从种植茶到出售景观、从卖茶叶到造空间、从讲茶叶到提高文化"的养生茶旅模式。

（六）特色小镇融合型：商业地产＋茶产业

代表：毛尖茶旅特色小镇、湄潭茶海

贵州是一个多民族省份，有相当多有特色的小村庄，但以茶文化为主题的特色小镇很少。都匀毛尖茶旅小镇是已经建成的茶文化小镇，其规划是与毛尖镇茶叶种植结合，建设连片种植基地、茶文化场馆、茶叶加工基地，是一个集种植、加工、贸易、休闲旅游于一体的4A级特色小镇。目前来看这个小镇的建设还需要进一步完善。另外贵州还可在湄潭建设茶海览胜、浙大文化、乡村休闲三大主题的特色小镇，打造独特的湄潭品牌。

从以上的各种模式分析我们看到，贵州茶文化主题旅游线路开发不能偏离茶旅发展内涵和层级，要根据贵州实际，围绕茶区的主要旅游景观，以茶文化为主体设计旅游线路，紧密结合文化、茶、旅游，使贵州茶旅开发实现文化和经济的完美融合，从而对贵州旅游业起到实质性的促进作用。

五　茶旅融合发展中的问题分析

贵州茶旅融合已初见成效且前景明朗，但是茶旅产业仍存在一些问题与矛盾。

（一）茶旅融合发展中观念和需求认知差距

在传统的思想意识上，农业就是独立的行业，跟工业、服务业几乎无关联，茶从鲜叶采摘到制成干茶，也就是一个简单加工过程。如今茶产业已发展成为一种三产融合的新业态，成为新的动能和经济增长点。茶旅游的整合是基于文化的，是茶产业和旅游业渗透的产物，在茶旅融合的过程中完备的基础设施在茶旅游业整合中非常重要。贵州茶园在建设中许多茶园拥有了标准主干道、游步道、机耕作道路，一些茶山还用上了喷滴灌和高效节水系统。数据显示，截至 2019 年底，贵州五成茶园已覆盖标准化技术。尽管贵州茶叶资源丰富，各地区生态茶园建设，旅游业、茶产业运作也有条不紊，但"重茶轻旅"问题依然存在。人们对茶旅融合认识不充分，茶产业与旅游产业各自为政、各行其道，资源融合环节缺乏也延缓茶文化旅游资源和茶旅项目的开发。

后工业化时代，人类已经从物质需求转变为非物质需求，对商品服务的文化与精神要求也越来越强。茶是所有的农产品中文化最强的一种，因此人们在旅游过程中对心理和文化的要求更强。从现有的茶旅文化需求调研中我们看到，供需矛盾还是比较突出的，存在个性体验与同质化的矛盾；个性化旅游与标准化配置的矛盾；游客想玩出与众不同的个性，但无相关茶旅内容的供需矛盾；想自由行却无有效参考资源的矛盾；自主旅游和团队行到处是坑的矛盾；等等。大多数游客参加茶旅的目的是回归田园、体验茶文化和风土人情，而茶文化体验在整个游旅项目中变成一个附属内容，成为旅游活动的购物担当，不能作为一个独立的旅游项目来满足游客需求，导致人们对茶文化旅游的认知就是买茶，缺乏正确的认知度。

（二）旅游文化内涵不足

茶文化旅游是以文化为主的旅游，不仅要走要看，而且要了解当地的习俗。这使得茶文化旅游的开发过程必须与当地特色和文化特征充分融合，展现出其独特的"地方特色"，使游客能够得到精神愉悦和文化享受。体验经济已成为旅游经济发展的新趋势，游客对旅游项目的要求越来越高，参与和互动的愿望越来越强烈。在贵州这片茶资源历史悠久的土地上，古茶籽古茶树文化、夜郎文化、民国遗留茶文化、多民族聚居文化是文化旅游的资源基础。然而在现有的茶文化旅游资源开发中我们发现很多地区开发层次较浅，没有足够的文化融入度，在挖掘文化内涵上乏力，茶旅项目单一停留在观光层面上，游客没有体验到参与的乐趣和文化的汲取。2018 年贵州省陆续推出了 10 条茶文化旅游精品线路，但内容仍以观光休闲为主。如安顺的观名瀑品名茶旅游线路：安顺－云峰山－云峰屯堡－黄果树瀑布，石阡"寻茶之旅"线路：贵阳－镇远－石阡－梵净山，这些线路几乎都是以带动茶经济为目的，旅行中难以感受到茶的文化性和体验性，这样的旅游难以满足游客需求。贵州茶旅开发得比较好的湄潭，建有茶文化博物馆，有相关的茶历史茶文化支撑。但与之匹配的茶文化旅游项目开发还不够，几乎茶园旅游的项目内容都只局限于品茶、欣赏茶艺表演、推销当地茶叶等形式．对于大好的"茶资源背后的文化故事"和文化内涵很少涉及。这体现了贵州茶文化旅游文化内涵不足，茶文化创意、旅游体验不充分的问题。

（三）茶旅产业人才缺乏

贵州茶文化资源丰富，但缺乏专业的综合型人才，迫切需要精通中国茶文化并在茶旅融合项目上具有沟通能力的复合型人才。同时在茶旅项目设计上，贵州也缺乏对特色产业和茶产业、旅游业三者均熟悉的人才。近年来，贵州省对茶产业的人才培养十分重视，但在培养内容上都是限于制茶类人才和茶艺师培训，对于茶文化、旅游方面的培训比较欠缺，对茶文化和旅游管理专业的综合型人才的培养几乎没有。目前贵州省中职、高职、专科、高等院校虽设有茶文化教学课程，但茶旅结合的专业仍缺少，这不利于茶旅一体化融合发展。同时我们也看到贵州也缺乏优秀人才招聘机制。随着茶产业的飞速发展，茶产业已成为贵州经济发展的主要支柱产业，但茶与旅游的整合还处在起步阶段，市场体系和人才机制不成熟，人才需求量更为迫切。

（四）地方特色文化挖掘不够，层次偏低

只有特色化才更有生命力，只有对当地茶资源进行系统研究，充分展现其历史、文化、传播的价值，茶旅融合才具备持续性。贵州在对地方特色茶文化挖掘上还是非常欠缺的。例如贵州的石阡苔茶，其品种和民间饮茶法就有很强的文化挖掘价值。《茶经》中有"紫者为上，绿者次"的记载。石阡茶之奇，在于一个"紫"字。石阡茶之妙在于一个"苔"字。同时石阡一地民间爱喝一种"罐罐茶"，"罐罐茶"口感极酽，这种如今看起来"粗

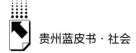

鄙"的饮茶手法，常常被冠以"边地习俗"。可其实很少有人知道，这却也是地地道道的"大唐饮茶法"，忠实保留了唐代的茶叶审美。在石阡县，福鼎大毫、龙井43号、福云6号被广泛种植。但土生土长的石阡苔茶，种的人却越来越少。在茶旅体验中游客听到的是石阡是龙井和茉莉花茶的毛茶基地，能体验到的是类同的摘茶品茶，并不知道石阡苔茶的"紫"和特殊的古风饮茶文化。这样无特色化的开发方式不利于茶文化的传播和当地旅游业的发展。近年来，贵州茶产业发展迅猛，贵州茶的市场影响力提升显著，但其品牌知名度依然不能和西湖龙井、安溪铁观音这类大品牌相比，茶文化旅游的开发更是相距甚远，因此特色化、本土化的文化挖掘更加重要。

六　解决茶旅与乡村振兴融合发展的对策建议

（一）以内涵创新促产业转型

茶旅一体化，最关键的是对茶文化内涵进行创新，通过高标准、高规格茶旅规划的实施来激活产业载体。创新内涵内容上，要根植于茶区所在地的文化特色，深挖与茶相关的历史与典故、民族性的特色茶艺茶俗、茶戏茶节，做到茶文化资源整理研究和内涵挖掘的统一性。并以地域文化传承为基础，打造不同类型的茶旅精品路线，与茶区现有核心区旅游景点相结合，优化整合当地文化与旅游资源，满足游客对高层次茶旅的需求，建设以茶旅为主题的优质地方旅游品牌。在文化创新方面，茶旅融合可在节庆旅游中以茶产业为主题延伸开展茶俗茶事文化旅游。通过节庆茶文化旅游、茶博会、春茶、二十四节气等专题茶文化旅游形式，产生联动效应，实现茶文化与旅游业的有机结合，实现区域内茶旅的整合营销。在节庆旅游活动的项目设计上，需挖掘开发泡茶、赏茶、茶艺表演中的文化内涵价值和休闲体验价值，使之引领论茶、品茶的新风尚。"禅茶一味"在我国由来已久，可尝试在条件适合的茶乡设置宗教文化与茶文化结合的研修旅游，比如贵定阳宝山的"佛茶"就有久远的历史渊源。可结合现有茶与宗教文化资源举办禅茶文化节，开发禅修旅游产品。贵州是一个多民族省份，节庆活动中的茶事活动更是不可多得的茶文化资源，将这些传统文化与茶旅相结合，开展节庆茶旅，使之成为贵州茶旅融合的绚丽点。另外，在茶旅的功能融合上，旅游业包含了"吃、住、行、游、购、娱"六大要素，这使得那些拥有良好生态资源和人文特色的潜在旅游地，成为投资开发的热门。近几年茶旅成为新的旅游热点，也因为茶产业的资源性、文化性、产业性、市场性同旅游业开发六要素契合，茶旅结合使得资源、技术、市场、企业等产业功能融合更加紧密。同时茶旅融合还可以拓宽资源利用，首先茶区的生态资源可进行项目拓展，通过闲置土地资源的盘活，发展茶产业，进而发展茶旅，整合茶区的非标住宿业，融合精品酒店、文化民宿的经营资源，经营富有当地特色的文化茶乡民宿，带动茶乡民宿走向精致化、品位化，实现资源的功能性融合利用。

（二）统筹规划，整体协调

当地政府对政策引导的重视是茶旅融合发展的有效保障，要注重政府、企业与村民三方联动，完善茶产业管理机制。制定一套符合贵州实际、引导茶旅融合发展的政策；设立专项基金，扶持引导龙头企业向产业、茶文化、旅游一体化发展，形成示范效应，以推动贵州茶旅融合的进一步发展。结合当地乡村旅游业发展规划，开发具有地方特色的、丰富多彩的文化旅游产品，加强对茶旅文化产品的合理开发，促进乡村文化与文旅创意的思想融合，增加茶旅文创产品对广大游客的吸引力。同时抓住乡村振兴战略带来的契机，从茶区实际出发，做好统筹规划与整体协调工作，发挥文化资源和旅游资源优势，推动二者融合。加强对乡村茶旅示范村的建设，结合乡村振兴战略打造乡村文化街，大力发展乡村旅游新业态，结合乡村民俗、观光农业、康养农业发展乡村茶旅，以实现田园、茶园风景化。还可以举办民俗文化节、茶文化节、农产品展览会等，推动文化与旅游业深度融合，提高茶区的媒体影响力，给广大游客带来愉快的旅游体验。

（三）以产业为载体农企结合促进茶旅融合

乡村振兴归根结底是乡村发展问题，在乡村振兴战略中，将产业振兴放在首位，就是强调产业兴村的经济基础。旅游业在第三产业中的作用巨大，具有支柱性的战略地位，对其他产业辐射和带动性极大。茶旅一体化发展重点还要放在茶产业资源特色上，有了茶产业的支撑，才能最大限度地实现旅游资源开发利用。茶旅融合在茶园建设初期，茶农茶企就要有茶旅融合的概念，在茶乡茶田的规划上要考虑既不影响茶叶生长，又可通过景观改造以及花木补植等方式，建设和美化茶园，建设一些游客游憩的景观，构建良好的生态旅游资源体系，在充分利用好现有条件的基础上，进一步优化茶园环境，加强科学管理，在不影响茶企生产的情况下，发展生态旅游。同时在茶文化旅游发展中，茶企可加强茶文化创意产品研究，通过植入茶产品私人订制、DIY 设计等形式延伸茶产品，还可以开发体验式茶饮茶宴，可以建设"工农业旅游示范基地"，把开放茶叶生产流程作为旅游项目，给爱茶人更多的旅游体验。另外，还可以开发一些具有当地文化特色的手信、当地饮食特色的茶点以及茶纪念品。

（四）结论

乡村振兴战略的提出与实施，是解决新时代乡村扶贫攻坚和乡村经济社会发展的重要举措。而日渐兴起的茶旅融合赋予了乡村旅游发展历史使命和发展希望，其发展的核心动力在于顺应市场群体需求优化乡村旅游环境，创新乡村旅游方式。总体来说，茶旅一体化发展需要融合乡村资源优势与特色，通过部门融合将各类资源进行改造和创新，深度挖掘茶产业的经济文化价值，着眼于体验、感受为主的茶旅体验模式，以游客的消费需求为核心，将食饮、茶饮、心灵感悟等旅游消费理念元素融合，并结合不同茶区、茶乡、茶园的生态资源和民族特色、文化旅游优势，进行本土化创新和改造，通过茶旅品牌的包装与塑造推动乡村茶旅发展。

茶旅融合是一个综合性的旅游项目，在茶旅资源开发中，必须有全局观，要多角度多层次考虑，通过对"区位比选、周边影响、多规衔接"等各类因素的分析，来定位茶旅的资源开发和确定茶旅项目的内容、线路以及经济拉动效应等情况。在茶旅融合开发中要充分考虑茶旅项目设计的多样性，在避免同质化的同时，切忌资源浪费、破坏环境。"互联网＋""共享经济"等商业模式的兴起，也促进了乡村旅游开发与运营模式的新发展，茶旅融合可趁着这个趋势紧密结合乡村经济，在新的旅游模式的推动下，实现茶旅产业的转型升级和乡村振兴发展。

参考文献

宋磊、郑清华：《"一带一路"背景下武夷山茶文化旅游业发展研究》，《四川旅游学院学报》2018 年第 6 期。

刘大泯、梁宁杭：《打造贵州生态茶叶主题品牌 助推贵州茶产业壮大发展》，《贵州师范学院学报》2014 年第 10 期。

鲍宁：《公共空间与城市文化产业旅游：以北京茶文化旅游发展为例》，《中国市场》2013 年第 4 期。

冯卫英：《茶文化旅游资源研究——以环太湖地区为例》，南京农业大学博士学位论文，2011。

徐毅、张莉：《十堰山区茶产业现状与发展思路》，《中国茶叶》2007 年第 1 期。

刘宇：《峨眉山茶文化旅游资源特色开发策略》，《福建茶叶》2017 年第 7 期。

刘建军：《以资源优势带动贵州茶旅一体化发展》，《贵州日报》（理论版）2019 年9 月 25 日。

曾扬：《贵州茶文化的历史发展底蕴》，http：//www. xuexila. cn，2019。

张颖：《乡村振兴战略背景下的茶旅融合发展研究》，《四川旅游学院学报》2019 年第 3 期。

刘赟：《贵州茶产区文化保护与传承的美丽乡村建设研究》，《福建茶叶》2018 年第 9 期。

蒲应秋、王萍：《贵州茶文化研究的历史与现状探讨》，《教育文化论坛》2018 年第3 期。

龙丽红：《"姚溪帝王"再逢春——小记贵州新景生态茶业公司与姚溪帝王茶》，《农产品市场周刊》2015 年第 36 期。

侯玉霞、代猛：《全域旅游视角下民族地区茶旅产业融合发展研究——以广西龙胜各族自治县为例》，《旅游论坛》2017 年第 6 期。

B.20
乡村妇女手工艺发展与后扶贫时代的贫困治理*

—— 基于贵州的实践案例

郭东旭　张　辉　张满菊**

摘　要： 进入后扶贫时代，贫困治理的重点将由绝对贫困转为相对贫困，治理的难度也随即变得更大。贵州探索实施的乡村妇女特色手工产业"锦绣计划"，立足当地贫困特点与资源实际，成功探索出了一条体现妇女手工优势、促进少数民族手工技艺传承与保护、帮助广大贫困妇女脱贫增收的锦绣之路。从产业确立、技能培训与平台搭建三个层面对贵州"锦绣计划"的运行逻辑分析显示，其具有培育乡村女性资源与资本、促进乡村技艺传承与市场发展、壮大乡村社区集体经济的多重价值。这一探索对后扶贫时代的贫困治理提供了有益启示，贫困治理中有必要考虑性别不平等的现实、发掘传统手工技艺在脱贫中的效用、平衡好扶贫开发与生态保护的关系，进而不断提升贫困治理的综合效能。

关键词： 贫困治理　后扶贫时代　乡村妇女　手工艺

---

* 本文系 2016 年贵阳孔学堂阳明心学与当代社会心态研究院课题"贵州脱贫攻坚与社会心态研究"（项目编号为 KXTXT201602）的阶段性研究成果。

** 郭东旭，中共兴义市委党校教师，硕士，研究方向为地方行政与乡村治理；张辉，贵州财经大学公共管理学院教授，博士，硕士生导师，研究方向为乡村发展与社会治理；张满菊，贵州财经大学公共管理学院硕士研究生，研究方向为地方政府治理。

一　问题的提出

贫困是伴随人类社会发展的一种永恒社会现象，反贫困一直以来都是人类社会发展面临的严峻课题，是整个人类面临的重要挑战和任务。中国作为世界上最大的发展中国家，贫困人口的基数十分庞大，自改革开放以来，因应不同时段的贫困状况与特征，先后采取了不同针对性的反贫困政策。为摆脱"普遍性贫困"，采取"启动发展"的方式；为克服"区域性贫困"，继而推行"开发式扶贫"；其后为解决"个别性贫困"问题，在全国范围内实施"精准扶贫"。[①] 党的十八大以来，随着精准扶贫战略的有序推进，在精准识别、精准帮扶等政策的指引下，我国在减贫脱贫方面取得了举世瞩目的成就，2020 年现行标准下农村贫困人口全部脱贫，贫困县全部摘帽，贫困村全部出列，解决区域性整体贫困的目标得以实现，消除了绝对贫困。但是，现行标准下绝对贫困的消除并不意味着广大农村地区贫困的终结，只不过是按照现行标准计算下的贫困人口在统计意义上的消失，一旦未来贫困线进行调整，在统计意义上的绝对贫困人口又会重新出现。

进入后扶贫时代，中国农村的贫困治理将进入以转型性的次生贫困和相对贫困为特点的新阶段。[②] 一是由于农村人口生计的脆弱性，那些在现行标准下已经摆脱贫困的农村贫困人口，特别是那些弱势贫困群体（如农村留守老人、留守妇女、留守儿童等），在兜底保障强度不高的情形下，往往不足以抵御各种风险，极易因疾病、自然灾害和教育等风险的影响而重新陷入贫困。二是由于人类社会分化与分层的存在，加之城乡、地区之间发展的不平衡，将催生出一类新的贫困群体——相对贫困人群，并成为新时期贫困治理的重要目标群体。这些贫困治理中存在的不同形态、不同特点的风险和挑

---

① 童星：《贫困的演化、特征与贫困治理创新》，《山东社会科学》2018 年第 3 期，第 53～57 页。

② 李小云、许汉泽：《2020 年后扶贫工作的若干思考》，《中共中央党校（国家行政学院）学报》2018 年第 1 期，第 62～66 页。

战，无疑凸显了脱贫攻坚的可持续性和稳定性问题，后扶贫时代贫困治理的难度也将无比巨大。因此，后扶贫时代贫困治理该向何处去无疑成为一个亟须关注的重大议题，聚焦后扶贫时代贫困治理的重点领域和重要群体，尤其是农村女性贫困群体，以新的视角对不同贫困群体间的差异进行审视，不仅有助于清晰而系统地深化对后扶贫时代贫困问题的认识，也将在一定程度上对已有的贫困理论做出恰当的回应，进而丰富和拓展有关贫困治理的研究。

二 贫困治理的相关文献回顾

反贫困是作为政府、学术界和社会公众共同关注的焦点。我国自 20 世纪 80 年代中期开始进行大规模的、有计划的扶贫工作以来，经过 30 年来的扶贫探索和实践，摸索出了许多宝贵的扶贫经验，并引起了理论界的巨大关注。随着我国扶贫实践与扶贫策略的进一步发展，从救济式扶贫向开发式扶贫的转变，从区域扶贫到整村推进、扶贫到户，扶贫精度不断提高，很多学者不仅从学科理论层面，也从政策层面探究了中国的扶贫实践，并取得了丰硕的研究成果。概括来看，已有的研究主要着重于探讨反贫困的路径、对策及其治贫机制：一是对宏观层面的扶贫政策、贫困治理体系进行探讨，强调如何改善现有的反贫困模式和机制[1][2][3][4]；二是针对党的十八大以来扶贫面临的新问题、新任务，探讨在具体的扶贫实践中如何形成扶贫攻坚的合力[5][6]；三是侧重于探讨如何提高贫困人群的可行性能力，认为摆脱贫困不

---

[1] 贺雪峰：《什么农村，什么问题》，法律出版社，2008。

[2] 王亚玲：《中国农村贫困与反贫困对策研究》，《中共中央党校（国家行政学院）学报》2009 年第 1 期，第 88~91 页。

[3] 张有春：《贫困、发展与文化：一个农村扶贫规划项目的人类学考察》，民族出版社，2014。

[4] 曾福生、曾志红、范永忠：《克贫攻坚》，中央编译出版社，2015。

[5] 王春光：《社会治理视角下的农村开发扶贫问题研究》，《中共福建省委党校（福建行政学院）学报》2015 年第 3 期，第 5~13 页。

[6] 李楠、陈晨：《以共享发展理念引领农村贫困人口实现脱贫》，《思想理论教育导刊》2016 年第 3 期，第 65~68 页。

应只注重经济的增长，而要对提高贫困人群的可行性能力给予更多的关切①②。除此之外，也有许多研究涉及扶贫实践中的具体实践经验及其成效。

就目前已有关于贫困治理的研究成果而言，一直没有脱离经济学、社会学、人类学、管理学等学科的视域，不同学者从不同的视角出发，对贫困治理问题做出自己独到的见解和贡献。但是，长久以来，许多反贫困研究中缺少了社会性别这一独特视角，对贫困问题的分析没有足够的性别敏感，导致扶贫研究中的性别盲视。涉及妇女的贫困问题，大多将其归因于区域差别、社会阶层之间的差别等，在此影响下，许多理论研究者以及政策制定者都未能从社会性别的视角对农村的贫困问题进行深入思考，没有能进一步探析男性贫困群体与女性贫困群体之间的差异乃至冲突，从而在具体的减贫措施中没有考虑到其是否有利于妇女的脱贫与发展。事实上，贫困问题与性别之间有着显著的联系，不同性别的贫困人群之间有着巨大的差异，妇女可能已经成为贫困群体中相对最为贫困的人群，乡村的贫困已然具有显著的性别结构化特征。为此，本文的宗旨即在从社会性别视角对贵州探索实施的乡村妇女特色手工产业"锦绣计划"展开分析，在此基础上，剖析乡村妇女手工艺发展的潜在价值，尝试对后扶贫时代的贫困治理做出一定的启发性解读。

三 乡村妇女手工艺发展的贵州实践：
"锦绣计划"个案分析

贵州地处云贵高原，素有"八山一水一分田"之说，是全国唯一没有平原支撑的内陆山区省份，与此同时，也是中国经济欠发达的地区。贵州贫困人口规模大、贫困程度深、贫困区域分布广、致贫原因复杂多样，扶贫开发的任务重、难度大，是全国脱贫攻坚的主战场。长期以来，贵州贫困人口大多居住在深山区、石山区、边远山区、高寒山区、革命老区、地方病多发

---

① 〔印〕阿马蒂亚·森：《以自由看待发展》，任赜、于真译，中国人民大学出版社，2012。
② 郑易生：《中国西部减贫与可持续发展》，社会科学文献出版社，2008。

区和少数民族聚居区，在全国 11 个集中连片特殊困难地区中，贵州涉及武陵山片区、乌蒙山片区、滇桂黔石漠化片区。这些贫困地区的自然和地理环境相对恶劣，耕地资源稀缺且水土流失、石漠化极其严重，交通闭塞崎岖，农村公共基础服务等设施的建设较为滞后、农业基础条件薄弱，加之农村贫困人口自身文化素质较低、自我发展能力相对较弱，贫困问题与石漠化问题、民族地区发展问题相互交织，高度制约了扶贫开发的进程，使得贵州扶贫开发面临着诸多困境和挑战。因此，如何因地制宜地创新扶贫方式、提高扶贫成效是摆在贵州广大扶贫工作者面前的现实问题。

伴随着精准扶贫战略的实施，贵州经过多年的探索和积累，形成了许多具有自身特色的扶贫开发路子，脱贫攻坚取得了重大成效，贫困人口的数量在逐年减少。2013～2019 年，贵州全省农村贫困人口从 745 万人减少到 30.83 万人，累计减贫 714 万余人，每年减贫人数平均达百万人以上，减贫幅度位居全国前列；贫困发生率从 2013 年末的 21.3% 下降到 2019 年末的 0.85%。贵州从全国贫困人口最多的省份转变为了减贫人数最多的省份，书写了中国减贫奇迹的"贵州篇章"。除此之外，贵州在扶贫实践中探索和形成了许多富有成效的扶贫开发新模式，特别需要指出的是，在产业和就业扶贫领域，通过实行贫困人口收入级差分类扶持、脱贫路径分类管理，深入推进产业化扶贫，着力促进贫困人口创业就业，对于有劳动能力的贫困人口，主要通过积极发展种养业、加工业、旅游业、流通业、劳务经济五个途径，帮助发展产业和扩大就业。而贵州探索实施的妇女特色手工产业"锦绣计划"作为产业和就业扶贫领域的重要组成部分，形成了一条既体现妇女特色手工优势、传承民族文化，又促进地方经济发展、帮助妇女脱贫致富的独特锦绣之路。为此，本文将对贵州脱贫攻坚实践中乡村妇女手工艺发展的个案展开分析，以期对后扶贫时代的贫困治理提供一定的理论启示和经验借鉴。

（一）产业确立：因地制宜确立妇女特色手工产业形态

根据《贵州省统计年鉴（2020）》数据，2019 年末贵州常住人口为

3622.95 万人，其中男性人口为 1856.26 万人，女性人口为 1766.69 万人。在这 1700 多万名女性常住人口中，约 36% 是少数民族，约 60% 生活在农村。受农村传统思想的长期影响，特别是社会性别分工模式的掣肘，大部分农村妇女的家庭、社会地位不高，收入较低，她们承担了大量的家务劳动、再生产劳动及生产劳动。有的妇女尽管指尖藏有绝技，却没有途径和渠道将其转化为指尖经济；有的妇女虽然熟知民族文化，却背井离乡外出打工；有的心怀创业致富之梦，因缺乏展示自身能力的平台和机会而显得有心无力，仍然生活在贫困之中。相较于男性贫困群体而言，妇女比男性更难摆脱贫困的束缚，因而在广大农村地区，女性贫困群体的数量远远多于男性。女性贫困群体是脱贫攻坚的主要目标人群，与此同时，也是脱贫攻坚的主要依靠力量。贵州作为多民族聚集的省份，少数民族文化源远流长、底蕴深厚、特色鲜明，不同民族的文化交相辉映，在贵州众多的少数民族人群中，少数民族妇女占据了很大一部分，她们中大部分会刺绣，尤其是苗族、水族、布依族等这些少数民族的妇女，拥有着一手刺绣的绝技，在漫长的历史长河中，少数民族妇女用自己的辛勤劳动和智慧，孕育了多姿多彩的民族文化和丰富的、类型各异的特色手工艺产品，其中像苗绣、马尾绣、蜡染等手工艺品，被列为国家级非物质文化遗产。

丰富多彩的少数民族文化和乡村旅游资源，赋予了贵州后发赶超的巨大潜力。为弘扬少数民族厚重的历史文化，促进传统民族文化传承保护与创新发展，在提升农村贫困妇女自我发展技能的基础上，让广大贫困妇女实现居家创业与就业，依靠自身的技能摆脱贫困，进而改善乡村空巢老人、留守儿童的现状。2013 年，贵州省人民政府出台了《关于实施妇女特色手工产业"锦绣计划"的意见》，意见提出发展妇女特色手工产业的具体目标任务，要求全省各个地区以刺绣、蜡染和民族服装服饰为重点，因地制宜，发挥优势，突出特色，加强对妇女特色手工产业发展的扶持力度，设立发展的专项扶持资金，并在税收政策等方面给予优惠，促进民族民间妇女特色手工产业与妇女事业同步发展。其后，为促进"锦绣计划"有效落地实施，在该意见的指导下，制定了由 20 个省直部门组成的联席会议制度，旨在整合不同政府部门分散的、碎片化的资源，减少部门间的相互掣肘和影响，形成部门合力，为"锦绣计划"的实施提供良好的外部环境，全力推动妇女特色手工产业高效发展。此外，在该意见的推动下，下属各市（州）、县（市、区、特区）政府比照成立由政府分管负责人、相关职能部门组成的协调机制，形成政府领导主抓、各负其责、协同配合的工作格局，及时协调研究解决实施中遇到的困难和问题，共同推进"锦绣计划"的落地实施。

（二）技能培训：多措并举提升贫困妇女的手工技能

贵州"锦绣计划"始终把培养人才作为战略任务来抓。省妇联作为主要推动部门，在其他政府职能部门的协同配合下，以锦绣计划培训项目和资金为依托，同时整合诸如农村青壮年劳动力培训、民族传统手工艺人才培训、非遗传承人培训等其他培训项目和资金，针对不同培训群体和对象的特征和差异，分别出台制订不同类型的培训方案和计划。除此之外，多措并举推动和促成地方高等院校与相关企业之间进行合作，通过以赛代训、以会创业等方式，全力为广大农村贫困妇女搭建增强自身手工技能的学习平台。与此同时，积极鼓励和支持地方有条件的职业院校开设民族手工技艺等方面的学历教育，并在相关专业领域增设培训方面的内容，而在培训课程的设置上，技艺理论与实操技术作为主要课程模块，同时向文化、营销、设计、管理、互联网等多方面进行拓展，在保障参加学习培训人员掌握基本技能的基础上，促进其在其他方面能力的提升，增强整体的综合能力。在 2015 年的时候，贵州创新"锦绣计划"的培训方式，通过整合业界、学界等方面的培训资源，把一些基层的企业、学校、协会纳入培训承办的主体，将技能培训的场所延伸到参训人员居住的农村和社区，为广大贫困妇女参加技能提升培训提供时间和空间上的便利，按照校企结合、订单式的方式开展培训，培训后做出的手工产品经验收合格后直接进入市场。

经过多年的探索积累，"锦绣计划"通过整合有关职能部门的资源，因地制宜地采取多种培训方式培训绣娘的人数数以万计，为提升广大贫困妇女的手工技能提供了坚实支撑。具体地说，地处铜仁的松桃苗绣基地作为

"锦绣计划"的起源地,在妇女刺绣技能的培训过程中,承担了大量的工作,以基地组建成立的"松桃苗绣技能培训学校"为支撑,采取"传、帮、带"的方式,在学校及周边地区开展培训,对该县来自多个乡镇的千余名苗家妇女进行培训,并为她们提供了就业机会。除此之外,地处云贵高原东部苗岭主峰雷公山北麓、清水江中游南岸的国家扶贫开发工作重点县台江县,苗族人口占98%以上,有"天下苗族第一县"之称,荣膺"中国苗绣之乡"称号,有精美绝伦的苗族刺绣、巧夺天工的银饰盛装、瑰丽夺目的工艺制品,该县在县扶贫办制订的"雨露计划"锦绣女骨干培训项目实施方案的基础上,由县妇联组织开办"锦绣计划"培训班,引进刺绣指导老师,各乡镇扶贫办负责人进村入户宣传"锦绣计划"的重要作用,呼吁和号召贫困妇女定时到乡镇政府或者村委会活动室学习,整个学习培训的过程主要由县妇联组织的相关人员负责,为激励和号召更多贫困妇女参与培训,每位参与培训的贫困妇女每天可以得到40元的补助费,主要采取集中授课、现场指导和技术服务相结合的方式开展妇女手工技能培训,培训对象学习时长不低于15天80个学时,让贫困妇女切实掌握刺绣实用技能,在培训学时完成并通过考核后,便能够获得相关的结业证书,采取自愿原则,这些绣娘可以在台江县"妈妈制造苗手工合作社"或者与县政府合作的刺绣企业就业。

(三)平台搭建:多元模式为贫困妇女搭建就业创业平台

"锦绣计划"一头连着绣娘,一头连着企业。贵州"锦绣计划"采取多元模式,打通绣娘与企业之间的联结渠道,搭建就业创业平台,为具有刺绣、蜡染、织布等传统手工技能的农村贫困妇女提供了就近就业、创业的平台和机会。归结起来,这些模式主要为两种类型,即妇女手工艺中介组织联动型模式、妇女手工艺龙头公司带动型模式。在这些模式共同作用下,壮大全省妇女特色手工产业规模,形成"小商品、大产业""小企业、大集群"的发展模式,推动妇女特色手工产业从分散生产转向产业化、规模化、市场化发展。

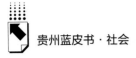

1. 妇女手工艺中介组织联动型模式

此种运行模式即是以各种妇女手工艺中介组织（如妇女手工艺专业合作社、妇女手工艺产业协会）为联动纽带，提供产前、产中、产后的技术服务，组织绣娘进行生产制作，使众多原本分散的绣娘集中起来形成统一的大规模生产的经营主体。主要的运行模式包括"公司＋合作社＋绣娘""公司＋产业协会＋绣娘"，具体的运行机制则是由妇女手工艺专业合作社或者产业协会与相关公司或企业签订合作协议，由企业聘请专门的设计师对需要的产品进行设计，负责对绣娘开展订单式培训，然后定期下订单给合作社或产业协会，由合作社或产业协会组织绣娘按照订单要求进行生产制作。在此种运行模式下，一方面，能够汇集绣娘资源，为妇女手工艺专业合作社或产业协会的发展壮大提供后备人才；另一方面，借助企业的专业指导、严谨要求，给乡村传统手工注入现代元素，有利于提升产品的设计水平与品质，提高产品质量和市场竞争力，提高妇女特色手工产品的生产效益。除此之外，为适应互联网时代产业发展的需要，更加适应市场的需求，解决产品的销路问题，在各级妇联组织的协助下，乡村妇女手工艺中介合作组织也积极寻求与电商企业合作，充分发挥各自的优势进行宣传、推介和销售，带动更多贫困妇女在合作社就业增收。归结起来，通过下订单到乡、村中采购特色手工产品的方式，引导妇女手工产业从分散生产、零星生产转向产业化、规模化、市场化发展。在这种运行模式下，中介组织成为公司和绣娘的共同代理人：一方面，监督和规范绣娘的行为，按照公司的要求来生产制作；另一方面，中介组织作为绣娘的利益代言人，与公司进行谈判，充分维护绣娘的利益。

2. 妇女手工艺龙头公司带动型模式

不同于妇女手工艺中介组织联动型模式，该种运行模式是以妇女手工艺龙头企业为主体，通过特定的利益联结机制，将"大公司"与"小农户"联结起来，形成集生产、加工、销售为一体的经营组织形式。主要体现为"公司＋绣娘""公司＋基地＋绣娘"的运作模式，通过常见的合同制或契约型的表现形式进行"订单式"生产和销售。"公司＋绣娘"的运行模式是有关妇女手工艺公司与单个绣娘在平等、自愿、互利的基础上，签订经济合同或合作契约，在明确各自的权利、义务以及违约责任的基础上，通过契约机制联结成利益共同体，绣娘按照企业的订单要求进行生产，企业按合同规定收购绣娘生产的产品，以此建立稳定的供销关系合作模式。而"公司＋基地＋绣娘"则是以技术先进、实力雄厚的妇女手工艺企业为龙头，建立生产销售基地，借助基地的聚集作用将分散的绣娘集中起来，通过合约的方式使大量的绣娘与公司结合在一起，通过基地对绣娘进行培训，在绣娘经过培训且所做的样品合格后，交由基地组织绣娘统一进行生产，最后再由公司统一收购，按照订单量付给绣娘报酬。通过这种运行模式，绣娘与公司之间建立起了较为稳定的供销关系，通过规范化的购销合同，形成了一定的利益分享、风险分担的机制。① 对广大绣娘而言，保证了产品的销路，极大地降低了交易的成本和市场风险；而对妇女手工艺龙头公司或企业来说，通过建立生产加工基地，集合数量众多的绣娘进行产业化、规模化、市场化生产，在满足大规模生产需要的同时，也降低了生产成本。

四 乡村妇女手工艺发展价值及其对后扶贫时代贫困治理的启示

贵州探索实施的妇女特色手工产业"锦绣计划"，通过优化发展平台、加大政策扶持、强化市场推广和技能提升等举措，形成一条体现妇女手工优势、实现妇女自身价值、帮助妇女摆脱贫困的"锦绣之路"。2015 年，"实施锦绣计划，培养绣娘 1 万人"被列入贵州省政府 10 件民生实事项目之一。截至 2020 年，"锦绣计划"已带动全省 50 余万名妇女就业，创造的产值高达 60 余亿元，打造了脱贫攻坚的"贵州样板"。显而易见，发展妇女特色手工产业，有着显著的现实价值，为脱贫攻坚注入了强劲的动力，同时极大

---

① 郭晓鸣、廖祖君、付娆：《龙头企业带动型、中介组织联动型和合作社一体化三种农业产业化模式的比较——基于制度经济学视角的分析》，《中国农村经济》2007 年第 4 期，第 40～47 页。

地推动了经济、社会、文化的协同发展。而就发展乡村妇女手工艺这一先期的扶贫开发实践而言，因其包含的独特价值，也将对后扶贫时代的贫困治理带来有益启示。

（一）乡村妇女手工艺发展的价值

1. 培育乡村社会女性资源与资本

"锦绣计划"在各地的落地实施，为广大贫困妇女提供了居家就业创业的机会，促进贫困妇女自身价值得以实现，并成为乡村社会发展的重要力量，有利于乡村社会女性资源与资本的培育。数量众多的少数民族乡村妇女，大多都会刺绣，特别是苗族、水族、布依族等民族的妇女更是有一手刺绣的绝技，是一种潜在的人力资源和资本。但在妇女特色手工产业"锦绣计划"实施之前，无论是扶贫开发的政策制定者，还是反贫困的理论研究者，大多没有将视域聚焦在贫困妇女这一特殊的贫困群体身上，忽视了她们潜在的、独特的劳动技能和社会价值，从而在乡村贫困治理实践中，这类拥有传统手工技艺的贫困妇女大多被边缘化，缺乏展示技能的平台和实现自身价值的机会。而在"锦绣计划"实施以后，少数民族乡村的贫困妇女不再只是贫困治理中的目标人群和工作对象，通过参与基层妇联主办的技能提升培训，实现手工技艺"具身化"，增强自我"造血"能力，成为反贫困的主体力量，按照"订单式"的培训生产方式，实现与市场的有效对接，适应现代快速变化的市场需求，形成较为稳定的销售渠道，在此基础上，采取多元化的产业经营组织形式，促使妇女特色手工艺品的价值得以变现，广大乡村贫困妇女由此实现脱贫增收，乡村社会也随之同步发展。归结起来，发展乡村妇女手工艺，在一定条件下，有利于推动乡村女性资源与资本的培育和积累，对乡村社会的发展与现代转型起到积极作用，贡献了女性群体的"半边天"力量。

2. 促进传统技艺传承保护与创新发展

"锦绣计划"作为体现妇女特色手工优势的扶贫新模式，不仅有利于传承和保护民族民间文化，还可以促进乡村传统文化在新阶段实现创新发展。

随着时代变迁与社会转型，特别是现代化对传统乡村社区的冲击和影响，曾经封闭的少数民族乡村和外部经济社会环境的互动日益加剧，少数民族传统文化呈现前所未有的复杂新格局和新形态。在城市化进程以及个人理性选择的驱使下，乡村妇女大量外出务工，尤其是年轻一代乡村女性更为突出，她们大多不愿意传习父母一辈的手工技艺，甚至完全不会，与乡村生计、传统习俗和信仰等密切相关的文化事项因而无所依托，传统文化的传承保护面临着断层的现实危机，部分乡村传统技艺被荒废，甚至濒临失传。而"锦绣计划"的实施，通过整合各方面的资源，采取校企结合、"订单式"的方式开展技能提升培训，激发参与的热情，让数量众多的农村妇女又重新拾起了之前仅在闲散时间才会从事甚至已经荒废的手工技艺，乡村传统手工技艺的传承保护因此有了依托，民族传统文化得到广泛传播，走出村落，走出博物馆，延续了传统文化的血脉，真正实现了"文化再生存"。另外，在"锦绣计划"的驱动下，借助各种配套政策的扶持和引导，推动传统文化产业化发展，乡村传统文化逐渐得到复兴，那些曾经"养在深闺"的传统民族手工艺正慢慢回温，让一根绣花针焕发无穷力量，显现出了巨大的市场活力，在多方主体的通力协作下，妇女特色手工技艺也将逐步实现从分散生产向产业化、规模化的现代市场发展方向转型，广大乡村妇女把刺绣等传统手工技艺由"指尖绝技"转化为了"指尖经济"，凭借自身优异的手工技艺逐步摆脱贫困，进而实现脱贫致富的发展目标。总之，通过实施"锦绣计划"，促进了乡村产业兴旺，带动了乡风文明，为乡村振兴注入了强劲活力。

3. 发展壮大乡村社区集体经济

乡村妇女特色手工产业"锦绣计划"通过创办领办农民专业合作社，采取"公司+合作社+绣娘""公司+基地+绣娘"等多种形态的运作模式，打破了农村过去"小而散"的落后生产模式，促进妇女特色手工产业实现规模化、市场化的发展，促进乡村社区集体经济不断发展壮大。在各级妇联以及联席会议各成员单位的共同协助下，越来越多的乡村蜡染、刺绣专业合作社等合作经济组织相继建立，通过合作社的联动，原先分散的、小规模的刺绣作坊或独自生产经营的妇女手工艺从业者被整合起来，形成妇女手工产业集群，使广大妇女手工艺从业者从过去的"单打独斗"转为"抱团发展"，以乡村妇女手工艺专业合作社为经营主体，与龙头公司达成合作协议，按照"订单式"的培训生产方式，有效对接市场，为乡村社区集体经济发展带来了巨大的活力。在专业合作社的联动下，以妇女手工艺龙头公司为牵引，不仅为乡村集体经济的发展提供了技术、人才等方面的支撑，通过特定的利益联结机制进行合作经营，在很大程度上也激发了乡村集体和妇女手工艺从业者的生产积极性，促进了乡村新型经营主体和新型职业农民的培育，提高了乡村贫困地区和贫困群体摆脱贫困的内生动力。概括来看，立足地方资源和贫困实际，实施妇女特色手工产业"锦绣计划"，发展多种形式的合作经济，在带动贫困妇女脱贫增收的同时，也有利于直接带动乡村社区集体经济创收，发展和壮大乡村社区集体经济。

（二）乡村妇女手工艺发展对后扶贫时代贫困治理的启示

1. 贫困治理中考虑性别不平等的现实

妇女作为一个特殊的贫困群体，无论是在贫困治理研究，还是在贫困治理实践中，妇女的贫困问题往往被轻视或者忽视。长久以来，中国传统的家庭是由一个在外工作、挣钱养家的男人，和一个在家操持家务、没有现金收入的女人，以及他们的子女组成的社会和生活单位，形成了典型的"男主外、女主内"的社会性别分工模式。[①] 在这种传统的性别分工模式下，男性主要从事可直接创造生产收入的一般生产性劳动，而女性从事的则是没有现金收入的家务劳动以及再生产劳动，这样一来，女性群体在劳动参与状况和劳动参与类型上存在严重的性别不平等，也就因此显得更贫困。除此之外，造成女性贫困的因素还有很多。例如，妇女接受教育的机会普遍比男性少；在就业方面，由于先天性的生理特点，就业竞争力相较于男性更弱，女性的流动程度也更低，当下农业劳动的从业者呈现"女性化"的趋势，总之，

---

① 〔美〕琼·斯科特：《性别：历史分析中一个有效范畴》，载李银河主编《妇女：最漫长的革命——当代西方女权主义理论精选》，生活·读书·新知三联书店，1997。

受多种因素的共同影响，决定了女性本身的弱质性。将妇女社会化为弱者，导致妇女所创造的价值常常被忽略，在具体的反贫困政策和措施的制定中，也没有专门考虑到女性贫困群体的特殊性，贫困户识别认证过程中，大多以男性的现金收入进行核算；贫困人口的统计中通常只注意总数，而缺少按照性别的统计数据。"锦绣计划"的实施正是考虑到贫困妇女特点，体现妇女优势的扶贫开发新实践。因此，在贫困治理的研究和实践中，非常有必要从社会性别的视角考虑贫困治理问题，根本原因在于，贫困问题中存在很多性别不平等的现实，妇女通常是贫困群体中的最贫困者，社会性别视角的介入，目的在于提高减贫效果，促进女性的缓贫与发展。[1]

2. 发掘传统手工技艺在贫困治理中的效用

传统手工技艺作为与乡村生计、乡村组织和信仰等密切相关的文化事项，对于脱贫攻坚有着巨大的效用，但这种效用的实现需要适宜的外部环境和空间。"锦绣计划"实施的一个基本立足点就是贵州旅游资源丰富，有着深厚的民族文化基因，民族绣品独特亮丽，在弘扬和传承少数民族文化的氛围下，通过搭建妇女就业创业的平台，吸引更多外出务工的妇女返乡就业创业，极大地调动贫困妇女脱贫增收的内生动力，找到一条既体现妇女优势又促进经济发展、助推妇女脱贫增收的扶贫新路子。因此，在具体的扶贫实践中：一是立足当下社会发展趋势，充分挖掘乡村传统手工技艺等文化资源的现代价值，引入现代化的设计理念和技术，促进传统与现代相结合，给传统手工技艺注入现代元素，赋予其新的生命力，更好地适应市场需求；二是注重乡村精英的培养和吸纳，尤其是乡村经济精英，乡村经济精英是推动手工技艺产业化、规模化发展的主体性力量，在脱贫攻坚中发挥着重要的作用，能够带动大量贫困群体就业；三是在多元主体的协作下，通过政策扶持，为拥有精湛技艺的手工从业者搭建展现的平台，增强从业者的发展活力，增加从业者的经济收入。

---

① 刘晓昀、李小云、叶敬忠：《性别视角下的贫困问题》，《农业经济问题》2004 年第 10 期，第 13 ~ 17 页。

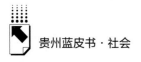

3. 平衡好扶贫开发与生态保护的关系

扶贫作为一项事关广大贫困群体脱贫致富的民生工程，对经济社会的发展具有高度推动作用，但扶贫开发过程不能以生态环境的破坏为代价，需要平衡好扶贫开发与生态保护的关系。贵州的地貌以喀斯特为主导，生态环境十分脆弱，决定了贵州扶贫开发不能再依托传统工业化的路径吸纳贫困人群就业。"锦绣计划"之所以选择特色手工产业为着力点、落地点，根本原因在于特色手工业是轻工业，资源消耗低，污染排放几乎为零，而附加值却相对较高。推进特色手工业发展，既可以守住发展和生态"两条底线"，又能推动文化扶贫，走的是可持续发展道路，符合贵州的环境特点，契合"绿色贵州""生态贵州"的发展需要。良好的生态环境，是人民的愿望，也是发展的基础，如何在扶贫开发过程中立足当地生态环境营造发展优势，让绿水青山带来金山银山，走可持续的扶贫开发道路，是摆在理论界和实践者面前的严峻课题。因此，进入后扶贫时代，在贫困治理中引入绿色发展理念，是经济发展进入新常态下的必然选择，也是实现"产业兴旺、生态宜居、乡风文明、治理有效、生活富裕"的乡村振兴总要求的重要基础。

五 结语

"锦绣计划"实施的重要意义在于发掘女性群体的独特价值、体现妇女手工优势，为广大女性贫困群体搭建施展技能的平台，促进其自身价值的实现，具有鲜明的地域特色、民族特色以及妇女特色。通过传统手工技艺与现代市场需求的结合，助推贫困妇女实现居家就业创业，依托自身的技能摆脱贫困，提升乡村贫困地区整体的自我发展能力，改善乡村贫困地区一直以来贫穷落后的面貌。在一系列"扶在根上，帮在点上"举措的驱动下，"锦绣计划"实践取得了实质性成效，在帮助广大贫困妇女实现脱贫目标的同时，也在其他方面产生了积极的效应。一是通过支持鼓励广大贫困妇女回乡创业就业，实现居家灵活就业，农村留守儿童、空巢老人的问题在一定程度上得到缓解，有利于维护家庭和谐与社会稳定；二是通过"锦绣计划"实践，一批批能工巧匠脱颖而出，在促进农村传统文化传承保护的同时，结合新时期社会发展的现实需要，带动民族传统文化实现创新发展。因此，从社会性别的视角介入反贫困问题，关注贫困问题中的性别差异与不平等的现实，对于后扶贫时代的贫困治理而言，有着十分重要的理论意义和现实意义。

为更好地发掘乡村特色妇女手工产业在后扶贫时代贫困治理中的效用，弘扬和传承优秀的民族文化资源，推动乡村传统手工艺产业化、规模化发展，化"指尖技艺"为"指尖经济"，需要从多个方面共同发力。在总结贵州先进实践经验的基础上，首先，加强贫困妇女主体的能力建设。通过一系列政策措施，鼓励更多的贫困妇女参加技能培训，在技艺理论与实操技术培训之外，向文化、营销、设计、管理、互联网等多方面扩展，培养更多复合型的精英人才，不断提升贫困妇女依靠自身技能脱贫的内生动力。其次，注重资源的外部链接、促进多元主体之间的协作。例如依托政府的力量，积极引入公益机构和专家，为手工技艺的发展提供充分的技术指导和支持，以更好地适应市场需求。最后，把握互联网时代的发展趋势，促进传统手工产业与互联网深度融合。在信息技术时代，互联网有着潜在的优势，以互联网为支撑，探索和形成许多先进的经营模式，能够进一步加速传统手工产业的发展。总之，人才、技术多个方面的共同提升，有助于推动乡村传统手工文化产业从分散生产迈向协同整合，持续发挥乡村传统手工产业在后扶贫时代贫困治理中的积极作用。

参考文献

童星：《贫困的演化、特征与贫困治理创新》，《山东社会科学》2018年第3期。

李小云、许汉泽：《2020年后扶贫工作的若干思考》，《中共中央党校（国家行政学院）学报》2018年第1期。

贺雪峰：《什么农村，什么问题》，法律出版社，2008。

王亚玲：《中国农村贫困与反贫困对策研究》，《中共中央党校（国家行政学院）学报》2009年第1期。

张有春：《贫困、发展与文化：一个农村扶贫规划项目的人类学考察》，民族出版社，2014。

曾福生、曾志红、范永忠：《克贫攻坚》，中央编译出版社，2015。

王春光：《社会治理视角下的农村开发扶贫问题研究》，《中共福建省委党校（福建行政学院）学报》2015 年第 3 期。

李楠、陈晨：《以共享发展理念引领农村贫困人口实现脱贫》，《思想理论教育导刊》2016 年第 3 期。

〔印〕阿马蒂亚·森：《以自由看待发展》，任赜、于真译，中国人民大学出版社，2012。

郑易生：《中国西部减贫与可持续发展》，社会科学文献出版社，2008。

郭晓鸣、廖祖君、付娆：《龙头企业带动型、中介组织联动型和合作社一体化三种农业产业化模式的比较——基于制度经济学视角的分析》，《中国农村经济》2007 年第 4 期。

〔美〕琼·斯科特：《性别：历史分析中一个有效范畴》，载李银河主编《妇女：最漫长的革命——当代西方女权主义理论精选》，生活·读书·新知三联书店，1997。

刘晓昀、李小云、叶敬忠：《性别视角下的贫困问题》，《农业经济问题》2004 年第 10 期。

专题研究篇

Special Research Reports

B.21

2020年贵州省地方舆情热点态势报告*
——基于结构性矛盾分析方法

郑中华　曹黎静　李梦慧**

摘　要：　本文结合大数据舆情信息系统，对2020年贵州省网络舆情热
点事件按照10个类别进行分析整理。调查发现，突发灾害、
政风行风、医疗卫生成为2020年关注热度最高的三个领域。
对于地方政府来说，面对这些舆情热点事件，如何快速有效
地研判和把控舆论热点，建立化解舆情危机的应对机制，成
为公共管理体系必须面对的治理考验。本文提出利用结构性
矛盾分析方法从组织内部的构成要素、运行机制、历史使

---

　*　本文系贵州省社会科学院哲学社会科学创新工程"贵州重大突发事件舆情治理研究"创新团
队项目（项目编号为20ZXGCTD02）的阶段性研究成果。
**　郑中华，中国科学技术大学舆情管理研究中心执行主任，安徽博约信息科技股份有限公司创
始人、董事长，博士，研究方向为舆情治理；曹黎静，上海公利医院宣传部部长，硕士，研
究方向为舆情治理；李梦慧，安徽博约信息科技股份有限公司高级舆情分析师，硕士，研究
方向为舆情治理。

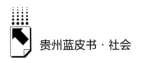

命、意识形态到外部与公众的互动模式五个方面对舆情演化趋势、关键因素及互动关系进行解构与预测。

关键词： 结构性矛盾　贵州　舆情态势

一　引言

在互联网日益普及、自媒体高频发声的背景下，伴随社会转型矛盾的产生和演化迭代，舆情热点事件的此起彼伏已成为当前社会生活的新常态。对主政一方的各级政府机构来说，如何快速有效地研判和把控舆论热点，建立化解舆情危机的应对机制，成为公共管理体系必须面对的治理考验。尽管在长期的行政实践中，各级政府机构积累了很多不错的舆情事件处理经验，但在社会已经进入移动社交场域的新环境下，舆情具有的突发性、多变性特征越来越鲜明，如何有预应力地做好预测工作成为现实舆情工作中亟待解决的难题。正如世间万物皆有其运行规律，新媒介场域下舆情热点的产生演化也有其内在逻辑可以遵循。如果能够提炼概括出一个行政领域、一个机构内外部的舆情演化趋势、关键因素及互动关系，就意味着向科学预测迈出了重要一步，高水平的舆情治理也就成为可能，而结构性矛盾分析方法不失为一种有力的工具。

就 2020 年贵州省舆论热点及网络舆情分布来看，任一热点事件在类别、形成、发展等方面，都有其特定的生成背景和地域背景，反映出贵州省本地社会发展面貌。贵州省地处西南地区，经济社会发展相对落后，环境资源条件有诸多限制。此外在医疗卫生、生态环境、教育等方面贵州省也因为发展不平衡催生各类矛盾，不仅成为网络舆情关注的热点话题，也是贵州各地政府公共治理中需要重点关注的领域。因此，结合结构性矛盾分析方法，开展贵州省地方舆情热点态势分析，对于地方政府了解本地舆情热点，及时回应民众关切，更加科学化推动舆情治理工作具有重要意义。

二 贵州地方舆情热点态势

（一）基本情况与资料来源

为了解 2020 年贵州省地方舆论热点话题，深入分析贵州各地网络舆情发展态势，笔者通过博约舆情大数据信息系统对贵州省 9 个地级行政区 88 个市辖区县（自治县）2020 年 1～11 月的网络舆情信息按照"医疗卫生""食药安全""交通事件""环境生态""社会治安""政风行风""突发灾害""金融安全""网络犯罪""教育舆情"10 个领域进行分类检索，获得了翔实的数据与案例支撑。在数据抓取范围上，监测系统通过对新闻、论坛、博客、微信、微博、电子报刊、客户端、电视、广播九大传播渠道进行全网数据采集，并通过"去重去垃圾"功能筛选重复及无用信息，对热度分析、信息属性判断、信息情感判断、地域分布进行归类处理，增加了信息识别的精准性。根据检索结果，2020 年贵州省全年舆论热度总量接近 330 万（见表1）。

表1　2020 年贵州十大舆情领域热度排行统计

热度排名	舆情领域	热度值	热度排名	舆情领域	热度值
1	突发灾害	965512	7	交通事故	126172
2	政风行风	809675	8	金融安全	119577
3	医疗卫生	528982	9	食药安全	61591
4	环境生态	256468	10	网络犯罪	18977
5	社会治安	218505	11	合计	3287988
6	教育舆情	182529			

在领域分类中，本文对舆情事件的 10 个类别划分基于博约系统现有分类进行关键词设置。具体来看："医疗卫生"领域包括防疫措施、医患关系、医疗纠纷、医疗事故；"食药安全"包括食品安全、药品质量、违规使

用添加剂、保健品营销；"交通事件"包括重大交通事故、道路违规、违法驾驶；"环境生态"包括空气质量、噪声污染、非法排气、自然环境、自然灾害；"社会治安"包括黄赌毒、打架斗殴、邪教传播、偷盗犯罪；"政风行风"包括贪污腐败、生活作风、工作作风、违法违纪、干群关系；"突发灾害"包括火灾、公共卫生事件、洪涝灾害、突发疾病；"金融安全"包括各类金融诈骗、P2P暴雷、比特币、投资陷阱、非法融资、非法集资；"网络犯罪"包括个人信息泄露、电话诈骗、银行盗刷；"教育舆情"包括校园暴力、乱收费、务工人员子女就学。考虑2020年疫情影响因素，因此在各领域关键词设置中，将"疫情"纳入"突发灾害"类别，具体防疫手段"隔离""体温检测"纳入"医疗卫生"类别。

此外，本文中所有涉及"热度值"的数据均依据新闻、论坛、博客、微信、微博、电子报刊、客户端、电视、广播9个渠道对所涉相关舆情事件的关注度（报道、转发、评论量）赋予权重比而生成。其中，新闻网站权重占15%、论坛占5%、博客占5%、微信占10%、微博占5%、电子报刊占30%、客户端占10%、电视占15%、广播占5%。热度值=新闻网站关注度×15%+论坛关注度×5%+博客关注度×5%+微信关注度×10%+微博关注度×5%+电子报刊关注度×30%+客户端关注度×10%+电视关注度×15%+广播关注度×5%。

（二）地方舆论热点话题领域

根据大数据舆情信息系统检索，2020年贵州省热点舆情领域热度由高到低分别为突发灾害、政风行风、医疗卫生、环境生态、社会治安、教育舆情、交通事故、金融安全、食药安全、网络犯罪（见表1）。其中"突发灾害"类因受疫情影响占据榜首，"政风行风"方面，因网传"安顺公交坠湖事件"系犯罪嫌疑人因拆迁问题蓄意报复社会，引发舆论对拆迁接访问题的质疑，例如"人民日报"官方微博转发内容表示"安顺坠湖公交一案中，房屋拆除和接访接诉过程中如有违法违纪行为，将依法依纪严肃处理"。此外，医疗卫生方面"贵州松桃一卫生院隔离点4名缅甸籍人员撬窗外逃"

"1岁半幼童被流浪狗咬掉半边鼻子"也是舆论关注的焦点话题。

按照地域分布来看，贵州省2020年舆论热度，遵义市、铜仁市、黔东南自治州等东部地区热度显著高于毕节市、黔西南自治州、六盘水市等西部地区（见表2），总体热度呈现"东高西低"的态势特征。

表2 2020年贵州省地域舆论热度排行统计

热度排名	地区（市级）	热度值	热度排名	地区（市级）	热度值
1	遵义	660569	6	毕节	298210
2	铜仁	501535	7	黔西南	215613
3	黔东南	406469	8	安顺	179381
4	黔南	353107	9	六盘水	147478
5	贵阳	347054			

此外，舆情的发生发展也有特定的时间分布规律特征，关键时间节点前后的舆论热度随事件态势的变化呈现爆发上涨或冷却降温的走势。以时间为单位，2020年1～11月贵州省舆论热度最高的月份为7月（见图1），经分析"安顺公交坠湖事件"是助推该月舆论热度高涨的主要因素。与往年不同的是，2020年受疫情影响全国高考时间顺延1个月，本该因中高考话题热度聚焦的6月反而总体热度较低。

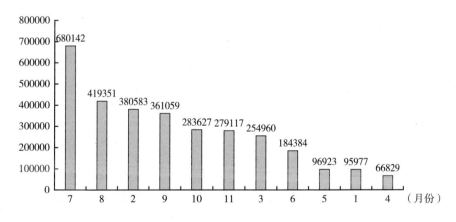

图1 2020年贵州省各月舆论热度排行统计

为详细分析贵州省地方各领域舆情热点分布情况，结合大数据检索结果，对 2020 年贵州省舆论热点态势做出如下分析。

1. 2020 年贵州省整体舆论态势呈现波动上升特征

根据大数据舆情信息系统，2020 年以来贵州全省舆论态势波动起伏，整体呈现下半年舆情热度显著高于上半年的特征（见图 2）。具体分析发现，1 月以来贵州省舆论热度不断升温，2 月新冠肺炎疫情暴发热度也随之到达第一个小高峰。随后伴随复工复产的有序推进，社会生活与经济发展逐渐恢复正常秩序，舆情热点事件相对减少，舆论态势呈现下降趋势，4 月降至本年度最低点。6 月受往年中高考话题影响，舆论态势逐渐升温，7 月高考首日发生"安顺公交坠湖事件"瞬时引发舆论海啸，安顺市成为全国关注焦点，相对应舆论热度也到达顶峰。随后热度下降，各月态势也渐趋平稳。

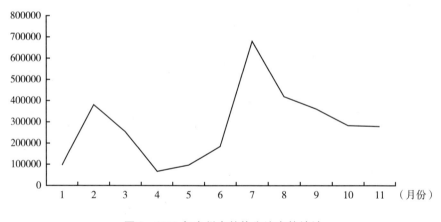

图 2　2020 年贵州省整体舆论态势统计

2. 东部地区医疗卫生舆情显著高于西部地区

医疗问题是民生基本问题，与医疗相关的话题诸如医患关系、医疗事故、医疗卫生条件、医疗资源分配等问题极易挑动公众神经，稍有不慎就会使各责任主体方陷入舆论漩涡。在贵州 2020 年十大舆情话题中，医疗卫生热度位居第三。从地域分布来看，2020 年 1~11 月贵州省医疗卫生领域舆情，遵义市、铜仁市、黔东南自治州位列前三，三地均位于贵州省东部，与之相对，西部地区诸如毕节市、黔西南自治州、六盘水市在医疗卫生话题中舆情热度全省排名相对靠后（见表3）。

表3　2020年贵州省医疗卫生领域地市热度排行统计

热度排名	地区（市级）	热度值	热度排名	地区（市级）	热度值
1	遵义	111110	6	黔南	56379
2	铜仁	69294	7	黔西南	51604
3	黔东南	67841	8	六盘水	28091
4	贵阳	61877	9	安顺	25664
5	毕节	57122			

3. 食药安全领域舆论热度呈现季节性特征

食药安全话题具有鲜明的时间属性，尤其是食品安全问题，在夏季高温季节是舆论关注与讨论的热点领域。综观2020年贵州省食药安全舆论话题热度分布，7月、8月、9月3个月为食药安全话题热度的前三位（见图3）。总体来说，虽然食药安全话题舆论热度排行相对较低，但由于高敏感特性，舆论燃点较高，特别是群体性中毒事件如校园食品安全问题极易引发舆论关注。2020年3月26日，贵州锦屏一高中发生一起学生食物中毒事件，209人出现发热腹泻症状，累计住院199人。次日凌晨3点，贵州锦屏县人民政府对相关情况进行官方通报，回应部分舆论关切内容，引发舆论广泛关注。

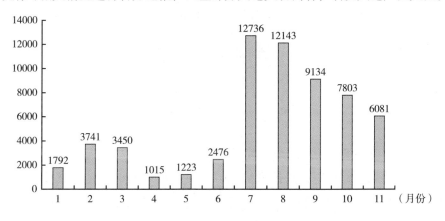

图3　2020年贵州省食药安全领域热度排行统计

4. 客户端媒体是2020年贵州省内舆论主要传播渠道

根据大数据信息系统，2020 年贵州省舆论热度主要媒介传播渠道占比由高到低分别为：客户端、微信、新闻、微博、论坛、电视、电子报刊、博客、广播，其中客户端为主要传播媒介渠道，占比超过 44%（见图 4）。此外，微信、微博等社交媒体也占有较大比重，两者总占比约为 33.5%。分析发现，总体上贵州省媒介舆论环境多元开放，社交及自媒体平台在舆论传播过程中占比较大，成为省内舆论传播的主力军。传统媒体方面，如电子报刊、广播、电视相对占比较小，一定程度上也说明传统媒体在舆论事态发展过程中发声的局限。

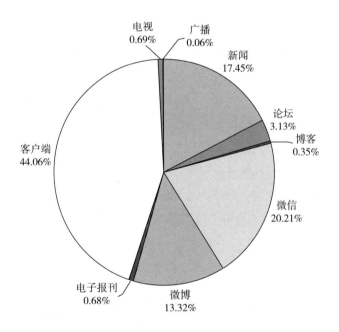

图 4　2020 年贵州省舆论热度媒介渠道统计

5. 贵州省年度舆论热词凸显地方政府发展问题

舆论热词通常利用大数据系统对特定时间段内的舆论信息进行提取分类，能够反映一个地区单位时间内舆论关注焦点。贵州省 2020 年舆论热词包括"贵州""安顺""公交坠湖""毕节""疫情"等（见图 5），其中与地方政府相关的诸如"融资""举债""暴雷"等词也占据显要位置。2020年9月，大方县"拖欠教师工资事件"充分暴露部分地方政府发展模式与实际现状脱钩、经济水平与发展之间的矛盾问题。结合年度热词分布，地方政府发展问题应成为各级部门关注的重点。

图5　2020年贵州省舆论热词统计

6. 少数民族自治地区政风行风领域热点较高

贵州省是一个多民族共居的大省，全省分布56个民族。其中黔西南、黔南、黔东南三地为少数民族自治州，这三地在十大舆情领域分布中也呈现一定的规律特征（见表4）。2020年，贵州少数民族自治州热点舆情领域排名前五的分别是突发灾害、政风行风、医疗卫生、环境生态、社会治安。突发灾害因受"疫情"影响，整体热度较高。值得注意的是，政风行风领域在少数民族聚居地区舆论热度排行也较高，需要予以重点关注。

表4　2020年贵州省少数民族自治州十大舆情领域热度统计

领域	黔东南自治州	黔南自治州	黔西南自治州	合计	排名
突发灾害	122904	109419	61206	293529	1
政风行风	111804	97225	53779	262808	2
医疗卫生	67841	56379	51604	175824	3
环境生态	30101	29325	11641	71067	4
社会治安	30070	23242	12612	65924	5
交通事故	17544	14917	9944	42405	6
金融安全	15844	12997	8029	36870	7
食药安全	8031	6715	5049	19795	8
网络犯罪	2160	2123	1581	5864	9
教育舆情	170	765	168	1103	10
合计	406469	353107	215613	975189	

7. 2020年贵州省教育领域舆情热度低影响有限

教育话题一直是舆论各界关注的敏感领域，与校园暴力、体罚学生、乱收费、师风师德等信息相关的事件都有可能引发舆论聚焦。2020年受疫情影响，大中小学都采取居家直播课堂的形式授课，因此教育领域舆情整体热度偏低（见图6）。从时间分布来看，前6个月教育舆情热度较为平缓，上下浮动较小。7月份受中高考影响热度攀升，随后整体热度虽有所降温但热度与上半年相比仍处于较高水平。

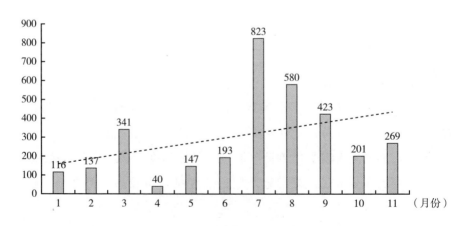

图6　2020年贵州省教育舆情领域热度统计

（三）地方舆论关注热点特征

就贵州省十大舆情领域热点态势来看，舆论关注热度较高的领域包含以下两个特征：首先，影响范围广涉及公众切身利益。不管是突发灾害、政风行风还是医疗卫生都是与公众实际利益相关的热门领域，这些领域一旦出现新情况、新话题、新变化都可能引起舆论的追踪。其次，特定时间节点易发生重大舆情事件。不论是发生在高考首日的"安顺公交坠湖案"还是爆发于教师节前后的"大方县教师讨薪事件"，特定时间节点的社会事件更易引发舆论关注造成轰动效应，舆论主体在事件中更能够借节日气氛煽动网民情绪，引导舆论走向。

三　结构性矛盾预测舆情的机理与应用

辩证唯物主义告诉我们，任何事物的发展变化，虽然有时候演化很复杂，但内因是根本，外因是条件，把握内因始终是工作的根本。概括地说：结构性矛盾就是事务内外部各种结构关系不协调引发的对立和冲突。如产业结构与就业结构的矛盾、优质教育资源分布失衡的结构性矛盾、资源错配与新时期供需关系的结构性矛盾等。联系到舆情治理，结构性矛盾可以视为大到一个社会生活领域，小到一个组织机构，由它的使命、运作机制以及外部公众对它的认知而构成的内外部各要素之间互动和演化的冲突失衡过程。

（一）结构性矛盾分析方法构成要素

结构性矛盾分析方法是在结构性矛盾内涵的基础上，对特定事件分析、解构的一种方法手段。结合上文结构性矛盾的定义，笔者将结构性矛盾分析方法划分为五个要素环节：构成要素、运行机制、历史使命、意识形态及与公众的互动模式。构成要素、运行机制、历史使命、意识形态是一个组织发展运行的内因与根本，而外部与公众的互动模式决定了矛盾爆发的关键节点。

1. 构成要素：确保组织正常运转

内部构成要素是一个组织正常运转的基石与根基。对于一个社会组织来说，既需要维持成员基本生活需求的硬件设施，也需要各项规章制度的约束，同时还离不开管理部门对各类秩序的维护。同样从地方政府的构成来看，既包括人员组合、机构设置，也包括硬件设备、权责体系构建等。这其中每一要素之间相互分工相互作用，确保地方的平稳运行。但是作为公职部门，因其自身所具备的敏感属性，其基本构成要素各部分也都是社会各方关注的焦点。例如政府人员选拔的公平性、领导干部作风问题、硬件采购流程的合理性、政务公开的透明度等各个方面均受到来自社会各界的监督。

2. 运行机制：影响组织发展和运行

一般说来，运行机制的设计一定程度上会影响组织的发展和运行。对于地方政府来说，运行机制包括政府的执政理念、决策机制、责任机制、协调机制、政绩考评机制、社会参与机制等①，这些机制之间灵活协调运作从而成为政府组织高效运转必不可少的组成部分。当然任何一种运行机制不可能不加变革地永久运行，地方政府往往为了提高效率会根据自身的管理需要，对运行机制进行改进和变革以适应新的发展环境。例如，现行以经济成长为考核指标的政绩考评机制确确实实暴露出一些潜在问题。比如在考评导向性方面，一味地以经济成长为单一指标的考核方式，导致地方政府为追求"显性"政绩，通过举债发展的方式获得短期的经济增长，长此以往难免为"暴雷"留下隐患。

3. 历史使命：组织发展与奋斗的目标

使命是一个组织的发展与奋斗目标，与职能不同，地方政府的使命一言以蔽之就是带领地方人民谋幸福谋发展，提高经济发展水平。使命不仅需要依靠具体的机制设计达成，对于地方政府来说，发展模式的选择也至关重要。发展模式与经济水平是相互促进的关系，一个地区的发展模式受经济水

---

① 张成福、李丹婷、李昊城：《政府架构与运行机制研究：经验与启示》，《中国行政管理》2010年第2期，第10~18页。

平影响，而因地制宜的发展模式也能够带动当地经济增长。然而在实际发展过程中，一些地区在制定发展规划时往往脱离经济水平实际情况，不仅出现"揠苗助长"的现象，而且在主张高成本、高消耗、低效率的经济发展模式下，资源被大量消耗、生态环境遭到严重破坏，社会矛盾也因此激化。还有一些地区，在发展模式选择上一味追求经济效益，实际发展模式与手段未能有效协调各方利益，产生分配不均导致的矛盾。例如部分地区"以地谋发展"的模式，虽然短期内取得了经济效益，但是政府与农民、政府与开发商、农民与开发商之间不协调的利益分配问题也长期存在，并且从长远来看这种高度依赖土地的增长方式，容易形成地方政府债务风险。

4. 意识形态：影响组织的最终走向

组织内部决策者的价值观甚至能够影响组织的最终走向。对于政府部门来说，领导干部的价值观包含多个方面：个人的执政理念、对干群关系的认识、对我党价值理念的认同等。但是在实际工作中，因个人价值观出现偏差决策失误的案例比比皆是。在2020年贵州本地十大舆情热点领域中，政风行风领域热度排名位居第二，其中"天下第一水司楼案"仍然是2020年各界舆论议论的热点话题。因盲目高估地方经济能力大肆举债造成不良影响，也难怪有舆论将此事评为"形式主义典型"案例。再看近年来，许多地方为争创"文明城市"大搞环境整治，动辄一些县政府选址搬迁大兴土木盖新楼，然而最底层的普通百姓生活居住环境仍未得到改善。"立党为公执政为民"是每一级政府都应紧紧贯彻落实的基本执政理念，如果官员们不能勤政爱民、体恤民情，不能树立正确的价值观，那么离"黑天鹅""灰犀牛"事件的发生也不远了。

5. 互动模式：舆论监督无处不在

近年来，公众对于地方政府的期待与认知伴随新兴传播方式的出现也发生了明显变化。在互联网媒介还未兴起前，公众获取舆论信息的渠道主要来自传统媒体，包括报纸、广播、电视等。此类媒介形式公众参与程度低，公众处于"被动接受"的状态，有关政府的负面信息整体停留在"可防""可控"状态。伴随新兴互联网媒介的诞生，公众信息获取渠道逐渐丰富，"人人都是麦克风"的传播格局让小事也能传千里。过去那种由政府主导的传播局面被打破，公众"受者"的身份出现改变，开始在舆论监督过程中发挥越来越显著的作用。例如：过去普通民众表达对政府的不满主要通过信访、上访反映问题。现在，互联网成为民众表达诉求的主要渠道，任何情况反映都能通过公开的形式对外公布。在这种方式的监督下，政府部门不得不完善职能、履行使命。

（二）舆情发生过程中的结构性矛盾

综观近年来各类社会舆情热点的产生，正是事物内部的结构性矛盾不断演化，并在特定时间点上被外部社会的某些事件触发、诱导所引起的。舆情热点事件也是在这样的运作机制下产生的。以教育舆情为例，近年来教育逐渐成为我国热点舆情频发的社会领域，我们不妨以此为例来解析结构性矛盾。

首先，从内部要素上看，教育体系由硬件设施、师资队伍、运营团队、行政管理部门等构成，这其中的每一个部分都或多或少地影响着教育资源本身的品质和运营方式。其次，从使命和运行机制上看，教育的根本定位在于培养社会主义事业接班人，党和政府对教育发挥着主导作用，具体实践机制设计上是通过教育机会分配、教育岗位领导任命、资源导入等方面的操作得以实现。这些机制运行链条上的任何行为都关系公众对自身教育权利的获得感，操作不当，极易引起对比性失衡和不满而引发舆情。最后，从外部基于公众的现实感知来看，伴随社会转型的分层压力日趋增强，公众将教育视为阶层跃升的重要机会，从而对自身的教育权益尤其敏感。在现实生活中，教育因为学区和城乡等因素又与房价紧密绑定，一些商家大肆炒作"不要让孩子输在起跑线上"这样的话题，更进一步加重了公众的焦虑。此外，在上述内外部矛盾的交织下，还存在优质教育资源稀缺以及必然带来的配置等问题。教育成了一个特别能牵动公众心弦的话题，大到高考名额分配，小到某位教育干部的选任，乃至某个考题的判分标准，无不成为广受关注的热点话题而经常引发程度不同的舆情。

当然，上述提炼并未涵盖教育结构性矛盾的全部，但通过对教育内外部要素及其互动关系的梳理，再结合曾经发生的舆情热点事件，如果我们进行教育领域结构性矛盾预测研究，包括借力大数据分析系统，已经可以对哪些地方发生热点以及哪些外部事件催生热点的概率形成初步系统化的研判。推而广之，例如城市建设领域发展与拆迁的矛盾、卫生领域的医患矛盾、经济领域产业发展与环保之间的矛盾等，无不借着中国社会发展转型结构性矛盾的内生动力不断演化出新的舆情热点。

（三）结构性矛盾预测方法的逻辑

通过上述对结构性矛盾分析方法的解构，可以概括性地提炼出结构性矛盾预测方法的基本逻辑，具体包括以下三个方面。

一是把提升对矛盾的预判把握能力作为实现科学预测和合理应对的基本前提。预判性审视结构性矛盾的舆情工作治理观带给我们的第一个启示：舆情热点事件的产生是由社会生活领域或组织机构的内部要素运行决定的，只要这种结构内生矛盾动力强劲而未进入消解阶段，舆情是迟早要发生的，是不以我们的主观愿望为转移的，关键是其最终强度与其对社会民生的扰动到底能控制到什么程度。因此，面对结构性要素冲突内因很强的领域，任何管理者都不应存在侥幸心理，而是要把提升对矛盾的预判把握能力作为实现科学预测和合理应对的基本前提，例如由组织构成要素、运行机制不协调引发的矛盾，可以通过提前分析各要素构成、主要运行机制，并对其中可能存在的隐性矛盾提前开展排查工作，进行合理规避。

二是深入研究与该领域和机构结构性矛盾密切关联的时间节点。尽管舆情热点由内部的结构性矛盾决定有其必然性，但它的发生又是特定时间点看似偶然的外部事件导致一触即发的。这就意味着要想真正有效地预测舆情热点的发生，规避其演化为破坏性的舆情事件，就要深入研究与该领域和机构结构性矛盾密切关联的时间节点。例如，每年的高考季前后，但凡涉及招生名额分配、录取过程、高考判分标准等各类可能会出现的"偶然性"事件，几乎都会成为当地最能吸睛的话题，稍有不慎即可引发公众热议，成为重大的舆情热点事件。因此，如果能在结构性矛盾易爆发的"热点"时间节点之前做好应对方案，形成可能出现舆情触发点的多套预应性快速化解方案，舆情事件爆发的可能性无疑会大大降低。结构性矛盾通常都会有一定时段的稳态持续，而不是转瞬即逝的。例如，只有当我国的优质高等教育资源极大丰富，形成宽进严出、终身学习的培养体系，亦即结构性矛盾构成要素发生重大改变时，高考名额分配与录取，中小学的学区、择校与学区房乱象之类舆情热点才会真正趋缓或消失。

三是系统性加强对导致公众心态转化的规律性研判。舆论场对特定领域和机构的形象认知塑造以及由此对公众认知产生的影响，也是决定一个热点能否触发成为舆情事件的关键。公众对某一组织和机构的认知不是固定不变的，这种变化最终会影响到舆情热点能否触发，并关系在热点演化过程中公众最终的态度倾向。例如，在国际事务中我国与某国关系出现持续性的紧张，在这一过程中舆论场对其他国家的形象塑造就出现了新的变化，进而通过舆论场的媒介倾向及议程设置影响公众的认知转化。回顾近年来我国曾与法国、日本、韩国、美国等国家发生的阶段性关系紧张，以及由此而触发的涉及相关国家在华企业、配套经营伙伴、文化交流活动中的冲突性热点，就不难发现许多事件年复一年地发生，并且恰恰是在某个舆论场议程设置导致公众认知改变的时候触发了流行性舆情事件。因此，系统性加强对冲突的议程设置导致公众认知转化规律性的研判，也是支撑舆情治理早期预应能力的基础工作。

四　地方政府暴雷事件中的结构性矛盾分析
——以大方县拖欠教师工资事件为例

（一）舆情事件回顾

2020年9月初，贵州省毕节市大方县拖欠教师工资一事引发全国关注，国务院督查组根据线索举报通过明察暗访了解到截至2020年8月20日，大方县自 2015 年起拖欠教师绩效工资、生活补贴、"五险一金"等费用 47961 万元，挪用上级拨付的教育专项经费 34194 万元①。此外还发现，大方县以推进改革供销合作社名义，成立融资平台公司违规吸纳资金，变相强制教师存款入股。相关事件报道后，立即点燃舆情，有关大方县政府发展模式、拖欠教师工资、截留困难学生补助等多元讨论充斥舆论场。为此，笔者梳理了各方舆论关注焦点，主要集中在四个方面（见表 5）。

表 5 "大方县拖欠教师工资事件"舆论关注焦点统计

序号	舆论焦点话题	代表性观点
1	认为大方县拖欠薪资严重侵害了教师群体的合法权益，要求对相关责任人进行严惩	舆论认为，大方县把本该发给教师的薪资挪作他用，对教育专项资金动手脚，严重侵害了教师合法权益，性质严重、影响恶劣，让老师寒了心。这次教训也警示其他地方，教师权益和待遇不容"缩水"，对教师负责也是对孩子负责，更是对国家的未来负责
2	认为除了抨击和追责外，事件背后所折射的深层次问题更值得深思	舆论认为，在抨击和追责之余，此事所折射的一些深层次的问题，或许更值得思考。除了当地政府对教育的认识严重不足之外，如此大规模长时间拖欠教师工资也与发放机制不完善密切相关。该事件带来的警示作用，有必要适当改变教师工资发放机制
3	认为不应用单一的经济来衡量政绩，希望追查到底	舆论认为：如果地方官员真的存在贪污受贿的行为，按法严惩不贷；如果是因为地方经济问题而采取的节流措施，除了处理违法人员，更多的要想想这样的县城还有多少，怎么解决。这就是一个大问题，比贪污还要可怕。知乎网民"疾雨狂岚"认为，现在穷点的基层政府每到年底发绩效的时候就得贷款，这个都快要成为常识了
4	认为拖欠薪资系普遍现象，根本矛盾未得到有效解决	部分网民表示，拖欠教师工资的情况在当下很普遍，主要是根本矛盾没有得到解决，本质原因是当地政府债务过高，财政无钱。有网民透露出，2019 年的 13 个月工资、年终考核奖、绩效至今均未发到位，公积金拖欠，甚至医保卡里面已经没有余额，感冒去药店买点感冒药都刷不了医保卡

① 大方县拖欠教师工资事件，百度百科，https：//baike. baidu. com/item/% E5% A4% A7%
E6% 96% B9% E5% 8E% BF% E6% 8B% 96% E6% AC% A0% E6% 95% 99% E5% B8% 88%
E5% B7% A5% E8% B5% 84% E4% BA% 8B% E4% BB% B6/53538093？fr = aladdin，2020 年 9
月 6 日。

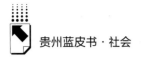

由表5可知：一是舆论认为大方县拖欠薪资严重侵害了教师群体的合法权益，要求对相关责任人进行严惩；二是舆论认为除了抨击和追责外，大方县事件背后所折射的深层次问题更值得深思；三是舆论认为不应再用单一的经济指标来衡量政绩，希望此事能够追查到底；四是舆论表示拖欠薪资系普遍现象，原因在于根本矛盾未得到有效解决。

分析发现，"大方县拖欠教师工资事件"中舆论在关注事件本身的教师薪资待遇问题外，对于政绩考核方式也提出质疑，认为不应用单一的经济增长作为考核指标，这种要求"显性"政绩成绩的考核方式，必然会在追求"面"的同时，忽视内部可能存在的隐性问题，在发展模式上带来诸如举债、融资等问题。

（二）大方县政府固有结构性矛盾分析

其实利用结构性矛盾分析方法不难看出，大方县政府这次的暴雷事件是有因可寻的。早在2020年5月，时任大方县县长陈萍在做政府工作报告时就表示，大方县财政"收不抵支"，资金短缺与发展需要之间矛盾较为突出。

从内部构成要素来看，大方县财政增收乏力、税收水平较低，财政依赖卖地收入。加之当地不具备资源禀赋优势，以土地资源来说，大方县土地资源以山地、坡地、丘陵为主，全县耕地面积1347.69平方千米，占全县土地总面积的38.5%。劳动力方面，当地为少数民族聚居区，全县共36个乡镇，居住着汉、彝、苗、白、仡佬等23个民族，语言及生活习俗问题对劳动力流通产生阻碍，不利于县域内部的人口流动。再者从大方县的使命与发展模式来看，作为贫困县带领当地人民脱贫成为该县政府的首要使命，但是内部构成要素又制约了当地发展模式的选择，经济发展仍旧依托于第一和第三产业发展。比如，依托养殖业的肉牛产业、依托种植业的辣椒产业以及近几年力推的"支部+合作社+贫困户"的集体发展模式等。基于这些现实因素，大方县在"脱贫"使命与发展手段之间产生了不可调和的矛盾。一方面"脱贫"任务迫切，另一方面发展模式脆弱，因此在经济下行的外部环境中两者之间的矛盾逐步凸显。

不管是迫于财政压力还是为了经济数据好看,当地政府铤而走险的做法只是一种于事无补的挽救措施,暴雷是早晚的事。从结构性矛盾分析方法的角度来看,也许在制定该县经济发展规划时,当地政府就应该清醒地分析出本地基础资源条件,并在日后的发展中"扬长避短",合理制定符合地方发展使命的规划。本次事件中大方县县长被停职检查,分管财政工作的副县长和分管教育工作的副县长也分别被免职,也许当地政府从一开始就能够认清形势,此次舆情危机事件便可以有效地避免或将影响降到最低。

五 贵州省下一阶段舆论态势预测

基于上述结构性矛盾预测方法的逻辑,结合贵州省 2020 年舆论热点态势现状,可以对未来一段时间贵州省舆论态势做出合理性的预判分析。

首先,从组织构成要素、运行机制不协调引发的矛盾来看,地方政府债务暴雷危机值得警惕。不仅是大方县政府的暴雷,2020 年 7 月网曝独山县负债 400 亿元同样引起轩然大波。根据审计署数据,2017 年贵州省债务率排名全国第一,2018 年虽有好转但是贵州省债务规模仍然全国排名第六,债务率超警戒线,部分地区隐性债务偿债压力较大。最新数据显示,2019年贵州省负债率(59.77%)仍排名全国第二,仅次于青海省(61.54%)。一味追求经济数据指标与实际负债率较高的矛盾为贵州省地方政府暴雷埋下隐患,一旦爆发必然引发舆论海啸。

其次,从历史特定时间节点来看,对于重大庆典活动、民间传统节日、特定教育相关时间、历史重大事件节点以及民族宗教活动日都需予以特别关注。尤其是贵州省是多民族聚居的省份,对于民族关系、宗教活动特殊节点应有准确的预判分析。此外,在例如中高考这类涉及面广泛、影响重大的节点,也需要对各类可能发生的突发情况提前做好部署。值得一提的是,2020年是全面建成小康社会的实现之年,2021 年是建党 100 周年,这些特定时间节点前后都是可能引发舆情热点事件的关键节点,需要各级政府提前做好

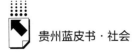

应对预案。

再次，警惕公众心态变化可能带来的极端社会影响。公众心态的变化一般受组织行为影响，组织价值观、运行机制的变化都可能引发社会心态的改变。在实际分析研判中，既需要关注整体公众心态变化带来的影响，也需要注意因组织价值观或运行机制调整引发部分群体利益受损带来的心态变化。例如，在"安顺公交坠湖事件"中，网传犯罪嫌疑人因不满拆迁分配问题报复社会酿下惨剧。政府为发展经济在城市极速建设扩张中产生的拆迁问题、环境问题都可能引发部分群体心态发生变化。此外，"突发灾害"事件由于关注热度高、影响范围广可能对公众心态产生重要影响。例如受新冠肺炎疫情影响，各地对于"后疫情时代"整体社会心态可能引发的焦虑、恐慌等情绪也需要特别予以关注。

最后，警惕外部事件触发可能成为引爆舆情的导火索。在上文中，我们分析了媒体在贵州省热点舆论领域的传播特点，其中客户端、微信、微博等媒介在省内热点传播过程中发挥了重要作用。正如数据所示，自媒体在舆论发酵过程中扮演了越来越重要的角色。有关部门在加强本地舆论管控与引导过程中，对于本地活跃的网络大V、社交媒体账号需要实时开展动态监测，防止不良媒体人为吸引流量出现"带节奏""炒作"等行为，引起舆论态势进一步扩散。

六 结论与建议

结合上文的分析，从结构性矛盾分析的角度来看，要做好舆情预测和治理，首先，必须安排有能力的团队沉下心来研究所在领域和机构里决定结构性矛盾的要素、机制和内外部条件，提炼梳理关键的时间节点，在日常管理工作中对这些时间节点给予高度关注并做好预案。其次，需留意舆论场对自身所在领域和机构的形象认知塑造，对发生的正负面形象漂移保持足够的敏感和警惕。在舆论场中，掌握媒体话语权的力量对于形象的解读和定性已经形成了比较系统的话语构建模式，如："体制式话语"，将偶发性事件和局部政策上小的失误上升为国家的体制性根本性问题；"恐怖式话语"，将对公众利益偶然的、可纠正的冒犯，扩大为蓄意而系统化的致命侵害等等。熟悉现有话语体系构建规律，总结新的变化模式，是当代各级政府和公共机构管理者在舆情治理实践中敏锐感知风险不可或缺的能力。

最后，要把握公众认知受外部刺激时的几种状态，切实提升应对能力。舆情热点最终引致大范围的强烈反应，通常是某一热点事件对公众的认知和感受产生了某种强度导流式的影响，从社会心理学的角度来看，比较常见的有利益受损、焦虑感和情感冲击三种。从防患于未然的角度，公共机构舆情治理能力系统化提升的根本，首先，要切实提升施政能力，维护好公众的切身利益。其次，在日常的媒体传播工作中，即时化解和控制公众焦虑，对于为了商业利益或特定目的制造公众焦虑的行为严加防范。对于情感冲击，则要求相关的行政机构和管理者能够提升同理心，保持谦卑姿态的同时与公众做好专业性的沟通疏导，以期通过早期预判和中期应对方案的成功实施，最终化解危机。

参考文献

张成福、李丹婷、李昊城：《政府架构与运行机制研究：经验与启示》，《中国行政管理》2010 年第 2 期。

《大方县拖欠教师工资事件》，百度百科，https：//baike. baidu. com/item/% E5% A4% A7% E6％96% B9% E5% 8E% BF% E6% 8B% 96% E6% AC% A0% E6% 95% 99% E5% B8% 88% E5% B7% A5% E8% B5% 84% E4% BA% 8B% E4% BB% B6/53538093? fr = aladdin，2020 年 9 月 6 日。

B.22
贵州新型城镇化与工业化协调
发展水平与对策分析*

陈其荣**

摘　要：　随着区域发展分化不断加剧，推进区域协调发展成为协同促
进区域增长的重要举措。城镇化是现代化的重要标志，与工
业化共生共荣、相互依存、共同发展，工业化是城镇化发展
的核心动力和加速器，城镇化是工业化的要素载体和必然结
果，城镇化与工业化的协调发展是经济发展的基本内涵，是
工业化的空间表现形式。本文选取贵州省2011～2019年城镇
化、工业化代表指标，定量分析"两化"协同发展水平，数
据显示，贵州城镇化水平明显超前工业化水平，基于贵州工
业化与城镇化的协调水平不高、经济发展方式初步转变、工
业化进程缓慢等现状，提出优化区域的空间合理布局、提升
区域城镇体系综合承载力、推动区域生态文明共建共赢等措
施，促进贵州工业化与城镇化深度融合和良性互动。

关键词：　区域协调　新型城镇化　工业化　协调水平　贵州

＊　本文系贵阳市2020年度哲学社会科学规划重点课题"加快推动贵阳贵安融合发展研究"的
　　阶段性研究成果。
＊＊　陈其荣，贵州省社会科学院城市经济研究所助理研究员，研究方向为产业经济、城市经济与
　　管理。

一 引言

目前，贵州新型城镇化已进入高质量与快速增长的叠加发展阶段，2019年常住人口城镇化率达49.02%，工业化率为27.1%，城镇化过度发展，城镇化率领先工业化率，处于非协调状态。更重要的是，贵州工业化、城镇化正面临着内部不合理和外部不协调的双重挑战和困境的叠加。一方面，省情决定贵州建设用地的碎片化，不仅增加了全省工业化和城镇化建设的成本，也在一定程度上制约了工业化和城镇化发展的拓展空间。另一方面，贵州是典型的内陆省份，山多地少，地均人口长期处于中高水平，土地承载力长期处于超载状态，加上石漠化过度垦殖等现象的叠加，人地矛盾日益加剧，对贵州生态环境系统的挑战较大。新时代区域协调发展背景下，坚持走中国特色新型工业化、新型城镇化，推进新型城镇化与工业化协调发展，成为解决协调发展过程中不协调、不持续、"城市病"等诸多矛盾和问题的必然选择。因此，以贵州为例，选择新型城镇化、新型工业化代表指标，衡量"两化"的协调发展水平，剖析"两化"协调的现状和发展基础，科学评价和把握贵州"两化"协调发展所处阶段，有助于完善相关措施、优化路径，加快推进城镇化与工业化协调发展，进而促进区域协调发展。

二 新型城镇化与工业协调发展的重要意义

（一）工业化为新型城镇化提供核心动力

工业化对城镇化的带动具有重要作用，工业生产的集中性和大规模性是生产力发展的客观要求，工业生产必然加速科技、创新、工人、技术、资金等向城镇集聚，为城镇化提供了核心的动力，推动城镇化高质量发展。[①] 进

---

① "工业化与城市化协调发展研究"课题组：《工业化与城市化关系的经济学分析》，《中国社会科学》2002年第2期，第44~55页。

入 21 世纪后，"科技兴国"是我国长期且一直坚持的重要战略，以科技创新在推动产业结构优化升级和调整中发挥了重要作用，近年来贵州大力发展新能源、高技术产业，取得了跨越式发展的初步成效，尤其是在大数据发展领域，在全国占领了领先的地位。其主要体现在以下四个方面。

第一，工业化提高城镇化发展的质量和效率。在工业化进程中，资源合理利用和环境质量的提升对科技进步和技术创新的依赖度明显增大，并通过资源成本内化到企业的生产活动中，促使企业在生产过程中追求技术的更新和资源使用效率的提高，大力发展资源节约和环境友好型产业，抑制高污染、高能耗产业的扩张，形成高度协作的共同劳动，促进工业化绿色发展，从而将环境污染的成本内化到企业的生产活动中，迫使企业寻求降低污染以减少成本的目的，有效提升新型城镇化发展的效率和质量。

第二，工业化有利于增进社会和谐和促进就业。工业化的高质量发展促使其从传统的灰色模式转变为绿色模式，促进新型绿色产业的发展，进而带来新的经济增长点，为社会提供新的就业岗位。目前随着高校毕业生人数逐年增加，人力资源规模日渐扩大，面对就业压力高居不下的形势，依托工业化实现绿色就业，大力投资绿色能源产业，不仅解决了社会就业岗位的空缺，还有效优化了我国产业结构，改变了就业结构，从而带来大量的就业机会，实现失业人口的转移，缓解因人口增长带来的就业压力问题。

第三，工业化有助于构建城市绿色产业体系。21 世纪全球环境与气候变化日益成为各组织和机构关注的焦点，工业化的发展应通过对传统产业改造，加快发展绿色农业和生态庄园，通过废物循环利用，采用清洁生产手段，培育新兴产业，构建绿色工业体系，重点发展现代物流业、绿色金融服务业，全力做大绿色服务业，以节能减排、促进资源高效利用为重点，加大节能环保监管力度，构建一批绿色产业体系，形成一批有规模的绿色企业和自主品牌。科技创新是绿色产业发展的重要支撑，贵州在积极推进绿色科技创新上取得了显著成果，并通过企业"走出去"战略，绿色产业逐渐向外扩展，有效扩大了科技创新的辐射效应。

第四，工业化是城市可持续发展的重要组成部分。工业化不仅能对自然资源进行更好的管理并提高资源利用效率，通过节约资源的方式来提高生产率，为区域可持续发展提供新的增长源，还有效降低经济增长导致的资源过度利用和环境破坏等负面效应，给区域可持续生产和消费模式提供了新的机会。贵州坚持走绿色工业化发展道路，不仅是守住发展和生态"两条底线"的重要举措，也是贵州转型发展的关键之举，防止环境恶化因跨越危机临界点而对增长造成负面影响。绿色工业化不仅增加了市场对贵州绿色科技、绿色商品、绿色金融、绿色服务的投资信心，还形成鼓励环保消费并开创出新的"绿色市场"，引领贵州绿色创新经济的蓬勃发展，推动绿色产业、绿色机制和绿色标准向全国和国际对标转移。综上，绿色工业化既是贵州实现可持续发展的战略举措，也是对贵州发展绿色经济、应对气候变化的积极贡献。

（二）新型城镇化为工业化提供要素载体

新型城镇化是经济增长的新动能，城镇化对工业化具有反向促进作用，有力推动工业化向深度和广度发展，新型城镇化为工业化提供了要素保障、发展前提和物质基础。一方面，城镇化发展适应工业大规模集中生产的需要，能够极大地推进工业和社会民生的发展。城镇化发展能够产生巨大的经济社会效益，带来人口集约、劳动集约、产业集约、土地集约、资金集约和技术集约，使生产各要素由分散无序状态向规模集约型转变，产生巨大的经济效益。同时，城镇化可为工业化提供高素质的生产者，城镇存在规模效益明显的市场，特别是城镇基础设施的加快完善为工业化生产带来规模效应，逐步提高了因工业化带来的产品生产和产品销售的趋利性，加上城镇交通网络化、便捷性和高效性，为工业化的技术进步、产品创新等提供了良好基础。另一方面，城镇化能有效提高劳动力素质和工作效率。城镇化所形成的人口集聚，汇集了熟练的劳工型人才、高技术型人才和综合管理型人才，不仅为工业化发展提供了最合理的组织和最有效的资源，而且工业化进程加速了城镇企业人员的创新和进步精神，提高劳动力素质和工作效率，切实提高了城镇居民为工业化发展贡献的力度和深度。

此外，城镇化有效增加市场需求的扩展和升级，优化城乡经济结构。城镇化的发展不仅消除了城乡消费和生活的断层，还从根源上将相当部分较低的农村消费需求转化为层次较高、规模较大的城镇消费需求，切实改变了原有的自给自足的消费方式，大幅度增加了有效购买力。随着城镇化进程的加快，不同层级城镇的建设规模将逐步扩大，建设性投资需求增加推动生产资料和生产要素市场的发展，创造市场的繁荣。因此，在这种互动环境下，城镇化能有效扩大需求规模，提升需求层次，创造新的需求，提供较大的投资空间，从而为工业化的深入发展创造条件。城镇化在快速发展的同时也进一步优化经济结构，伴随城镇化进程，劳动力在城乡之间、不同地区之间和不同部门之间进行合理流动，通过调整城市产业结构和就业结构，加快城镇的劳动力资源配置，有利于带动落后产业，发展先进制造业，尤其是服务业，进而优化经济结构，促进工业化发展进程。

（三）工业化和城镇化是双向相互促进的

城镇化与工业化之间实现双向互动是协调发展的基础和重要动力，表现在工业化通过拉动就业增加收入、改变土地利用的方式、调整产业空间布局等。城镇化也是工业化的载体和依托，为工业化提供人口变量，扩大城镇规模，通过提高要素的合理流动、产品的自由流通、资源的优化配置和信息的有效传播推动工业化发展，相互促进，相互依存。随着城镇化进程的推进，工业基地及园区相对集中布局和发展，有利于资源的循环利用，提高资源的使用效率，同时减少污染。

第一，工业化对城镇化具有强有力的推动作用。工业化是城镇化发展的动力源，城镇化发展的内涵是实现社会化、市场化的高质量高效益现代化，城镇和集镇也因农业、手工业和商业的分离而出现，城镇化过程是在推动集镇向更高层次的城镇模式转化，并加速农民向城镇居民的转化。[1] 工业化进

---

① 郭进、徐盈之：《城镇化与工业化协调发展：现实基础与水平测度》，《经济评论》2016 年第 4 期，第 39~49 页。

程不仅可以解决农业转移人口市民化后劳动价值的转化，合理引导其进入城镇企业发展，带动城镇化的向导和发动机，还在一定程度上加速集聚工业生产的资源、技术等集中和规模化，是生产力发展的客观要求，城镇有效集聚生产、人口、消费、财富等要素资源，为工业化发展集聚了基本动力。

第二，工业化为城镇化提供了生产要素保障。城镇是工业的主要空间载体，工业为城镇提供物质支持，城镇建设和发展都离不开工业的支撑，工业化的快速发展为城镇化提供了资本、物质和技术创新等生产要素，为城镇建设提供了坚强的资金支撑，有效提高了城镇居民收入。同理，工业化的发展也推动城镇企业的发展，为城镇化进程提供物质财富基础，为城镇的建设和管理提供技术支持，推动城镇知识、技术的集聚与扩散，大大加快了技术与管理的创新速度，为城镇发展提供了大量的专业技术及管理人才。

第三，城镇化对工业化具有明显的拉动作用。城镇化为工业化的发展提供了必要的载体和空间支撑，随着城镇规模的扩大，城镇发展质量为工业化发展提供了更多的市场和发展机遇，特别是为乡镇企业的发展提供了重要的支撑，如生产资料、消费资料等。城镇人口的集聚对工业和非农市场的需求扩大，并且城镇的集聚发展为工业化提供了更高管理水平、发展水平的综合平台和载体。新型城镇化与工业化的双向互动有效叠加了经济、社会和生态效应。

（四）协调发展是区域协同的必然选择

新型城镇化与工业化的协同互促是城市发展秩序的宏观体现。工业化是由传统农业为主的低效率产业体系转化为现代制造业和服务业为主导的高效率产业体系的过程，技术进步、产业结构和产业效率是重要的衡量标准。城镇化是由传统的农村社会向现代城市社会转型发展的过程，是一个由低收入群体为主的边缘型社会结构向中产阶级为主的现代社会结构转化的过程，衡量标准多以社会进步、城乡结构和居民收入等指标为主。因此，新时代区域协调发展背景下，加快推进人口向城镇集聚，产业结构向二、三产业集聚，加快人口和产业向更高阶层的转化升级，推动城镇化与工业化协调发展成为促进区域协同的必然选择。

工业化的核心是提高物质产品的生产能力，城镇化的核心是提高人的生活质量和创新能力。从短期和具体过程看来，物质产品的生产和资本累积是目标，城镇化是工业化发展的社会基础和手段，城镇化带来消费工业品能力的持续提高，使工业化过程得以高质高效延续，并累积着工业化结构升级必备的要素，有力并持续地提高劳动力素质，不断优化公共服务和公共空间，以及形成日趋完善的社会秩序。① 从长期和社会进步看来，工业化的进步和城镇化的发展有效缩小区域发展差距、城乡发展差距，逐步为满足人民美好生活提供重要保障。

我国城镇化的实践表明，常住人口城镇化进程明显快于户籍人口城镇化进程，在城乡人口集聚与分散双向"推拉"作用下，城乡人口结构逐步调整，城市尤其是非中心城市的市民化成本更低，对人口的吸引力提高，就近就地城镇化意愿上升，服务业就业吸纳优势凸显，人口流动家庭化趋势增强。② 城市经济学理论模型的实证表明，区域行政资源的过度集中一定程度上扭曲了城镇化的资源配置，导致大部分区域形成了多中心的竞争增长模式，不利于促进区域协同增长。为加快区域城市的协同发展，应打破城镇化与工业化的单向发展通道，推动区域产业差异化互补发展，提高区域竞争力。

三　贵州新型城镇化与工业化协调发展水平分析

自 2014 年以来，贵州着力实施城镇化带动主战略，加快工业强省战略的推进，突出"新型"和"山地特色"的城镇化发展内涵，着力推进大扶贫、大数据、大生态三大战略行动，为全省促进新型城镇化与工业化绿色高质量发展、融合发展奠定了坚实基础，全省"两化"协同也取得了显著成就。

① 张钰静：《我国城市化与工业化关系的经济学分析》，《现代经济信息》2016 年第 12 期，第 409 页。
② 王丽程、涂文明、曹邦英：《新型工业化与新型城镇化协调发展——四川省成都市圈层格局向多点多极转变的实证研究》，《商业经济研究》2016 年第 18 期，第 142～144 页。

（一）新型城镇化快速发展

1. 新型城镇化步伐加快，农业转移人口市民化成效突出

贵州始终按照规模适度、合理布局、特色鲜明和功能互补的原则，加快完善城镇体系，初步形成以黔中城市群为龙头、小城镇为骨干、农村新型社区为依托的山地特色空间格局。自"十二五"以来，贵州省常住人口从2010年的3479万人增长至2019年末的3622.95万人，增长了143.95万人，城镇人口从2010年的1176.3万人增长至2019年的1775.97万人，城镇人口规模净增约600万人，全省常住人口城镇化率由2015年的42%提高到2019年的49.02%，与全国常住人口城镇化率差距从2010年的16.14个百分点缩小为2019年的11.58个百分点，差距进一步缩小。

贵州在脱贫攻坚中冲破了"三个之最"（脱贫人口最多、脱贫面积最大、贫困程度最深）的困境，尤其是近十年来贵州全力推进以易地扶贫搬迁、产业扶贫等为主的脱贫攻坚工作，取得了突出的成就，同时农业转移人口市民化也取得显著成效。2015年以来，全省累计完成188万人口易地扶贫搬迁，约占全国易地扶贫搬迁总任务的1/5，通过易地扶贫搬迁从根本上解决了"一方水土难养一方人"的难题，选择在城镇、集镇、中心村等集中安置，有力有序实现了农业转移人口市民化，为贵州新增城镇人口奠定了基础。其中，城镇安置的易地扶贫搬迁人口占全省搬迁总人口的比重高达78.3%。脱贫攻坚取得显著进展，近6年来全省减少农村贫困人口约820万人，贫困发生率下降至4.3%，易地扶贫搬迁工程形成"六个坚持"① 和"五个体系"② 的根本遵循，在全省总共建设946个安置点45万多套易地扶贫搬迁住房，成功探索了城镇集中安置的贵州路径和贵州脱贫样本，让搬迁群众同等享受县城和周边城镇的良好基础设施、基本公共服务、社会保障

---

① 六个坚持：坚持省级统贷统还，坚持贫困自然村寨整体搬迁为主，坚持城镇化集中安置，坚持以县为单位集中建设，坚持不让贫困户因搬迁负债，坚持以岗定搬以产定搬。

② 五个体系：创新抓好基层党建体系、基本公共服务体系、培训和就业服务体系、文化服务体系、社区治理体系。

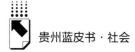

等，高质量完成农业转移人口市民化，并为其就业创业打开了更大的空间，提升了山地特色城镇化质量。

2. 优化城镇空间布局，加快城乡融合发展步伐

贵州初步构建和培育了中心都市圈、次中心都市圈、区域中心城市、重点小城镇、农村新型社区五级城镇体系。积极壮大以贵阳和贵安都市圈为主的中心都市圈；努力做强贵阳–遵义、贵阳–安顺等次级中心都市圈，加快两者相互交融发展；培育各地市（州）政府驻地中心城市为主的区域中心城市，有效承接中心城市和次级都市圈的发展；着力推进全省100个示范小城镇和重点城镇发展，奋力发展优势产业、完善基础设施，不断增强辐射带动力；按照统筹规划、合理布局、集约建设的要求，科学规划建设易地扶贫搬迁安置社区946个，推进农业转移人口市民化。此外，全省示范小城镇和美丽乡村建设成效显著，就近就地城镇化工作取得了长足发展，通过建立联席会议制度、政策体系、"8＋X"项目库、专项资金和绩效考评等工作机制，创新推进小城镇机构、扩权、土地、产业、金融、人才等方面的改革。

在加快城乡融合发展进程中，紧紧围绕交通枢纽型、旅游景观型、绿色产业型、工矿园区型、商贸集散型、移民安置型等类型制定全省100个示范小城镇产业发展指引，促进传统产业生态化、特色产业规模化、新兴产业高端化发展，极大地改善了小城镇的基础设施和公共服务设施，增强了小城镇对人口的综合承载能力，并初步建立了示范小城镇的污水处理、垃圾转运系统，示范小城镇全面小康统计监测指标体系，有力地带动了小城镇项目投资、固定资产投资，夯实了小城镇发展基础。同时，大力推进"四在农家·美丽乡村"建设，发展新型农村社区，乡村人居环境显著提升。2016~2018年累计投入9000万元，打造234个示范点，按照产业带动、乡村旅游、生态文明、民族特色等原则，结合各地实际情况发展新型农村社区，并在全省1.36万个行政村和30户以上自然村寨实现村庄规划编制全覆盖，加强农村危房改造和传统村落保护，切实推动城乡产业融合发展。

此外，贵州还创新探索了"1＋N"镇村联动发展模式，推行中心小城镇带动多个美丽乡村建设的"1＋N"镇村联动模式，实施以镇带村、以村

促镇、镇村互动，实现镇村"联规、联动、联建、联美、联富、联强、联享"。通过镇村联动发展推动基础设施、公共服务、商业服务设施向乡村延伸，促进公共服务均等化，自 2015 年实施了 1 个示范小城镇带动多个美丽乡村建设的"1+N"工程以来，目前贵州省 100 个示范小城镇"镇村联动"覆盖率达到 84.42%，镇村联动示范点人居环境得到极大改善，有效带动了农业转移人口就近就地城镇化，加快推进城乡融合发展步伐。

（二）新型工业化稳步推进

"十三五"期间，贵州省大力实施工业强省战略，持续加大工业投资，全省工业新投产项目和技改项目快速推进。2016~2019 年，全省工业投资额年均增长 15.3%，其中，2020 年前三季度同步增长 13.1%，而全国同比下降 3.3%。整体表现在投资规模逐年扩大，增长较快。近年来，贵州工业生产范围扩宽，生产规模扩大，生产线改进升级，体现在重点产业生产能力大幅提升，全省特色和主要工业产品产量有所增长，如能源汽车制造、太阳能发电、吉他制造、口罩生产等行业快速成长，行业覆盖面继续加大，持续补充完善全省工业产业链。[①]

1. 轻重产业结构完善，制造业份额增大

近年来，全省大力推进白酒、茶叶、烟草、医药制造、特色食品"五大"重点产业特色化、集约化、规模化发展，全省规模以上轻工业占比逐年提高。2019 年，全省规模以上轻工业增加值占全省规模以上工业比重为 47.2%，较 2015 年提高 8.5 个百分点，2020 年前三季度，轻工业占比达 50.6%，首次超过重工业。由于轻工业快速发展，制造业增加值在全省规模以上工业的比重也逐年提高。2019 年，全省规模以上制造业增加值占比为 71.9%，较 2015 年提高 5.5 个百分点，2020 年前三季度占比高达 73.4%。

---

① 贵州省统计局：《"十三五"贵州工业砥砺前行、成绩斐然》，贵州省统计局官网，http://stjj.guizhou.gov.cn/tjsj_35719/tjfx_35729/202011/t20201120_65324102.html，2020 年 11 月 20 日。

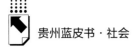

2. 传统行业稳健运行，特色产业快速发展

第一，贵州传统行业中，酒饮料行业自主地位突出。自2015年以来，酒饮料产业长期占据全省第一大工业产业地位，且增加值占全省规模以上工业比重逐年攀升，从2015年的20.2%提高到2019年的28.8%，2020年前三季度占比已超过30%。2016~2019年酒饮料行业增加值连续4年保持两位数增长，年均增长14.6%，增速高位运行，利润总额、税金总额连续4年实现两位数增长，年均分别增长25.9%和27.9%。

第二，烟草行业继续保持平稳生产。"十三五"期间，全省卷烟制造业调整产品结构，产品附加值提升。烟草制造业增加值占全省规模以上工业比重稳定在8%左右，增加值从2015年同比下降2.3%提高到2019年同比增长6.8%，2016~2019年增加值年均增长1.8%，2020年前三季度增长5.9%。

第三，煤电联动，新能源高速发展。贵州加快调整能源结构，建立煤电联动机制，促进煤炭开采和电力行业协同发展，提高能源安全保障水平。2016~2019年，煤炭开采增加值占全省规模以上工业增加值比重为15%左右，年均增长4.7%，2020年前三季度同比增长3.9%；电力行业占比约为11%，年均增长10.6%，2020年前三季度同比下降0.5%，其中，水电、风电、太阳能等清洁能源装机容量快速提升，2019年装机容量分别为2223万千瓦、457万千瓦、510万千瓦，水电、风电分别比2015年提高21.6%、41.5%，太阳能增长约170倍。

第四，特色食品加速转变。"十三五"期间，全省紧紧围绕蔬菜、辣椒等十二大特色产业深入推进农村产业革命，积极贯彻落实产业扶贫政策，推动农副产品精深加工促进产业发展。一方面，企业数明显增多，2019年农副食品和食品加工业企业达487家，占全省规模以上工业比重为9.2%，比2015年增加139家，占比提高0.8个百分点；另一方面，带动就业人数增多，尤其在2020年遭遇疫情后企业普遍减少用人压缩成本，前三季度全省规模以上工业平均用工人数同比下降4.0%，而农副食品和食品加工业逆势增长1.9%和6.0%，实现了"保就业""增就业"。

3. 集聚集约，园区经济蓬勃发展

园区规模逐年扩大，集聚度较高。全省大力支持和鼓励产业园区快速发展，促进产业园区上下游企业联动发展，形成集聚效应，降低产业链成本，提高全省产业竞争力。2019 年，全省 102 个工业产业园集中了 4092 家规模以上工业企业，占全省规模以上工业企业的 77.6%，企业数比 2015 年增加 1664 家，比重提高 19.0 个百分点；年产值为 8748 亿元，占全省规模以上工业企业的 80.2%，产值比 2015 年增加 1486 亿元，比重提高 14.2 个百分点。随着园区的聚集发展，工业企业总量普遍扩大，全省 10 亿级企业增加，规模扩大且抗风险能力提高。2019 年以来，全省产值 10 亿元以上的企业 139 家，比 2015 年增加 10 家。其中，全省百亿级工业企业达 6 家。

此外，全省工业企业秉承绿色发展理念，节能减排效果凸显。全省加大力度，综合运用经济、法律、技术等方式推动节能减排工作，明确责任主体，加强考核体系建设，加强节能减排市场化机制推广力度，把节能转化为企业内在要求，促进经济绿色循环低碳发展。一方面，能源消耗降低，2016~2019 年全省规模以上工业万元增加值能耗连续 4 年下降，2019 年同比下降 3.4%；2019 年全省规模以上工业企业用水量 6.77 亿立方米，同比减少 3.1%，在全省经济保持稳定增长的同时用水量小幅下降，用水效率提高，节能效能开始凸显。另一方面，2019 年焦炭、水泥、钢材等产品综合能耗分别为 120.1 千克标准煤/吨、105.6 千克标准煤/吨、436.6 千克标准煤/吨，分别比 2015 年下降 23.1%、4.5% 和 17.4%，工业产品单品能耗下降。

（三）新型城镇化与工业化协调关系评价

根据国际评价标准，工业化和城镇化协调关系的评定，常采用钱纳里标准值法和 IU、NU 比为 0.5 和 1.2 的国际标准值法。当 IU 比越来越接近 0.5，NU 比越来越接近 1.2，工业化和城镇化的协调水平越高。[1]

---

① 段禄峰、张沛：《我国城镇化与工业化协调发展问题研究》，《城市发展研究》2009 年第 7 期，第 12~17 页。

依据钱纳里模型，当人均 GDP 达到 1000 美元时，城镇化率领先工业化率近 30 个百分点，人均 GDP 与城镇化率的预测值见表 1。[①] 2019 年贵州省人均 GDP 为 46433 元，按照人民币兑换美元中间价 6.8985 计算折合 6730.88 美元，贵州经济水平已达到工业化后期阶段标准。对照表 2 来看[②]，贵州省城镇化率应介于 60%～80%，现阶段全省 49.02% 的城镇化率较标准值之间存在较大差距，并且城镇化率低于工业化率 5.2 个百分点。

表 1　钱纳里标准型式中不同收入水平上的城镇化预测值

人均国民生产总值（1964 年美元不变价）（美元）	100	200	300	400	500	800	1000
城镇人口比重（%）	22.0	36.2	43.9	49.0	52.7	60.1	63.4

表 2　城镇化与工业化的对应阶段

城镇化率	城镇化阶段	工业化阶段
10%～30%	非城镇化	初期阶段
30%～60%	基本城镇化	中期阶段
60%～80%	高速城镇化	后期阶段
80% 及以上	高度城镇化	后工业化阶段

在 IU、NU 比为 0.5 和 1.2 的国际标准值法中，I 代表第二产业就业人员占比，N 代表第二、第三产业就业人员之和占比，U 为城镇人口占总人口的比重，即城镇化率，IU 比是指劳动力工业化率与城镇化率的比值，NU 比是指劳动力非农化率与城镇化率的比值。其衡量工业化与城镇化之间的关系见表 3。

---

① 李国平：《我国工业化与城镇化的协调关系分析与评估》，《地域研究与开发》2008 年第 5 期，第 6～11 页。

② 汪浪、曹卫东：《近 10 年我国城镇化与工业化协调发展研究》，《科学决策》2014 年第 2 期，第 21～32 页。

表3　工业化与城镇化的协调关系

IU 指标值	NU 指标值	工业化与城镇化协调程度
大于0.5	大于1.2	城镇化滞后
趋于0.5	趋于1.2	比较协调
小于0.5	小于1.2	城镇化超前

根据贵州2011~2019年城镇化率和按三次产业分全社会从业人员的基础数据进行统计测算，结果见表4。

表4　2011~2019年贵州省城镇化与工业化协调现状指标

年份	U(%)	I(%)	N(%)	IU	NU
2011	34.96	12.04	33.38	0.34	0.95
2012	36.41	13.04	34.88	0.36	0.96
2013	37.83	14.18	36.72	0.37	0.97
2014	40.01	15.26	38.68	0.38	0.97
2015	42.01	16.18	40.33	0.39	0.96
2016	44.15	17.16	42.79	0.39	0.97
2017	46.02	18.09	44.45	0.39	0.97
2018	48.35	18.42	46.17	0.38	0.95
2019	49.32	18.35	47.55	0.37	0.96

表4数据显示，2011年以来贵州省城镇化快于工业化发展步伐，一直处于超前的状态，与贵州实施城镇化带动主战略保持一致，也侧面凸显了贵州在实施新型城镇化战略中的带动作用，加速带动区域经济发展，进而促进工业化的发展，但工业化对城镇化的推动作用还不明显，工业化率整体还偏低，工业化与城镇化发展并不协调。IU小于0.5、NU小于1.2，表明全省城镇化发展步伐较快，工业化发展滞后于城镇化。

（四）贵州城镇化和工业化协调发展面临的问题

1. 基于劳动力工业化率与城镇化率比值的分析

从表4中贵州城镇化率及IU的演变趋势来看，全省城镇化与工业化发展可初步分为两个阶段。第一阶段为2011~2017年，城镇化处于初级阶段到快速发展阶段的过渡期，初期的 IU 为 0.34，远低于 0.5 标准值，表明该时期全省城镇化刚迈入城镇化前期阶段，工业化进入中期阶段，城镇化明显滞后于工业化水平。第二阶段为 2018～2019 年，随着贵州实施城镇化带动战略，城镇化进程加快推进，全省 IU 值同比 2016 年、2017 年小幅下降，凸显了贵州城镇化的超前发展现状。根据贵州的工业化发展来看，2018 年贵州提出"来一场振兴农村经济的深刻产业革命"，全省积极探索以农业结构调整为主线，加快发展特色优势山地农业，大量资金、技术、人才等纷纷投向乡村，城镇化带动城乡融合发展的步伐稳步推进，城镇化发展速度超前于工业化。但就全省整体发展的趋势和演变规律来看，贵州新型城镇化与工业化协调发展水平还有待进一步深化。

2. 基于劳动力非农就业率与城镇化率比值的分析

表 4 数据显示，2011～2019 年贵州省城镇化率与 NU 比值可分为两个阶段。第一阶段即 2011～2017 年，贵州省劳动力非农就业率与城镇化率比值小于 1.2，且呈现稳步上升的态势，表明城镇化超前与工业化。第二阶段即 2018～2019 年，NU 比值先下降后上升，比值有所跳跃，反映城镇化与工业化协调水平处于波动状态，在不断变化中逐步趋于协调，其中 2019 年 NU 比值为 0.96，明显低于 1.2，表现为城镇化明显超前于工业化水平。就贵州近年发展而言，2018～2019 年贵州在推进脱贫攻坚中大力实施易地扶贫搬迁工程，农业转移人口向城镇集聚力度大，城镇常住人口基数稳步增大，工业化发展稳步推进，但整体来看城镇化发展进程明显快于工业化进程。贵州工业化发展进程较慢，加上全省实施城镇化带动战略，工业化发展滞后于城镇化，但同时，贵州劳动力非农化率逐步提升，因此工业化滞后程度不断减弱。

四 区域协调下贵州新型城镇化与工业化协调发展的问题

（一）城市群空间体系不健全、辐射带动力较弱

黔中城市群核心经济圈引领不强，现阶段经济总量小，增长质量和效益

不高，同周边省会（中心）城市的综合实力相比，城市群还处于以集聚为主的发展阶段，对城市群发展辐射带动力不足。都市圈集聚缓慢，贵阳－贵安都市圈在全国仍处于中等水平，且总体质量不高，与周边城镇的经济联系度不高，导致区域支撑能力较低，弱化了区域城市的发展竞争力，还未达到带动地级市（州）的发展能级，对城市群的支撑力度偏低。

（二）城镇间职能分工不明确、产业结构不合理

全省重点城市的经济发展水平差距较大，贵阳作为贵州的火车头，GDP在全省的占比不高，遵义的经济总量位居全省第二，GDP占全省总量份额与贵阳差距较小，其余安顺、都匀、凯里等节点城市在黔中城市群中相对较小，经济水平的差距制约了黔中城市的协同发展，显著的经济差异减少了城市间的经济互动性。同时，城市之间的主导产业呈现趋同，一方面是城市地理位置相似和资源禀赋相似，另一方面是城市的战略规划和产业规划中延续传统产业的主导地位，导致城市产业在空间上难以形成互补格局，还未形成一种"竞争－合作"关系，难以寻求有效的合作。加上产业结构层次整体偏低，一、二、三产业结构分布不够合理。

（三）区域间协同机制不健全，体制机制不灵活

贵阳－贵安都市圈还未建立较为完善的同城化机制，目前，除生态环境共保共治方面有部分协同措施外，在组织协调、产业协作、交通协同、服务共享等方面缺乏协调机制。区域城市之间还存在不同程度的行政壁垒，体制机制创新能力还较低，导致信息共享、沟通协调、产业协同、生态共治等方面存在一定障碍，机制不够灵活。都市圈内跨行政边界缺乏相应协调机制和执行保障措施，导致都市圈内存在大量的交通瓶颈、产业瓶颈、组织瓶颈和服务瓶颈，城市之间在公共服务设施等方面仍存在重复建设、布局不合理、产业同质化、市场秩序乱等现象，加剧了城市的恶性竞争，表现为都市圈内的资本、技术、人才、产业等要素的流动不顺畅，城市的产业发展体系和产业分工合作机制不够合理。

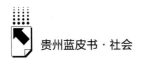

五 区域协调下贵州新型城镇化与 工业化协调发展的建议

（一）合理优化区域产业的空间布局

城镇化的本质是农村劳动力向城市转移的过程，而工业化是其主要的推动力，工业化带来产业结构的变化就是城镇化的就业结构的变化，直接影响城镇化的产业空间布局。因此，面对贵州新型城镇化质量不高，农业转移人口难以有效融入城镇生活，尤其体现在现阶段产业就业支撑不足，基础配套不完善，并且面向外出务工人群、职业技能培训人群、入黔旅游人群、农村留守人群等多元化的市场需求供给不足，加上易地扶贫搬迁群众普遍面临的就业能力弱和就业机会少的困境，贵州应加快优化区域产业的空间布局，通过产业体系有效引导区域产业高质量发展，增强产业经济的发展动能，提高城镇化就业支撑和吸纳能力，减弱贵州人口外流的趋势，缓解人口流出现象。

此外，逐步优化产业结构，以解决发展层次偏低、产业配套体系不完善、转型升级任务艰巨等难题。重点在通过优化产业结构降低贵州烟酒煤电等传统产业市场占比份额，提高装备制造业、加工业、电子产业等就业吸纳能力较强的产业，突出就业拉动经济增长的重要性，不断夯实产业发展基础，完善产业体系的配套工程，形成产业链较为完备的产业集群，合理布局相关产业结构，促进产业精细化发展，提高全省产业的创新能力和协作能力，增强贵州产业尤其是新兴战略产业的发展基础、产业规模和核心竞争力，增强贵州大中小城市和小城镇的产业经济发展动力，提高贵州对剩余劳动力的就业吸纳能力，以此助推城镇化与工业化的协调发展。

（二）提升区域城镇体系综合承载力

贵州整体上城镇体系还不够完善，综合承载能力总体偏低，面临着结构性失调的风险。省会贵阳作为全省和黔中城市群的火车头，综合实力和辐射带动能力偏低，城市综合实力仍较弱，首位度较低（25%），尚处于集聚为主的城镇化发展阶段，辐射效应不明显。市（州）中心城市规模整体偏小，中等城市数量较小，集聚作用和辐射能力有限，全省Ⅱ类小城市仅有毕节、六盘水和安顺3个城市，区域中心城市间的城际铁路、快速路等互联互通仍需进一步加密和完善，一些区域性次级中心城市还未切实发挥好其承载功能和吸附作用。贵阳作为贵州省的中心城市，经过近年的发展，贵阳城市发展空间逐步受限，开始呈现交通拥堵、设施紧缺、资源不足、环境危机等"城市病"，停车难、上学难、看病难、人口密度大、基础设施反复建设、城市特色不显著等难题，一定程度上导致中心城市内部公共服务设施分布不均衡，集中区和外围组团供应不协调，导致城镇化与工业化步调不协调、产城失调、职住失衡、低效开发、集散不均、品质不高等突出问题，形成需求和动力空间的不匹配。

整体看来，中小城市和小城镇规模体量小，县城常住人口规模差异大。产业人口集聚度偏低，综合承载力较弱。加上小城镇在统筹资源、资金、技术、人才等发展要素上能力有限，弱化了小城镇发展的内生动能，以致产业支撑力和综合承载力较为薄弱，基础设施不够完善，产业特色化发展不足，工业化发展水平较低。当前，贵州应做强贵阳贵安都市圈，提高贵阳－遵义和贵阳－贵安－安顺都市圈的综合承载能力，通过强化黔中城市群的空间集约利用、产业创新能力、基础设施建设等均衡发展，提高都市圈的发展水平、中心城市贡献度、都市圈联系强度、都市圈同城化机制等质量，加快形成协同发展格局和构建协同机制，提高产业创新能力和对外开放程度。壮大区域性中心城市和小城镇等为主的城镇化载体的综合承载能力，培育新型社区承载新基点，通过提升五级城镇体系的动能和承载能力，有效带动城镇化高质量发展。

（三）推进区域生态文明的共建共赢

生态文明是人类对传统文明形态，特别是工业文明进行深刻反思的成果，是遵循人与自然和谐发展规律，推进社会、经济和文化发展取得的物质和精神成果的总和。生态优先的生态价值观有助于提升绿色城镇化发展的软实力，提升生态文明制度建设的软实力，促进生态文明的持续发展和进步，为绿色城镇化发展提供保障。贵州在积极推进国家生态文明试验区建设中，新型城镇化与工业化的协调发展成为缩小城乡生态差距的重要举措，高质量城镇化和工业化是生态文明建设的发力点，是提高生态环境系统涵养能力的重要抓手。因此，要坚持经济绿色发展的质量和效益，注重调整经济结构和把握经济绿色发展方向，推动城镇建设和产业发展实现深度融合，进而促进贵州新型城镇化与工业化协调发展。

随着城镇化规模的不断扩大，城镇人口集聚增加，对资源的需求不断加大，人与自然的关系愈加紧张。贵州始终牢牢守住发展和生态"两条底线"，坚定保护生态环境就是保护生产力、改善环境就是发展生产力的原则，将生态文明理念融入绿色城镇化、绿色工业化的各个领域，实现区域生态文明的共建共赢。积极打通投融资渠道，引导社会资金参与生态文明建设，逐步完善环境政策，创新管理体制机制，在城镇化与工业化协调发展中构建和谐统一的生态文明体系，加快推进生态文明建设，缓解生态承载压力，为城镇化和工业化的可持续发展提供有力保证和强力支持，推进城镇化和工业化向更高阶层发展。同时，建立以生态文明为理念、以绿色生活为导向、以市场为基础、以政府为引导、以企业为主体的全民参与的城镇化与工业化建设机制，强化全民的大生态观，形成全民参与可持续发展的城镇化建设和工业化发展的良性循环格局。最后，大力促进企业绿色转型，推动产业创新，开创可持续发展的新模式，鼓励企业绿色转型，加大研发投入力度，采用先进的绿色技术实行绿色生产和高效生产，以科技带动节能减排和促进就业，通过不断优化城市空间布局，统筹规划城镇建设，建设紧凑、生态、高效的产业区，强化产业支撑，增强城镇化的发展动力，有效促进区域产业的联动发展，促进城镇化与工业化实现绿色、协调、可持续发展。

参考文献

徐绍史、胡祖才：《国家新型城镇化报告》，中国计划出版社，2016。

姜爱林：《城镇化与工业化互动关系研究》，《财贸研究》2004 年第 3 期。

"工业化与城市化协调发展研究"课题组：《工业化与城市化关系的经济学分析》，《中国社会科学》2002 年第 2 期。

郭进、徐盈之：《城镇化与工业化协调发展：现实基础与水平测度》，《经济评论》2016 年第 4 期。

张钰静：《我国城市化与工业化关系的经济学分析》，《现代经济信息》2016 年第 12 期。

王丽程、涂文明、曹邦英：《新型工业化与新型城镇化协调发展——四川省成都市圈层格局向多点多极转变的实证研究》，《商业经济研究》2016 年第 18 期。

贵州省统计局：《"十三五"贵州工业砥砺前行、成绩斐然》，贵州省统计局官网，http：//stjj. guizhou. gov. cn/tjsj_ 35719/tjfx_ 35729/202011/t20201120_ 65324102. html，2020 年 11 月 20 日。

李国平：《我国工业化与城镇化的协调关系分析与评估》，《地域研究与开发》2008 年第 5 期。

段禄峰、张沛：《我国城镇化与工业化协调发展问题研究》，《城市发展研究》2009 年第 16 期。

汪浪、曹卫东：《近 10 年我国城镇化与工业化协调发展研究》，《科学决策》2014 年第 2 期。

B.23
"十四五"时期贵州省医疗保障制度的
发展方向与重点任务[*]

王亚奇　程　华　董亭亭[**]

摘　要：　贵州省医改十余年来相继出台了一系列政策性文件，在"十三五"规划实施期间取得了良好的成效，为完善医疗保障制度、建立医疗保障体系奠定了坚实的基础。"十四五"应是医疗保障制度走向完善和成熟的关键时期，本文主要梳理贵州省"十三五"时期在医疗保障方面的做法和成效，进一步探析可能影响"十四五"时期医疗保障制度发展的内外部因素，提出完善医药服务供给、优化现行制度安排、构建多层次医保体系，将是贵州省"十四五"期间亟须完成的重要任务。

关键词：　贵州　"十四五"　医疗保障　制度改革

党的十九大报告提出"我国经济已由高速增长阶段转向高质量发展阶段"，医疗保障制度作为中国特色社会主义制度的组成部分，医疗保障需要实现高质量发展。医疗保障的高质量发展是新时代中国医疗保障改革的必然

---

*　本文系贵州省教育厅高校人文社科青年项目"贵州省医疗救助脱贫'2+1'路径研究"（项目编号：2018QN36）。

**　王亚奇，遵义师范学院讲师，贵州民族大学社会学博士研究生，研究方向为民族地区社会工作；程华，贵州大学硕士研究生，研究方向为社会工作；董亭亭，贵州民族大学硕士研究生，研究方向为社会工作。

趋势和发展方向，要坚持以人民健康为中心的发展思想，全面建成中国特色医疗保障体系，奋力推进中国医疗保障高质量发展，不断增强人民的幸福感、安全感和获得感。[①] 2020 年中共中央、国务院出台《关于深化医疗保障制度改革的意见》[②]，从最高层面描绘了新时代中国医疗保障事业发展的蓝图，明确提出"要完善公平适度的待遇保障机制，协同推进医药服务供给侧改革，增强医药服务的可及性。健全全科和专科医疗服务分工合作的现代医疗服务体系，强化基层全科医疗服务。加强区域医疗服务能力评估，合理规划各类医疗资源布局，促进资源共享利用"。贵州省医药卫生体制改革十余年来，着力完善医疗保障制度，构建优质高效的医疗卫生服务体系，在顶层设计、体制优化及制度建设等层面取得了一定成效。但聚焦医疗保障制度现状，贵州省基本医疗保险制度的缺陷逐渐显现，医疗保障制度还不够成熟，亟待进一步完善，商业保险和慈善医疗发展滞后，未能完全建立起多层次的医疗保障体系，城乡医疗资源分布不均的现象仍然存在。这种状况亟待改变，也是未来贵州省医疗保障制度发展和完善的主要目标与方向。本文旨在通过对贵州省医疗保障现行制度进行分析，进而探讨其未来可能的发展思路和方向，为"十四五"时期贵州省医疗保障制度的发展提供参考。

一 "十三五"时期贵州省医疗保障
制度奠定的坚实基础

经过 20 多年的探索，我国的医疗保障体系框架已基本建立，即以权利义务相结合的社会医疗保险为主体、以政府负责的医疗救助和市场提供的商业健康保险等为辅助的医疗保障体系。贵州省医疗保障体系主要以社会医疗保险和政府负责的医疗救助为主，商业保险与慈善医疗发展较为滞后。截至2020 年 11 月，贵州省基本医疗保险参保人数共 4205.30 万人（包括职工基

---

① 王东进：《奋力推进中国医保高质量发展》，《中国医疗保险》2019 年第 5 期，第 1~4 页。

② 《关于深化医疗保障制度改革的意见》，中华人民共和国中央人民政府网，http://www.gov.cn/zhengce/2020-03/05/content_5487407.htm，2020 年 2 月 25 日。

本医疗保险和城乡居民基本医疗保险），享受待遇人数 2173.75 万人，全民医保目标基本实现。[①] 2018 年全省居民期望寿命 74.19 岁，提前完成《贵州省"十三五"基本公共服务体系规划》中人均预期寿命提高到 73.5 岁的任务目标，医疗保障制度的发展和覆盖，使人民群众的医疗服务需求得到基本满足，全民健康水平不断提升。"十三五"期间贵州省医疗保障制度的不断完善和发展，为"十四五"期间的医疗保障发展规划奠定了良好的基础。

（一）较为完善的顶层设计

科学的顶层设计至关重要，中央层级制定的方案是我国医疗保障制度走向基本成熟的关键，地方也往往是结合本地发展实际和中央政策与指导思想来制定医疗保障制度的发展走向和思路。2020 年 2 月，中共中央、国务院正式发布《关于深化医疗保障制度改革的意见》（以下简称《意见》）[②]，这是新时代全面深化我国医疗保障制度改革的纲领性文件。《意见》明确提出了"十四五"时期的阶段目标，即医疗保障制度更加成熟定型，基本完成待遇保障、筹资运行、医保支付、基金监管等重要机制和医药服务供给、医保管理服务等关键领域的改革任务。从完善公平适度的待遇保障机制、健全稳健可持续的筹资运行机制、建立管用高效的医保支付机制、健全严密有力的基金监管机制、协同推进医药服务供给侧改革、优化医疗保障公共管理服务等方面，系统详细地阐明了深化改革的具体目标任务和行动纲领，为我国医疗保障制度的发展与改革指明了方向和思路。中共中央对制定"十四五"规划的目标建议中指出：要全面建设健康中国，推进优质医疗资源扩容，均衡区域布局；加强公立医院建设和管理考核，促进分级诊疗体系建设，坚持中西医并重，大力发展中医药事业；健全重大疾病医疗保险和救助制度，积

---

① 《2020 年 11 月贵州省医疗、生育保险运行情况》，贵州省医疗保障局官网，http://ylbzj.guizhou.gov.cn/zwgk/xxgkml/zdlyxx/tjxx/202012/t20201209_65537783.html，2020 年 12 月 9 日。

② 《关于深化医疗保障制度改革的意见》，中华人民共和国中央人民政府网，http://www.gov.cn/zhengce/2020-03/05/content_5487407.htm，2020 年 2 月 25 日。

极发展商业保险，等等。《意见》实质上是我国医疗保障制度走向成熟、定型发展阶段的顶层设计，而中共中央对"十四五"规划的目标建议则是对国家医疗保障事业未来发展的一个期许和目标，结合贵州省医疗保障制度发展的现实状况，两者都为医疗保障"十四五"规划提供了基本依据。

（二）医院管理体制的优化

公立医院的功能定位、权责关系和管理体制，对医疗资源分布、医药服务供给和医疗保障体系构建都具有重要影响和深远意义。为了落实政府的办医职责和各级公立医院的功能定位，明晰政府与医院的权责关系，贵州省积极推进现代医院管理制度建设，优化医院管理体制，进一步明确了公立医院治理体系。将全省382所公立医院和妇幼保健机构、专科疾病防治机构全部取消药品加成，结束了实行60余年的药品加成政策，以公益性为导向的运行机制平稳转换，逐步建立起维护公益性、调动积极性、保障可持续的运行新机制。积极推进医疗服务价格改革，将原有的服务收费、药品加成和政府补助三个公立医院补偿渠道，改为服务收费和政府补助两个公立医院补偿渠道，使医疗机构能够更好地回归其公益性与社会性，帮助人民群众更好地接受医疗服务，满足其基本医疗需求。医院管理体制的优化，是完善贵州省医疗保障体系、促进医疗服务发展、推动医疗服务价格改革和分级诊疗机制形成的重要举措，为"十四五"时期推动全省医疗制度改革全面走向深化进而实现基本成熟奠定了基础。

（三）相关制度改革建设的发展

贵州省医疗保障经过不断发展，陆续出台了一系列保障政策及措施，推动医疗保障工作的开展，完善了医疗保障制度体系建设。第一，促进了分级诊疗机制的形成。为了更好地实现医疗资源的合理布局和有效利用，满足城乡居民的医疗需求，促进医疗资源配置不均衡、不合理问题的进一步解决，贵州省积极促进分级诊疗机制建设。2016年12月下发了《贵州省加快推进分级诊疗制度建设实施方案》①，对省内三级医院对口支援 66 个贫困县县医院工作进行安排部署，启动多种形式的医联体建设，以专科协作的形式，组建区域间的专科联盟，形成互助发展的联动模式，提升城乡医疗机构的重大疾病救治能力。第二，积极推动全民医保制度实施，2019 年省医疗保障局联合省财政厅等部门印发了《关于做好 2019 年度城乡居民基本医疗保险工作的通知》，明确全省城乡居民医保个人缴费标准为国家规定的 220 元，对建档立卡贫困人口等困难群众给予定额补贴。医保制度的日益健全有效缓解了"看病难，看病贵"的难题，人民群众的医疗服务需求得到满足，分级诊疗制度、现代医院管理制度、全民医保制度等方面得到大力发展。第三，进一步落实了药品供应保障，出台了《贵州省改革完善短缺药品供应保障机制实施方案》，建立健全了短缺药品会商联动机制和监测预警应对机制，形成《贵州省短缺药品清单》。2017 年 6 月 30 日，贵州省政府办公厅印发了《贵州省进一步改革完善药品生产流通使用政策实施方案》的政策文件，明确了药品全流程改革措施，提出加快建立符合贵州省省情的药物政策体系，明确了目标任务和分工，着力提高全省药品质量疗效，规范药品流通和使用行为，完善了贵州省药品保障制度，推动了药品保障制度的规范建立。

二 "十四五"时期贵州省医疗保障
制度发展的制约因素

（一）医疗资源配置不充分不平衡

贵州省城乡发展不充分不平衡，导致医疗资源配置不均衡，城乡居民的医疗服务需求未能得到有效满足。尽管医院管理体制优化取得了一定成效，但各级各类医疗机构功能定位没有得到充分有效的落实，未能形成规范有序

---

① 《贵州省加快推进分级诊疗制度建设实施方案》，贵州省人民政府网，http://www.guizhou.gov.cn/zwgk/zcfg/szfwj_8191/qfbf_8196/201709/t20170925_823943.html，2016 年 12 月 30 日。

的就诊秩序。医联体建设模式比较单一,医联体内部人财物、责权利不统一,医共体建设实质性推动不够、成效不明显。优质的医疗资源主要集中在省、市两级,县、乡、村级等基层医疗人才资源短缺问题突出,大量患者仍然选择涌入省、市两级医疗机构,造成省、市两级医疗机构人满为患、乡村级等基层医疗机构难以为继的现象,分级诊疗机制下,上级医疗机构将患者下移,下级医疗机构"接不住"的情况仍然存在。群众经济条件的改善和不断加强的健康意识,对基层医疗卫生机构提出了新的要求,由于医疗资源有限、专业人员匮乏和医疗技术水平有限等现状,基层医疗卫生机构难以满足患者日益增长的就医需求,未能形成"基层接得住、上级愿意放"的分级诊疗格局。

(二)日益增大的综合环境影响

影响医疗保障制度发展的外部因素很多,是综合指标影响下的结果,不同因素的深刻变化都会为医疗保障制度发展带来严峻的挑战和影响。一是人口结构的变化。截至 2019 年底,贵州省年末常住人口中 65 岁及以上人口为 390.55 万,占总人口的 10.78%[①],在现行制度下老年人退休后及其工作单位无须再缴纳医疗保险费用,人口老龄化的持续增长将带来缴费人群相对缩小、享受待遇人群持续扩大的趋势,老龄化的加深也将不可避免地带来医疗费用的持续增长,给医保筹资和待遇支付都带来了巨大挑战。二是健康保障需求的持续升级。随着社会经济的发展和人民生活水平的不断提升,城乡居民对于健康的期望与标准也在提升,对健康的诉求从"不生病"变为追求身体素质的高质量,从而自然地转变为对医疗服务需求的升级,对贵州省整个医疗保障体系的建构与发展提出挑战。三是医院薪酬制度亟须健全。现有薪酬制度未能与医疗行业特点相适应,人员激励机制不够完善,否则难以调动医务人员工作积极性。医保支付方式改革发展不平衡,公立医院长期按项

---

① 贵州省统计局、国家统计局贵州调查总队编《贵州省统计年鉴(2020)》,中国统计出版社,http://202.98.195.171:81/tj/2020/zk/indexch.htm,2020 年 11 月 16 日。

目收费的习惯尚未改变，对改革现行如按病种付费和总额预付等支付方式的积极性不高，基本医疗保险制度未能充分发挥对医疗机构的引导和制约作用。全省统一的医疗卫生监管网尚未形成，利用信息化手段对医疗机构诊疗行为和费用开展全程监控没有得到充分落实。

（三）多层次医保体系未完全建立

构建多层次医疗保障体系是我国医疗保障改革与制度建设的既定目标，也是满足人民群众多层次多样性疾病医疗与健康保障需要的必由之路。[①] 但受多种因素的影响，虽然中共中央、国务院及医疗保障主管部门出台过不少相关政策性文件，贵州省委、省卫健委等印发过不少相关指导意见，但法定保障之外的其他层次仍未得到应有的发展，不仅无法有效地满足社会成员多层次的医疗保障与健康服务需求，而且也妨碍中国特色医疗保障体系走向成熟。多层次医疗保障体系中，法定医疗保险事实上决定着其他层次的发展空间，但以人群分割的职工医保、居民医保与大病保险，致使医疗保障呈现以群体分割的碎片化现象。传统的机动车辆保险、人寿保险等能够为保险公司带来充足的利润，由于市场主体动力不足，保险公司对于较为复杂的健康险缺乏主动发展的积极性。商业健康保险种类较少，赔付比例较低，商业健康保险发展较为滞后，未能形成多层次的医疗保障体系。

三 "十四五"时期贵州省医疗保障制度改革与发展的主要目标

中共中央、国务院出台的《关于深化医疗保障制度改革的意见》明确了我国医疗保障制度在"十四五"期间的目标任务，"十四五"应当朝着制度统一、运行规范、稳健持续的方向稳步发展，坚持以人民健康为中心，建

[①] 郑功成、桂琰：《中国特色医疗保障制度改革与高质量发展》，《学术研究》2020 年第 4 期，第 79~86 页 +177 页。

成覆盖全民、城乡统筹、权责清晰、保障适度、可持续的多层次医疗保障体系，推进医疗保障和医药服务高质量协同发展，促进健康中国战略实施，使人民群众有更多获得感、幸福感和安全感。[①]

（一）建设全民健康

进一步完善基本医疗保险制度，需要巩固与扩大基本医疗保险人口覆盖率，实现"一个不能少"的人口全覆盖目标。进一步推动全民健康建设，强化健康教育宣传，切实落实贫困地区健康促进攻坚行动，营造浓厚的健康宣传氛围，落实健康巡讲、健康咨询活动、健康宣传阵地建设，切实开展健康教育进学校、进乡村和进家庭活动。强化基本公共卫生服务项目的规范化管理，开展癌症、慢性病等疾病的预防筛查。持续为65岁及以上老年人做好健康体检及健康指导，加强对高血压、糖尿病等慢性病的随访管理，抓好尘肺病、精神病、艾滋病患者的救治救助工作。中医药在防治慢性病方面有独特优势，要加大支持中医药发展力度，充分发挥乡镇中医馆的作用。

（二）完善薪酬制度

加快建立医疗服务价格动态调整机制，抓紧完善、督促落实补偿机制，协调医保部门，加快建立体现成本和收入结构变化的价格动态调整机制。结合医疗行业特点出台新的医疗服务价格调整方案，选择市级公立医院进行薪酬制度改革试点，根据试点情况及成效推进全省改革。同时，进一步完善综合监管政策措施，推行多元复合式医保支付方式的改革，加强医保支付方式对医疗行为的管控。强化医保对医疗行为的监管，科学控制医疗费用不合理增长。

（三）优化资源布局

围绕各级各类医疗机构进行功能定位以提升医院诊疗水平，实行网格化

---

① 《关于深化医疗保障制度改革的意见》，中华人民共和国中央人民政府网，http://www.gov.cn/zhengce/2020－03/05/content_ 5487407. htm，2020年2月25日。

包干管理，加大医联体的医疗质量监管，推进同级医疗机构间检查检验结果互认，减少患者在同级医疗机构间转院所产生的检查检验结果争议问题，优化医疗程序。促进医疗资源纵向整合，引导优质医疗资源下沉，提高各级各类医疗机构间医疗服务同质化程度。推动上级医疗机构下转患者数量，减少省、市两级医院的病患数量，促进县、乡两级医疗机构发展。同时，要大力推进县域的综合医改，加快推进"互联网＋医疗健康"发展，放宽社会力量举办医疗机构准入要求，鼓励社会力量投向满足群众多元需求的服务领域，支持社会力量兴办医养结合机构，以补充壮大县、乡两级医疗机构队伍。

（四）建立多层次医保体系

受收入水平和文化层次等因素的影响，人民群众对于医疗保障的需求必然存在一定的差异，要实现能够有效满足不同层次人民群众的多样性医疗保险与健康服务需求，就需要建立起真正的多层次医疗保障体系。[①] 要进一步健全贵州省医疗保障体系，推动落实城乡居民基本医保"六统一"政策，持续推进和优化新农合跨省异地就医基本医保、大病保险"一站式"即时结算，进一步扩大新农合就医联网结报医疗机构范围，把基层医院和外出农民工、外来就业创业人员等全部纳入，巩固提升新农合大病保险水平，完善医疗救助制度，强化医疗救助对低收入人群的保障功能。

四　"十四五"时期贵州省医疗保障制度
发展重点任务探讨

基于前文对"十四五"时期贵州省医疗保障制度发展的基础、影响因素和目标的阐述与分析，"十四五"期间贵州省医疗保障制度改革与发展的

[①] 何文炯：《论我国医疗保障之高质量发展》，《中国医疗保险》2019 年第 3 期，第 10～13 页＋22 页。

重点任务应当是优化现行制度安排、促进医药服务供给侧改革，构建多层次医疗保障体系。

（一）深化医药卫生改革，完善医药服务供给

坚持以人民健康为中心，坚持保基本、强基层、建机制，紧紧围绕把以治病为中心转变为以人民健康为中心，加强疾病预防和健康促进，实施疾病预防体系改革，深化医疗、医保、医药联动，提高基本医保效能，降低药品耗材虚高价格，健全现代医院管理制度，深化县域综合医改，建立健全服务、责任、利益、管理为一体的多种形式医疗联合体，健全机构自治、行业自律、政府监管、社会监督相结合的多元化综合监管体系，坚定不移地推动医改落地见效、惠及人民群众。

1. 促进公立医院体制改革

医疗保障制度的根本目的是解除人民的疾病医疗后顾之忧，改革难以一蹴而就，需要进一步理顺公立医院综合改革体制机制，促进医疗机构公益性发展，避免社会资本进入公立医疗卫生机构。一方面，加强公立医院党的领导，坚持党政引领，加大对各级部门和医疗机构的医改政策培训，加强基层政府对医改工作的重视力度。另一方面，加强医疗、医保、医药的联动改革，进一步明晰和落实部门职责，积极开展现代医院管理制度试点工作，所有权和经营权分离，加快建立权责清晰、管理科学、治理规范、运行高效、监督有力的现代医院管理制度，以更好地推动医药服务质量的提升。

2. 深化药品流通体制改革

明确药品生产、流通、使用的全流程改革措施，提高药品的质量和疗效，促进药品价格与药品使用的合理性，着力促进符合贵州省省情的药物政策体系建立。明确目标任务和分工，着力提高贵州省药品质量疗效，规范药品流通和使用行为。

3. 完善药品和医用耗材集中采购制度

探索公立医疗机构药品跨区域联合集中采购，鼓励大型医疗机构在省平台对议价品种以医联体形式与企业谈判采购，推进医疗机构组团集中配送，

促进药品和医用耗材集中采购的全面实施。开展医药综合监管平台完善试点，药品全过程监管进一步强化。加强全省医疗服务质量安全工作，持续加大临床路径管理工作推进力度，进一步规范医疗服务行为，提高临床用药合理性。优化医疗机构药品配备，基本药物制度进一步巩固完善，对基层医疗卫生机构和村卫生室实施基本药物制度情况进行绩效考核。

4. 进一步优化医疗资源布局

围绕功能定位提升医院诊疗水平，切实推进县域综合医改，加快推进"互联网+医疗健康"发展，放宽社会力量举办医疗机构准入要求，鼓励社会力量投向满足群众多元需求的服务领域，支持社会力量兴办医养结合机构，缓解医疗资源配置不充分不平衡的问题，缩小城乡医疗资源差距，满足城乡居民医疗服务基本需求。

（二）优化现行制度安排，促使制度走向成熟

法定医疗保险制度是我国医疗保障体系的决定部分，决定了我国医疗保障体系的完善和成熟。因而，"十四五"时期医疗保障制度改革与发展的首要任务是直面医疗保障制度中的不足，优化现行制度安排，实现结构与功能的优化，使其成为基本成熟的法定制度安排。

1. 明确法定医疗保险制度的主体地位与功能地位

法定医疗保险制度是整个医疗保障体系的决定性构成部分，体现了国家所追求的社会发展目标，覆盖全民并为参保者提供基本的医疗保障，是人民群众的法定权益和政府与社会的重大责任。[①] "十四五"期间必须进一步明确与巩固法定医疗保障在我国医疗保障体系中的主体地位，确保全民参保，实现法定医疗保险的全覆盖。保障疾病医疗特别是重大疾病医疗后顾之忧能够从根本上得到解除，通过完善大病保险和医疗救助制度，缓解因病致贫、因病返贫现象，便是合理的法定医疗保险的功能定位。

---

① 郑功成：《"十四五"时期中国医疗保障制度的发展思路与重点任务》，《中国人民大学学报》2020年第5期，第2~14页。

2. 提高法定医疗保险制度的统筹层次

不同区域之间以及城乡之间社会经济发展水平及医疗服务水平并不一致，法定医疗保险统筹层次现阶段大部分仍停留在市县级，从而导致了不同统筹区域之间的医保待遇执行标准存在差异，这种区域和城乡之间割裂的制度安排也影响了医疗保险制度的公平性。因而，"十四五"期间应当加快省级统筹目标的基本实现，促进法定医疗保险的市级统筹的全面确立，以进一步促进制度公平并增强制度在区域之间的互助共济。

3. 进一步强化医疗行业综合监管

健全严密有力的医疗行业监管机制，是完善医疗行业服务、推动医疗保障制度发展的重要环节。"十四五"期间可考虑完善综合监管政策措施，强化医疗过程管理和全面实施临床路径管理。对公立医院绩效考核进行优化，将医院财政补助、医保支付、院长薪酬、院长任免等政策与绩效考核结果挂钩。强化信息化手段对医疗服务质量的管理，严格按照公立医院章程管理医院。

（三）构建多层次保险体系，发展补充医疗保障

多层次医疗保障体系建设中，法定医疗保险因覆盖全面并提供基本保障，构成了主体部分，其他层次需均衡发展，但商业健康险最为关键。[①] 超越法定医疗保险之外的疾病医疗与健康服务需求同样需要专门的制度来满足，患者对于医疗保障体系的需求越来越多元化，单一的法定医疗保险制度不但难以满足患者需求，反而促使了患者及其家属对法定医疗保险产生过高的期望，希望能够摆脱和缓解现有的困境。但现有多层次医疗保障体系仍处于发展阶段，需要补充与完善。加快商业健康保险和慈善医疗等医疗保障项目的发展，对于中国特色医疗保险体系的全面建成具有重要意义。

1. 着力发展商业健康险

由于健康险的复杂性，现有市场供给主体对于商业健康险缺乏积极性和

---

① 许飞琼：《中国多层次医疗保障体系建设现状与政策选择》，《中国人民大学学报》2020年第5期，第15～24页。

主动性，但城乡居民对于超越法定医疗保险制度之外的医疗与健康服务具有现实需求，发展商业健康保险是必由之路。因此，"十四五"期间多层次医疗保障体系的构建需要出台多层次医疗保障体系建设的顶层设计，明确政策鼓励下的商业健康保险业务空间，促进商业健康保险发展，增加健康险市场的供给主体，通过政策引导与强化市场竞争等手段激发其主动性和积极性，最终形成有规模的健康保险市场，以满足社会成员的相关需求。

2. 有序促进慈善医疗的发展

对于重大疾病患者和在法定医疗保险范围外的低收入患者而言，社会慈善医疗援助的需求是巨大的，慈善医疗是医疗保障体系的重要层面。疾病是贫困的主要成因，慈善医疗不仅是完善医疗保障体系的重要方面，也是缓解医疗贫困解决因病致贫因病返贫的主要力量。法定医疗保险和医疗救助难以帮助困难群体完全缓解疾病带来的困境，需要社会力量的参与和助力。政府应当在政策、制度和监督等方面发挥作用，推动贵州省社会组织法制化、专业化和规范化发展，扶持社会组织不断建设壮大。同时，政府也要积极引导社会力量参与医疗救助活动，对在医疗救助领域做出重要贡献的社会力量进行表彰，建立激励扶持机制，促进省内慈善医疗改革和发展。

参考文献

王东进：《奋力推进中国医保高质量发展》，《中国医疗保险》2019 年第 5 期。

《关于深化医疗保障制度改革的意见》，中华人民共和国中央人民政府网，http：//www. gov. cn/zhengce/2020 - 03/05/content_ 5487407. htm，2020 年 2 月 25 日。

《2020 年 11 月贵州省医疗、生育保险运行情况》，贵州省医疗保障局官网，http：//ylbzj. guizhou. gov. cn/zwgk/xxgkml/zdlyxx/tjxx/202012/t20201209 _ 65537783. html，2020 年 12 月 9 日。

《贵州省加快推进分级诊疗制度建设实施方案》，贵州省人民政府网，http：//www. guizhou. gov. cn/zwgk/zcfg/szfwj_ 8191/qfbf_ 8196/201709/t20170925_ 823943. html，2016 年 12 月 30 日。

贵州省统计局：《贵州省统计年鉴（2020）》，中国统计出版社，http：//

202. 98. 195. 171：81/tj/2020/zk/indexch. htm，2020 年 11 月 16 日。

郑功成、桂琰：《中国特色医疗保障制度改革与高质量发展》，《学术研究》2020 年第 4 期。

何文炯：《论我国医疗保障之高质量发展》，《中国医疗保险》2019 年第 3 期。

郑功成：《"十四五"时期中国医疗保障制度的发展思路与重点任务》，《中国人民大学学报》2020 年第 5 期。

许飞琼：《中国多层次医疗保障体系建设现状与政策选择》，《中国人民大学学报》2020 年第 5 期。

B.24
贵州营商环境的基本形态及企业评价

——基于"贵州百企营商环境评价"调查数据的分析

刘玉连　周芳苓　李昌先　周佳*

摘　要： 如何让广大企业拥有高效、便捷、优质的营商环境，不仅成
为衡量一个国家或地区改革成效的评价标准，也成为检视其
经济发展活力、动力、效能的重要指标。本文以"百企问卷
调查数据"为实证支撑，通过对贵州营商环境发展现状的调
查分析，旨在研判营商环境发展的真实形态及水平。从发展
形态上看，改革开放以来，尤其是党的十八大以来，在各级
政府的重视与努力下，通过采取一系列强有力的政策措施，
贵州营商环境整体上取得了可喜的进步，呈现"七头并进"
的良好态势，其"总便利度"分数达72.82%，在全球190个经
济体中居于第58位；从企业评价上看，问卷调查数据分析显
示，当前企业对贵州营商环境的"总体满意度"评价指数为
4.20分（均值），介于"很满意"与"较满意"之间。从长远
看，如何消弭营商环境发展过程中面临的"政府诚信""政
商关系""履职效能""资金壁垒""阳光执法"等矛盾，切
实采取"软硬兼施，八强八力"的政策举措，积极构建"三
维一体"的营商环境体系，致力于营造稳定、公平、透明、

---

* 刘玉连，贵州民族大学社会学系副教授、硕士生导师，研究方向为经济社会学、城市社会
学；周芳苓，贵州省社会科学院研究员，博士生、硕士生导师，研究方向为应用社会学；李
昌先，贵州民族大学社会学与公共管理学院 2019 级硕士研究生，研究方向为社会治理与社会
政策；周佳，贵州民族大学社会学与公共管理学院 2020 级硕士研究生，研究方向为应用社
会学。

可预期的高质量营商环境，是贵州未来发展的努力方向与关键所在。

关键词： 营商环境 "七头并进" 企业评价 贵州

站在新时代的历史节点上，为深入了解和把握当前贵州营商环境的发展现状，科学审视营商环境建设过程中面临的困境与挑战，并基于现实发展的客观需要，2019 年 8 月至 2020 年初，笔者组织开展了有关"贵州百企营商环境评价"的小型问卷抽样调查，获得了大量的第一手数据和资料。在本次问卷调查中，调查内容包括"企业基本信息""政策与政府服务环境""法治环境""纳税环境""融资环境""物流环境与水电环境""行政许可事项办理状况"七大部分共 86 个问题。在本次抽样调查中，我们以"贵州省"作为目标区域，调查范围涉及全省 9 个市、州的数十个县（市、区、特区），运用随机入企业的方式对被调查企业进行调查（进入企业后，如果一个企业中有多位管理者都符合调查对象的要求，那么就以出生日期更接近于 7 月 1 日的企业管理者作为此次问卷调查的对象）；调查样本涵盖了全省不同性质及类型的企业。在此次问卷抽样调查的过程中，正式向贵州省辖区范围内的百余家企业发放结构式调查问卷 125 份，回收有效问卷 125 份。而在回收的有效问卷中，贵阳市、遵义市、黔南州分别占 28.0%、12.8% 和 11.2%，居前三位，三者合计比例（52.0%）超过半数，而其余各市州样本所占的比例均不足一成。本文正是在该抽样调查基础上形成的专题调研报告。

一 营商环境的基本形态

在这里，借助实证专题调查数据，笔者分别从综合发展、政策与政府服务环境、法治环境、纳税环境、融资环境、物流环境与水电环境、行政许可事项办理状况等方面切入，旨在更真实逼近贵州营商环境的发展形态及所处阶段。

（一）营商环境的综合发展

改革开放 40 多年来，特别是党的十八大以来，贵州省委、省政府高度重视优化营商环境的工作，从制度、法规、政策、服务、保障、监督等环节发力，做出了卓有成效的探索实践，正走出一条打造"门槛低于周边、服务高于周边"的营商环境新高地之路。

在贵州，为切实优化和改善营商环境，贵州省委、省政府始终致力于抓紧、抓实、抓好七大方面的工作：一是认真做好顶层设计；二是强化各级组织建设；三是创新优化政策举措；四是提升政务服务水平；五是大力倡导企业诚信；六是营造良好法治环境；七是健全考核监督机制。所有这些，不仅极大地促进了贵州营商环境"硬件"的改善，而且极大地提升了营商环境"软件"的实力，整体营商环境呈现"七头并进"的良好格局。

为了进一步检视近几年来贵州营商环境发展所取得的真实成绩，笔者在这里借助有关"评估数据"① 来加以呈现。第三方跟踪评估数据显示，从总体发展上看，2017～2019 年，贵州营商环境的"总便利度"分数（百分点）由 62.44 提高到 72.82，整体提高了 10.38 个百分点；同时，贵州营商环境在全球 190 个经济体中的位次由第 94 位迅速提升到第 58 位，整体向前提升了 36 位，3 年间平均每年向前提升 12 个位次。② 从开办企业上看，2017～2019 年，贵州营商环境的"开办企业便利度"分数（百分点）由 85.23 提高到 90.57，整体提高了 5.34 个百分点；同时，"开办企业便利度"在全球 190 个经济体中的位次由第 97 位迅速提升到第 66 位，整体向前提升了 31 位，3 年间平均每年向前提升 10.33 个位次。从办理建

---

① 自 2017 年以来，为真正摸清"家底"，查找差距，寻求发展，贵州省投资促进局委托厦门大学中国营商环境研究中心对贵州省营商环境开展持续的第三方评估，形成了"2017 年、2018 年、2019 年贵州省营商环境第三方评估数据"。

② 张建：《贵州省 2019 年营商环境第三方评估报告出炉》，《贵州日报》2020 年 3 月 3 日，第 7 版。

筑许可上看，2017～2019 年，贵州营商环境的"办理建筑许可便利度"分数（百分点）由 45.15 提高到 63.07，整体提高了 17.92 个百分点；同时，"办理建筑许可便利度"在全球 190 个经济体中的位次由第 175 位迅速提升到第 130 位，整体向前提升了 45 位，3 年间平均每年向前提升 15 个位次。从获得电力上看，2017～2019 年，贵州营商环境的"获得电力便利度"分数（百分点）由 53.98 提高到 86.20，整体提高了 32.22 个百分点；同时，"获得电力便利度"在全球 190 个经济体中的位次由第 143 位跳跃式提升到第 38 位，整体向前提升了 105 位，3 年间平均每年向前提升 35 个位次。从登记财产上看，2017～2019 年，贵州营商环境的"登记财产便利度"分数（百分点）由 70.30 提高到 81.07，整体提高了 10.77 个百分点；同时，"登记财产便利度"在全球 190 个经济体中的位次由第 64 位迅速提升到第 28 位，整体向前提升了 36 位，3 年间平均每年向前提升 12 个位次。从获得信贷上看，2017～2019 年，贵州营商环境的"获得信贷便利度"分数（百分点）整体保持在 60.00 不变；但是，"获得信贷便利度"在全球 190 个经济体中的位次则由第 68 位逐步下滑到第 80 位，整体向后下移了 12 位，3 年间平均每年向后下移 4 个位次。从保护中小投资者上看，2017～2019 年，贵州营商环境的"保护中小投资者便利度"分数（百分点）由 60.00 提高到 72.00，整体提高了 12.00 个百分点；同时，"保护中小投资者便利度"在全球 190 个经济体中的位次由第 57 位迅速提升到第 28 位，整体向前提升了 29 位，3 年间平均每年向前提升 9.67 个位次。从纳税上看，2017～2019 年，贵州营商环境的"纳税便利度"分数（百分点）由 51.20 提高到 69.42，整体提高了 18.22 个百分点；同时，"纳税便利度"在全球 190 个经济体中的位次由第 167 位火速提升到第 109 位，整体向前提升了 58 位，3 年间平均每年向前提升 19.33 个位次。从跨境贸易上看，2017～2019 年，贵州营商环境的"跨境贸易便利度"分数（百分点）由 66.52 提高到 85.04，整体提高了 18.52 个百分点；同时，"跨境贸易便利度"在全球 190 个经济体中的位次由第 114 位快速提升到第 61 位，整体向前提升了 53 位，3 年间平均每年向前提升 17.67 个位次。

从执行合同上看，2017～2019年，贵州营商环境的"执行合同便利度"分数（百分点）由81.60下降到64.90，整体下降了16.70个百分点；不仅如此，其"执行合同便利度"在全球190个经济体中的位次也由第3位断崖式地下滑到第52位，整体向后下移了49位，3年间平均每年向后下移16.33个位次。从办理破产上看，2017～2019年，贵州营商环境的"办理破产便利度"分数（百分点）由48.96上升到55.97，整体上升了7.01个百分点；同时，其"办理破产便利度"在全球190个经济体中的位次由第72位逐步提升到第65位，整体向前提升了7位，3年间平均每年向前提升2.33个位次（见表1）。①

表1 贵州省营商环境第三方评估专项指标比较（2017～2019）

单位：%

营商环境评估指标		贵州省			增减情况
		2017年	2018年	2019年	
总体发展	总体便利度分数	62.44	66.79	72.82	10.38
	总排名	94	79	58	36
开办企业	分数	85.23	89.51	90.57	5.34
	排名	97	67	66	31
办理建筑许可	分数	45.15	47.15	63.07	17.92
	排名	175	177	130	45
获得电力	分数	53.98	70.15	86.20	32.22
	排名	143	102	38	105
登记财产	分数	70.30	75.21	81.07	10.77
	排名	64	43	28	36
获得信贷	分数	60.00	60.00	60.00	0.00
	排名	68	73	80	-12

---

① 张建：《贵州省2019年营商环境第三方评估报告出炉》，《贵州日报》2020年3月3日，第7版。

营商环境评估指标		贵州省			增减情况
		2017 年	2018 年	2019 年	
保护中小投资者	分数	60.00	60.00	72.00	12.00
	排名	57	64	28	29
纳税	分数	51.20	67.41	69.42	18.22
	排名	167	115	109	58
跨境贸易	分数	66.52	82.48	85.04	18.52
	排名	114	66	61	53
执行合同	分数	81.60	61.93	64.90	-16.70
	排名	3	63	52	-49
办理破产	分数	48.96	54.16	55.97	7.01
	排名	72	68	65	7

说明：排名行中对应的"-"表示该项指标的排名下滑，分数行中对应的"-"则该项指标的评估百分数下降。

资料来源：根据张建《贵州省 2019 年营商环境第三方评估报告出炉》在《贵州日报》2020 年 3 月 3 日第 7 版中相关资料进行整理。

通过以上连续 3 年第三方跟踪评估数据的比较，可以看出，贵州营商环境的发展态势整体良好、进步明显。具体来看，在 10 项评估指标中，若是按照排名上升位次由大到小排序，依次是"获得电力"上升 105 位、"纳税"上升 58 位、"跨境贸易"上升 53 位、"办理建筑许可"上升 45 位、"登记财产"上升 36 位、"开办企业"上升 31 位、"保护中小投资者"上升 29 位、"办理破产"上升 7 位；与之相反，"获得信贷"排名则下降 12 位（分数不变）和"执行合同"下降 49 位。进一步看，若是按照"便利度指数"提升幅度由大到小排序，则分别是"获得电力"提升 32.22、"跨境贸易"提升 18.52、"纳税"提升 18.22、"办理建筑许可"提升 17.92、"保护中小投资者"提升 12.00、"登记财产"提升 10.77、"办理破产"提升 7.01、"开办企业"提升 5.34、"获得信贷"保持不变（分数不变）；然而，"执行合同"却下滑了 16.70（见表 1）。

（二）营商政策环境的基本现状

营商政策环境是指地方政府对投资主体办理准入的相关事项、市场销售、税收、市场管理主体，以及投资主体消亡等合法行为予以制度和政策的保障。党的十八大以来，在优化营商环境工作中，贵州始终致力于加快推进营商政策环境持续改善，进而为整体推进全省营商环境的优化做了积极的努力与贡献。

营商政策环境持续改善。营商环境政策体系的不断完善，确保了相关工作有效的开展与整治举措的执行，并成为持续优化营商环境的关键所在。近几年来，贵州严格执行党中央、国务院的相关营商政策，并根据贵州的实际情况，出台了一系列促进营商环境改善的政策举措，不断简政放权，加强政府对投资主体的服务和监管，确保政策执行力度加强。主要的工作举措有：一是做好优化营商环境的顶层设计。营商政策是营造良好的营商环境的制度保障。贵州做好营商政策的顶层设计，把牢政策设计谋划第一关，切实增强政策的可操作性、针对性和时效性。二是不断简政放权，推进行政审批制度改革。进一步简化审批程序，健全审批服务标准化体系，精简各类审批事项，把省市级部门审批权逐渐下放，简化审批流程，减少企业为审批事项无谓的奔波。通过转变政府职能，持续加大行政审批制度改革的力度，进一步简政放权，把政府的行政审批权力逐渐下放。三是推进商事制度改革，继续向纵深推进"最多跑一次"和"零跑动"。创新推进商事制度改革，加大"放"的力度，强化"管"的能力，提升"服"的水平，推行"最多跑一次"和"零跑动"，全力打造一流营商环境高地。四是政策上规范职能部门行为，推动依法行政。营商环境建设，目的在于规范权力运行，让权力依照法律法规运行，遵循"法无授权不可为、法定职责必须为"，制定相应清单，对各级政府的权力进行相应的规范。五是出台市场主体平等的营商政策，释放经济发展的内在潜力。在制定营商政策时，贵州跳出传统思维，确保相关政策的实施和执行不会造成企业之间不公平的差别待遇。六是对标国际标准，不断提高服务企业的水平。营造良好的营商政策环境，转变政府职能，把政府过去过多的管控权力转到对企业服务的监管上，实现违法线索互联、监管标准互通、处理结果互认。

积极围绕市场投资主体提供政策服务。打造"门槛低于周边、服务高于周边"的营商环境新高地，既是贵州建设良好营商环境的目标，也是贵州营商政策的内容和要求。近几年来，贵州不仅出台了一系列优化营商环境的政策措施，而且围绕市场主体开展了大量的政策性服务。主要体现在以下几方面：一是推行服务标准化建设（实体服务大厅建设标准化；行政单位进驻和行政权力授权逐渐标准化；办事指南编制标准化；政务服务文本标准化）；二是推行服务集成化建设（推进套餐服务集成化；推进网厅建设集成化）；三是推行服务智能化建设（平台功能更强大；网上数据更坚实；互联互通更有效；网厅应用更智能）；四是推行政务服务便利化建设（减证便民便利化；政务热线便利化；邮政速递便利化）；五是推行服务规范化建设（月度服务评价规范化；暗访督导督查规范化；"好差评"制度规范化）。

事实表明，经过近十年来的努力，贵州在营商政策环境方面所取得的成效是明显的，进步也是较大的。"2019～2020年贵州百企营商环境评价"抽样调查数据显示，被调查企业对"政服环境"的满意度评价指数为4.36（均值），排在营商环境七大工作领域的第三位，仅次于"法治环境"（4.54）和"纳税环境"（4.47）两项指标。

（三）营商法治环境的基本现状

营商法治环境作为营商环境的重要组成部分和关键环节，其发展形态的优劣，在很大程度上决定着整个营商环境建设的水平。正如习近平总书记强调指出的"法治是最好的营商环境"。

近十年来，在优化营商环境工作中，贵州充分结合民营企业权益保护工作，通过切实抓好立法、执法、司法、守法和法治监督等一系列环节，大力优化营商法治环境，有效表达市场主体（民企）的利益诉求、有效规范和保障市场主体（民企）经营发展、有效提供法律救济、有效营造全社会守法等营商法治环境，着力降低企业经营法治成本，保障企业家合法权利和利益。

进一步看，近年来贵州不断出台优化营商环境法规、政策规范性文件，对国家营商环境相关政策法规予以细化落地，促进营商法治环境构建。2017年出台地方法规《贵州省外来投资服务和保障条例》，规定了投资服务、权益保障、诚信建设等系列优化营商环境的保障措施，以进一步保障省外（境外）来黔投资主体合法权益，推动国家内陆开放型经济试验区建设。2018年专门出台《贵州省优化营商环境集中整治行动方案》，从办理施工许可、执行合同、办理破产等突出问题入手，推进贵州营商法治环境优化。2019年又进一步出台《贵州省营商环境优化提升工作方案》，从市场监管、执行合同、办理破产、保护知识产权等方面进一步推进营商法治环境优化。贵州省各级法院、检察院从优化营商环境的关键环节——保护民营企业和企业家合法权益出发，出台系列接地气的保障措施①，切实消解了企业家和投资者在合法权益上的后顾之忧。

值得指出的是，在推进营商法治环境持续优化的过程中，贵州不仅政策措施给力，工作扎实深入，而且善于不断改革、不断创新，致力于探索一条切实有利于加速推进贵州营商法治环境乃至全省营商环境改善的新路子。也正因如此，贵州营商法治环境建设所取得的进步是很大的，成效也是很显著的。根据"2019～2020年贵州百企营商环境评价"抽样调查数据，被调查企业对贵州营商环境中的"法治环境"的满意度评价指数达到4.54（均值），几乎接近"很满意"的刻度，其在被调查的指标中也是最高的，居七大领域之首位。由此表明，贵州营商法治环境不仅获得了广大企业的一致好评，也成为贵州加快推进营商环境持续优化的一大亮点与特色。

---

① 贵州省检察院近年来先后探索制定了《关于充分发挥检察职能保障和促进非公有制经济健康发展的二十条措施》《关于加强产权司法保护的二十条措施》等规范性文件，切实保障市场主体和企业家合法权益。

（四）营商纳税环境的基本现状

作为营商环境的重要组成部分，纳税环境发展的好坏，直接影响着贵州营商环境建设的质量与水平。不仅如此，纳税环境的便利程度，还影响着贵州营商环境在全球经济体中的排位，进而反过来影响贵州营商环境在全球190个经济体中的位次。

党的十八大以来，尤其是近几年来，贵州税务系统始终坚持改革创新精神，持续推进"放管服"改革：一是在简政放权上做"减法"，有效便利了纳税人；二是在后续管理上做"加法"，强化事中事后跟踪服务；三是在优化服务上做"乘法"，增强了纳税人获得感。所有这些扎实工作的有效开展，都不同程度地推动着贵州纳税环境的改善和纳税便利度的提升。

根据上述第三方跟踪评估数据，贵州营商环境的"纳税便利度"分数（百分点）整体提高了18.22个百分点（由2017年的51.20提高到2019年的69.42）；同时，其"纳税便利度"在全球190个经济体中的位次也整体向前提升了58位（由2017年的第167位火速提升到2019年的第109位），成为贵州营商环境评估指标中位次提升速度最快的指标之一，其在10项评估指标中的排名位居第二。这些数据变化表明，与其他相关指标相比，"纳税环境"成为贵州营商环境中改善速度最快、成效最明显的工作领域。

（五）营商融资环境的基本现状

作为营商环境的有机组成部分和企业开展经营活动的重要环节，融资环境始终担当着重要的角色、发挥着重要的功能。党的十八大以来，贵州坚持以推进内陆开放型经济试验区建设为契机，大力优化营商环境，全面实施提升企业融资便利化的系列措施，取得了显著成绩。

事实表明，近几年来，贵州通过主动对标世界银行营商环境的评价指标，在"获得信贷"方面进行了拓展和延伸，各级政府部门在政府融资平台、股权交易、银行信贷、贷款贴息、产业基金等多渠道的持续发力，促进了企业融资环境得到实实在在的明显改善。其主要表现在：一是金融服务政策落地见效；二是外商投资企业发展势头强劲；三是资本市场对接平台广阔；四是全面建立融资服务体系；五是高度重视金融机构考核激励。

值得指出的是，尽管贵州在融资环境的改善和优化工作上是努力的，也是积极的，但是，从有关评估指标的数据来看，却是令人遗憾的，"融资环境"在贵州营商环境建设的过程中呈现"不进反退"的尴尬局面。根据上述第三方跟踪评估数据，贵州营商环境的"获得信贷"评价指标值始终保持在 60.00 的静止状态，致使其在全球 190 个经济体中的位次由 2017 年的第 68 位迅速下滑到 2019 年的第 80 位，整体下滑了 12 位，成为贵州营商环境中唯一两项指标值呈下降趋势的典型代表之一。这一现状也表明，与其他相关指标相比，"融资环境"成为贵州营商环境中最明显的一块短板，值得引起高度关注和重视。

（六）物流水电环境的基本现状

改革开放以来，尤其是进入 21 世纪以来，贵州省委、省政府先后制定出台了一系列的政策措施[①]，旨在切实改善和优化营商环境，为企业或投资者提供良好的经济平台。不仅如此，在贵州，各级职能部门也有的放矢地制定了更加具有针对性、可操作性的政策举措，致力于共同加速推进贵州营商环境的优化与改善。

在物流环境方面，为了进一步优化营商环境，减轻行业企业负担，促进行业健康发展，贵州省交通运输厅切实推进"放管服"改革、制定实施相关优惠政策与措施。如在降低物流成本、减轻企业负担方面：一是落实好货车通行高速公路优惠政策；二是落实好国家高速公路绿色通道政策；三是规范海事航务收费行为；四是实施降低货运企业成本相关措施；五是深入贯彻落实交通运输部等 14 个部门制定印发的《关于加快推进道路货运车辆检验检测改革工作的实施意见》（黔交运〔2018〕19 号），积极推进货运车辆

---

① 在这里，主要政策措施有《贵州省优化营商环境集中整治行动方案》《贵州省营商环境整治明察暗访工作实施方案》《2019 年贵州省营商环境大提升行动方案》等。

"三检合一",切实减轻运营者负担。与此同时,贵州省商务厅还以推进内陆开放型经济试验区建设为契机,牢牢抓住改革开放关键一招,有序推进投融资体制改革,全面实行外商投资准入前国民待遇加负面清单制度,建立外商投资企业设立申请"一窗受理"制度;大力优化营商环境的流通环节,印发了《贵州省优化口岸营商环境促进跨境贸易便利化工作实施方案》,在海关特殊监管区全部实现先入区、后报关等通关便利化政策,实现口岸"管得住"和"通得快"双提升。

在水电环境方面,参照《国家发改委关于印发中国营商环境评价实施方案(试行)》中有关营商环境的评价指标,由贵州省投资促进局拟定、省政府印发的《2019年贵州省营商环境大提升行动方案》中明确提出了17个方面有关指标改革举措,同时,还把其中的获得电力、获得用水用气等2项合并,并对改革任务做了量化,明确各项指标的牵头单位、责任单位和完成时限,形成部门协同、上下联动共同作战的合力,通过年底第三方评估考核倒逼实现整改成效,让企业实实在在地享受改革红利。按照这一方案的要求,通过深化"放管服"改革,坚持问题导向、目标导向,深入开展整治提升行动,降低市场运行成本,旨在打造营商环境的"贵州高地"。

从发展成效上看,党的十八大以来,贵州通过坚持改革创新、以评促改、以改提优的有效举措,达到全面优化营商环境的预期目标。按照中共贵州省委、贵州省人民政府对全省优化营商环境建设的要求,各级各部门坚持目标导向、问题导向和效果导向,形成了一套目标责任明确、系统协同推进的有效做法,营商环境整治取得了明显的成效。根据上述第三方跟踪评估数据,贵州营商环境中"获得电力"的评价指标值,由2017年的53.98提高到2019年的86.20,3年提高了32.22个百分点,其在全球190个经济体中的位次也由第143位迅速提升到第38位,整体提升了105位,成为贵州省营商环境相关指标排位提升最快的领域;同时,反映物流环境的"跨境贸易"评价指标值也由2017年的66.52迅速提高到2019年的85.04,其在全球 190 个经济体中的位次由第 114 位迅速提升到第 61 位，整体上升了 53 位。[①]

由上述数据变化可见，伴随着中国营商环境快速发展，贵州地区的营商环境也随之发生了明显的改善。更值得一提的是，作为中国内陆省份的贵州，在国家大战略方针的支持下，贵州在物流水电环境的发展上呈现"跨越式"的发展进程，尤其在道路交通基础设施建设上，贵州在西部地区率先实现了县县通高速的发展目标。由此，不仅为贵州企业或投资者的发展提供了有利条件，促进了企业物流水电环境的优化，而且大大缩短了时空距离，节约了企业成本。

（七）企业行政许可审批事项办理的基本现状

为深入贯彻落实国务院、贵州省委、省政府有关文件精神及要求[②]，贵州省积极采取严格明确职责分工、全面优化办事流程、积极推行"一站式办理"、持续推进网络办理、切实做好过程保障支撑等一系列有力举措，不断优化和改进企业许可事项审批办理环境，让广大企业获得真正的便利和实惠。

在严格明确职责分工方面，着力做好调整许可事项、明确职责分工等工作。在优化行政审批流程方面，着力做好下放审批权限、简并审批环节、压缩审批时限等工作内容。在规范一站审批模式方面，着力推进行政审批标准化、制度化、科学化建设，制定行政审批事项工作制度和服务指南，统一规范全省行政许可审批事项办理流程。主要采取以下做法：一是设立行政许可审批办事窗口；二是制定行政许可审批工作制度；三是统一行政许可审批手续模式；四是实行行政许可事项公开；五是推行"互联网＋政务服务"。在改革行政审批方式方面，着力于深化企业"多证合一""证照分离"改革，

[①] 张建：《贵州省 2019 年营商环境第三方评估报告出炉》，《贵州日报》2020 年 3 月 3 日，第 7 版。

[②] 在这里，相关主要文件有《国务院办公厅关于聚焦企业关切进一步推动优化营商环境政策落实的通知》《贵州省优化营商环境集中整治行动方案》等。

使企业更便捷拿到营业执照并尽快正常运营，克服了企业"准入不准营"的难题。在持续推行网络办理方面，着力于紧密结合大数据战略加强行政许可审批改革，进一步简化了企业办事流程、缩短了企业办事时间。具体做法是：大力推行行政许可审批事项公开；行政许可审批手续实行网上预审；实施企业工商登记全程电子化改革；开展企业开办全程网上受理改革试点。在强化过程保障支撑方面，着力强化五项举措以保障行政许可审批顺利进行：一是建立行政许可审批责任"一揽子"机制；二是实行特别项目全过程跟踪服务；三是强化行政许可审批事项监督；四是实施特色项目审批"绿色通道"；五是实施行政许可专项执法交叉检查。

经过长期的努力与改进，贵州企业行政许可审批事项办理工作上获得了较大改善，取得了明显成效，为促进贵州营商环境的优化发挥了积极而重要的作用。问卷调查数据也印证了这一点。调查结果显示：在"企业办理行政审批事项"方面，大多数的企业（67.5%）明确表示，最多只需要跑两次即可完成审批工作；在被调查企业中，近七成（66.4%）企业认为现有行政审批事项在数量和环节方面都是"合适"的；近九成（87.2%）企业对贵州办理工商注册登记的便捷程度的总体评价持肯定态度；超过半数（54.4%）的企业对办理土地许可的便捷程度持赞同态度；此外，超六成的企业明确表示对办理规划许可、建设许可、消防许可、环境影响评价、行业资格准入持肯定态度，并认为这些环节的"便捷程度"都是很好的。也正是因为有行政许可办理各方面的工作改进与优化，大大提高了广大企业的满意度，调查显示，高达近九成（88.7%）的企业，明确对企业办理各类行政审批事项表示"满意"（包括"很满意"和"较满意"）。

二　营商环境的企业评价

在这里，借助专题抽样问卷调查数据，笔者分别从企业综合评价、企业法治环境评价、企业物流环境与水电环境评价、企业行政许可事项办理状况评价等方面切入，旨在通过被调查企业的主观体验，间接反映贵州营商环境发展的现实图景，并及时发现各领域、各环节可能存在的"短板"和面临的矛盾。

（一）营商环境的综合评价

从总体上看，各类企业对当前贵州营商环境的发展状态到底评价如何？有何评价倾向？专项问卷抽样调查显示，当前被调查企业对贵州营商环境"综合满意程度评价"的"众值"为"很满意"（占47.3%）、"政服环境评价"的"众值"为"很满意"（占44.8%）、"法治环境评价"的"众值"为"很满意"（占68.0%）、"纳税环境评价"的"众值"为"很满意"（占59.2%）、"融资环境评价"的"众值"为"较满意"（占47.9%）、"物流环境评价"的"众值"为"较满意"（占46.4%）、"水电环境评价"的"众值"为"很满意"（占47.6%）、"行政审批评价"的"众值"为"较满意"（占44.4%）；同时，企业对这几大领域持肯定性满意度评价倾向的累计比例均超过六成（除了"融资环境评价"外）；与之相比，被调查企业对贵州营商环境发展明确持否定性满意度评价倾向的累计比例均不足一成（除了"融资环境评价"外）。由此可见，在对贵州营商环境的满意程度评价上，整体上是"肯定性倾向"明显强于"否定性倾向"（见图1）。

进一步看，通过将"被调查企业对贵州营商环境的满意度评价"的态度量表（即定序变量"选项"）进行赋值及转换①，可以分别精准测算出"营商环境总体满意度评价指数"为4.20（均值）、"政服环境满意度评价指数"为4.36（均值）、"法治环境满意度评价指数"为4.54（均值）、"纳税环境满意度评价指数"为4.47（均值）、"融资环境满意度评价指数"为3.46（均值）、"物流环境满意度评价指数"为3.70（均值）、"水电环境

---

① 在这里，我们将问卷调查中有关营商环境满意度评价的选项指标分别按"很不满意"等于1、"不满意"等于2、"一般"等于3、"较满意"等于4、"很满意"等于5进行赋值，进而可测算各项营商环境的满意度评价指数（满意度评价指数为1~5，数值越大，则表示满意程度越高）。

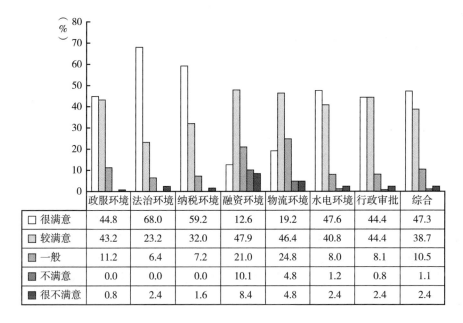

	政服环境	法治环境	纳税环境	融资环境	物流环境	水电环境	行政审批	综合
□ 很满意	44.8	68.0	59.2	12.6	19.2	47.6	44.4	47.3
▨ 较满意	43.2	23.2	32.0	47.9	46.4	40.8	44.4	38.7
▨ 一般	11.2	6.4	7.2	21.0	24.8	8.0	8.1	10.5
■ 不满意	0.0	0.0	0.0	10.1	4.8	1.2	0.8	1.1
■ 很不满意	0.8	2.4	1.6	8.4	4.8	2.4	2.4	2.4

图 1 被调查企业对贵州营商环境满意程度的评价

说明：营商环境中各项指标的有效样本均为 125 个。

资料来源：2019～2020 年"贵州百企营商环境评价"抽样调查数据。

满意度评价指数"为 4.31（均值）、"行政审批满意度评价指数"为 4.27（均值），其对应的标准差介于 0.68640 至 1.10308。这表明，无论是从总体满意度评价指数上看，还是从各领域满意度评价指数上看，其相关指数介于"很满意"与"一般"之间，但大多聚集于"较满意"的刻度（4.0）左右（见图 2）。特别需要指出的是，通过图 2 可以看出，"融资环境"和"物流环境"不仅成为当前企业眼中最差的两大领域，也成为制约全省营商环境进一步改善的两块"短板"，值得引起各级政府及职能部门的关注和重视。

（二）法治环境的企业评价

作为贵州营商环境有机组成部分，法治环境具有重要且不可或缺的作用。因此，好的法治环境有利于促进营商环境的改善与优化。在这里，我们通过广大企业对当前贵州法治环境发展变化的态度评价，来间接了解贵州在

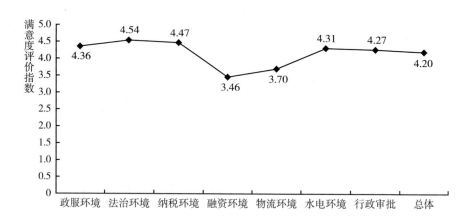

图2 被调查企业对贵州营商环境的满意度评价指数

说明：有效样本均为125个。

资料来源：2019～2020年"贵州百企营商环境评价"抽样调查数据。

该环境的质量与好坏。

具体来看，通过对"2019～2020年贵州百企营商环境评价"抽样调查数据的统计分析，可以看出，从总体上看，当前被调查企业对贵州改善营商法治环境的一系列工作是持肯定态度的，其对"政府依法行政""营商法治环境""扫黑除恶专项斗争"三项工作认为是好的（包括"很好"和"较好"）和满意的（包括"很满意"和"较满意"）的比例均达到八成以上。

调研数据显示，在被调查企业对当前"扫黑除恶专项斗争"的满意度评价方面，有68.0%的企业明确表示"很满意"，还有23.2%的企业表示"较满意"，其持满意态度的比例（包括"很满意"和"较满意"）高达91.2%；在对营商法治环境的总体评价方面，认为是"很好"的企业占49.6%的，认为是"较好"的企业占40.0%，其总体认可率（89.6%）高达近九成，此外，还有8.8%和1.6%的企业表示"一般"和"很差"，两者之和（10.4%）仅占一成左右；在对政府依法行政的评价方面，有44.8%的企业表示是"很好"的，还有41.6%的企业认为是"较好"的，总体认可率达86.4%；等等（见表2）。

表2　被调查企业对贵州法治环境的态度评价

单位：个，%

法治环境评价	频次	百分比
1. 政府依法行政		
（有效样本 125 个）		
很好	56	44.8
较好	52	41.6
一般	14	11.2
很差	3	2.4
总计	125	100.0
2. 营商法治环境		
（有效样本 125 个）		
很好	62	49.6
较好	50	40.0
一般	11	8.8
很差	2	1.6
总计	125	100.0
3. 扫黑除恶专项斗争		
（有效样本 125 个）		
很满意	85	68.0
较满意	29	23.2
一般	8	6.4
很不满意	3	2.4
总计	125	100.0

资料来源：2019～2020 年"贵州百企营商环境评价"抽样调查数据。

（三）物流水电环境的企业评价

改革开放以来，尤其是党的十八大以来，贵州经济的快速发展，相应地促进了其物流水电环境的发展与改善。然而，令人关心的问题是，广大企业是如何看待当前贵州物流水电环境的发展与变化的，其对物流水电环境的满意度评价又如何？因此，在这里，笔者将通过被调查企业对贵州物流水电环境的态度评价的考察，旨在真实、客观、全面地反映出贵州在该领域所处的发展阶段及实际水平。

1. 物流水电环境的综合满意度评价

从总体上看，在被调查企业中，分别有 2.9% 和 2.4% 的企业对物流水电环境持"很不满意"和"不满意"态度，两者比例均不足 5 个百分点，二者比例之和仅为 5.3%；而明确对当前贵州物流水电环境感到"很满意"和"较满意"的企业分别占 38.1% 和 42.7%（"众值"所在）；此外，还有 13.9% 的企业则认为贵州物流水电环境为"一般"（见表3）。由此看出，当前广大企业对贵州物流水电环境的总体评价倾向于持肯定性倾向的"满意"态度（包括"很满意"和"较满意"），其比例高达 80.8%，表明企业对这一领域的满意评价是较高的。

表3　被调查企业对贵州物流水电环境的总体满意程度评价

单位：个，%

满意程度评价	频次	百分比	有效百分比	累计百分比
很满意	143	38.1	38.1	38.1
较满意	160	42.7	42.7	80.8
一般	52	13.9	13.9	94.7
不满意	9	2.4	2.4	97.1
很不满意	11	2.9	2.9	100.0
总计	375	100.0	100.0	

说明："频次"为物流环境、供水环境和供电环境的三项指标的"累积频次"；有效样本均为 125 个。

资料来源：2019～2020 年"贵州百企营商环境评价"抽样调查数据。

进一步看，通过将"被调查企业对贵州物流水电环境的满意度评价"的态度量表（即定序变量"选项"）进行赋值及转换①，可以分别精准测算出企业对当前贵州物流水电环境评价的总体满意度指数为 4.11（均值），标

_____

① 在这里，我们将问卷调查中有关营商环境满意度评价的选项指标分别按"很不满意"等于 1、"不满意"等于 2、"一般"等于 3、"较满意"等于 4、"很满意"等于 5 进行赋值，进而可测算各项营商环境的满意度评价指数（满意度评价指数为 1～5，数值越大，则表示满意程度越高）。

准差为 0.75269，介于"很满意"与"较满意"之间，但更接近于"后者"的刻度（见图3）。这表明，贵州物流水电环境改善的速度是较快的，也是较明显的，正如人们对贵州物流水电环境明显变化的现实感受一样，被调查企业对贵州物流水电环境的总体评价持"较满意"的态度。

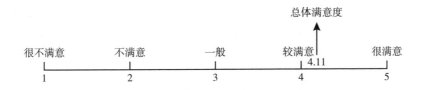

图3　被调查企业对贵州物流水电环境的总体满意度评价

说明：有效样本为125个。

资料来源：2019～2020年"贵州百企营商环境评价"抽样调查数据。

2. 物流水电环境的单项满意度评价

问卷调查显示，被调查者中，企业对贵州供电环境表示"满意"（包括"很满意"和"较满意"）、"一般"和"不满意"（包括"不满意"和"很不满意"）的比例依次是 87.2%、11.2% 和 1.6%；对贵州供水环境表示"满意"（包括"很满意"和"较满意"）、"一般"和"不满意"（包括"不满意"和"很不满意"）的比例依次是 89.6%、5.6% 和 4.8%；对贵州物流环境表示"满意"（包括"很满意"和"较满意"）、"一般"和"不满意"（包括"不满意"和"很不满意"）的比例依次是 65.6%、24.8% 和 9.6%（见表4）。不难看出，被调查企业对当前贵州物流、供水、供电这三类环境条件的评价都是相对较高的，但是三者之间又存在一定的差异，表现在后两者的满意度评价的"众值"（"很满意"）明显高于前者的"众值"（"较满意"）的刻度。

依据上述的赋值方法，同样可分别测算出，被调查企业对当前供电环境评价的满意度指数为 4.34（均值），对供水环境评价的满意度指数为 4.28（均值），对贵州物流环境评价的综合满意度指数为 3.70（均值），三者的标准差依次为 0.67542、0.70593 和 0.87672。可见，在被调查企业对当前贵州物流水电环境的单项指标评价中，其满意度评价指数高低各不相同，由低到高的顺序依次为物流环境、供水环境和供电环境。

表4　被调查企业对贵州物流水电环境的满意度评价

单位：%

物流水电环境	很满意	较满意	一般	不满意	很不满意	合计	满意度指数（均值）
供电环境	48.8	38.4	11.2	0.8	0.8	100.0	4.34
供水环境	46.4	43.2	5.6	1.6	3.2	100.0	4.28
物流环境	19.2	46.4	24.8	4.8	4.8	100.0	3.70
总体	38.1	42.7	13.9	2.4	2.9	100.0	4.11

说明：三者的有效样本均为125个。

资料来源：2019～2020年"贵州百企营商环境评价"抽样调查数据。

综合所述，不难看出，无论是被调查企业对物流水电环境满意程度评价的比例关系，还是对物流水电环境满意度评价指数的量化结果，都反映了当前贵州营商环境中物流、供水、供电三大要素所带来的供给服务与条件改善的真实形态及特征。

（四）行政许可办理的企业评价

如前所述，近几年来，从客观上看，贵州改善和优化企业行政许可审批事项办理环境的工作力度是很大的，其工作成效也是很明显的。那么，与广大企业对该领域的发展要求相比，其环境条件又是怎样的呢？差距又如何？

为了考察贵州营商环境中"企业行政许可审批事项办理"的便捷程度，笔者在问卷调查中列举了"H78.企业办理工商注册登记的便捷程度如何？""H79.企业办理土地许可的便捷程度如何？""H80.企业办理环境影响评价的便捷程度如何？""H81.企业办理规划许可的便捷程度如何？""H82.企业办理建设许可的便捷程度如何？""H83.企业办理消防许可的便捷程度如何？""H84.企业办理行业资格准入的便捷程度如何？"共7项指标。调查数据显示，被调查企业对以上7项指标均持肯定性态度，其表示企业办理相关行政许可是"便捷"（包括"很便捷"和"较便捷"）的比例均超过半数，依次为87.2%、54.4%、68.8%、64.0%、64.5%、62.9%和75.0%。

进一步看，为了更宏观、更整体性地了解当前广大企业对贵州行政许可审批事项办理便捷程度的评价状况，我们对以上7项指标内容进行"多重响应"的统计分析。调查统计数据显示，从便捷程度的综合评价看，在被调查企业中，明确认为企业行政许可审批事项办理便捷程度为"很便捷"和"较便捷"的比例依次是35.4%和32.7%，两者的合计比例为68.1%。这表明，从总体上看，被调查企业对当前贵州企业行政许可审批事项办理的工作是持肯定态度的，而明确表示这一工作是"烦琐"（包括"较烦琐"和"很烦琐"）的比例不足两成（仅为14.5%）（见表5）。

表5　被调查企业对贵州企业行政许可审批事项办理便捷程度的综合评价

单位：个，%

便捷程度评价	选择频次	选择频次占总选择频次百分比	选择频次占有效样本百分比
很便捷	309	35.4	247.2
较便捷	285	32.7	228.0
一般	152	17.4	121.6
较烦琐	54	6.2	43.2
很烦琐	72	8.3	57.6
总计	872	100.0	697.6

说明：有效样本为125个，"选择频次"为以上7项指标（H78～H84）的"累积频次"。
资料来源：2019～2020年"贵州百企营商环境评价"抽样调查数据。

三　结语与思考

综上所述，不难看出，党的十八大以来，尤其是近几年来，贵州通过持续深化"放管服"改革，采取推进减权放权、实施"一网通办"、改善营商环境、优化政务服务等手段，充分激发市场活力，有力地支撑了经济社会持续健康发展，企业和群众获得感明显提升，整体上取得显著的成效：一是行政权力大幅精简，二是"一网通办"成效显著，三是营商环境持续改善，四是政务服务水平不断提升。但是，从整体上看，与发达国家或全国水平相比，贵州营商环境仍面临不少的困境与挑战，主要表现在"硬件软件"仍有待提升、"政府诚信"仍亟待塑造、"资金壁垒"仍有待消弭、"阳光执法"仍有待努力。所有这些，都是今后亟须加以重视和解决的问题。事实上，与广大企业的发展诉求相比，贵州营商环境的发展之路还较长，改进空间还较大。鉴于此，从短期发展看，贵州各级政府必须正确审视自身面临的营商环境发展短板，切实采取"软硬兼施，八强八力"的政策举措，共同推进营商环境的改善和优化，致力于打造贵州营商环境"新高地"。具体建议：第一，加强政务理念变革，提升服务力；第二，加强法治环境建设，提升规制力；第三，加强金融市场建设，提升融资力；第四，加强市场环境建设，提升竞争力；第五，加强人才环境建设，提升内生力；第六，加强社会环境建设，提升治理力；第七，加强人文环境建设，提升诚信力；第八，加强廉政环境建设，提升公信力。从长远发展看，如何正确审视自身发展所处的阶段及水平，通过对标国际营商环境，努力构建一个政府给力、企业使力、社会助力"三维一体"的营商环境体系，切实打造一个稳定、公平、透明、可预期的高质量营商环境，是新时代贵州各级政府在营商环境上需要努力的发展方向，也是努力开创百姓富、生态美的多彩贵州新未来的客观需要。

参考文献

习近平：《贯彻新发展理念推动高质量发展　奋力开创中部地区崛起新局面》，《人民日报》2019 年 5 月 23 日。

张建：《贵州省 2019 年营商环境第三方评估报告出炉》，《贵州日报》2020 年 3 月 3 日。

贵州省政协社会与法制委员会：《贵州营商环境百企调查（2019）》，社会科学文献出版社，2019。

B.25

2020 决胜之年贵州省脱贫攻坚舆情观察

唐丽霞　苍　璐*

摘　要：　2020年是决战脱贫攻坚、决胜全面小康之年，是"十三五"规划验收之年。在这一历史性的时间点，贵州作为全国脱贫攻坚的主战场，能否打赢脱贫攻坚战，关系中国全面建成小康社会的百年奋斗目标的实现。2020年初，新冠肺炎疫情的出现，又给贵州脱贫攻坚带来了新的考验。2020年"贵州脱贫攻坚"舆情态势比往年更加复杂，做好舆情处置、舆论引导，对做好脱贫攻坚的宣传工作至关重要。

关键词：　脱贫攻坚　舆情　舆论引导

2020 年是脱贫攻坚的收官之年，脱贫攻坚到最紧要的关头，这一年贵州向绝对贫困发起了总攻，坚决夺取脱贫攻坚的全面胜利。2020 年，贵州剩余 9 个贫困县均为贫困程度深、贫困人口多、脱贫难度大的贫困县，是贫中之贫。贵州坚决啃下最后的"硬骨头"，不获全胜不收兵。2020 年 11 月23 日，贵州宣布全省最后 9 个贫困县实现贫困退出，至此贵州省 66 个贫困县全部实现脱贫。贵州撕掉了千百年来绝对贫困的标签，一步跨千年，贵州人站在了新的起点上。

---

* 唐丽霞，贵州省社会科学院传媒与舆情研究所研究实习员，研究方向为新媒体；苍璐，多彩贵州网有限责任公司舆情服务部编辑，研究方向为新媒体。

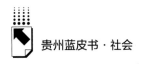

一 2020年贵州省脱贫攻坚舆情总体态势

2020年有关贵州脱贫攻坚的舆情信息最主要集中在官方新闻网站、商业门户网站、政务网站及新闻客户端，以正面报道为主。报道内容主要涉及脱贫攻坚政策实施宣传、产业扶贫创收、一线扶贫干部的先进事迹、劳动模范、电商扶贫。

2020年初，新冠肺炎疫情席卷全国，贵州决战决胜脱贫攻坚的路上又多了一道坎。上半年，坚决打赢脱贫攻坚战和坚决打赢疫情防控阻击战两场战役成为媒体宣传报道的主题；下半年，舆论主要关注各县区巩固脱贫攻坚成果，对先进人物进行表彰。相关敏感舆情中，最主要的、影响最大的为"独山县负债400亿"事件。由于当地政府在第一时间舆情处置不到位，舆情迅速发酵，引起媒体广泛报道和网友热议。在黔南州发布时间通报后，舆论逐渐平息，舆情热度下降。类似事件还有"剑河县仰阿莎雕像""百里杜鹃风景区奢香夫人雕像"。舆论对贫困县债务、扶贫资金、扶贫款项等问题十分敏感。网民投诉扶贫不公、干部腐败、寻求扶贫帮助这类舆情，由于信息总量小，未能引起媒体关注。

本文将对2020年贵州省脱贫攻坚舆情数据进行分析，梳理全年反响热烈、影响较大的热点舆情，对于重要舆情给出相应处置建议。

二 2020年贵州脱贫攻坚舆情数据分析

2020年涉及贵州脱贫相关信息最主要集中在新闻、政务网站，其次主要集中在微信公众平台、新闻客户端、微博。以"贵州脱贫"为关键词，通过安徽博约舆情检索系统进行检索，2020年关于贵州脱贫攻坚相关舆情信息共计507398条，其中新闻报道297479篇，微信公众号文章137516篇，新闻客户端文章46523篇，微博15963条，论坛帖文2658条，小视频380条。新闻、微信、客户端占比分别为58.63%、27.10%、9.17%。

新闻网站＋"两微一端"仍然是舆论声量最集中的平台。在信息量上，网络媒体拥有的海量信息，是电视、广播等传统媒体难以与之相提并论的。各大主流新闻网站、政务网站及门户新闻网站是一手信息的发源地，完整、全面的新闻报道都在网站；微信公众号平台上更多的是进行转载，原创较少；微博平台更多集中在微博，网友倾向于在微博讨论、转发扶贫问题；小视频基本源于抖音短视频，大部分是贵州官方抖音号发布的扶贫成果、扶贫干部等相关信息。

（一）站点分布

2020年全网关于贵州脱贫攻坚的信息最主要集中在新闻、政务网站。而在这些新闻网站当中，当代先锋网占比最大，占总量的19.37%；其次为多彩贵州网，占14.00%；再次为贵州省人民政府门户网站，占9.57%（见图1）。这三者是贵州省当地最大的新闻网站、政务平台，自然集中了最多的相关内容。

人民网和新华网分别占6.73%和6.02%，占比排名分别为第四和第五，紧跟贵州本土媒体。人民网和新华网作为中央新闻网站，同时也是国内较大的新闻网站，这一数据说明贵州脱贫也备受中央媒体和全国舆论的关注。

（二）时间趋势

2020年有关"贵州脱贫"的相关舆情时间趋势见图2。

2020年1月中旬，贵州省第十三届人大第三次会议和贵州省政协第十二届第三次会议在贵阳召开。贵州"两会"期间，回顾了2019年贵州脱贫攻坚所取得的成绩，明确了2020年"确保按时高质量打赢脱贫攻坚战"的目标。1月20日中国人民政治协商会议第十二届贵州省委员会第三次会议在贵阳开幕，同时，在1月20日舆情迎来第一个峰值。

2020年6月初，舆情关注度达到全年最高峰。5月21日，《光明日报》"两会"新闻版头条刊发《打赢脱贫攻坚战没有任何退路和弹性——访全国

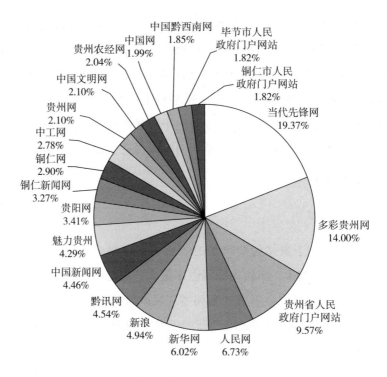

图1　2020年贵州脱贫攻坚舆情站点分布统计

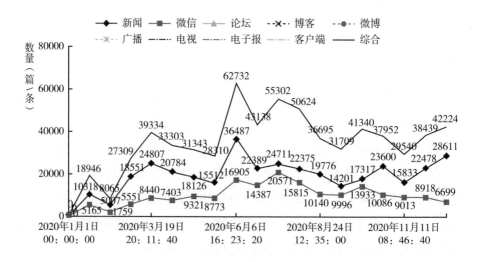

图2　2020年贵州脱贫攻坚舆情时间趋势

人大代表、贵州省委书记、贵州省人大常委会主任孙志刚》；5 月 27 日，央视财经频道《经济半小时》栏目播出新闻专题《贵州脱贫攻坚：决胜的最后冲刺》，引起舆论广泛关注，舆情关注度直线上升。

下半年舆情整体趋势保持强劲，舆情关注度总体高于上半年。

（三）字符云图

在"贵州脱贫"相关舆情热词统计中（见图 3），可以看到出现频次最高的词为"脱贫攻坚"，其次为"疫情防控"和"防汛救灾"。这说明"脱贫攻坚"与"疫情防控"、"防汛救灾"有着密不可分的关系。

图 3 2020 年贵州脱贫攻坚舆情热词统计

2020 年初，新冠肺炎疫情从武汉暴发，随后蔓延至全国各地。新冠肺炎疫情的暴发，势必为脱贫攻坚战带来更大的挑战和困难。在疫情早期，贵州坚持早发现、早部署、早落实，很快就控制住了疫情，为打赢脱贫攻坚战创造了条件，争取了时间。疫情基本稳定后，贵州在做好常态化疫情防控的前提下，继续推进脱贫攻坚的各项工作。

2020 年 6 月至 7 月，贵州省全省出现了大范围的暴雨天气，全省各个地区遭受了不同程度的洪涝灾害，而贫困地区老百姓的生产生活更容易受到

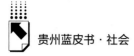

洪灾的影响而遭受经济损失。防汛救灾工作的完成质量势必影响到后续的扶贫工作。

扶贫模式中，"扶贫协作""消费扶贫""网络扶贫""易地扶贫"较为突出。易地扶贫搬迁是重要的脱贫路径，2020年贵州全面完成扶贫搬迁192万人，书写了易地扶贫搬迁的"贵州奇迹"①。战斗在脱贫攻坚一线的扶贫干部常常成为媒体报道的主要对象；从野果成为"致富果"的贵州特色水果刺梨在产业扶贫中尤为亮眼；地区方面，贵州铜仁和毕节市纳雍县更受关注。

三　2020年贵州脱贫攻坚热点舆情梳理

（一）媒体对贵州夺取"战疫"与"战贫"两场战役胜利的关注

贵州是全国脱贫攻坚的主战场，总攻之年却遭遇新冠肺炎疫情的突袭，这为打赢脱贫攻坚战带来了很多不确定性。贵州方面贯彻落实习近平总书记重要指示，脱贫攻坚和疫情防控两手抓，两场战役都要打赢，两个胜利都要夺取。

相关热门新闻报道主要有：《战"疫"又战"贫"：贵州在两个"战场"发起总攻》《贵州省2019年度24个贫困县脱贫摘帽公示》《贵州发出动员令：把耽误的时间抢回来把遭受的损失补回来》等。新华网、人民网、《人民日报》、中国新闻网、中国广播网、中国经济网、凤凰新闻、腾讯新闻、新浪财经、搜狐新闻等中央媒体、商业网站和省内外多家媒体单位对以上事件进行了报道和转载。

2020年2月，《人民日报》刊发题为《贵州确保打赢两场硬仗》的文章；3月，《农民日报》刊发题为《打赢脱贫攻坚战的"贵州战法"》的文章。这两篇新闻报道引起了人民网、新华网、中工网、中国网、中国日报

---

① 《贵州全面完成192万人搬迁》，贵州省人民政府网，http：//www.guizhou.gov.cn/xwdt/gzyw/202012/t20201224_ 65729013. html，2020年12月24日。

网、澎湃新闻、新浪网、腾讯网等中央级媒体和商业媒体的广泛关注，使得相关舆情信息暴涨，达到峰值。

舆论认为，2020年是一个特殊的年份，脱贫攻坚收官年碰上了新冠肺炎疫情，但是贵州并没有被困难打倒，而是奋起直追，千方百计地抢时间，在全力防控疫情的同时，也要坚决打赢脱贫攻坚战，两个胜利都要夺取。

（二）中央媒体对贵州脱贫攻坚进行大力宣传

1.《光明日报》

2020年全国"两会"期间，《光明日报》对孙志刚进行专访，在"两会"新闻版头条刊发《打赢脱贫攻坚战没有任何退路和弹性——访全国人大代表、贵州省委书记、贵州省人大常委会主任孙志刚》，报道内容为脱贫攻坚和抗击疫情这两场战役对贵州而言没有任何退路和弹性，贵州要确保两场战役都要打赢，两个胜利都要必得。① 该新闻在光明日报网上进行了同步报道，省内新闻网站（当代先锋网、多彩贵州网等）和官方微信公众平台（贵州发布、贵阳网等）纷纷对该报道进行了转载。

2. 新华社

6月1日，新华网首页、新华社客户端同步刊发题为《乌蒙山农民的笑脸——贵州脱贫攻坚一线采访随笔》的文章，对纳雍县靠栽种樱桃树、发展桑蚕丝业进行产业扶贫取得显著成效进行了报道②。该报道发布后，广州日报网、西部网、毕节人民政府网、新浪贵州、中国青年报企鹅号进行了转载。

7月24日，新华社全媒体平台"新华全媒头条"播出时长6分48秒的视频新闻报道《三幅"图鉴"说变迁——贵州"穿越时空"的脱贫印记》。报道主要从贵州三个县城的变化，折射出贵州的脱贫攻坚之路。贵州的崇山峻岭阻隔了这里的人们与外界的联通，也让贵州成为脱贫攻坚的主战场。党

---

① 《打赢脱贫攻坚战没有任何退路和弹性》，光明日报网，https：//news. gmw. cn/2020－05/21/content_ 33846019. htm，2020年5月21日。

② 《乌蒙山农民的笑脸——贵州脱贫攻坚一线采访随笔》，新华网，http：//www. xinhuanet. com/politics/2020－06/01/c_ 1126060677. htm，2020年6月1日。

的十八大以来，贵州在群山间修路搭桥，实现县县通高速，同时采取易地扶贫搬迁、产业扶贫等扶贫手段，让贵州人民实现脱贫致富。

3. 央视《新闻联播》

从 7 月 26 日起，在 8 天时间里，央视《新闻联播》连续 4 次，从农村远程医疗建设、产业结构调整等方面，对贵州脱贫攻坚工作进行了集中、密集的报道。7 月 26 日，央视《新闻联播》系列报道"走向我们的小康生活"播出新闻《小镇卫生院"来了"大专家》；7 月 27 日，播出新闻《贵州：减税降费民生工程让企业暖心》；7 月 28 日，播出新闻《贵州晴隆县移民小镇的新生活》；8 月 2 日播出新闻《贵州：加强冷链建设助力脱贫攻坚》。

央视《新闻联播》作为国内最权威、影响最大的电视新闻节目，其对贵州脱贫攻坚工作连续、密集的报道，引起了省内外媒体的关注。青岛新闻网、贵阳网、潇湘晨报百家号以《连续三天！贵州登上新闻联播》为题进行了报道；当代新闻网对新闻视频进行了转载。

4. 人民日报

《人民日报》刊发《贵州组建督战工作队挂牌督战脱贫攻坚：找出薄弱点啃下"硬骨头"》，深度报道了贵州省整合省、市、县三级组织部门督战队力量，对紫云、纳雍、沿河等 9 个未摘帽的深度贫困县进行挂牌督战的情况。[①] 光明网、搜狐网、新浪网、中国社会科学网、当代先锋网、多彩贵州网、《毕节日报》对该报道进行了转载。

央媒的一系列报道主要集中展现了贵州广大扶贫干部和群众在脱贫攻坚工作中，表现出的团结奋进、拼搏创新、苦干实干、后发赶超的精神面貌。贵州作为全国脱贫攻坚的主战场，能否打赢脱贫攻坚战不仅关乎贵州能否实现脱贫，更关系中国全面建成小康社会的百年奋斗目标的实现。中央媒体不免会将目光聚焦于贵州脱贫攻坚并进行大力宣传。

---

① 《贵州组建独占工作队挂牌督战脱贫攻坚：找出薄弱点啃下"硬骨头"》，人民网，http://politics.people.com.cn/n1/2020/0609/c1001-31739592.html，2020 年 6 月 9 日。

（三）媒体对扶贫干部的关注

1. 典型人物报道

8月3日，《人民日报》头版头条刊发了系列报道"总书记勉励我奋战一线——听第一书记讲述扶贫故事"，以《贵州六盘水市钟山区大湾镇海嘎村第一书记杨波：总书记的话暖了扶贫干部心》为题对贵州的海嘎村第一书记的扶贫事迹进行了报道。人民网同时在线上发布了该报道。《贵州日报》以《与海嘎村相遇成就一生缘分》进行了报道。海嘎村第一书记的事迹引起了省内外媒体的广泛关注。贵州省本土媒体天眼新闻 App 以《今天，海嘎村第一书记杨波上了〈人民日报〉头版头条！》为题对该事件进行了转载。

从扶贫干部入手侧面展现脱贫攻坚的进展及成果，是媒体偏好的一种报道形式。典型人物的报道更接地气，让网友更容易产生亲近感。

2. 扶贫干部牺牲在脱贫攻坚一线

在脱贫攻坚战中，每年都有扶贫干部因公殉职，此类新闻也是媒体重点报道的内容。据媒体报道，党的十八大以来，贵州省已有 142 位同志牺牲在脱贫一线。[①] 2020 年相关舆情有：《痛心！贵州一扶贫干部不幸离世》《贵州30 岁扶贫干部出车祸遇难，生前被赞拼命三郎、活雷锋》《贵州遵义 33 岁扶贫干部，突发疾病离世，他的家书感动众人》《噩耗传来！贵州这位"80后"干部走了，倒在脱贫攻坚一线》《贵州威宁扶贫干部李清平：倒在最后冲刺的路上，年仅 30 岁》。除了被省内网络媒体转载外，部分也被搜狐、澎湃新闻转载，微信公众平台也多有转载，部分新闻报道被转化成小视频在"抖音"平台上传播。

舆论对于此类新闻的态度为：感叹扶贫干部的不容易，扶贫工作太辛苦了，向他们致敬；基层扶贫干部，不仅有"70 后"，还有很多"80 后"和"90 后"，

---

① 《贵州省省长：十八大以来已有 142 位同志牺牲在脱贫一线》，澎湃新闻，https：//m.thepaper.cn/newsDetail_forward_5523938，2020 年 1 月 15 日。

网友表示对扶贫干部的牺牲感到十分痛心；为他们坚守一线、无私奉献的精神而"泪目"，认为他们很伟大；对那些嘲讽扶贫工作的"公知"感到气愤。

（四）媒体对贵州产业扶贫的积极报道

2019年贵州农村产业革命取得重大突破，12个特色优势产业的规模、产量、产值都有显著提升，产业扶贫取得明显成效。2020年贵州坚持以脱贫攻坚统揽经济社会发展全局，深入推进农村产业革命。

相关重点新闻报道有：《人民日报》以《蜡染夫妻指尖创业》为题，报道黔东南苗族侗族自治州丹寨县一对"90后"夫妻学习苗族蜡染技艺，共同创业，脱贫致富的故事。《经济日报》以《贵州赤水：石斛花开农户增收》为题，报道了赤水市以石斛作为特色产业，积极推进产业调整，助力脱贫攻坚和乡村振兴的故事。国务院扶贫办官网以《贵州省沿河土家族自治县"白叶一号"茶产业带动贫困户脱贫》为题，聚焦沿河县依托安吉"白叶一号"茶产业，带动贫困户脱贫增收的故事。《新华每日电讯》以《"授人以蜂"拔穷根》为题，报道了贵州深度贫困县的韦国良依靠养胡蜂，带领村民脱贫致富的故事。中央电视台新闻频道《新闻直播间》栏目播出新闻《贵州普定近十万亩韭黄正陆续收割》，报道了普定县成为全国最大的韭黄产销基地，带动1万多名当地村民脱贫增收的故事。

（五）敏感舆情

1. 独山地方债问题

2020年7月12日19时50分，新浪微博蓝V用户"观视频工作室"发布标题为《亲眼看看独山县怎么烧掉400亿！》的视频，引发舆论广泛关注。贵州省黔南州独山县曾是一个贫困县，在2020年3月刚刚实现脱贫"摘帽"。

视频发布后立即引起媒体和网民的热烈讨论。人民网、光明网、《21世纪经济报道》、第一财经、澎湃新闻、封面新闻、多彩贵州网、天眼新闻等中央及省内外媒体通过转载新闻稿件或刊发评论等形式对独山债务问题进行了跟进和深度报道。主要观点为：一是需严肃追责，更需建立地方政府债务常态化监督机制；二是加强源头治理，杜绝畸形政绩观；三是依托自身优势，探索可持续发展之路；四是避免"下一个独山"，需警钟长鸣。

2. 大方县拖欠教师工资

2020年9月4日，国务院办公厅督查室发布的《关于贵州省毕节市大方县拖欠教师工资补贴挤占挪用教育经费等问题的督查情况通报》（以下简称《通报》）引发社会关注。《通报》称，大方县自2015年起即拖欠教师工资补贴，截至2020年8月20日，共计拖欠教师绩效工资、生活补贴、"五险一金"等费用47961万元，挪用上级拨付的教育专项经费34194万元。同时，大方县还存在挪用教育经费、截留困难学生生活补贴等问题。网友关注焦点主要集中在以下几方面：一是反映其他省市存在类似情况呼吁彻查；二是质疑贵州脱贫攻坚形式化，存在虚假脱贫、纸上脱贫等问题；三是质疑事件发生以来相关部门存在官官相护、截访等问题，呼吁彻查腐败链条；四是有部分网友翻炒独山地方债话题。

对此，贵州省9月6日回应称，决定对大方县县长做停职检查处理，对该县分管财政工作和分管教育工作的两名副县长做免职处理，并确保大方县拖欠的教师绩效工资及各类津贴补贴、欠缴教师的"五险一金"于9月10日前补缴到位。此后舆论逐渐平息。

3. 贵州食安天下App疑借脱贫攻坚搞传销

2020年6月8日，搜狐用户"蓝道财经"发布文章称，贵州食安天下农业科技股份有限公司推出的一款"新农贸"App，主要内容就是充值10100元进行投资。"食安天下"是以精准扶贫的名义进入贵阳，而核心内容就是在App内进行刺梨"交易"，投资人在App上可以购入卖出刺梨进行获利，但并不需要进行实物交割。其实质为利用高额收益为噱头吸引会员，以充值为入会门槛，利用团队计酬拉人头。根据《禁止传销条例》的规定，该公司已涉嫌变种传销。之后，多个门户网站转载"贵州食安天下App疑借脱贫攻坚搞传销"相关内容。

舆论认为，食安天下借脱贫攻坚的名义进行传销活动，损害政府公众形象，影响贵州省脱贫攻坚良好形象，希望相关部门能及时介入，帮助群众追回血汗钱。

四 贵州脱贫攻坚舆情特点及处置建议

（一）注意舆情反复，加强对舆论的引导能力

2020年下半年，贫困县举债搞形象工程这类负面新闻报道出现较多：7月"独山县烧掉400亿"；10月"剑河县仰阿莎雕像"；11月"百里杜鹃风景区奢香夫人雕像"。值得注意的是，"独山县负债400亿"与"剑河县仰阿莎雕像"的舆情并不是第一次出现了。2019年8月，《中国纪检监察报》报道指出独山县违规举债400亿搞形象工程、面子工程，引起了各大媒体的报道和网友的热议。2020年独山县的债务问题由自媒体制作的视频再次走进人们的视线，引起全网的关注。"剑河县仰阿莎雕像"事件最早出现在2018年。同样内容的新闻报道在几年内反复出现，且仍然能引起媒体、网民大范围的关注，说明在舆情处置方面还存在多方面的问题。

根据以上分析，建议处置这类舆情时，一是在第一时间积极回应，占领舆论主导权。舆情出现之初，独山县相关工作人员回复视频反映的情况是"不实的"，大部分网民对独山县的官方回复不满，认为是官话、套话。前期舆情应对措施缺失，导致网民情绪激化，负面舆情进一步发酵、扩散。移动互联网时代，网民能够24小时随时随地在各大社交媒体上发表言论，参与公共事务，舆论扩散速度快，覆盖面广，仍旧采取旧时代"冷处理""不回应"的舆情处理方式，只会让舆情进一步往负面方向发展，愈演愈烈。舆情发生后，官方要直面问题，回应网友的关切，给出事件通报，而不是打官腔、说套话，用"不实信息"来搪塞。第一时间给出回应才能拿回舆论主导权。

二是采取适当方式主动出击，精准回应。网民在面对敏感、负面的舆情时，往往是蜂拥而上，却又一哄而散。因此在舆情发生后的最短时间内，寻找合适的方式进行最有效的回应很重要，错过最佳时机和采用的方法不对，

舆情处置的效果也会大打折扣。7月16日，黔东南州政府发布了关于独山县、三都县有关历史遗留问题整改工作的情况通报，搜狐网、腾讯网、澎湃新闻、新浪网等媒体进行了转载。当地政府还可以积极寻找媒体平台对情况通报进行转发，不仅在网站上进行转载，微信公众号、微博等社交平台也要重视。碎片化阅读的时代，可以将长篇通报转化成短小、精练的文字，将网友关心的欠债情况、责任人处置情况等重点突出即可。甚至，还可以制作短视频进行澄清。新媒体时代，处理舆情要打开思路，宣传方式可以多种多样，效果好即可。

三是谨防媒体炒作，开展预警工作。如今的互联网时代，流量就是金钱。存在一小部分人、自媒体或媒体，追逐流量没有底线，反复炒作"旧闻"，恶意关联。同时，如果此类事件再次发生或者大V账号再次发布此事，仍然会引起舆情热度回升。开展舆情监测和预警工作，能够化被动为主动，占领舆论制高点。

（二）强化典型人物报道，把握好方向和尺度

在脱贫攻坚工作中，涌现出了许许多多令人感动的人物。从人物着手，能够增加新闻报道的贴近性和真实性，更容易让群众产生共鸣。不论是央媒还是地方媒体，典型人物的报道是侧面宣传脱贫攻坚的一个主要着力点。要关注基层扶贫干部，报道典型人物，鼓舞士气，振奋精神。长期在脱贫攻坚一线的驻村干部，从他们身上能够挖掘出最鲜活的事例。强化先进人物报道，能够提升扶贫干部的荣誉感和获得感，同时，也能够防止扶贫干部中爆发出敏感舆情。

2020年贵州省政府工作报告中提到，贵州省将为奋战在脱贫攻坚一线的4.5万名干部进行一次免费体检。[①] 舆论表示，扶贫干部的牺牲令人感到十分的可惜和痛心，对其健康状况应当给予重视和关注。

---

① 《贵州将为4.5万名脱贫攻坚一线干部免费体检》，新华网，http：//www.xinhuanet.com/2020－01/16/c_1125471565.htm，2020年1月16日。

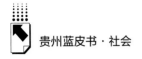
（三）加大脱贫攻坚宣传力度，维护良好脱贫形象

一是贵州省各级宣传部门要积极利用媒体影响力，精准宣传脱贫政策精神，大力宣传脱贫一线先进人物、典型事迹，推广好的经验做法，保持正面向上的宣传态势，让"贵州样板""贵州战法""走出去"。运用报纸、电视、网络多种载体，多渠道、全方位地开展脱贫攻坚宣传。各大主流媒体提高政治站位，发挥出主流媒体的权威性，担当起正面宣传的责任，营造良好的舆论环境。

二是公安机关和相关部门要加大对假借扶贫进行诈骗的非法活动的打击力度。当诈骗活动假借扶贫政策、扶贫项目之名进行敛财时，有一定的迷惑性，群众容易掉到诈骗陷阱中。对诈骗活动进行严厉打击的同时，也要加大扶贫政策、扶贫项目宣传力度，维护好贵州良好的脱贫形象，避免部分非法企业和个人假借扶贫项目进行诈骗从而损害政府形象。

三是及时核实群众发布的举报消息，积极回应。舆情监测显示，有网友在网上进行举报，举报内容主要涉及易地扶贫搬迁、危房改造及补助、扶贫项目欠薪、群众反映扶贫不公及寻求扶贫帮扶等方面问题。[1] 若所举报问题属实，应组织相关部门进行调查，化解矛盾，积极帮助解决困难。若经认真核实后举报内容为编造杜撰的虚假消息，则应了解举报人发布虚假消息的原因，了解其是否对扶贫政策存在不满或误解之处，对其耐心解释扶贫相关政策及法律法规，对其虚假举报的行为进行教育疏导。虚假消息会损害当地政府和扶贫干部的形象，十分不利于后续脱贫工作的展开。

---

① 资料来源：多彩贵州网涉贫舆情监测。

大事记

Event

B.26

2020年贵州社会发展大事记

曾 亮 邓小海*

一月

1 日 《贵州日报》头版刊载时任中共贵州省委书记、省人大常委会主任孙志刚的《相约 2020 发起脱贫攻坚最后总攻确保按时高质量打赢脱贫攻坚战——致全省干部群众的一封信》，号召大家"向绝对贫困发起最后的总攻，坚决夺取决胜之年的全面胜利"。

5 日 省委农村工作会议暨全省扶贫开发工作会议在贵阳召开。

7 日 黔东南州镇远古城旅游景区入选国家 5A 级旅游景区。

14 日至 18 日 贵州省政协第十二届贵州省委员会第三次会议召开。

---

* 曾亮，贵州省社会科学院《贵州社会科学》编辑部副研究员，博士，研究方向为民族历史与文化；邓小海，贵州省社会科学院农村发展研究所副研究员，博士，研究方向为旅游经济、旅游扶贫。

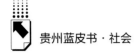
15 日至 19 日　贵州省第十三届人民代表大会第三次会议召开。

20 日　贵州省电子政务网络省、市、县、乡、村五级覆盖开通仪式在贵阳召开。

22 日　全省基础教育工作会议在贵阳召开。

24 日　20：00，贵州省启动突发公共卫生事件一级响应。

26 日　贵州省教育厅下发紧急通知，要求即日起全省校外教育培训机构暂停开展各类线下培训活动。具体复课时间视疫情变化情况和省委、省政府的部署要求，由省教育厅再行通知。

27 日　贵州省首批援助湖北医疗队 137 名队员在贵阳龙洞堡机场集合出征，奔赴武汉。

被称为"贵阳小汤山"的贵阳市公共卫生救治应急工程项目开工建设。

28 日　中共贵州省委发出《关于深入贯彻落实习近平总书记重要指示精神坚决打赢新型冠状病毒感染的肺炎疫情防控阻击战的紧急通知》，要求全省各级各部门深入贯彻落实习近平总书记重要指示精神，加强党组织统筹指挥，发挥领导干部示范引领和党员先锋模范作用，团结带领广大人民群众坚决打赢疫情防控阻击战，让党旗在防控疫情斗争第一线高高飘扬。

二月

3 日　贵州省教育厅与贵州省广播电视局联合推出的"阳光校园·空中黔课"正式开播。

5 日至 9 日　5 天检测 3.7 万人，贵州在全国率先实现五类人员核酸检测全覆盖。

15 日　贵州省对在疫情防控中设立的所有"关卡"陆续有序取消，吹响了畅通省内交通、加快复工复产的号角。

16 日　全国铁路首趟定制务工人员返程专列在贵阳北站开出，近 300 名贵州籍务工人员乘坐 G4138 次动车组列车前往杭州。

三月

3 日 教育部公布 2019 年度普通高等学校本科专业备案和审批结果，贵州省新增备案本科专业 39 个、审批本科专业 6 个，撤销本科专业 11 个。

16 日 全省高三、初三年级开学。

17 日 省委教育工委、省教育厅印发《促进 2020 年高校毕业生就业创业十条措施》。

25 日 贵州省应对新冠肺炎疫情防控领导小组发布关于调整有关生产生活服务业疫情防控措施的通告，即日起，贵州省景区、公园、餐馆、文娱场所全面开放。

31 日 贵州省脱贫攻坚"冲刺 90 天打赢歼灭战"动员大会召开。时任省委书记、省人大常委会主任孙志刚出席会议并讲话，强调要深入贯彻习近平总书记在决战决胜脱贫攻坚座谈会上的重要讲话精神，夺取脱贫攻坚最后总攻的全面胜利。

四月

3 日 2020 年贵州省重大工程项目集中开工仪式在黔南州龙里县瑞和大健康产业园建设项目现场举行。

4 日 清明节，按照党中央、国务院的统一部署，贵州举行集中哀悼活动，向抗击新冠肺炎疫情牺牲的烈士和逝世同胞致以深切哀悼。

5 日至 6 日 第 35 届贵州省青少年科技创新大赛在贵阳成功举办，经过初评来自全省 493 项作品通过网络模式展示了科技创新的魅力。

7 日 24 时起，贵州省全部县（市、区、特区、新区）风险等级调整为低风险地区。

8 日 载有 120 名乘客的山东航空 SC4875 航班平稳降落在贵阳龙洞堡机场，成为"解封"后首个从武汉飞抵贵阳的进港客运航班。

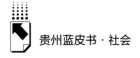

18 日　2020 年贵州春季斗茶大赛系列活动启动仪式在贵阳举行。

19 日　即日起至 7 月底贵州开展多彩贵州促消费百日专项行动。

24 日　贵州省召开"宣传促消费扶贫"十大行动计划工作专题推进会，全面启动实施"宣传促消费扶贫"十大行动计划。

五月

4 日　中共贵州省委、贵州省人民政府做出《关于给予 2020 年新冠肺炎疫情防控援鄂医疗队员记功奖励决定》。

6 日　2020 年全省新闻发布工作会议在贵阳召开。

12 日　贵州省全民健身公共服务平台上线启动仪式举行。

15 日　全省哲学社会科学工作座谈会暨省第十三次哲学社会科学优秀成果奖表彰会在贵阳召开。

17 日　2020 年贵州省全民营养周暨"5·20"中国学生营养日宣传活动启动仪式在贵州广播电视台举行。

18 日至 24 日　第八届线上线下贵州人才博览会举行。以"广聚英才共建多彩贵州，齐心协力决胜脱贫攻坚"为主题，充分整合线下功能，搭建线上聚才平台，实现"人才服务不打烊、智能引才不停歇"，持续打造"永不落幕的贵州人才博览会"。

19 日　"一码游贵州"全域智慧旅游平台发布暨"山地英雄会"项目启动仪式在贵阳举行。

20 日　贵州省十大工业产业加强产销对接推进协同发展系列活动启动仪式在贵阳举行。

以"干净黔茶·全球共享"为主题的 2020 年贵阳春茶节暨首个"国际茶日"系列活动启动仪式在贵阳市甲秀楼广场举行。

26 日　"永不落幕的数博会——2020 全球传播行动"正式启动。即日起，"2020 数博传播平台"在人民网、新华网、天眼新闻、贵阳网等 16 家媒体同步上线，广泛联合 470 余家国内外媒体（网站）共同参与，形成覆盖海内外的传播体系。

28 日　第 12 届贵州茶文化节暨茶产业博览会举行。

六月

9 日　全省茶产业发展大会在湄潭举行。截至 5 月底，全省茶叶产量 16.88 万吨，产值 319.04 亿元；全省茶叶销售量 13.64 万吨，销售额 262.76 亿元；截至 4 月底，贵阳海关共出口茶叶 8523.1 万元，同比增长 90.7%。

26 日　2020 贵阳进出口商品网络交易会（简称"云上筑交会"）在贵阳贵综跨境优选保税广场开幕。

28 日　乌江水运复航情况通报暨通航设施委托管理签字仪式在贵阳举行，标志着乌江在贵州境内的 407 公里四级航道恢复通航。

30 日　贵州省"六网会战"互联网专项行动标志性项目之一的贵阳·贵安国际互联网数据专用通道建设完成。

七月

1 日　贵州省 2020 年脱贫攻坚"七一"表彰大会在贵阳隆重举行。

7 日　上午 9 时，2020 年贵州省普通高考开考，全省 35 万余名考生在 248 个考点 12623 个考场参加考试。

8 日　新建安顺至六盘水高速铁路开通运营，贵阳至六盘水最快 1 小时 9 分钟可达。

28 日　2020 全国工商联主席高端峰会暨全国优强民营企业助推贵州发展大会（2020 贵商大会）新闻发布会在北京和贵阳同时召开，通过线上线下结合的方式举办，在贵州历史上属首次。

八月

8 日　2020 年贵州省"全民健身日（月）"系列活动启动。

多彩贵州航空 GY7177 航班在呼和浩特机场平稳落地，标志着多彩贵州航空贵阳－泸州－呼和浩特航线成功首航。

18 日 第四届中国绿化博览会博览园在黔南州都匀市开园试运营，56 个室外展园全部对游客开放。

上午，以"生态贵椒·香辣天下"为主题的第五届贵州·遵义国际辣椒博览会，在遵义市新蒲新区中国辣椒城开幕。

26 日 应急管理部自然灾害工程应急救援贵阳基地在贵阳挂牌成立。

九月

1 日 《贵州省节约用水条例》正式施行。

黔南州生态文明云平台在都匀启动运行，这是贵州省内首个关于生态文明建设的云平台。

3 日 2019 年度贵州科学技术奖励大会在贵阳举行，授予周少奇、陈肖虎省最高科学技术奖。

9 日 贵州首个铁路口岸——贵阳改貌铁路口岸项目，竣工验收。

9 日至 12 日 受疫情影响，由商务部、贵州省人民政府主办的第十届中国（贵州）国际酒类博览会线上活动举行。9 月 9 日至 13 日，还在贵阳配套举办线下贵州酒类博览会。

21 日 由省委、省政府主办，以"旅游新使命 健康新生活"为主题的第十五届贵州旅游产业发展大会在盘州市召开。

十月

17 日 省委、省政府在贵阳举行贵州省 2020 年"全国扶贫日"捐赠仪式。

省直机关秋冬季农产品订货暨 2021 年农产品产销对接会在贵阳拉开帷幕。通过线上、线下展示、推广、销售等方式，重点宣介贵州省 12 个农业特色优势产业品牌，以及9+3挂牌督战县区特色农产品。

18日 以"绿圆中国梦·携手进小康"为主题的第四届中国绿化博览会在黔南州都匀市举行。本次博览会为期1个月，会议期间举行民族文化展演、绿色产品展示展销、绿色发展主题论坛等系列活动。

27日 贵州省第一个法治教育政治生活馆——位于遵义市的法治教育政治生活馆，正式开馆并对外开放。

十一月

1日 零时起，贵州省第七次全国人口普查进入入户登记阶段，按照国家统一的标准和步调，贵州组织20.83万名普查人员开展入户登记。

7日至9日 2020中国·贵州食用菌产业发展大会在黔西南州安龙县举行。

9日 由新华社中国经济信息社和贵州省委宣传部联合编制的"中国（贵州）宣传促消费扶贫评估指数"发布。这是全国首支"宣传促消费扶贫评估指数"。

23日 省政府新闻办召开新闻发布会，会上省政府宣布同意紫云自治县、纳雍县、威宁自治县、赫章县、沿河自治县、榕江县、从江县、晴隆县、望谟县9个贫困县退出贫困县序列。至此，贵州省66个贫困县全部实现脱贫摘帽。

30日 即日起，贵州省级政务大厅"一窗通办"正式启动运行，各综合服务区实行"前台综合受理、后台分类审批、窗口统一出件"工作模式，实现前台后台、线上线下无缝对接和高效运行。

十二月

1日 全国首部省级层面政府数据共享开放地方性法规——《贵州省政府数据共享开放条例》正式施行。

2 日 文化和旅游部公布第二批 97 个国家全域旅游示范区名单，贵州省百里杜鹃管理区、荔波县、乌当区、雷山县名列其中。

4 日 省十三届人大常委会第二十二次会议在贵阳闭幕。会议表决通过了《贵州省固体废物污染环境防治条例》《贵州省茶产业发展条例》《贵州省法治宣传教育条例》及其他事项的决议。

7 日至 9 日 中国共产党贵州省第十二届委员会第八次全体会议在贵阳举行。全会审议通过了《中共贵州省委关于制定贵州省国民经济和社会发展第十四个五年规划和二〇三五年远景目标的建议》。

19 日 贵州省正式设立并开通"96567 人才服务热线"。

22 日 "2020 贵州鲲鹏生态伙伴大会"在贵阳成功举办。会上，贵州云上鲲鹏科技有限公司（简称"云上鲲鹏"）宣布正式成立。

24 日至 25 日 省委经济工作会议在贵阳召开。会议总结全省 2020 年经济工作，分析当前经济形势，研究部署全省 2021 年经济工作。

29 日 贵阳轨道交通 2 号线一期与二期同步实现试运行。2 号线计划于 2021 年上半年实现初期运营。

遵义市赤水丹霞旅游区入选国家 5A 级旅游景区。

30 日 六盘水市水城区成立大会举行，标志着水城正式撤县设区。

31 日 贵州省图书馆异地扩建项目暨贵阳市少年儿童图书馆建设项目正式竣工，并开馆试运行。

社会科学文献出版社

皮 书

智库报告的主要形式
同一主题智库报告的聚合

❖ 皮书定义 ❖

皮书是对中国与世界发展状况和热点问题进行年度监测，以专业的角度、专家的视野和实证研究方法，针对某一领域或区域现状与发展态势展开分析和预测，具备前沿性、原创性、实证性、连续性、时效性等特点的公开出版物，由一系列权威研究报告组成。

❖ 皮书作者 ❖

皮书系列报告作者以国内外一流研究机构、知名高校等重点智库的研究人员为主，多为相关领域一流专家学者，他们的观点代表了当下学界对中国与世界的现实和未来最高水平的解读与分析。截至2021年，皮书研创机构有近千家，报告作者累计超过7万人。

❖ 皮书荣誉 ❖

皮书系列已成为社会科学文献出版社的著名图书品牌和中国社会科学院的知名学术品牌。2016年皮书系列正式列入"十三五"国家重点出版规划项目；2013~2021年，重点皮书列入中国社会科学院承担的国家哲学社会科学创新工程项目。

中国皮书网

（网址：www.pishu.cn）

发布皮书研创资讯，传播皮书精彩内容
引领皮书出版潮流，打造皮书服务平台

栏目设置

◆ **关于皮书**

何谓皮书、皮书分类、皮书大事记、
皮书荣誉、皮书出版第一人、皮书编辑部

◆ **最新资讯**

通知公告、新闻动态、媒体聚焦、
网站专题、视频直播、下载专区

◆ **皮书研创**

皮书规范、皮书选题、皮书出版、
皮书研究、研创团队

◆ **皮书评奖评价**

指标体系、皮书评价、皮书评奖

◆ **皮书研究院理事会**

理事会章程、理事单位、个人理事、高级
研究员、理事会秘书处、入会指南

◆ **互动专区**

皮书说、社科数托邦、皮书微博、留言板

所获荣誉

◆ 2008 年、2011 年、2014 年，中国皮书
网均在全国新闻出版业网站荣誉评选中
获得 "最具商业价值网站" 称号；
◆ 2012 年，获得 "出版业网站百强" 称号。

网库合一

2014年，中国皮书网与皮书数据库端口
合一，实现资源共享。

中国皮书网

权威报告·一手数据·特色资源

皮书数据库
ANNUAL REPORT(YEARBOOK)
DATABASE

分析解读当下中国发展变迁的高端智库平台

所获荣誉

● 2019年，入围国家新闻出版署数字出版精品遴选推荐计划项目

● 2016年，入选"'十三五'国家重点电子出版物出版规划骨干工程"

● 2015年，荣获"搜索中国正能量 点赞2015""创新中国科技创新奖"

● 2013年，荣获"中国出版政府奖·网络出版物奖"提名奖

● 连续多年荣获中国数字出版博览会"数字出版·优秀品牌"奖

成为会员

通过网址www.pishu.com.cn访问皮书数据库网站或下载皮书数据库APP，进行手机号码验证或邮箱验证即可成为皮书数据库会员。

会员福利

● 已注册用户购书后可免费获赠100元皮书数据库充值卡。刮开充值卡涂层获取充值密码，登录并进入"会员中心"—"在线充值"—"充值卡充值"，充值成功即可购买和查看数据库内容。

● 会员福利最终解释权归社会科学文献出版社所有。

数据库服务热线：400-008-6695
数据库服务QQ：2475522410
数据库服务邮箱：database@ssap.cn
图书销售热线：010-59367070/7028
图书服务QQ：1265056568
图书服务邮箱：duzhe@ssap.cn

社会科学文献出版社 皮书系列
SOCIAL SCIENCES ACADEMIC PRESS (CHINA)

卡号：468313565711
密码：

S 基本子库
SUB DATABASE

中国社会发展数据库（下设 12 个子库）

整合国内外中国社会发展研究成果，汇聚独家统计数据、深度分析报告，涉及社会、人口、政治、教育、法律等 12 个领域，为了解中国社会发展动态、跟踪社会核心热点、分析社会发展趋势提供一站式资源搜索和数据服务。

中国经济发展数据库（下设 12 个子库）

围绕国内外中国经济发展主题研究报告、学术资讯、基础数据等资料构建，内容涵盖宏观经济、农业经济、工业经济、产业经济等 12 个重点经济领域，为实时掌控经济运行态势、把握经济发展规律、洞察经济形势、进行经济决策提供参考和依据。

中国行业发展数据库（下设 17 个子库）

以中国国民经济行业分类为依据，覆盖金融业、旅游、医疗卫生、交通运输、能源矿产等 100 多个行业，跟踪分析国民经济相关行业市场运行状况和政策导向，汇集行业发展前沿资讯，为投资、从业及各种经济决策提供理论基础和实践指导。

中国区域发展数据库（下设 6 个子库）

对中国特定区域内的经济、社会、文化等领域现状与发展情况进行深度分析和预测，研究层级至县及县以下行政区，涉及省份、区域经济体、城市、农村等不同维度，为地方经济社会宏观态势研究、发展经验研究、案例分析提供数据服务。

中国文化传媒数据库（下设 18 个子库）

汇聚文化传媒领域专家观点、热点资讯，梳理国内外中国文化发展相关学术研究成果、一手统计数据，涵盖文化产业、新闻传播、电影娱乐、文学艺术、群众文化等 18 个重点研究领域。为文化传媒研究提供相关数据、研究报告和综合分析服务。

世界经济与国际关系数据库（下设 6 个子库）

立足"皮书系列"世界经济、国际关系相关学术资源，整合世界经济、国际政治、世界文化与科技、全球性问题、国际组织与国际法、区域研究 6 大领域研究成果，为世界经济与国际关系研究提供全方位数据分析，为决策和形势研判提供参考。

法律声明